Expertise comptable

LMD

DCG 10
Comptabilité approfondie

MANUEL + APPLICATIONS + CORRIGÉS

Sous la direction d'Alain Burlaud

Marie-Line Lévêque, *Professeur agrégé d'économie-gestion, enseigne la comptabilité-audit en DSCG et Master CCA au CNAM-INTEC (Paris) et à l'IFA Marcel Sauvage (Rouen)*

Axel Masseron, *Professeur agrégé d'économie-gestion en classe préparatoire au DCG/DSCG, formateur au sein du dispositif de préparation à l'agrégation AGOL*

Anne Le Manh, *Professeur associé à ESCP Europe, responsable du Mastère Spécialisé Audit et Conseil*

Elisabeth Walliser, *Professeur agrégé des universités à l'IAE de Nice, directrice du laboratoire « Groupe de recherche en management »*

ISBN 978-2-216-16441-7

Préface

Le monde de la comptabilité, du contrôle de gestion, de l'audit, de la finance et du droit des affaires bouge. L'enseignement de ces disciplines aussi, s'ajustant en permanence aux évolutions politiques (la normalisation comptable), économiques, juridiques, éthiques et technologiques (la révolution numérique) qui transforment l'exercice du métier : apparition de normes mondiales pour la formation initiale des professionnels de la comptabilité (*International Federation of Accountants*), de normes européennes (*Common Content Project*), réorganisation des études universitaires en trois niveaux (licence, master, doctorat ou LMD) dans la plupart des pays.

Les réformes des études supérieures comptables

Les études comptables supérieures comportent aujourd'hui trois diplômes :

- le diplôme de comptabilité et de gestion, DCG (bac + 3, grade licence) ;
- le diplôme supérieur de comptabilité et de gestion, DSCG (bac + 5, grade master) ;
- le diplôme d'expertise comptable, DEC, diplôme final qui ne peut être présenté qu'après le stage professionnel réglementé de trois ans, soit 8 ans après le bac.

Le cursus a connu les évolutions récentes suivantes : après une refonte complète en 2007, l'ouverture à la « validation des acquis de l'expérience » (VAE) du DCG et du DSCG (2010), puis du DEC (2018), l'obtention du grade licence pour le DCG et du grade master pour le DSCG (ce qui signifie qu'ils ouvrent les mêmes droits qu'une licence ou un master), les programmes ont fait l'objet d'une nouvelle révision en 2019.

Ce cursus conserve l'esprit d'ouverture qui a fait son succès depuis plus d'un demi-siècle : des unités d'enseignement (UE) indépendantes et capitalisables, la compensation des notes (avec, toutefois, des notes éliminatoires), des entrées possibles à différents niveaux avec des dispenses d'épreuves, des sorties à chaque niveau avec des débouchés professionnels clairement identifiés, des diplômes reconnus et appréciés, délivrés par l'État. Depuis 2006, la « mesure » de chaque UE en unités *European Credit Transfer System* (ECTS) facilite la portabilité des acquis dans les différents établissements d'enseignement supérieur, y compris à l'étranger.

Le cursus intègre pleinement le dispositif de validation des acquis de l'expérience. Enfin, la réforme de 2019 introduit dans les programmes la notion de « compétences », en lien avec les connaissances, pour les rendre plus lisibles et plus attractifs, tant pour les étudiants que pour leurs futurs employeurs. En effet, le monde du travail raisonne en termes de compétences acquises.

Pour correspondre à ce nouveau référentiel, la collection « Expertise comptable » des Éditions Foucher a été entièrement remaniée en 2019.

La réécriture des ouvrages s'inscrit dans une démarche de qualité, de recherche d'excellence qui se construit pas à pas, souvent grâce au dialogue que nous entretenons avec nos lecteurs et les professeurs des différentes disciplines concernées.

Qu'apporte la collection « Expertise comptable » des Éditions Foucher ?

Depuis plus de quarante ans, les Éditions Foucher publient des ouvrages de référence préparant aux examens comptables de l'État, également très appréciés par les étudiants des universités, grandes écoles, IUT, classes post-baccalauréat des lycées et, aussi, largement utilisés dans le cadre de la formation continue.
Aujourd'hui, la collection « Expertise comptable » répond totalement aux ambitions d'un cursus reconnu et recherché, aux nombreux débouchés professionnels.
Chaque ouvrage est un outil multimédia utilisant au mieux l'ergonomie de plusieurs supports. Le livre offre le meilleur confort de lecture, des possibilités d'utilisation nomade, la facilité d'appropriation et de mémorisation des contenus en annotant et en surlignant.
Le numérique apporte aussi la possibilité de mises à jour instantanées et d'applications dynamiques comme l'utilisation du tableur.
Le contenu des ouvrages, fruit du travail des meilleurs auteurs et spécialistes des différentes disciplines, est mis en valeur par une présentation particulièrement soignée.
Outre les manuels et les applications et cas, mis à jour régulièrement, la collection, qui couvre l'ensemble des unités d'enseignement du DCG et du DSCG, offre une série, « Tout le DCG » et « Tout le DSCG », comprenant des mémos et des batteries d'exercices corrigés pour faciliter vos révisions.
Enfin et surtout, les ouvrages de la collection « Expertise comptable » ont pour ambition de donner un sens à la connaissance ; ils privilégient le raisonnement sur la description, la déduction sur l'énumération. Ils développent une pratique raisonnée des différentes disciplines qui, conformément à l'esprit du LMD, conduit à la réussite académique et professionnelle.

Quelles perspectives universitaires et professionnelles ?

Le cursus comptable supérieur est marqué par une triple ouverture.

- Ouverture sur **l'université** : les ECTS associés à chaque épreuve du DCG ou du DSCG et le grade licence pour le DCG ou master pour le DSCG permettent des passerelles dans l'ensemble des universités de l'Espace européen de l'enseignement supérieur qui regroupe 48 pays.
- Ouverture sur les **métiers** : les nouveaux diplômes comptables de l'État ayant le grade licence ou master, correspondent à des repères précis et appréciés des employeurs pour tous les métiers de la comptabilité : comptabilité financière, contrôle de gestion, audit, finance. Tous offrent de très beaux débouchés. De plus, la validation des acquis de l'expérience (VAE) rapproche encore plus étroitement profession et formation.
- Ouverture sur le **monde** : les professions comptables sont celles qui sont le plus ouvertes sur le monde, qu'elles soient exercées en entreprise, dans l'économie sociale et solidaire, dans le secteur public ou en cabinet.

Quel projet personnel ?

Que faut-il de plus pour réussir dans cette voie ? Simplement un peu d'ambition, les moyens de ses ambitions et de bons outils. Cet ouvrage de la collection « Expertise comptable » est un excellent outil au service de votre ambition.

Alain BURLAUD
Professeur émérite du Conservatoire national des arts et métiers

Programme

COMPTABILITÉ APPROFONDIE (UE 10)

Niveau L : **170 heures – 14 ECTS**

L'UE de « comptabilité approfondie », dans la continuité de l'UE de « comptabilité », vise à compléter et approfondir les notions comptables de base.

1. PROFESSION ET NORMALISATION COMPTABLE (15 heures)

Sens et portée de l'étude Connaître les enjeux actuels de la comptabilité à travers la présentation de la profession comptable et de la normalisation comptable.

1.1 Profession comptable

Sens et portée de l'étude Positionner le rôle de la profession comptable au sein du monde économique.

COMPÉTENCES	SAVOIRS ASSOCIÉS	MANUEL
▪ Identifier les modalités d'exercice de la profession, ses missions et ses responsabilités. ▪ Expliquer les rôles des organisations professionnelles et le statut de leurs membres. ▪ Appliquer les règles déontologiques à respecter par les experts-comptables et les commissaires aux comptes, dans une situation donnée.	▪ Organisations professionnelles, leurs principaux rôles et leurs liens avec les régulateurs publics : - Ordre des experts comptables ; - Compagnie nationale des commissaires aux comptes ; - Haut conseil du commissariat aux comptes. ▪ Diversité des statuts et des modalités d'exercice de la profession : - expert-comptable ; - commissaire aux comptes ; - comptable salarié ; - comptable public. ▪ Principales missions de l'expert-comptable et du commissaire aux comptes. ▪ Nature des responsabilités du comptable salarié, du comptable public, de l'expert-comptable et du commissaire aux comptes. ▪ Notion d'éthique et de déontologie et principes fondamentaux de comportement à observer par la profession.	Chapitre 1

1.2 Normalisation comptable

Sens et portée de l'étude Comprendre l'importance de la normalisation comptable et sa place dans une économie mondialisée.

COMPÉTENCES	SAVOIRS ASSOCIÉS	MANUEL
▪ Identifier les normalisateurs internationaux et nationaux, analyser leurs rôles. ▪ Positionner le Plan comptable général (PCG) dans le contexte évolutif de la normalisation internationale. ▪ Identifier les principes fondamentaux de la comptabilité et justifier le rôle d'un cadre conceptuel. ▪ Citer les référentiels comptables applicables en France.	▪ Normalisateurs internationaux et principaux rôles : - *« International Accounting Standards Board » (IASB) ;* - *« International Public Sector Accounting Standards Board » (IPSASB).* ▪ Normalisateurs nationaux et principaux rôles : - Autorité des normes comptables (ANC) ; - Autorité des marchés financiers (AMF) ; - Conseil de normalisation des comptes publics (CNOCP). ▪ Principes comptables applicables en France pour les comptes individuels. ▪ Notion de groupe et référentiels comptables applicables en France pour les comptes consolidés. ▪ Définition et rôle d'un cadre conceptuel. ▪ Comparaison du cadre français et du cadre conceptuel des *« International Financial Reporting Standards »* (IFRS) dont la notion de juste valeur et le principe de la prééminence de la réalité sur l'apparence.	Chapitre 2

2. ACTIF (70 heures)

Sens et portée de l'étude Identifier et comprendre les problèmes posés par la comptabilisation des actifs, les solutions apportées et leurs impacts.

2.1 Principes généraux

Sens et portée de l'étude Connaître la définition de l'actif et les règles d'activation.

COMPÉTENCES	SAVOIRS ASSOCIÉS	MANUEL
▪ Caractériser les différentes catégories d'actif. ▪ Exposer les conditions d'activation. ▪ Exposer les principes d'évaluation des actifs.	▪ Définition, catégories d'actif et conditions d'activation.	Chapitre 3
	▪ Principes d'évaluation des actifs à l'entrée et postérieurement à leur entrée.	Chapitre 9

2.2 Immobilisations corporelles et incorporelles

Sens et portée de l'étude Définir les immobilisations corporelles et incorporelles et appliquer les règles de leur évaluation et de leur comptabilisation.

COMPÉTENCES	SAVOIRS ASSOCIÉS	MANUEL
▪ Identifier et distinguer les immobilisations corporelles et incorporelles. ▪ Exposer et appliquer les règles d'inscription à l'actif, d'évaluation et d'enregistrement des immobilisations corporelles et incorporelles. ▪ Évaluer et comptabiliser les opérations portant sur les immobilisations corporelles et incorporelles à l'entrée et postérieurement à leur entrée. ▪ Analyser les conséquences d'un choix de comptabilisation, notamment sur la présentation des comptes annuels, dans une situation donnée. ▪ Présenter les informations à fournir en annexe.	▪ Principes d'évaluation des immobilisations corporelles et incorporelles à l'entrée et postérieurement à leur entrée : - détermination de la valeur d'entrée et incorporation des frais et charges ; - évaluation à l'inventaire (amortissement comptable, amortissement fiscal et dépréciation éventuelle) ; - sortie des immobilisations et prise en compte des frais de cession ; - comptabilisation des régularisations de TVA.	Chapitre 4 Chapitre 5
	▪ Opérations de location-financement. ▪ Cas spécifique de la clause de réserve de propriété. ▪ Cas spécifiques relatifs aux immobilisations corporelles : - composants ; - sinistres ; - réévaluation libre. ▪ Cas spécifiques relatifs aux immobilisations incorporelles : - redevances annuelles ; - opérations de recherche et développement ; - brevets et marques ; - logiciels et sites internet ; - fonds commerciaux.	Chapitre 6 Chapitre 10

2.3 Stocks

Sens et portée de l'étude Définir les stocks et mettre en œuvre les règles de leur évaluation et de leur comptabilisation.

COMPÉTENCES	SAVOIRS ASSOCIÉS	MANUEL
▪ Exposer et appliquer les règles d'inscription à l'actif, d'évaluation et d'enregistrement des stocks. ▪ Évaluer et comptabiliser les opérations portant sur les stocks à l'entrée et postérieurement à leur entrée. ▪ Analyser les conséquences d'un choix de comptabilisation notamment sur la présentation des comptes annuels, dans une situation donnée. ▪ Présenter les informations à fournir en annexe.	▪ Principes d'évaluation des stocks à l'entrée et postérieurement à leur entrée. ▪ Cas spécifiques : - quotas d'émission de gaz à effet de serre et instruments assimilés ; - clause de réserve de propriété ; - sinistres.	Chapitre 8

2.4 **Actifs financiers**		
Sens et portée de l'étude Définir les actifs financiers et appliquer les règles de leur évaluation et de leur comptabilisation.		
COMPÉTENCES	**SAVOIRS ASSOCIÉS**	**MANUEL**
▪ Identifier et caractériser les différentes catégories d'actifs financiers. ▪ Exposer et appliquer les règles d'inscription à l'actif, d'évaluation et d'enregistrement des titres. ▪ Évaluer et comptabiliser les opérations portant sur les actifs financiers à l'entrée et postérieurement à leur entrée. ▪ Analyser les conséquences d'un choix de comptabilisation, notamment sur la présentation des comptes annuels, dans une situation donnée. ▪ Présenter les informations à fournir en annexe.	▪ Définitions et catégories d'actifs financiers. ▪ Principes d'évaluation des actifs financiers à l'entrée et postérieurement à leur entrée : - détermination de la valeur d'entrée et incorporation des frais d'acquisition ; - actions entièrement et partiellement libérées, actions gratuites ; - évaluation à l'inventaire. ▪ Cas de rachats par l'entité de ses propres actions et obligations. ▪ Acquisition et cession de droits préférentiels de souscription et de droits d'attribution, de bons de souscription d'actions et d'obligations. ▪ Obligations souscrites à l'émission, acquises ou vendues après leur émission.	Chapitre 7
3. PASSIF (40 heures)		
Sens et portée de l'étude Identifier et comprendre les problèmes posés par la comptabilisation des passifs, les solutions apportées et leurs impacts.		
3.1 **Capitaux propres**		
Sens et portée de l'étude Définir les capitaux propres et maîtriser les règles de leur évaluation et de leur comptabilisation.		
COMPÉTENCES	**SAVOIRS ASSOCIÉS**	**MANUEL**
▪ Exposer et appliquer les règles relatives aux opérations de variation des capitaux propres des sociétés selon leur forme juridique. ▪ Analyser les opportunités et les risques d'une modalité d'augmentation de capital, et/ou d'affectation du résultat. ▪ Évaluer et comptabiliser les variations de capitaux propres dans les comptes individuels. ▪ Analyser les conséquences d'un choix de comptabilisation, notamment sur la présentation des comptes annuels, dans une situation donnée. ▪ Présenter les informations à fournir en annexe.	▪ Variations du capital : - apports initiaux ; - augmentation de capital ; - réduction de capital ; - amortissement du capital ; - traitement comptable des frais liés aux opérations sur le capital ; - cas particuliers : apports partiellement libérés et leurs appels ultérieurs, versements anticipés et actionnaires retardataires ou défaillants, bons de souscription d'actions, droits préférentiels de souscription et droits d'attribution.	Chapitre 18
	▪ Affectation du résultat, y compris les cas particuliers du paiement des dividendes en actions et du versement d'acomptes sur dividendes.	Chapitre 19
	▪ Provisions réglementées : définition et principes de comptabilisation.	Chapitre 20

3.2 Passif externe

Sens et portée de l'étude Définir les passifs externes et appliquer les règles de leur évaluation et de leur comptabilisation.

COMPÉTENCES	SAVOIRS ASSOCIÉS	MANUEL
▪ Caractériser les différentes catégories de passif. ▪ Exposer et appliquer les conditions d'inscription au passif. ▪ Évaluer et comptabiliser les opérations portant sur certains passifs à leur entrée et postérieurement à leur entrée. ▪ Analyser les conséquences d'un choix de comptabilisation, notamment sur la présentation des comptes annuels, dans une situation donnée. ▪ Présenter les informations à fournir en annexe.	▪ Définition, catégories de passifs externes et conditions d'inscription : provisions, dettes, charges à payer, passifs éventuels. ▪ Cas particuliers de provisions : - provisions pour retraites et obligations similaires ; - provisions pour restructuration ; - limitation de la provision pour perte de change, coûts de démantèlement, d'enlèvement et de remise en état de site ; - provisions pour gros entretien ou grandes révisions.	Chapitre 11
	▪ Engagements financiers et passifs financiers. ▪ Emprunts obligataires, dans leur forme ordinaire, non convertibles, avec ou sans prime de remboursement : - émission, service de l'emprunt, régularisations d'inventaire ; - émission de bons de souscription d'obligations ; - annulation par l'entité de ses propres obligations.	Chapitre 12

4. CHARGES ET PRODUITS (30 heures)

Sens et portée de l'étude Appréhender l'importance de la notion de temps dans le processus comptable et la question de rattachement des charges et des produits au résultat de l'exercice.

COMPÉTENCES	SAVOIRS ASSOCIÉS	MANUEL
▪ Exposer et appliquer les traitements comptables relatifs au rattachement des charges et des produits. ▪ Évaluer et comptabiliser les opérations citées et plus particulièrement celles se déroulant sur plusieurs exercices. ▪ Analyser les conséquences d'un choix de comptabilisation, notamment sur la présentation des comptes annuels, dans une situation donnée. ▪ Présenter les informations à fournir en annexe.	▪ Abonnement des charges et des produits.	Chapitre 13
	▪ Évènements postérieurs à la clôture. ▪ Contrats à long terme. ▪ Dispositifs associant le personnel aux performances de l'entreprise. ▪ Impôt sur les sociétés. ▪ Aides aux entreprises : subventions, aides à l'emploi, abandons de créance. ▪ Changements comptables.	Chapitre 14 Chapitre 15 Chapitre 16 Chapitre 17

5. ENTITÉS SPÉCIFIQUES (15 heures)

Sens et portée de l'étude Identifier et appliquer les adaptations des règles de comptabilisation aux associations et aux collectivités territoriales.

COMPÉTENCES	SAVOIRS ASSOCIÉS	MANUEL
▪ Exposer les spécificités propres aux associations et aux collectivités territoriales. ▪ Citer les principales particularités comptables des associations et des collectivités territoriales. ▪ Évaluer et comptabiliser les principales opérations.	▪ Associations : - cadre légal et réglementaire ; - principales sources de financement et obligations d'information liées ; - principales opérations comptables ; - documents de synthèse. ▪ Collectivités locales : - cadre légal et réglementaire ; - principe de séparation de l'ordonnateur et du comptable public et leurs fonctions ; - notions de budget et d'équilibre budgétaire ; - principales opérations comptables ; - contrôle des comptes.	Chapitre 21

Sommaire

 # corrigés
Corrigés des applications
foucherconnect.fr/22dcg1001

Cours

Les professionnels de la comptabilité et de l'audit légal en France

Chapitre 1

COMPÉTENCES ATTENDUES

- **Identifier les modalités d'exercice de la profession, ses missions et ses responsabilités.**
- **Expliquer les rôles des organisations professionnelles et le statut de leurs membres.**
- **Appliquer les règles déontologiques à respecter par les experts-comptables et les commissaires aux comptes, dans une situation donnée.**

Autour d'une problématique unique, le traitement des flux réels, monétaires et d'information, le métier de comptable recouvre des aspects très variés tant dans les statuts professionnels, que les modalités d'exercice, et les responsabilités. Le soutien à l'économie et l'éthique reste toutefois au cœur des préoccupations de ces métiers.

Ce chapitre traite de la profession comptable qui, du fait de sa responsabilité sociale, est soumise à des règles particulières.

PLAN DU CHAPITRE

SYNTHÈSE P. 36

APPLICATIONS P. 320

LES RÉFÉRENCES POUR COMPRENDRE LE CONTEXTE

L'expert-comptable au cœur de la relance

Bordeaux, octobre 2021, le 76e congrès de l'Ordre des Experts-Comptables conviait des personnalités politiques et du monde économique pour échanger sur le thème de la relance. (SIC webzine)

Les commissaires aux comptes

Ils savent s'adapter à chaque entité pour apporter qualité et valeur ajoutée à leurs missions. Ils agissent avec compétence et dynamisme dans le respect des valeurs éthiques de leur client pour : garantir la transparence de la communication des entités vis-à-vis de leurs parties prenantes ; comprendre et alerter sur les vulnérabilités susceptibles de menacer la poursuite de l'activité ou l'atteinte des objectifs ; alerter et confirmer l'approche et la communication des entités vis-à-vis des enjeux RSE.

Témoignage de Caroline, dirigeante d'une association de sauvegarde du patrimoine rural

Soucieuse d'obtenir de nouvelles sources de financement, elle a choisi de faire appel à un commissaire aux comptes pour rassurer ses futurs financeurs.

1 Diversité des statuts et des modalités d'exercice de la profession

L'exercice de la profession comptable peut être libéral ou salarié. Parmi les professionnels libéraux, on distingue les experts-comptables et les commissaires aux comptes. Lorsque le comptable est salarié, il peut avoir un statut public ou privé.

A Les comptables salariés

On distingue les comptables salariés du secteur privé des comptables publics, qui sont des fonctionnaires.

1 Le comptable salarié du secteur privé

Le principe est celui de la liberté d'embauche des comptables salariés et d'organisation de leurs activités, comme pour les autres salariés de l'entreprise. L'employeur est seul juge de la compétence de la personne employée et exerce sur elle une autorité hiérarchique. On retrouve ces comptables salariés à des fonctions diverses (d'assistant comptable à directeur financier) dans l'entreprise en fonction de leurs compétences et de la taille de l'entreprise.

Les experts-comptables en entreprise

Depuis la loi PACTE du 22 mai 2019, tout diplômé d'expertise comptable salarié d'une entité non inscrite à l'Ordre des experts-comptables, qui remplit les conditions d'inscription classiques d'un expert-comptable et qui dispose d'une autorisation de son employeur pour ce faire, peut demander son inscription à l'Ordre en qualité d'expert-comptable en entreprise. L'adhésion à l'Ordre permet de porter le titre d'« expert-comptable en entreprise ».

Leurs relations sont régies par les règles relatives au contrat de travail.

Le comptable salarié n'est pas un salarié comme les autres. Il détient des **informations confidentielles particulièrement sensibles** : salaires, coûts, délais de règlement des clients, remises faites aux clients, etc. Par ailleurs, il peut être le **témoin** privilégié de certaines **fraudes** (comme des prélèvements injustifiés constitutifs d'un délit d'abus de biens sociaux effectués par les dirigeants), le **complice** d'autres fraudes (comme le délit de présentation de comptes annuels ne donnant pas une image fidèle, la communication d'informations inexactes à la banque en vue d'obtenir un crédit, la fraude fiscale ou la dissimulation de certains faits au commissaire aux comptes), voire l'auteur de délits (comme le détournement de fonds, aisément dissimulable si le contrôle interne comporte des faiblesses).

De ce fait, il a des responsabilités particulières : disciplinaire, civile, fiscale et pénale.

a. Responsabilité disciplinaire

Elle résulte du lien de subordination existant entre tout salarié et son employeur. Ce dernier la met en cause en cas de non-respect des règles de discipline générale applicables dans l'entreprise ou en cas d'exécution fautive du contrat de travail. La faute grave prive le salarié de toute indemnité de rupture du contrat de travail et du préavis de licenciement. Les sanctions peuvent bien sûr faire l'objet d'un recours auprès des tribunaux des prud'hommes.

b. Responsabilité civile

La responsabilité civile des comptables est celle de droit commun. La victime doit apporter la **preuve de la faute** du salarié et de la **relation de cause à effet** entre la faute et le dommage subi. Le lien de subordination ne constitue pas une exonération de cette responsabilité en cas d'obéissance à un ordre contraire à la loi.

Exemple

- Un chef comptable qui accepte d'enregistrer des écritures destinées à dissimuler des détournements de fonds effectués par le dirigeant commet une faute grave même s'il n'en tire pas personnellement profit. Les actionnaires peuvent se retourner contre lui et lui demander de rembourser les sommes détournées par son supérieur hiérarchique si ce dernier n'est pas en mesure de rembourser lui-même.
- Le comptable qui ne respecte pas son obligation de discrétion commet une faute grave et peut devoir indemniser la victime, y compris son employeur, pour le préjudice ainsi causé.

c. Responsabilité fiscale

La responsabilité fiscale du comptable salarié est engagée s'il dissimule, par exemple, même sur ordre de son supérieur hiérarchique, une part des sommes sujettes à l'impôt. Il est susceptible d'être considéré comme complice. Il est passible d'une amende de 500 000 € (750 000 € en cas de ventes sans facture) et d'un emprisonnement de cinq ans (CGI. art. 1741 et 1743). « Quiconque a sciemment omis de passer (...) des écritures inexactes ou fictives au livre-journal et au livre d'inventaire » est passible des mêmes peines (CGI. art. 1743). Ceux qui ont fait l'objet d'une condamnation définitive peuvent « être solidairement tenus, avec le redevable légal de l'impôt fraudé, au paiement de cet impôt ainsi qu'à celui des pénalités fiscales y afférentes. » (CGI, art. 1745) Il n'est pas nécessaire que le comptable ait tiré un profit personnel direct de la fraude pour risquer une telle sanction.

d. Responsabilité pénale

La responsabilité pénale du comptable salarié obéit bien sûr aux principes généraux applicables à tous les salariés qui commettent des faits délictueux. Mais il peut en outre, du fait de ses fonctions, plus que tout autre salarié, être complice de délits commis par d'autres :
- les chefs d'entreprise qui peuvent commettre des abus de biens sociaux, escroqueries, présenter des bilans inexacts, distribuer des dividendes fictifs, etc.,
- les représentants légaux de sociétés qui peuvent ne pas convoquer des actionnaires aux assemblées générales, etc.

Le lien de subordination n'a **pas pour effet de faire obstacle** à la responsabilité pénale.

2 Le comptable public sous contrat de droit public

Les principes de **contrôle interne**, dans le secteur public, ont conduit à séparer les fonctions **d'ordonnateur**, exercées par les fonctionnaires ayant des responsabilités opérationnelles, et les fonctions de **comptable**, exercées par des fonctionnaires appartenant à un corps placé sous l'autorité du ministre des Finances.
- L'ordonnateur décide de la dépense, dans le cadre du budget qui lui est confié et qui a fait l'objet d'un vote.
- Le comptable contrôle la régularité (dans le sens de la conformité à la règle) de l'engagement décidé par l'ordonnateur.

Le comptable public est un fonctionnaire ou agent habilité à titre principal au maniement des deniers publics ou des deniers privés réglementés. Il a seul la qualité pour recouvrer les créances et payer les dettes de la majeure partie des personnes publiques, ainsi que pour manier ou conserver les fonds et valeurs appartenant ou confiés à celles-ci. Il est chargé de l'encaissement et du paiement des deniers publics au vu des titres de paiement ou de recettes émis par l'ordonnateur. Il est chargé d'une mission de contrôle, puisqu'il ne peut acquitter les dettes ou percevoir les recettes que si elles ont été prévues au budget en vertu du principe de l'autorisation budgétaire. Le comptable public est responsable personnellement et pécuniairement de sa gestion devant le juge des comptes. Ce principe de responsabilité personnelle et pécuniaire fait du comptable public le seul fonctionnaire responsable sur ses propres deniers des erreurs commises dans l'exercice de sa mission, par lui-même ou l'équipe qui lui est confiée.

La Cour des comptes

« La Cour des comptes a pour mission principale de s'assurer du bon emploi de l'argent public et d'en informer les citoyens. Juridiction indépendante, elle se situe à équidistance du Parlement et du Gouvernement, qu'elle assiste l'un et l'autre, conformément à l'article 47-2 de la Constitution.

La Cour juge les comptes des comptables publics. Sa compétence s'exerce sur environ un millier de comptes. Historiquement, il s'agit d'une des premières missions de la juridiction. Elle peut conduire à mettre en jeu la responsabilité personnelle et pécuniaire d'un comptable public (ou d'un comptable de fait, c'est-à-dire une personne qui manipule de l'argent public sans en avoir le droit) si un déficit ou un manquement ont été constatés, si une recette n'a pas été recouvrée ou si une dépense a été irrégulièrement payée. La Cour vérifie que les organismes publics tiennent correctement leur comptabilité. Il s'agit d'une vraie enquête. Les rapporteurs ont accès à l'ensemble des documents administratifs et comptables des organismes audités. »

https://www.ccomptes.fr/fr/cour-des-comptes/role-et-activites

B Les comptables libéraux

On distingue les experts-comptables dont les missions sont contractuelles et les commissaires aux comptes dont les missions sont légales. Toutes deux sont des professions réglementées.

1 L'expert-comptable

Pour être qualifié d'**expert-comptable**, le professionnel doit avoir obtenu un Diplôme d'expertise comptable (DEC) **et** être inscrit au Tableau de l'**Ordre des experts-comptables**. Dans ce cas, il détient, de par la loi, une **prérogative exclusive** d'exercice de différentes missions (réviser, tenir, consolider des comptabilités...). De ce fait, il doit respecter des règles établies par l'Ordre qui assure le contrôle de la profession.

a. Formes d'exercice

Les experts-comptables exercent leur profession :
- soit en tant qu'**indépendant** (à titre individuel, en leur nom propre) ;
- soit en qualité de **salarié** d'une association de gestion et de comptabilité, d'une société d'expertise comptable, d'une société pluri-professionnelle d'exercice ou d'un expert-comptable individuel ;
- soit en qualité de **mandataire social** d'une société d'expertise comptable.

La SPE

La société pluri-professionnelle d'exercice (SPE) a été créée par ordonnance du 31 mars 2016, complétée par un décret du 5 mai 2017, pour permettre l'exercice en commun des professions d'avocat, avocat au Conseil d'État et à la Cour de cassation, de commissaire-priseur judiciaire, d'huissier de justice, de notaire, d'administrateur judiciaire, de mandataire judiciaire, de conseil en propriété industrielle, de commissaire aux comptes et d'expert-comptable.

b. Missions

Les missions de l'expert-comptable sont précisées par le Cadre de référence de l'Ordre des experts-comptables agréé par arrêté ministériel du 13 mars 2017. Les normes internationales d'audit (ISA) sont applicables en France par les experts-comptables depuis le 1er juillet 2012.

Le cadre des missions distingue trois grandes natures de missions :
- les missions d'assurance sur des comptes complets historiques ;
- les autres missions d'assurance ;
- les missions sans assurance.

L'expression d'une **assurance** par l'expert-comptable permet aux tiers, utilisateurs des informations relatives à l'entité (entreprise, association, groupe, etc.), d'apprécier le **niveau de confiance** à accorder à ces informations. Selon la nature de la mission, le professionnel engage plus ou moins fortement sa responsabilité.
Chacune de ces grandes catégories correspond à des missions particulières.

Schéma général du cadre de référence

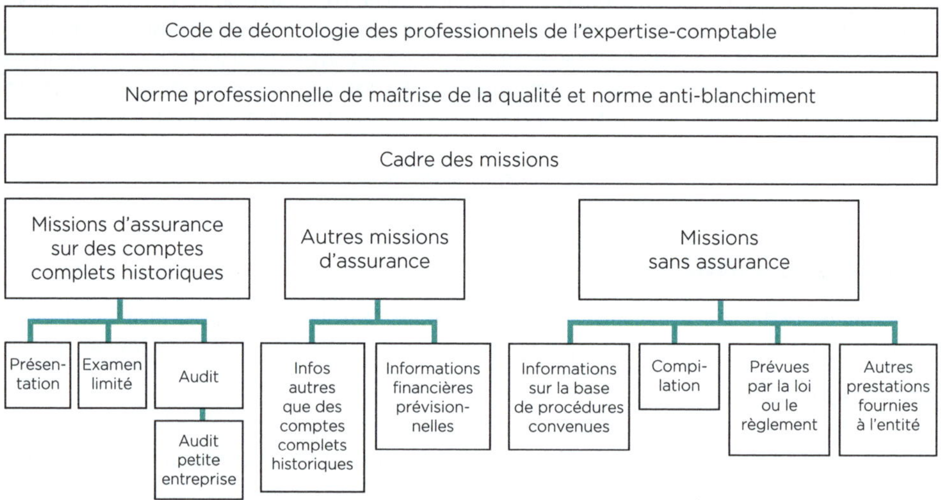

Référentiel normatif OEC 2017

Missions d'assurance sur des comptes complets historiques

Mission de présentation des comptes annuels

« L'objectif d'une mission de présentation des comptes est d'émettre une **assurance de niveau modéré sur la cohérence et la vraisemblance des comptes** de l'entité. L'expert-comptable conclut qu'il n'a pas relevé d'éléments de nature à remettre en cause la cohérence et la vraisemblance des comptes de l'entité pris dans leur ensemble. L'objectif n'est pas de se prononcer sur la régularité, la sincérité et l'image fidèle de ces comptes. Il n'est pas non plus de déceler les erreurs, actes illégaux ou autres irrégularités, par exemple des fraudes ou des malversations éventuelles. » (OEC, NP 2300).
Le contrôle de **cohérence** porte sur le rapprochement formel des documents et informations entre eux. Il s'intègre directement dans le processus de production des comptes annuels et des déclarations fiscales et peut être largement informatisé.
La **vraisemblance** porte sur la qualité de l'information produite par rapport à la connaissance de l'entreprise et de son environnement, acquise par l'expert-comptable et par rapport aux informations et documents fournis par le client.
Cette mission ne concerne pas les comptes consolidés mais seulement les comptes annuels ou intermédiaires. L'opinion de l'auditeur sera exprimée de manière négative.
L'expert-comptable formule dans l'attestation :
- une conclusion favorable sans observation ;
- ou une conclusion favorable assortie d'une ou de plusieurs observations ;
- ou un refus d'attester.

Exemple

Attestation sans observation
En notre qualité d'expert-comptable et conformément aux termes de notre lettre de mission, nous avons effectué une mission de présentation des comptes (*préciser « annuels », « intermédiaires »*) de ... (*préciser l'entité concernée*) relatifs à (*préciser la période ou l'exercice concerné*), qui se caractérisent par les données suivantes :
- Total du bilan ;
- Chiffre d'affaires ;
- Résultat net comptable.

Nos diligences ont été réalisées conformément à la norme professionnelle de l'Ordre des experts-comptables applicable à la mission de présentation des comptes qui ne constitue ni un audit ni un examen limité.
Sur la base de nos travaux, **nous n'avons pas relevé** d'éléments remettant en cause la cohérence et la vraisemblance des comptes annuels (ou « intermédiaires ») pris dans leur ensemble tels qu'ils sont joints à la présente attestation.
Lieu, date et signature

Exemple

Rapport avec refus d'attester
En notre qualité d'expert-comptable et conformément aux termes de notre lettre de mission, nous avons effectué une mission de présentation des comptes (*préciser « annuels », « intermédiaires »*) de ... (*préciser l'entité concernée*) relatifs à (*préciser la période ou l'exercice concerné*), qui se caractérisent par les données suivantes :
- Total du bilan ;
- Chiffre d'affaires ;
- Résultat net comptable.

Nos diligences ont été réalisées conformément à la norme professionnelle de l'Ordre des experts-comptables applicable à la mission de présentation des comptes qui ne constitue ni un examen limité ni un audit.
Dans le cadre de notre mission, nous avons relevé le(s) point(s) suivant(s) qui a (ont) une incidence significative sur la cohérence et la vraisemblance des comptes :
(Description du (des) point(s) relevé(s) et de son (leur) incidence sur les comptes)
Sur la base de nos travaux, et compte tenu de l'incidence significative du (des) point(s) mentionné(s) au paragraphe ci-dessus, nous **ne sommes pas en mesure** d'attester la cohérence et la vraisemblance des comptes annuels (ou « intermédiaires ») pris dans leur ensemble tels qu'ils sont joints au présent rapport.
Lieu, date et signature

Mission d'examen limité des comptes annuels

« L'objectif d'une mission d'examen limité des comptes consiste, pour le professionnel de l'expertise comptable, sur la base de diligences ne mettant pas en œuvre toutes les procédures requises pour un audit, à **conclure qu'il n'a pas relevé d'éléments** le conduisant à considérer que ces comptes ne sont pas établis, dans tous leurs aspects significatifs, conformément au référentiel comptable qui leur est applicable » (OEC, NP 2400).

Au regard du cadre de référence des missions du professionnel de l'expertise comptable, la mission d'examen limité des comptes est une mission d'assurance de **niveau modéré** aboutissant à une opinion exprimée sous une forme négative ; le niveau d'assurance est inférieur à celui de l'audit (cf. *infra*).

L'expert-comptable doit pouvoir conclure qu'il n'a pas relevé d'éléments le conduisant à considérer que ces comptes ne sont pas établis, dans tous leurs aspects significatifs, conformément au référentiel comptable qui leur est applicable. Le terme « **anomalie significative** » désigne une information comptable ou financière inexacte, insuffisante ou omise, en raison d'erreurs ou de fraude, d'une importance telle que, seule ou cumulée avec d'autres, elle peut influencer le jugement de l'utilisateur.

Elle concerne surtout les entreprises moyennes assurant une certaine diffusion externe de leurs informations financières. L'expert-comptable est tenu à des contrôles sur pièces plus approfondis et à un examen analytique. Cette dernière procédure consiste à faire des comparaisons entre les données résultant des comptes annuels et des données antérieures, postérieures et prévisionnelles, à analyser les fluctuations et les tendances et à étudier les éléments inhabituels résultant de ces données.

Exemple

Rapport sans réserve

Conformément à la mission qui nous a été confiée par la direction et qui a fait l'objet de notre lettre en date du ... , nous avons effectué un examen limité des comptes ... (préciser « *annuels* », « *consolidés* », « *intermédiaires* ») de ... (*préciser l'entité concernée*) relatifs à ... (*préciser la période ou l'exercice concerné*), tels qu'ils sont joints au présent rapport.

Ces comptes ont été préparés sous la responsabilité de la direction. Il nous appartient, sur la base de notre examen limité, d'exprimer notre conclusion sur ces comptes.

Nous avons effectué cet examen conformément aux dispositions de la norme professionnelle de l'Ordre des experts-comptables applicable à la mission d'examen limité des comptes.

Cette norme requiert la mise en œuvre de diligences limitées conduisant à une assurance, moins élevée que celle résultant d'un audit, que les comptes ... (*préciser « annuels », « consolidés », « intermédiaires »*) ne comportent pas d'anomalies significatives.

Un examen de cette nature ne comprend pas tous les contrôles propres à un audit, mais se limite à mettre en œuvre des procédures analytiques et à obtenir de la direction les informations que nous avons estimées nécessaires.

Sur la base de notre examen limité, nous n'avons pas relevé d'éléments qui nous conduisent à considérer que les comptes ne sont pas établis, dans tous leurs aspects significatifs, conformément au référentiel comptable qui leur est applicable.

Lieu, date et signature

Mission d'audit

Le but d'un audit est de **renforcer le degré de confiance** des utilisateurs présumés des états financiers. L'auditeur va se forger une opinion selon laquelle les états financiers sont établis en **conformité avec un référentiel** comptable donné. Pour forger son opinion, l'auditeur doit obtenir l'assurance raisonnable que les états financiers, pris dans leur ensemble, ne comportent pas d'anomalies significatives, que celles-ci proviennent de fraudes ou résultent d'erreurs. L'assurance raisonnable est un niveau d'assurance élevé.

L'expert-comptable remet alors un rapport sur les états financiers. Le rapport de l'expert-comptable n'est remis qu'à la direction de l'entité auditée qui peut ensuite le remettre à des tiers si elle le souhaite. Il n'a donc pas le caractère public du rapport du commissaire aux comptes qui est communiqué aux actionnaires et déposé au greffe du tribunal de commerce

Cette mission d'audit est une mission **contractuelle** qui ne doit en aucun cas être confondue avec la mission légale du commissaire aux comptes. Elle est diligentée par les organes dirigeants, par exemple à la demande d'un tiers, soit préalablement à la signature d'un contrat (banque, client important, etc.), soit dans une entité qui n'a pas de commissaire aux comptes car elle n'est pas tenue d'en avoir un, soit dans une entité ayant déjà un commissaire aux comptes mais demandant un audit détaillé d'un compte particulier (stock, créances douteuses, etc.). Dans ce dernier cas, il s'agit d'un audit limité.

Il ne s'agit **pas non plus d'un audit interne** puisque la mission n'est pas réalisée par un salarié de la société ou de la maison mère dans le cas d'un groupe, mais par un professionnel libéral indépendant.

Remarque. Une norme professionnelle applicable aux petites entités (NP 2910) est applicable depuis le 1er juillet 2017. Elle a été principalement développée pour des entités non cotées.

Autres missions d'assurance

Ces missions font appel aux techniques de contrôle adaptées en fonction du degré d'assurance attendu. Elles portent sur des informations financières ou non financières.

Mission d'assurance sur des informations autres que des comptes complets historiques

« Les informations sur lesquelles une assurance est demandée peuvent être :

- de nature comptable ou financière : composition des capitaux propres, résultat d'un exercice, montant d'une distribution de dividendes, répartition d'un chiffre d'affaires, rémunération d'une personne, montant d'une pointe de trésorerie, montant d'une créance ou d'une dette, quote-part de frais généraux retenue, etc. ;
- de nature juridique ou sociale : nombre d'actions composant le capital social, nombre d'actions détenues par un actionnaire, situation juridique d'un membre de la société (salarié ou mandataire social), etc. ;
- de toute autre nature (taux d'absentéisme, montant des indemnités de départ à la retraite, efficacité du contrôle interne, capacité d'un outil de production, niveau de gaz à effet de serre émis, etc.). » (OEC, NP 3100)

Mission d'examen d'informations financières prévisionnelles

« L'objectif d'une mission d'examen d'informations financières prévisionnelles consiste, pour le professionnel de l'expertise comptable, sur la base des diligences définies dans la présente norme, à conclure qu'il n'a pas relevé d'éléments qui le conduisent à penser :

- que les hypothèses retenues ne constituent pas une base raisonnable pour élaborer les informations prévisionnelles, ou
- que la traduction chiffrée de ces hypothèses est erronée, ou
- les hypothèses retenues ne constituent pas une base raisonnable pour élaborer les informations prévisionnelles, ou
- la traduction chiffrée de ces hypothèses est erronée, ou
- les informations ne sont pas préparées de manière cohérente avec les états financiers historiques sur la base de principes comptables appropriés. » (OEC, NP 3400)

Missions sans assurance

Mission d'examen d'informations sur la base de procédures convenues

« L'objectif d'une mission d'examen d'informations effectuée sur la base de procédures convenues consiste, pour le professionnel de l'expertise comptable, à mettre en œuvre des procédures de contrôle préalablement définies d'un commun accord avec l'entité, et de communiquer dans un rapport écrit destiné exclusivement aux seuls demandeurs de la mission, les constats qui résultent de la mise en œuvre de ces procédures. » (OEC, NP 4400)

Mission de compilation des comptes

« Dans une mission de compilation, l'expert-comptable recueille, classe et présente la synthèse d'informations financières sous une forme compréhensible et exploitable, sans être tenu de contrôler les déclarations sur lesquelles s'appuient ces informations.

Cette mission est exclusivement destinée aux entités qui entrent dans le périmètre de consolidation d'un groupe :

- qui fait l'objet d'un audit ;
- qui assure en interne la production de sa comptabilité ; et
- qui requiert, en amont de la consolidation de ses comptes, un travail de mise en forme des documents de synthèse de ses filiales dans le respect de la législation française. » (OEC, NP 4410)

Missions prévues par la loi ou le règlement

Il s'agit de missions particulières sans assurance prévues par un texte légal ou réglementaire, comme l'intervention de l'expert-comptable du comité d'entreprise ou la mission portant sur les comptes de campagne des candidats aux élections.

Autres prestations fournies à l'entité

Ces missions sont généralement mises en œuvre à la demande de l'entité pour ses propres besoins. Elles ne donnent pas lieu à l'expression d'une assurance. Elles sont régies par les dispositions du Code de déontologie des professionnels de l'expertise comptable, la norme « anti-blanchiment, *dite NPLAB* » et la norme professionnelle de maîtrise de la qualité.

Il s'agit notamment de toutes les missions d'assistance comptable, fiscale, sociale et juridique de l'entité. On fait également entrer dans cette catégorie, les missions de conseil de l'expert-comptable.

2 Le Commissaire aux comptes

Le commissaire aux comptes a une mission de vérification des informations de nature comptable et financière. S'il relève des irrégularités et inexactitudes, il lui appartient de les dénoncer en cas de fraude. Lorsque certains éléments peuvent nuire à la continuité d'exploitation de l'entité, il doit alerter les autorités ;

Les fonctions de Commissaire aux comptes sont réglementées par la Loi (Art L. 820-1 à L824-16). Elles ne sont accessibles qu'aux personnes ayant obtenu un DEC (ou un Certificat d'aptitude aux fonctions de commissaire aux comptes, CAFCAC) **et** qui ont demandé leur **inscription** sur une liste tenue à jour par la Compagnie régionale de la cour d'appel dont elles dépendent. Exercer les fonctions de commissaire aux comptes sans réunir ces deux conditions expose une personne au **délit d'exercice illégal** de la profession.

a. Formes d'exercice

Les Commissaires aux comptes exercent leur profession :
- soit à titre **individuel**, en leur propre nom ;
- soit au sein d'une **société** de commissaires aux comptes.

b. Mission d'intérêt général

Le commissaire aux comptes exerce une mission d'intérêt général dans les conditions fixées par la loi.

« Sa mission consiste notamment en :
- l'expression d'une opinion sur la **régularité, la sincérité et l'image fidèle** des comptes annuels et consolidés ;
- la vérification de la sincérité et de la **concordance** avec les comptes annuels des informations financières fournies à l'assemblée générale ;
- la révélation au Procureur de la République des faits délictueux dont il a eu connaissance ;
- le cas échéant, l'émission d'attestations à la demande de l'entité ; la prévention des difficultés dans le cadre de la procédure d'alerte dans certaines entités.

https://www.cncc.fr/mission-legale.html

L'intervention d'un commissaire aux comptes peut être **obligatoire** *(voir tableau ci-après)* ou sa désignation peut être **volontaire**. Dans tous les cas, seuls les **associés**, en assemblée générale, peuvent procéder à sa **nomination**.

Un mandat a une durée de 6 exercices, mais peut être réduit à 3 exercices pour les petites structures (mission d'audit légal des petites entreprises, *ALPE*). Par ailleurs, une obligation de rotation peut être obligatoire (EIP...).

Depuis la loi PACTE, promulguée le 22 mai 2019, mettant en œuvre la réforme européenne de l'audit, les obligations de nomination d'un commissaire aux comptes ont changé.

Entités ayant l'obligation de nommer au moins un commissaire aux comptes (principales règles)

Entités concernées	Sans condition	Sous condition de seuils
Entités d'intérêt public (EIP) : sociétés dont les titres sont admis aux négociations sur un marché réglementé (cotées), établissements de crédit, entreprises d'assurance, de prévoyance, de retraite, mutuelles...	X	
Sociétés astreintes à publier des comptes consolidés. Deux CAC sont alors obligatoires.	X	
Sociétés commerciales et par actions, SARL, EURL, SNC		Si dépassement, à la clôture, de 2 des 3 seuils suivants : - 4 000 000 € de total bilan - 8 000 000 € de CA - 50 salariés (effectif moyen sur l'exercice)
Mère d'un groupe		Si dépassement, à la clôture, de 2 des 3 seuils suivants pour le groupe : - 4 000 000 € de total bilan - 8 000 000 € de CA - 50 salariés (effectif moyen sur l'exercice)
Filiales significatives d'un groupe		Si dépassement, à la clôture, de 2 des 3 seuils suivants : - 2 000 000 € de total bilan - 4 000 000 € de CA - 25 salariés (effectif moyen sur l'exercice)

Remarque.
- En dehors de ces règles générales, il existe beaucoup de cas particuliers non évoqués ici.
- Les EIP ont également l'obligation de se doter d'un comité d'audit.

Vérification des informations de nature comptable et financière

« Les commissaires aux comptes ont pour mission **permanente**, à l'exclusion de toute immixtion dans la gestion, de vérifier les valeurs et les documents comptables de la personne ou de l'entité dont ils sont chargés de certifier les comptes et de contrôler la conformité de sa comptabilité aux règles en vigueur.
Ils vérifient également la sincérité et la concordance avec les comptes annuels des informations données dans le rapport de gestion du conseil d'administration, du directoire ou de tout organe de direction, et dans les documents adressés aux actionnaires ou associés sur la situation financière et les comptes annuels.
Ils attestent spécialement l'exactitude et la sincérité des informations relatives aux rémunérations et aux avantages de toute nature versés à chaque mandataire social.
Ils vérifient, le cas échéant, la sincérité et la concordance avec les comptes consolidés des informations données dans le rapport sur la gestion du groupe ». (C. com. Art. L. 823-10)
Toutefois, un commissaire aux comptes n'a pas vocation (ni la possibilité matérielle) de contrôler 100 % des éléments financiers (flux, soldes, annexe). Il procède par **sondages**, selon des critères de **significativité** (seuil, risques).

Exemple : Si le seuil de signification des opérations de vente est de 100 K€, seuls les flux supérieurs à ce seuil feront l'objet d'un contrôle approfondi. Plus les risques estimés sont forts, plus le seuil devra être faible pour qu'un maximum d'opérations soient contrôlées.

Le contrôle de l'**intégralité** des éléments étant **impossible**, les objectifs de l'audit sont de vérifier que les critères de qualité de l'information comptable et financière sont atteints. Ces critères sont appelés **assertions**. Celles-ci correspondent aux principes comptables.
Les assertions sont des critères dont la réalisation conditionne la régularité, la sincérité et l'image fidèle des comptes (NEP 500 point 3).

Exemple

Assertions que le commissaire aux comptes doit vérifier (d'après NEP 500)
Assertions concernant les flux d'opérations et les événements survenus au cours de la période :
- *réalité* : les opérations et les événements qui ont été enregistrés se sont produits et se rapportent à l'entité ;
- *exhaustivité* : toutes les opérations et tous les événements qui auraient dû être enregistrés sont enregistrés ;
- *mesure :* les montants et autres données relatives aux opérations et événements ont été correctement enregistrés ;
- *séparation des exercices* : les opérations et les événements ont été enregistrés dans la bonne période ;
- *classification :* les opérations et les événements ont été enregistrés dans les comptes adéquats.

Exemple

Mises en œuvre
- Lors d'un contrôle du compte 607. Achats de marchandises, un enregistrement de 37 800 € HT n'a pas pu être rapproché d'un bon de livraison. On suspecte qu'aucune livraison n'a eu lieu à propos de cette facture. L'assertion réalité est concernée : un flux entrant a été constaté sans réalité physique.
- Lors du contrôle de l'inventaire, on s'est aperçu que des pièces n'avaient pas été prises en compte dans les quantités entrées alors qu'elles figuraient bien en stock. L'assertion exhaustivité est concernée : tous les flux physiques réels n'ont pas été traduits en comptabilité.

Rapport général du commissaire aux comptes sur les comptes annuels (NEP 700)

Le Commissaire aux comptes **certifie**, en justifiant de ses appréciations, que les comptes annuels sont **réguliers** et **sincères** et qu'ils donnent une **image fidèle** du résultat des opérations de l'exercice écoulé ainsi que de la situation financière et du patrimoine de l'entité à la fin de l'exercice écoulé ;
Le rapport général comprend des parties distinctes :

Parties	Dans tous les cas	Si nécessaire	Objectif
Opinion	X		Certification **sans** réserve Certification **avec** réserve (pour limitation ou pour désaccord) **Refus** de certifier (pour limitation ou pour désaccord) **Impossibilité** de certifier
Fondement de l'opinion	X		Motifs des réserves ou refus ou impossibilité Référentiel d'audit Informations relatives à l'indépendance

Parties	Dans tous les cas	Si nécessaire	Objectif
Incertitude significative liée à la continuité d'exploitation		X	Si la perspective de continuité d'exploitation est menacée, il est important de le détailler pour apprécier la nécessité de déclencher la procédure d'alerte.
Observations		X	Il s'agit d'attirer l'attention du lecteur des comptes sur une information fournie dans l'annexe.
Justification des appréciations	X		Doit permettre de mieux comprendre l'opinion émise.

c. Mission de communication des irrégularités et des inexactitudes

Le commissaire aux comptes signale également à la plus prochaine assemblée générale ou réunion de l'organe compétent les **irrégularités** et **inexactitudes** relevées par eux au cours de l'accomplissement de leur mission et, lorsqu'ils interviennent auprès d'une entité d'intérêt public, l'invitent à enquêter (C. com. Art. L. 823-12).

Si l'entité contrôlée n'enquête pas sur l'affaire et ne prend pas les mesures nécessaires, le contrôleur légal des comptes (ou le cabinet d'audit) doit en informer les autorités.

Le commissaire aux comptes recherche s'il existe des **anomalies** dans les comptes.

Une anomalie est une information erronée, incomplète ou omise.

Selon son degré de gravité, généralement apprécié à l'aide d'un **seuil de signification**, une anomalie peut être qualifiée de **significative**. C'est-à-dire que son importance est telle qu'elle **fausse le jugement** du lecteur de l'information comptable et financière.

La notion d'« **irrégularité** » traduit la **non-conformité** aux textes légaux ou réglementaires, ou aux principes édictés par le référentiel comptable applicable, ou aux dispositions des statuts, ou aux décisions de l'assemblée générale.

Une irrégularité peut résulter d'une **omission** ou d'un **acte involontaire ou volontaire**.

Une irrégularité peut, ou non, avoir une **incidence** sur les comptes. Une irrégularité volontaire conduisant à une anomalie significative dans les comptes constitue une fraude.

Exemple

- Bien que reçues en livraison le 02/01/N, des matières premières ont été volontairement incluses dans le stock au 31/12/N afin « d'améliorer le résultat ». Cet agissement contrevient au principe de séparation des exercices. Si l'impact est jugé significatif par le commissaire aux comptes, il s'agit d'une irrégularité à signaler au conseil d'administration d'arrêté des comptes.
- Une SAS est en litige avec un salarié. Celui-ci a saisi le Conseil des Prud'hommes pendant l'exercice et il existe un fort risque de condamnation de la société à indemniser le salarié. La direction de la SAS a demandé au comptable de ne pas constater de provision pour litiges pour ne pas attirer l'attention et ne pas augmenter les charges de l'exercice. Le principe de prudence n'est pas respecté. Il s'agit d'une omission volontaire à signaler si l'impact sur le résultat est significatif.
- Une SA a, depuis N-4, un effectif salarié moyen de 50 salariés. Sur l'exercice N (clôture au 31/12), l'effectif est passé à 49 en novembre. Mi-décembre, deux salariés sont embauchés. Le mois de décembre étant déjà chargé en termes de travail administratif, il a été décidé de déclarer ces deux salariés à compter du mois de janvier avec, bien entendu, une régularisation de leur salaire dès le début janvier (qui a fait l'objet d'une provision). Le droit du travail n'est pas respecté mais cette irrégularité n'a pas d'impact sur le résultat. Néanmoins, le seuil de 50 salariés est maintenu sur l'exercice, ce qui oblige la SA à verser une participation aux résultats à ses salariés, puisque le seuil est atteint depuis 5 exercices. Le commissaire aux comptes doit donc considérer ce fait comme une irrégularité significative.

La notion d'« **inexactitude** » est la traduction comptable, ou la présentation d'un fait, **non conforme à la réalité**.

Exemple :
- Un calcul arithmétique incorrect.
- Une imputation d'écriture incorrecte dans les comptes.
- L'application incorrecte de politiques d'arrêté des comptes.
- L'omission, la présentation ou l'interprétation erronée de faits ou d'événements.

Une inexactitude peut résulter d'un acte **volontaire ou involontaire**. Une inexactitude peut, ou non, avoir ou non une **incidence** sur les comptes.
Une inexactitude qui a une incidence significative sur les comptes constitue une **erreur**. Si elle est volontairement non corrigée, elle constitue une fraude.

Exemple

Le comptable d'une SARL n'était pas au courant des modalités d'attribution de titres-restaurant aux dirigeants d'entreprises. Des tickets-restaurants ont été attribués au gérant en fonction du nombre de jours ouvrés dans le mois, bien que le gérant ait déjeuné avec des clients certains jours. Il s'agit d'une erreur d'application de la réglementation. Elle ne semble pas volontaire, le commissaire aux comptes demandera la rectification selon le montant en jeu et signalera l'inexactitude à la gérance.

d. Mission de révélation de faits délictueux

Le commissaire aux comptes révèle au procureur de la République les faits délictueux dont il a eu connaissance **dans le cadre de sa mission**, sans que sa responsabilité puisse être engagée par cette révélation (C. com. Art. L. 823-12).
Pour cela, il faut qu'il en ait eu connaissance dans le cadre de sa mission et que le fait délictueux ait une **incidence significative** sur les comptes annuels. Autrement dit, s'il modifie sensiblement la présentation du patrimoine et du résultat de l'entreprise. Par ailleurs, le fait délictueux doit avoir un caractère **délibéré**.
Ainsi, seraient exclus du périmètre de l'obligation de révélation du commissaire aux comptes les faits sans lien avec la mission du professionnel (*ex.* : infractions routières ou relatives au harcèlement) ainsi que les irrégularités ou inexactitudes ne procédant manifestement pas d'une intention frauduleuse (*cf.* notion d'erreur).
Cette révélation est obligatoire. En effet, est puni d'un emprisonnement de cinq ans et d'une amende de 75 000 euros le fait, pour toute personne exerçant les fonctions de commissaire aux comptes, (...) de ne pas révéler au procureur de la République les faits délictueux dont elle a eu connaissance. (C. com. Art. L. 820 -7). On parle de défaut de révélation.

e. Mission d'alerte

Elle est décrite dans le Code de commerce (Art. L. 234-1 et 2) et vise à **protéger l'entreprise**.
La procédure d'alerte se déroule en quatre phases. Elle peut, à chaque phase, être interrompue par le commissaire aux comptes s'il estime que des actions correctrices ont été prises.

- **Phase 1.** Si le commissaire aux comptes constate l'existence de faits de nature à **compromettre** la **continuité** de l'exploitation, il doit en **informer le dirigeant** puis, le cas échéant, le conseil d'administration.
- **Phase 2.** À défaut de réponse sous quinze jours ou si celle-ci ne permet pas d'être assuré de la continuité de l'exploitation, le commissaire aux comptes invite, par un écrit dont copie est transmise au président du tribunal de commerce, le président du conseil d'administration ou le

directoire à faire délibérer le conseil d'administration ou le conseil de surveillance sur les faits relevés. Le commissaire aux comptes est convoqué à cette séance.

- **Phase 3.** Lorsque le conseil d'administration ou le conseil de surveillance n'a pas été réuni pour délibérer sur les faits relevés ou lorsque le commissaire aux comptes n'a pas été convoqué à cette séance ou si le commissaire aux comptes constate qu'en dépit des décisions prises la continuité de l'exploitation demeure compromise, une assemblée générale est convoquée dans des conditions et délais fixés par décret en Conseil d'État. Le commissaire aux comptes établit un rapport spécial qui est présenté à cette assemblée. Ce rapport est communiqué au comité d'entreprise ou, à défaut, aux délégués du personnel.
- **Phase 4.** Si, à l'issue de la réunion de l'assemblée générale, le commissaire aux comptes constate que les décisions prises ne permettent pas d'assurer la continuité de l'exploitation, il informe de ses démarches le Président du tribunal de commerce et lui en communique les résultats (C. com. art. L 234-1, al. 4). Il n'a pas à attendre le procès-verbal de l'assemblée pour informer.

Dans un délai de six mois à compter du déclenchement de la procédure d'alerte, le commissaire comptes peut en reprendre le cours au point où il avait estimé pouvoir y mettre un terme lorsque, en dépit des éléments ayant motivé son appréciation, la continuité de l'exploitation demeure compromise et que l'urgence commande l'adoption de mesures immédiates.

Procédure d'alerte dans les sociétés dotées d'un conseil d'administration

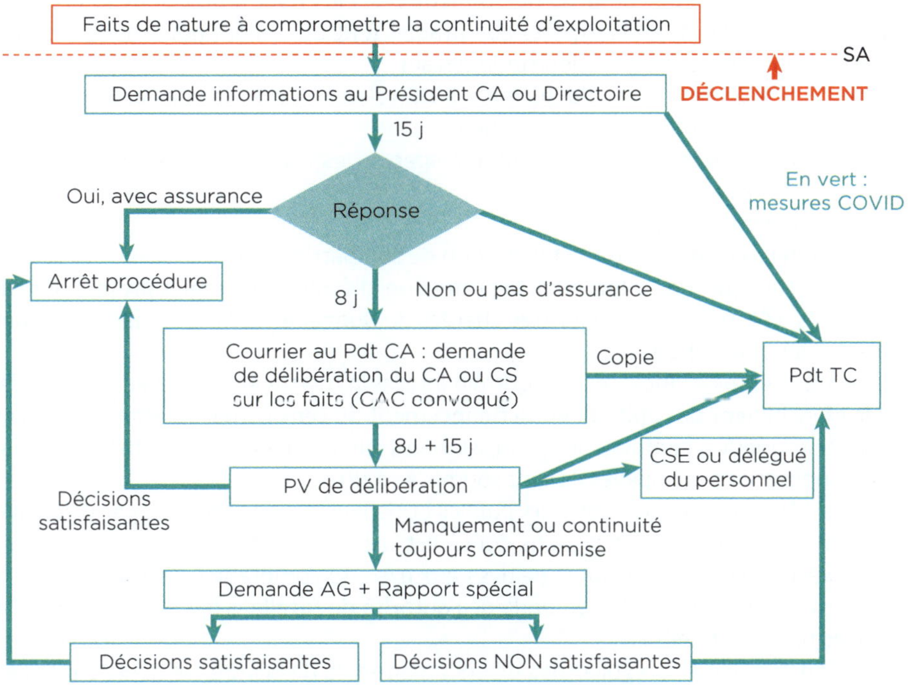

2 Organisations professionnelles

On présentera successivement l'Ordre des experts-comptables puis la Compagnie nationale des commissaires aux comptes, en rappelant quelques éléments d'histoire, puis en détaillant leur organisation et leurs missions.

A Ordre des experts-comptables (OEC)

1 Historique

L'ancêtre de l'Ordre des experts-comptables est la Société de comptabilité de France (SCF), créée en 1881. Elle regroupe les comptables salariés et libéraux de France. En 1912 est créée la Compagnie des experts-comptables de Paris, qui cette fois ne regroupe que les professionnels libéraux. Il faut attendre le 3 avril 1942 pour que soit institué, sous la tutelle du ministère des Finances, l'Ordre des experts-comptables et des comptables agréés (OECCA). L'Ordre est redéfini par l'ordonnance n° 45-2138 du 19 septembre 1945 qui demeure encore à l'heure actuelle le texte de base de l'organisation de cette profession en France. En 1994, les comptables agréés sont intégrés comme experts-comptables, l'Ordre est renommé Ordre des experts-comptables (OEC). Il rassemble les professionnels libéraux français au service de l'entreprise. (www.experts-comptables.fr)

2 Organisation et rôle

L'Ordre des experts-comptables est représenté par le Conseil supérieur de l'ordre des experts-comptables (CSOEC), composé de 56 membres, élus pour 4 ans, dont 16 présidents de Conseils régionaux de l'Ordre des experts-comptables (CROEC). Ils ont pour mission de **garantir le bon fonctionnement** de la profession sur le terrain.

En vertu de l'article 29 du décret du 30 mars 2012 relatif à l'exercice de l'activité d'expertise comptable, le Conseil supérieur a pour mission de :

- préparer le **Code de déontologie**, d'en faire respecter les prescriptions et de prendre toutes mesures nécessaires à cet effet ;
- établir un règlement intérieur ;
- assurer **l'administration** de l'Ordre et la gestion de son patrimoine ;
- délibérer sur toute question intéressant la profession, d'élaborer les **règles professionnelles** qui sont soumises à l'agrément des ministres chargés du Budget et de l'Économie et d'organiser le contrôle de leur application ;
- définir les procédures et mesures de contrôle interne à mettre en œuvre en matière de **lutte contre le blanchiment de capitaux et de financement du terrorisme**, notamment par l'organisation d'une formation continue des professionnels sur les objectifs et les méthodes de cette lutte et les obligations auxquelles ils sont soumis à ce titre ;
- représenter l'Ordre auprès des pouvoirs publics et de leur donner son avis, par l'intermédiaire de l'autorité de tutelle, sur les questions dont il est saisi par eux ;
- veiller à l'exécution des dispositions relatives aux experts-comptables stagiaires ;
- procéder, à son initiative ou à la demande de **l'autorité de tutelle**, à des études et d'établir des **statistiques** professionnelles ;
- assurer le fonctionnement régulier des divers organismes de l'Ordre, de coordonner l'activité des Conseils régionaux dans le cadre des orientations de l'Ordre, de fixer le montant des redevances qu'il peut imposer à ceux-ci pour couvrir les dépenses entraînées par l'exercice de ses attributions ; le Conseil supérieur est destinataire des comptes annuels et rapports financiers de chacun des Conseils régionaux ;
- adresser à l'autorité de tutelle des avis sur les conditions d'exercice de la profession et du stage ainsi que sur le programme des examens comptables ;
- participer sur le plan **international**, aux organisations professionnelles et actions intéressant l'exercice de la profession, en tenant l'autorité de tutelle informée.

Il peut également organiser la formation et le perfectionnement professionnel des membres de l'Ordre.

Chiffres-clés
- 1 Conseil supérieur composé de 56 membres
- 16 conseils régionaux, 2 comités départementaux (Mayotte et Guyane)
- 21 000 experts-comptables
- 22 000 sociétés et associations d'expertise-comptable
- 2,5 millions d'entreprises clientes
- 11,5 milliards de chiffre d'affaires
- 130 000 collaborateurs
- 29 % de femmes

D'après le site de l'Ordre des experts-comptables (www.experts-comptables.fr)

B Les organes de tutelle des commissaires aux comptes

Depuis la loi de Sécurité financière de 2003, la profession est régie par deux organes, le Haut conseil au commissariat aux comptes et la Compagnie nationale des commissaires aux comptes. Chaque organe a un rôle propre.

1 La Compagnie nationale des commissaires aux comptes (CNCC)

a. Historique

La qualification de « commissaire » apparaît pour la première fois en 1863. La loi sur les sociétés du 24 juillet 1867 instituera ensuite celui qu'on appellera d'abord le « commissaire de sociétés ». Après la Seconde Guerre mondiale, la profession est réformée en profondeur pour pouvoir soutenir l'expansion économique. La loi du 24 juillet 1966 intègre alors l'activité du commissaire aux comptes dans le Code de commerce. On assiste à une véritable organisation de la profession avec le décret du 12 août 1969 (modifié le 27 mai 2005), codifié dans le Code de commerce en août 2007. Celui-ci entérine la création de la Compagnie nationale des commissaires aux comptes (CNCC), une entité placée auprès du ministre de la Justice, qui fédère les commissaires aux comptes (individuels et sociétés) inscrits en France.

b. Organisation et rôle

Les commissaires aux comptes sont organisés selon deux niveaux : un niveau national (CNCC) et un niveau régional : les compagnies régionales des commissaires aux comptes (CRCC). La CNCC et les CRCC représentent la profession et défendent ses intérêts moraux et matériels.
En vertu de l'article R.821-46 du Code de commerce,
- le Conseil national est chargé de **l'administration** de la Compagnie nationale et de la gestion de ses biens ;
- il donne son **avis**, lorsqu'il y est invité par le garde des Sceaux, ministre de la Justice, sur les projets de loi et de décret qui lui sont soumis, ainsi que sur les questions entrant dans ses attributions ;
- il soumet aux pouvoirs publics toutes **propositions** utiles relatives à l'organisation professionnelle et à la mission des commissaires aux comptes ;
- sur proposition du bureau, il adopte le budget de la Compagnie nationale, en répartit la charge entre les compagnies régionales et adopte son règlement intérieur.

2 Le Haut conseil au commissariat aux comptes (H3C)

Le Haut conseil du commissariat aux comptes (H3C) a été créé par la loi de Sécurité financière de 2003. C'est un organisme chargé de la **surveillance** de la profession des commissaires aux comptes. Il veille notamment au **respect de la déontologie** et à **l'indépendance** des commissaires aux comptes.

La réforme de l'audit (décret 2016-2026 du 26 juillet 2016) a modifié le fonctionnement du H3C et ses attributions. Le H3C dispose désormais d'un **pouvoir d'enquêtes et de sanctions**, tout comme celui attribué à l'Autorité des marchés financiers (AMF).

a. Organisation

Le nouveau collège est composé de 14 membres et ne comprend plus de commissaires en compte en fonction. Désormais, il comprend (C. com. art L. 821-2) :

- quatre magistrats :
  - un membre de la Cour de cassation, président du haut conseil ;
  - deux magistrats de l'ordre judiciaire ;
  - un magistrat de la Cour des comptes ;
- le président de l'AMF ou son représentant, le président de l'Autorité de contrôle prudentiel et de résolution (ACPR) ou son représentant, le directeur général du Trésor ou son représentant ;
- un professeur des universités spécialisé en matière juridique, économique et financière ;
- quatre personnes qualifiées en matière économique et financière.

b. Rôle

Les missions de l'H3C sont les suivantes :

- **inscription** des commissaires aux comptes et des contrôleurs de pays tiers et tenue des listes afférentes ; les chambres régionales d'inscription sont supprimées ;
- **adoption des normes** relatives à la déontologie des commissaires aux comptes, au contrôle interne de qualité et à l'exercice professionnel ;
- définition des **orientations générales** et les différents domaines sur lesquels l'obligation de formation continue peut porter et veille au respect des obligations des commissaires aux comptes dans ce domaine. Auparavant cette prérogative relevait de la CNCC.
- diligence **d'enquêtes** et prononciation de sanctions ;
- coopération avec ses homologues. La **coopération européenne** est organisée dans le cadre du comité des organes européens de supervision de l'audit (*CEAOB Committee of European Auditing Oversight Bodies*) ;
- suivi de **l'évolution du marché** de la réalisation des missions de contrôle légal des comptes des entités d'intérêt public.

Chiffres-clés

- 1 Compagnie nationale composée de 60 membres
- 33 Compagnies régionales
- 11 955 commissaires aux comptes (personnes physiques)
- 6 268 cabinets commissaires aux comptes (personnes morales)
- 2,9 milliards d'euros de chiffre d'affaires en 2018
- 22 % de femmes commissaires aux comptes

D'après le site de la Compagnie nationale des commissaires aux comptes (www.cncc.fr)

3 Principes fondamentaux de comportement

La complexité de la réglementation comptable, sa densité et son évolution d'une part, le besoin de confiance des lecteurs de l'information comptable et financière d'autre part, nécessitent un cadre de fonctionnement (Code de déontologie) et des valeurs partagées par les professionnels (éthique).

A Éthique et déontologie

L'éthique correspond à l'ensemble des **principes moraux** qui sont à la base de la conduite d'une personne tandis que la déontologie représente l'ensemble des **règles et des devoirs** qui régissent une profession.

L'Ordre des experts-comptables et la **Compagnie nationale des commissaires aux comptes** ont, entre autres, pour rôle de concevoir des principes déontologiques, les faire évoluer et s'assurer de leur respect.

1 Les textes de déontologie des experts-comptables

La dernière édition (après remise à jour de la loi PACTE) du Code de déontologie de l'Ordre des experts-comptables date de janvier 2022. L'ensemble des qualités (intrinsèques et de comportement) requises par l'expert-comptable est énoncé dans les « Devoirs Généraux », articles 143 à 147 et 161.

Les experts-comptables sont tenus de prêter serment dans les six mois de leur inscription au Tableau conformément à la formule ci-après : « **Je jure d'exercer ma profession avec conscience et probité, de respecter et faire respecter les lois dans mes travaux.** » (Article 143).

Code de déontologie de l'OEC en intégralité

http://www.bibliordre.fr/67congres/medias/publications/files/all/1642760698code_deontologie_012022.pdf

2 Les textes de déontologie des commissaires aux comptes

La dernière édition (après remise à jour de la loi PACTE) du Code de déontologie de la profession de commissaire aux comptes date du 25 mars 2020. Du fait du caractère légal des missions, le Code de déontologie de la profession est annexé à la partie réglementaire du Code de commerce (annexe 8-1 du livre VIII).

Code de déontologie des CAC en intégralité

https://www.legifrance.gouv.fr/codes/article_lc/LEGIARTI000041751254

Il est à noter que, dans le monde, les codes de déontologie des professions de la comptabilité et de l'audit peuvent différer. Mais ces différences tendent à s'estomper sous l'effet des mouvements d'harmonisation européenne et internationale.

B Exigences communes de comportement des experts-comptables et des commissaires aux comptes

Il existe des différences entre le Code de déontologie des commissaires aux comptes et celui des experts-comptables mais celles-ci sont plus apparentes que réelles, car le commissaire aux comptes comme l'expert-comptable exercent tous les deux une profession réglementée qui leur impose les mêmes règles fondamentales de comportement même si le vocabulaire est différent.

Étude comparée des principes fondamentaux de comportement (d'après brochures des Codes de déontologie)

Commissaires aux comptes		Experts-comptables
Intégrité (art 3) : => droiture, honnêteté => non contraire à l'honneur et à la probité	=	S'abstenir d'agissements contraires à la **probité, l'honneur et la dignité**. (art 143 et 145). Ne pas ternir l'image de la profession (art 144)
Impartialité (art 4) : => objectivité, sans préjugé et parti pris	=	Donner son avis avec **sincérité** et en toute **objectivité** (art 145)
Indépendance (art 5) : => absence de pressions => éviter les conflits d'intérêts (personnels, financiers, professionnels, directs ou indirects)	=	Ne pas se placer dans une situation diminuant le **libre arbitre** (art 145) ou de **conflit d'intérêts** (art 145) Être libre de tout **lien** extérieur d'ordre personnel, professionnel ou financier pouvant être interprété comme une entrave à **l'intégrité** ou l'objectivité (art 146)
Esprit critique (art 6) : => travailler avec circonspection => retenir la pertinence	=	**Indépendance** d'esprit (art 145)
Compétence et diligence (art 7) : => connaissances théoriques et pratiques acquises et mises à jour => exercer avec soin, être consciencieux	=	**Compétence** et **conscience professionnelle** (art 145) Donner à l'examen le soin et le temps nécessaires (art 145)
Confraternité (art 8) : => être loyal envers les autres membres => chercher la conciliation amiable en cas de différend	=	... S'abstenir de toute parole blessante, de toute attitude malveillante, de tout écrit public ou privé, de toute démarche ou **manœuvre susceptible de nuire** à la situation de leurs confrères (art 161)
Secret professionnel et discrétion (art 9) : => non-divulgation d'informations confidentielles (sauf envers les personnes habilitées) => utilisation des informations avec prudence envers les tiers	=	Sans préjudice de **l'obligation au secret** professionnel, les personnes mentionnées à l'article 141 sont soumises à un **devoir de discrétion** dans l'utilisation de toutes les informations dont elles ont connaissance dans le cadre de leur activité (art 147)

C Des exigences renforcées vis-à-vis des commissaires aux comptes

Contrairement aux experts-comptables, les commissaires aux comptes, pour préserver leur indépendance, ont l'interdiction d'effectuer certaines missions et certaines professions ou liens sont incompatibles avec leurs fonctions.

1 Les incompatibilités

Un commissaire aux comptes ne peut :
- avoir des **liens personnels** (au 1er degré) avec des personnes occupant une fonction « sensible » (élaboration d'états financiers, cadre dirigeant, mandataire social) au sein de l'entité contrôlée ;
- avoir des **liens financiers** (détention de titres...) avec l'entité contrôlée ;
- avoir des **liens professionnels** (contrat de travail ou relation d'affaires) avec l'entité contrôlée.

Ces incompatibilités visent également les **membres du réseau** auquel appartient le commissaire aux comptes.

2 Services interdits

Auparavant, le Code de commerce donnait une liste de missions autorisées, intitulées « diligences directement liées à la mission d'audit (DDL) ».

Aujourd'hui, il convient de distinguer les interdictions selon que la mission concerne une Entité d'intérêt public **(EIP) ou non**.

La directive européenne sur l'audit 2015/56, transposée en droit français en mars 2016, modifie quelque peu le périmètre des missions que peut exercer un auditeur pour une entreprise dont il est par ailleurs commissaires aux comptes.

Ainsi, depuis le 17 juin 2016, le commissaire au compte d'une EIP ne peut plus exercer les missions décrites par l'article 5 du règlement (UE n° 537/2014 du 16 avril 2014 et Code de commerce Art. L. 822-11).

Il s'agit de toutes les missions de **conseil** en gestion, services fiscaux, comptables, sociaux, juridiques, de mise en place de procédures de contrôle interne. La liste est exhaustive et les services **qui ne sont pas interdits sont autorisés**.

Pour les commissaires aux comptes d'entités **NON EIP**, le Code de déontologie fournit les restrictions au travers des **incompatibilités** (*voir ci-avant*) et « l'absence de risque **d'auto-révision** conduisant le commissaire aux comptes à se prononcer ou à porter une appréciation sur des éléments résultant de missions ou de prestations fournies par lui-même, la société à laquelle il appartient, un membre de son réseau ou toute autre personne qui serait en mesure d'influer sur le résultat de la mission ou de la prestation (Code de déontologie, article 5 II). »

> **Exemple :** Un commissaire aux comptes de l'entité X serait en situation d'auto-révision si un expert-comptable de son réseau avait fourni, lors de l'exercice précédent, des prestations à cette même entité X.

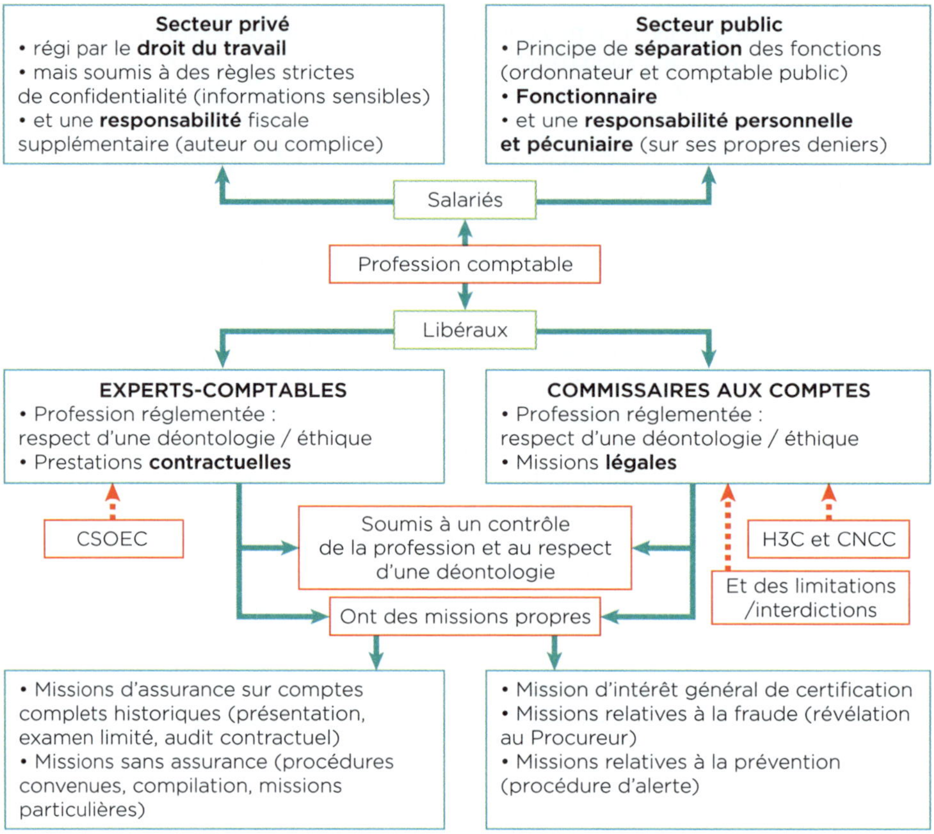
Secteur privé
• régi par le droit du travail
• mais soumis à des règles strictes de confidentialité (informations sensibles)
• et une responsabilité fiscale supplémentaire (auteur ou complice)
Secteur public
• Principe de séparation des fonctions (ordonnateur et comptable public)
• Fonctionnaire
• et une responsabilité personnelle et pécuniaire (sur ses propres deniers)
Salariés
Profession comptable
Libéraux
EXPERTS-COMPTABLES
• Profession réglementée : respect d'une déontologie / éthique
• Prestations contractuelles
COMMISSAIRES AUX COMPTES
• Profession réglementée : respect d'une déontologie / éthique
• Missions légales
CSOEC
Soumis à un contrôle de la profession et au respect d'une déontologie
H3C et CNCC
Et des limitations /interdictions
Ont des missions propres
• Missions d'assurance sur comptes complets historiques (présentation, examen limité, audit contractuel)
• Missions sans assurance (procédures convenues, compilation, missions particulières)
• Mission d'intérêt général de certification
• Missions relatives à la fraude (révélation au Procureur)
• Missions relatives à la prévention (procédure d'alerte)

Normalisation comptable et cadre conceptuel

Chapitre 2

COMPÉTENCES ATTENDUES

- **Identifier les normalisateurs internationaux et nationaux, analyser leurs rôles.**
- **Positionner le Plan comptable général (PCG) dans le contexte évolutif de la normalisation internationale.**
- **Identifier les principes fondamentaux de la comptabilité et justifier le rôle d'un cadre conceptuel.**
- **Citer les référentiels comptables applicables en France.**

Ce chapitre traite de la normalisation comptable, autrement dit du processus d'élaboration des normes par différents organismes, qu'ils soient nationaux ou internationaux. Ces normes peuvent différer selon l'objectif que l'on assigne à l'information comptable car les états financiers s'adressent à des utilisateurs différents (marché financier, dirigeant, salariés, banquiers) dont les intérêts peuvent diverger.

Normaliser consiste à mettre en place un langage commun assurant une meilleure lisibilité et compréhension des états financiers et aussi une meilleure communication entre les acteurs au sein d'un même pays ou zone géographique.

Certains organismes internationaux ont élaboré des cadres conceptuels comptables qui encadrent les normes et se réfèrent à des principes généraux. Il n'existe pas de cadre en France. On considère qu'il est implicite.

L'harmonisation comptable des normes vise à faire converger des normes nationales différentes de manière à assurer une meilleure comparabilité des états financiers.

PLAN DU CHAPITRE

LES RÉFÉRENCES POUR COMPRENDRE LE CONTEXTE

Témoignage de Raphaël R., dirigeant d'entreprise

« La normalisation est un processus complexe car elle entraîne un nombre très important d'obligations à appliquer. Celles-ci n'étant pas toutes issues de texte nationaux, il faut bien comprendre les cadres conceptuels pour éviter les erreurs ».

S'informer sur les normes internationales

S'informer sur la normalisation comptable : l'Autorité des normes comptables

Le recueil des normes comptables

S'informer sur les normes comptables sur le site du ministère de l'Économie

Le cadre conceptuel de l'IASB

S'informer sur le cadre conceptuel de l'IASB : focus IFRS

1 Des systèmes comptables disparates

Dans les années 1970 et 1980, de nombreux travaux de comptabilité comparée se sont attachés à classer les pays en groupes aux caractéristiques similaires, soit à partir des pratiques constatées, soit encore à partir de similitudes observées dans leur système comptable national. En effet, les systèmes comptables peuvent varier d'un pays à l'autre, étant bien souvent empreints de la culture nationale du pays et de ses spécificités sociales, fiscales et juridiques. L'objectif de ces travaux était donc de permettre de réduire la complexité dans la description des différences. En effet, les différences observées en matière de contenu de l'information et/ou dans ses modalités d'application pouvaient constituer un frein à une meilleure compréhension des états financiers. Ces études ont donc contribué à mesurer les efforts restant à fournir en matière d'harmonisation internationale.

A La classification hiérarchique de Nobes

Dans une classification devenue célèbre, Christopher Nobes a ainsi mis en évidence une dichotomie dans le système comptable mondial, le système anglo-saxon s'opposant au système continental.
Lorsque Nobes présente son modèle de classification, il souhaite pouvoir pallier les insuffisances des classifications existantes dans leur incapacité à indiquer la place (distance hiérarchique) que les pays occupent les uns par rapport aux autres.
L'auteur identifie deux catégories de systèmes comptables, le premier d'inspiration micro-économique et le second d'inspiration macro-économique. Chaque catégorie est ensuite divisée en sous-classes, elles-mêmes subdivisées en familles puis espèces auxquelles sont ensuite rattachés les différents pays étudiés. Dans la première catégorie, les Pays-Bas sont considérés comme une espèce à part, tandis que l'on peut dégager une famille d'influence britannique comprenant le Royaume-Uni, l'Irlande, la Nouvelle-Zélande et l'Australie, et une autre famille d'influence US comprenant les États-Unis et le Canada. La deuxième catégorie comprend des espèces largement influencées par la fiscalité parmi lesquelles on retrouve l'Italie, la France, la Belgique et l'Espagne. L'autre espèce, à dominante légale, est constituée de l'Allemagne et du Japon, tandis que la Suède est isolée en tant qu'espèce particulière.

Une classification comptable des systèmes comptables dans les pays occidentaux en 1980

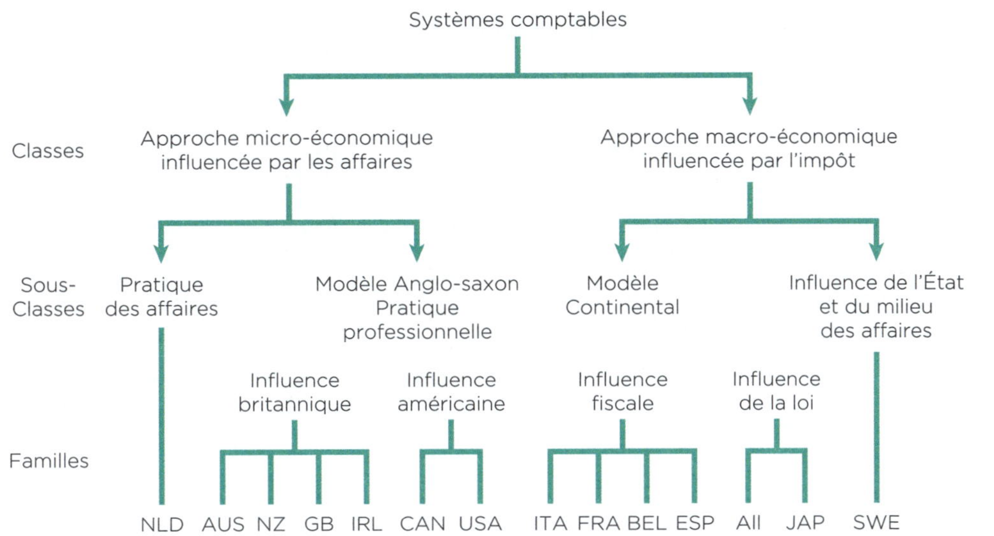

Adapté d'après Christopher Nobes et Robert Parker, *Comparative International Accounting*, Prentice Hall, 2008, p. 65

B Un monde dichotomique

Au final, on peut opposer un modèle continental (dont la France faisait partie) à un modèle anglo-saxon. Cette opposition s'explique par l'environnement économique, social et juridique mais aussi par les objectifs de la comptabilité.

Une comparaison des systèmes comptables continentaux et anglo-saxons

Système comptable	continental	anglo-saxon
Environnement économique, social et juridique		
Sources de financement	Secteur bancaire principalement	Marchés financiers principalement
Système culturel	Orientation étatique	Orientation individualiste
Système juridique	Dominé par le droit écrit La loi fournit des règles détaillées	Dominé par la jurisprudence Les règles sont élaborées par des organisations professionnelles
Système fiscal	Relation étroite entre la comptabilité et la fiscalité	La comptabilité est indépendante de la fiscalité
Objectifs de la comptabilité		
Fonction d'information		
Utilisateurs principaux	Créanciers, autorités fiscales, investisseurs	Investisseurs
Principes comptables	Le principe de prudence et la fiscalité restreignent la fonction d'information de la comptabilité	La recherche d'une image fidèle domine la comptabilité
Étendue de la publication	Tendance à une publication limitée	Tendance à une large publication
Politique comptable	Nombre considérable d'options de comptabilisation et d'évaluation	Peu d'options de comptabilisation et d'évaluation
Calcul du bénéfice et distribution de dividendes	Calcul d'un bénéfice prudent Principe de prudence Limite dans la distribution de dividendes Tendance à la création de réserves latentes	Calcul d'un bénéfice utile à la prise de décision Image fidèle Pas de limites à la distribution de dividendes Peu de réserves latentes
Détermination de l'impôt	Influence réciproque du bilan comptable et du bilan fiscal	Le bilan commercial et le bilan fiscal sont indépendants

D'après M. Glaum et U. Mandler, *Rechnungslegung auf globalen Kapitalmärkten*, Gabler Verlag, Wiesbaden, 1996, p. 28.

2 Les acteurs de la normalisation comptable

Les sources de la normalisation comptable

Normalisation internationale
Pouvoirs publics et organismes professionnels internationaux
ONU, OCDE, IASB, FASB, IFAC

↓

Normalisation européenne
Pouvoirs publics et organismes professionnels européens
CE, EFRAG, ARC, *Accountancy Europe*

↓

Normalisation nationale
Pouvoirs publics et organismes professionnels français
Parlement, gouvernement, ANC, AMF, CNCC, OEC

Les acteurs de la normalisation comptable sont nombreux. On considère habituellement trois niveaux de normalisation : le niveau international, le niveau européen et le niveau national. Au niveau international, on trouve aussi bien des organismes qui ont un pouvoir de réglementation, comme l'*International Accounting Standards Board* (IASB) par exemple, qui édite les normes internationales IFRS (*International Financial Reporting Standards*), que des organismes qui émettent des recommandations comme l'ONU et l'OCDE pour les sociétés transnationales.
Au niveau européen, la Commission européenne adopte des directives et des règlements applicables de plein droit aux États membres.
Au niveau national, c'est la réglementation française qui s'applique : le Parlement vote des lois et le gouvernement vote des décrets d'application. L'Autorité des normes comptables (ANC) émet des règlements et les organisations professionnelles (Ordre des experts comptables et Compagnie nationale des commissaires aux comptes) publient également des avis à l'attention de leurs membres.
L'ensemble de ces réglementations, qu'elles aient force obligatoire ou qu'elles soient simples recommandations, influent sur les pratiques des entreprises françaises.

A Au niveau international

1 Organisation des nations unies (ONU)

(D'après son site web www.un.org/fr/about-un/)
L'**Organisation des nations unies** est une organisation internationale fondée en 1945. La mission et le travail de l'ONU sont guidés par les objectifs et principes énoncés par sa Charte fondatrice. Chacun des 193 États membres des Nations unies est membre de l'Assemblée générale. L'admission d'un nouvel État dans l'Organisation se fait par décision de l'Assemblée générale, sur recommandation du Conseil de sécurité. Les organes principaux de l'ONU sont l'Assemblée générale, le Conseil de sécurité, le Conseil économique et social, le Conseil de tutelle, la Cour internationale de Justice et le Secrétariat.
L'ONU émet des recommandations pour les sociétés transnationales (ex. : recommandations sur le développement durable et sur les droits de l'homme). Une société transnationale (STN) est une entité économique ou un ensemble d'entités économiques opérant dans plus d'un pays. La plupart du temps, ses sites de production et/ou de contrôle sont répartis dans plusieurs pays, une partie de son chiffre d'affaire est réalisé à l'étranger et son orientation stratégique se discute à une échelle régionale ou globale.

Ces recommandations n'ont pas force obligatoire mais influencent néanmoins les pratiques. En effet, très peu d'entreprises sont appelées dans les faits à répondre de violations des droits humains commises par leurs filiales.

Les principes directeurs de l'ONU pour les sociétés transnationales

Les principes directeurs de l'ONU relatifs aux entreprises et aux droits de l'homme, publiés en 2011 par le Haut-commissariat des Nations unies aux droits de l'homme (UNHCDH), est structurée sur la politique des trois piliers :

a) Obligation incombant à l'État de protéger les droits humains, y compris lorsque des entreprises portent atteinte aux droits humains sur son territoire et/ou sous sa juridiction.

b) Responsabilité incombant aux entreprises de respecter les droits humains.

c) Nécessité de prévoir des voies de recours appropriées et efficaces en cas de violation des droits humains de la part des entreprises

2 Organisation de coopération et de développement économiques (OCDE)

(D'après son site web www.oecd.org/fr/)

L'**OCDE** est née en 1960 lorsque dix-huit pays européens, les États-Unis et le Canada ont uni leurs forces pour fonder une organisation vouée au développement économique.

Aujourd'hui, l'OCDE compte trente-cinq pays membres à travers le monde, de l'Amérique du Nord et du Sud à l'Europe et l'Asie-Pacifique. En font partie aussi bien les pays les plus avancés, mais aussi des pays émergents comme le Mexique, le Chili et la Turquie.

La mission de l'OCDE est de promouvoir les politiques d'amélioration du bien-être économique et social dans le monde. L'OCDE analyse et compare les données afin de prédire les tendances à venir. L'organisation établit des normes internationales dans un grand nombre de domaines, de l'agriculture à la fiscalité en passant par la sécurité des produits chimiques. L'organisation émet également des recommandations concernant le gouvernement d'entreprises et l'environnement. Tout comme pour l'ONU, ces recommandations n'ont pas force obligatoire.

3 International Accounting Standards Board (IASB)

(D'après son site web www.iasb.org)

L'**IASB** est un organisme privé indépendant et sans but lucratif créé en 1973 (sous l'ancienne dénomination *International Accounting Standards Committee* IASC) par les organisations professionnelles de 9 pays : l'Allemagne, l'Australie, le Canada, les États-Unis, la France, le Japon, le Mexique, les Pays-Bas, le Royaume-Uni et l'Irlande.

Il représente aujourd'hui 143 membres (organisations professionnelles) représentant plus de 100 pays. L'Ordre des experts comptables et la Compagnie nationale des commissaires aux comptes sont membres de l'IASB. Son siège est établi à Londres.

a. Structure de l'IASB

Il a été réorganisé en 2001, comme d'autres organismes nationaux et internationaux à cette époque, dans un souci d'amélioration de sa gouvernance. Sa structure actuelle est la suivante.

Structure de l'IASB

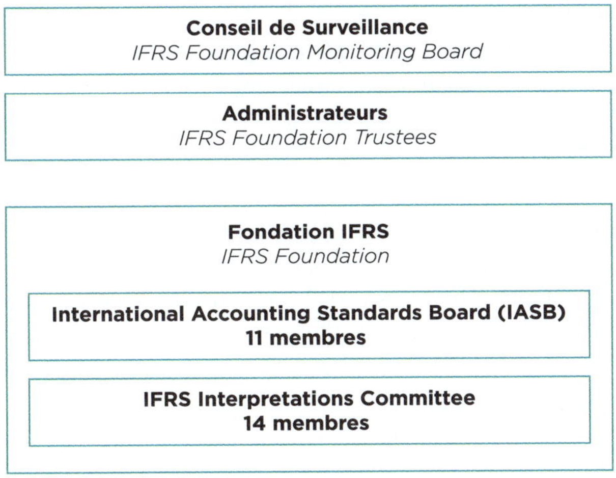

Il est placé sous la supervision d'une fondation chargée, notamment, d'assurer son financement et la désignation de ses membres. La source essentielle de ses financements provient des cotisations des pays et des cabinets comptables.
Les administrateurs (*trustees*) sont chargés de promouvoir le travail de l'IASB. Ils doivent rendre compte au conseil de surveillance. Ce dernier a été mis en place en 2009. Il est composé de pouvoirs publics tels que des autorités de contrôle des marchés de capitaux.

b. Missions de l'IASB

Ses missions sont les suivantes :
- élaborer les normes comptables internationales appelées *International Financial Reporting Standards* (IFRS) depuis le 1er avril 2001 ; celles publiées avant cette date sont intitulées *International Accounting Standards* (IAS). Les deux dénominations coexistent ;
- approuver les interprétations préparées par le comité d'interprétation (*IFRS Interpretations Committee*) appelées anciennement SIC ou IFRIC.

Il est constitué d'experts issus de différents milieux professionnels et de régions géographiques diverses.

c. Processus de normalisation

Le processus de normalisation de l'IASB vise à assurer des allers retours avec le public via des appels à commentaires des textes précédant la norme finale.

Les quatre étapes principales du processus de normalisation

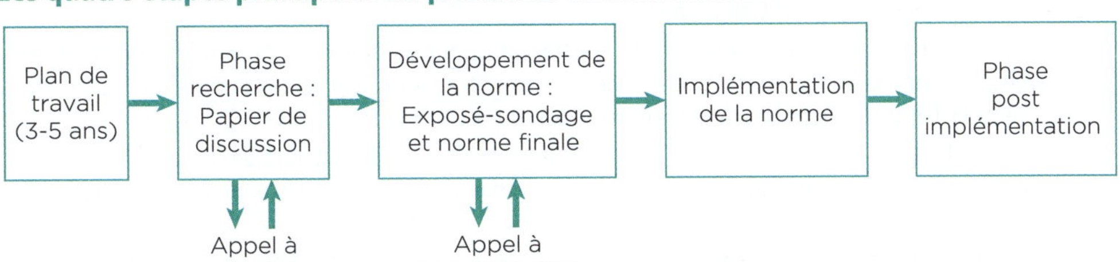

Étape 1 : établissement du plan de travail

Le plan de travail de l'IASB va dépendre des priorités. C'est ainsi que, après la crise financière qui avait pointé du doigt la juste valeur, l'IASB a élaboré la norme IFRS 13 relative à la juste valeur et retravaillé la norme IFRS 9 relative aux instruments financiers. L'organisme peut recevoir des suggestions de la part du public mais plus généralement des grands cabinets d'audit.

Étape 2 : rédaction d'un document de travail et d'un exposé sondage
Une fois inscrit dans le plan de travail, l'IASB développe un premier exposé sondage (*exposure draft*) de la norme. Sur un sujet important, le Board peut décider de publier préalablement un document de travail (*discussion paper*). C'est un document général dans lequel les options sont encore ouvertes. Le public est alors invité à faire des commentaires.

Étapes 3 et 4 : étude des commentaires et publication de la norme finale
Les commentaires sont des lettres mises en ligne sur le site de l'IASB. Elles sont analysées par l'IASB. La norme finale est votée (vote secret). Il peut ensuite s'écouler un certain délai entre la publication et l'application de la norme (plus d'un an).

À qui s'adressent les IFRS en France ?

- Aux sociétés européennes présentant des comptes consolidés et cotées sur un marché règlementé depuis le 1er janvier 2005.
- Les sociétés non cotées établissant des comptes consolidés peuvent opter pour une présentation selon le référentiel IFRS ou français.
- Les comptes individuels sont toujours soumis au référentiel français (actuel règlement ANC 2014-03).
- La norme « IFRS-PME » a été proscrite par l'Autorité des normes comptables

4 Financial Accounting Standards Board (FASB)

Le processus de normalisation américain remonte aux années 1930, après la crise de 1929, lorsque la SEC (*Securities Exchange Commission*) a mandaté la profession comptable pour définir le contenu et la présentation des états financiers pour les sociétés cotées. Le **FASB** est l'organisme de normalisation américain actuel. L'IASB a calqué son organisation sur celle de son homologue américain. Il n'y a donc pas de différence majeure dans leur structure et dans le mode d'élaboration des normes entre ces deux organismes. En revanche, certaines différences peuvent exister dans le contenu de certaines normes.

Y a-t-il possibilité de voir converger le FASB et l'IASB ?

Les accords de Norwalk, en septembre 2002, visaient à faire converger les référentiels IFRS et les US GAAP. Un programme avait été arrêté en quatre points : (1) Un projet à court terme faisant l'inventaire des divergences constatées entre les US GAAP et les IFRS ; (2) La présentation des projets mutuels en vue de réduire les divergences constatées ; (3) La mise en œuvre de projets communs ; (4) La coordination des comités d'interprétation respectifs.

En 2007, l'accord est donné par la Securities Exchange Commission (SEC), l'équivalent de l'Autorité des marchés financiers aux États-Unis, de dispenser les entreprises étrangères appliquant les normes IFRS de remplir l'état de réconciliation entre les IFRS et les US GAAP (Form 20 F).

Depuis, cependant, et notamment après la crise financière de 2008 au cours de laquelle les IFRS (et l'application de la juste valeur) ont été critiquées mondialement, le processus de convergence a été stoppé.

Néanmoins les deux organismes continuent à travailler sur des sujets communs. Le FASB apporte sa contribution aux normes IFRS au travers notamment de l'ASAF, forum consultatif des normes comptables de l'IASB

5 International Federation of Accountants (IFAC)

L'**IFAC** a été créée officiellement au Congrès international de comptabilité de Munich en 1977. L'IFAC est une organisation non gouvernementale à but non lucratif. Elle représente la profession comptable au niveau mondial. Elle comporte aujourd'hui des organismes membres provenant de plus de 129 pays.

Les objectifs de l'IFAC sont de servir l'intérêt général et de contribuer à renforcer l'économie internationale par le développement de la profession comptable mondiale, par la publication de normes internationales de haute qualité et la promotion d'une convergence internationale des normes professionnelles.

L'IFAC est composé de comités indépendants qui élaborent des normes et des recommandations spécialisés par domaine (Audit et Assurance, Education, Ethique, Secteur public).

6 International Public Sector Accounting Standards Board (IPSAS Board)

L'IPSAS Board est un sous-comité de l'IFAC, chargé de l'élaboration des normes du secteur public (les IPSAS). C'est l'équivalent de l'IASB (cf. supra) et son organisation est d'ailleurs très proche. Comme pour les IFRS, les projets de normes IPSAS sont soumis à commentaires et prennent la forme d'un papier de discussion (consultation paper), d'un exposé-sondage (exposure draft) puis d'une version définitive (final draft), qui devient norme (IPSAS).

B Au niveau européen

1 Commission européenne (CE)

La **Commission européenne** promeut l'intérêt général de l'Union et prend les initiatives appropriées à cette fin. Elle assure ainsi la représentation extérieure de l'Union et les relations avec les organisations internationales. Elle dispose d'un pouvoir législatif. Elle veille au respect et à l'application du droit européen. Enfin, elle est l'organe d'exécution des politiques et des actes adoptés par le Conseil des ministres (dit Conseil).

La CE édicte :

- des **règlements européens** qui sont des actes juridiques de portée générale directement et entièrement obligatoires dans les tous les États membres de l'UE. C'est le cas du règlement 1606/2002 qui a rendu obligatoire, depuis 2005, les normes IFRS pour l'établissement des comptes consolidés des sociétés européennes dont les titres sont négociés sur un marché règlementé de l'Union européenne.
- des **directives européennes** qui sont des textes juridiques destinés à harmoniser la législation dans tous les États. Les directives ne s'appliquent pas directement mais fixent des obligations quant au résultat à atteindre en laissant aux États membres les moyens de leur choix. Ceux-ci transposant les directives dans leur législation interne. C'est le cas des directives n° 4 (comptes annuels, 78/660/CEE) et n° 7 (comptes consolidés, 83/349/CEE) qui visaient à harmoniser les pratiques des sociétés européennes, remplacées en 2013 par la Directive 2013/34/UE (aussi appelée Directive comptable unique).

Les textes européens sont publiés au Journal officiel des communautés européennes (JOCE). Il existe d'autres textes européens, les « Recommandations » et les « Avis », mais qui n'ont aucun caractère obligatoire.

La Directive 2013/34/UE du Parlement européen et du Conseil du 26 juin 2013 relative aux états financiers annuels et consolidés de certaines formes d'entreprises, et aux rapports y afférents, a été transposée dans le droit français par :

- l'**ordonnance** n° 2015-900 qui met à jour la partie législative du Code de commerce, notamment sur les grands principes comptables, mais aussi sur le contenu du rapport de gestion et la notion de contrôle ;

- le **décret** n° 2015-903 qui modifie simultanément la partie réglementaire du Code de commerce.

Elle abroge la Directive 78/660/CEE (4e Directive) relative aux comptes sociaux ainsi que la Directive 83/349/CEE (7e Directive) relative aux comptes consolidés. L'ensemble de ces modifications s'appliquent aux exercices comptables ouverts depuis janvier 2016.

Quelle est la hiérarchie entre différents textes ?

– « Le principe est simple : la hiérarchie entre ces différents textes découle de la position institutionnelle de leur auteur. Si **l'ordonnance a été ratifiée, elle a la valeur la plus élevée puisqu'elle a la même valeur qu'une loi**. S'agissant des autres textes, plus leur auteur est élevé dans la hiérarchie administrative, plus leur valeur est grande. Ainsi, **les décrets l'emportent toujours sur les arrêtés**. Les circulaires n'ont pas, en principe, la valeur d'une décision.

– Au sein de chaque catégorie, le principe demeure le même. C'est pourquoi un décret délibéré en Conseil des ministres, parce qu'il est signé par le Président de la République, est supérieur aux décrets signés par le Premier ministre. De la même façon, l'arrêté pris par un ministre l'emporte sur un arrêté signé par un préfet, qui lui-même est supérieur à un arrêté municipal.

– De cette manière, il ne doit pas, en principe, y avoir de contrariété de décisions, puisque **l'autorité supérieure l'emporte**. Si par hasard la même autorité prend deux décisions contraires, le principe est que la dernière en date l'emporte. »

www.vie-publique.f

Deux organisations européennes ont été créées par la CE pour assurer la transposition des normes internationales dans les États membres. Il s'agit de l'EFRAG et de l'ARC.

2 European Financial Reporting Advisory Group (EFRAG)

L'**EFRAG** est une association sans but lucratif créée en 2001 sur impulsion de la Commission européenne afin de servir l'intérêt général. Son rôle est de développer et promouvoir la voix des parties prenantes européennes dans l'élaboration des normes comptables internationales (IFRS) et de s'assurer que celle-ci soit prise en considération par l'IASB.

3 Accounting Regulatory Committee (ARC)

L'ARC est un comité de réglementation comptable qui fournit à la Commission européenne des avis sur les propositions d'adoption des IFRS. Il se compose de représentants des États membres et est présidé par la Commission européenne.

4 Accountancy Europe (ex Fédération des experts comptables européens (FEE))

La Fédération des experts-comptables européens a changé d'identité en décembre 2016 pour devenir *Accountancy Europe* (www.accountancyeurope.eu/). Elle était née en 1986 de la fusion de l'Union européenne des experts-comptables et du Groupe d'études des experts-comptables. Cet organisme joue essentiellement un rôle consultatif auprès de l'IFAC ou encore de l'IASB.

C Au niveau national en France

1 Parlement

Le Parlement vote des **lois** et contrôle le gouvernement. La Constitution de 1958 a encadré strictement chacun de ces pouvoirs. Il partage le vote de la loi avec le peuple (on parle alors de référendum), peut déléguer ce pouvoir au gouvernement, qui agit alors par ordonnances (art. 38 de la Constitution).

Exemple

Le parlement a voté la loi du 30 avril 1983, dite « loi comptable » et la loi du 17 février 1986 relative aux comptes consolidés. Ces lois ont permis d'harmoniser le droit comptable français avec les 4e et 7e Directives européennes (depuis abrogées par la Directive 2013/34/UE). Ces lois ont été transposées dans le Code de commerce.
Le parlement a voté la loi du 4 août 2008, dite Loi de modernisation de l'économie (LME), sur laquelle s'est fondée l'ordonnance n° 2009-79 créant la nouvelle Autorité des normes comptables (ANC)

2 Gouvernement

Le gouvernement détient l'autorité politique, car il est responsable devant le parlement. Il publie les **décrets** d'application des lois. Il homologue, par **arrêtes ministériels**, les règlements de l'Autorité des normes comptables.

Exemple :

Le gouvernement a publié les décrets d'applications de la loi comptable : décret du 29 novembre 1983.

Le gouvernement a homologué par arrêté ministériel du 7 septembre 2014, le règlement ANC n° 2014-03 du 5 juin 2014 relatif au nouveau Plan Comptable Général

Code de commerce

Le Code de commerce est promulgué le 15 septembre 1807 sous Napoléon 1er et rendu exécutoire au 1er janvier 1808. Initialement appelé « code des boutiquiers », il s'est, au cours des deux siècles qui ont suivi, vidé de sa substance. La majeure partie de la législation commerciale était disséminée dans une multitude de textes épars. Le Code de commerce a été entièrement revu en 2000, à droit constant (ordonnance du 18 septembre 2000). Cette codification n'est toutefois achevée qu'en 2007, avec la codification à droit constant également, de la partie réglementaire du Code (décret du 25 mars 2007).

Le Code de commerce comporte :

1) une partie législative : on y détaille par exemple les obligations des commerçants ;

2) une partie réglementaire : on y détaille les documents comptables obligatoires à produire, le détail de la composition des comptes annuels, les informations devant figurer en annexe, les seuils d'application des mesures de présentation simplifiée des comptes

3 Autorité des normes comptables (ANC)

L'**Autorité des normes comptables** a été créée par l'ordonnance n° 2009-79 du 22 janvier 2009. Elle résulte de la fusion du Conseil national de la comptabilité (CNC) et du Comité de réglementation comptable (CRC).

a. Structure de l'ANC

Le collège de l'ANC est composé de 16 membres :
- un président, choisi en raison de ses compétences économiques et comptables,
- un conseiller d'État,
- un conseiller à la Cour de cassation,
- un conseiller maître à la Cour des comptes,
- un représentant de l'Autorité des marchés financiers,
- deux représentants de l'Autorité de contrôle prudentiel et de résolution (ACPR : organe de supervision français de la banque et de l'assurance),
- huit personnes nommées en raison de leur compétence économique et comptable,
- un représentant des organisations syndicales représentatives des salariés.

Elle est organisée autour de deux commissions spécialisées : l'une en Normes comptables internationales, l'autre en Normes comptables privées.

b. Missions de l'ANC

L'Autorité des normes comptables exerce les missions suivantes :
1. « Elle établit sous forme de règlements les prescriptions comptables générales et sectorielles que doivent respecter les personnes physiques ou morales soumises à l'obligation légale d'établir des documents comptables conformes aux normes de la comptabilité privée ;
2. Elle donne un avis sur toute disposition législative ou réglementaire contenant des mesures de nature comptable applicables aux personnes visées au 1°, élaborée par les autorités nationales ;
3. Elle émet, de sa propre initiative ou à la demande du ministre chargé de l'économie, des avis et prises de position dans le cadre de la procédure d'élaboration des normes comptables internationales ;
4. Elle veille à la coordination et à la synthèse des travaux théoriques et méthodologiques conduits en matière comptable ; elle propose toute mesure dans ces domaines, notamment sous forme d'études et de recommandations. » (www.anc.gouv.fr)
À ce titre, c'est l'ANC qui édite le Plan comptable général (règlement 2014-03). Les règlements de l'ANC sont publiés au JO après homologation par arrêté ministériel et deviennent alors obligatoires pour les entreprises françaises. L'organisme participe également aux travaux de l'IASB et de l'EFRAG.

c. Nouveau Plan comptable général (PCG)

Le règlement ANC 2014-03 a instauré le nouveau **Plan comptable général** qui remplace donc le PCG 1999. Il rassemble tous les textes réglementaires relatifs aux comptes annuels des entreprises industrielles et commerciales. Construit à droit constant, ce nouveau PCG reprend autour d'une nouvelle structure, le PCG 1999 et tous les règlements du CRC et de l'ANC élaborés depuis 1999. Le plan des comptes est resté inchangé. Le PCG est mis à jour régulièrement quand l'ANC publie de nouveaux règlements qui impactent le PCG. Le PCG actuel a été remis à jour au 1er janvier 2016 par le règlement 2015-06 qui modifie le règlement ANC 2014-03.
Le PCG est organisé de la façon suivante :

- **Livre 1 : Principes généraux applicables aux différentes postes des documents de synthèse**
  - Titre 1 : Objets et principes de la comptabilité
  - Titre 2 : L'actif
  - Titre 3 : Le passif
  - Titre 4 : Actifs et passifs dont la valeur dépend des fluctuations des monnaies étrangères
  - Titre 5 : Charges et produits
- **Livre 2 : Modalités particulières d'application des principes**
  - Titre 6 : Disposition et opérations de nature spécifique
  - Titre 7 : Comptabilisation et évaluation des opérations de fusions et opérations assimilées
- **Livre 3 : Modèles de comptes annuels**
  - Titre 8 : Documents de synthèse
- **Livre 4 : Fonctionnement et plan des comptes**
  - Titre 9 : Tenue, structure et fonctionnement des comptes

4 Conseil de normalisation des comptes publics (CNoCP)

(D'après son site web : www.economie.gouv.fr/cnocp)
Le Conseil de normalisation des comptes publics (CNoCP) est un organisme consultatif placé auprès du ministre chargé des Comptes publics en charge de la normalisation comptable de toutes les personnes publiques et privées exerçant une activité non marchande et financées

majoritairement par des ressources publiques, et notamment des prélèvements obligatoires. Le champ de compétence du CNoCP couvre l'État et les organismes dépendant de l'État, les organismes de sécurité sociale, ainsi que les collectivités territoriales et les établissements publics locaux.
Le CNoCP dispose d'un cadre conceptuel (AVIS N°2016-02 DU 4 JUILLET 2016) qui explicite les concepts sous-jacents aux normes comptables des entités publiques. Ce cadre guide le travail des normalisateurs et permet une cohérence entre les normes.
Le CNoCP élabore des normes comptables qui sont publiées sous forme d'avis et approuvées par arrêtés par les ministères concernés.

- Le Recueil des normes comptables de l'État (RNCE) regroupe les normes comptables applicables à l'État. Il a été modifié par avis du 24 juillet 2018. Il est composé d'une introduction, de 19 normes comptables et d'un glossaire.
- Le Recueil des normes comptables pour les établissements publics regroupe les normes comptables aux établissements publics à l'exclusion des établissements publics à caractère administratif qui appliquent le Plan comptable unique des organismes de sécurité sociale (PCUOSS). Il a également été modifié par arrêté du 23 novembre 2018.

Le Conseil répond systématiquement à toutes les consultations de l'IPSAS Board (documents de discussion, papiers de consultation ou exposés sondages). Il a par ailleurs procédé depuis 2014 à une évaluation du référentiel de l'IPSAS Board.

5 Autorité des marchés financiers (AMF)

(D'après son site web : www.amf-france.org)
L'**Autorité des marchés financiers** est une autorité publique indépendante qui régule les acteurs et produits de la place financière française. Elle réglemente, autorise, surveille et, lorsque c'est nécessaire, contrôle, enquête et sanctionne. Elle veille également à la bonne information des investisseurs et les accompagne, en cas de besoin, grâce à son dispositif de médiation. Ses missions sont les suivantes :

- veiller à la protection de l'épargne investie dans les produits financiers,
- veiller à l'information des investisseurs,
- veiller au bon fonctionnement des marchés financiers.

L'AMF émet des règlements qui s'imposeront aux sociétés cotées. Elle peut également être amenée à préciser des points de doctrine comptable sous forme d'instructions ou de recommandations.

6 Ordre des experts-comptables (OEC)

(D'après son site web : www.experts-comptables.fr/)
Créé par l'ordonnance de 1945 et placé sous la tutelle du ministère de l'Économie, des Finances et du Budget, l'**Ordre des experts-comptables** a pour vocation de gérer et d'animer le réseau français de professionnels libéraux au service de l'entreprise. L'OEC est représenté par le Conseil supérieur, composé de 69 membres dont 23 présidents de Conseils régionaux.
L'OEC est une institution nationale qui a pour rôle d'assurer la représentation, la promotion, la défense et le développement de la profession d'expert-comptable, tant en France qu'à l'étranger. Il veille, par ailleurs, au respect de la déontologie professionnelle.
L'OEC définit des **normes** et publie des **recommandations**, que les experts-comptables doivent appliquer dans l'exercice de leurs fonctions. Il participe à l'élaboration et à la diffusion de la doctrine comptable nationale et internationale. L'OEC est également doté d'un **Code de déontologie** (*cf.* Annexes).

7 Compagnie nationale des commissaires aux comptes (CNCC)

(D'après son site web : www.cncc.fr/)

La profession s'organise véritablement avec le décret du 12 août 1969 (modifié le 27 mai 2005), codifié dans le Code de commerce en août 2007. Celui-ci entérine la création de la **Compagnie nationale des commissaires aux comptes**, une entité placée auprès du ministre de la Justice.

La CNCC a pour objet le bon exercice de la profession, sa surveillance ainsi que la défense de l'honneur et de l'indépendance de ses membres.

Elle est dotée d'un **Code de déontologie** (*cf.* Annexes). Celui-ci définit la déontologie à laquelle est soumis le commissaire aux comptes dans l'accomplissement de sa mission. Ses dispositions s'imposent à tout commissaire aux comptes, quel que soit son mode d'exercice. Le Code de déontologie paru au JO le 17 novembre 2005 a fait l'objet de modifications en juillet 2008 et en février 2010. Il constitue l'annexe 8-1 du livre VIII du Code de commerce.

3 Le cadre conceptuel : conceptions et rôles

Un **cadre conceptuel** est un cadre de présentation et de préparation des états financiers qui explicite le modèle comptable utilisé. Il pose en général un certain nombre de principes et énonce les qualités que doit revêtir l'information comptable. Il fournit des réponses aux grandes questions auxquelles est confrontée la pratique :

- Quel est l'objectif de la comptabilité ?
- Qui sont les destinataires de l'information comptable ?
- Quelles sont les caractéristiques que doit revêtir l'information comptable ?
- Selon quels principes les états financiers sont-ils élaborés ?

Les deux organismes internationaux qui ont édité un tel cadre l'ont fait avec une approche différente : approche *a priori* pour le normalisateur américain, approche *a posteriori* pour le normalisateur international. Le cadre conceptuel français lui est implicite.

Pour aller plus loin. Bernard Colasse, « Cadres comptables conceptuels », in *Encyclopédie de Comptabilité, Contrôle de Gestion et Audit*, Economica, 2009, p. 103-114.

Sébastien Rocher, « Les enjeux d'un cadre conceptuel comptable : les enjeux explicites » *Revue française de Comptabilité*, n° 456, juillet-août 2012, p. 44-46.

Sébastien Rocher, « Les enjeux d'un cadre conceptuel comptable : les enjeux implicites », *Revue française de Comptabilité*, n° 458, octobre 2012, p. 48-51.

A Le cadre conceptuel du FASB

Historiquement, les cadres conceptuels sont apparus la première fois aux États-Unis à la suite des réflexions menées par l'*American Institute of Certified Public Accountants* (AICPA) pour créer une « pratique comptable saine » et affirmer le rôle des professionnels comptables dans le processus de normalisation. Cette initiative s'inscrit dans une époque marquée par la crise du système bancaire de 1929. La *Securities Exchange Commission* (SEC) est créée en 1933 par les pouvoirs publics. Celle-ci dispose du pouvoir de réglementer l'information comptable des sociétés cotées.

Plusieurs tentatives ont été menées par l'AICPA pour expliquer les principes comptables généralement admis :

- tout d'abord par le CAP (*Committee on Accounting Procedure*) entre 1937 et 1959,
- puis entre 1959 et 1973 par l'APB (*Accounting Principles Board*),
- enfin, est créé en 1973 le FASB (*Financial Accounting Standards Board*). Celui-ci publie six *statements of concepts* (de 1978 à 1985) formant son cadre conceptuel.

Le cadre conceptuel du FASB est donc un cadre théorique défini *a priori*. Le cadre conceptuel est un guide permettant de produire des normes par déduction. Le cadre conceptuel apparaît comme la solution à la solidité et à la cohérence des normes.

À ceci s'ajoutent deux autres fonctions dérivées :
- une fonction explicative et évaluative : le cadre conceptuel permet *a posteriori* d'interpréter la pratique comptable et de l'évaluer ;
- une fonction prédictive : lorsqu'un nouveau problème apparaît, qui n'a pas encore fait l'objet de norme de traitement, il permet de prédire la solution de ce problème.

B Le cadre conceptuel de l'IASB

Le cadre conceptuel de l'IASB date de 1989. À l'inverse du cadre conceptuel du FASB, il a été construit *a posteriori*, soit après les normes. L'IASB reconnaît que, dans un nombre limité de cas, il peut y avoir un conflit entre ce cadre conceptuel et une norme comptable internationale. Dans les cas où il y a conflit, il est précisé que les dispositions prévues par la norme comptable internationale prévalent sur celles du cadre conceptuel. Cependant, l'IASB ajoute que le nombre de cas de conflit diminuera avec le temps (IASC, 1989 et IASB, 2010).
Le cadre révisé a été publié le 28 mars 2018. Il complète les deux chapitres révisés en 2010 :
- l'objectif de l'information financière à usage général (chapitre 1),
- les caractéristiques qualitatives d'une information financière utile (chapitre 3).

Ce nouveau cadre actualise un certain nombre de définitions, en particulier celles relatives aux actifs et aux passifs, et comporte de nouvelles indications sur l'évaluation, la comptabilisation et la décomptabilisation. Il précise également les concepts de maintien du capital. Il est structuré en 8 chapitres et complété par un glossaire.

Chapitre	**Thèmes abordés**
Introduction	Rôle et objectif du Cadre conceptuel
1	Objectif de l'information financière à usage général
2	Caractéristiques qualitatives de l'information financière utile
3	Les états financiers et l'entité comptable
4	Les composantes des états financiers
5	Comptabilisation et décomptabilisation
6	Évaluation
7	Présentation et informations à fournir
8	Concepts de capital et de maintien du capital

1 Objectif et statut

L'objectif de ce cadre est (IASB, 2010) :
(a) d'aider le Conseil (ou *Board*) à développer les futures IFRS et à réviser les IFRS existantes ;
(b) d'aider le Conseil à promouvoir l'harmonisation des réglementations, des normes comptables et des procédures liées à la présentation des états financiers, en fournissant la base permettant de réduire le nombre de traitements comptables autorisés par les IFRS ;
(c) d'aider les organismes de normalisation nationaux à développer des normes nationales ;
(d) d'aider les préparateurs des états financiers à appliquer les IFRS et à traiter de sujets qui doivent encore faire l'objet d'une IFRS ;
(e) d'aider les auditeurs à se faire une opinion sur la conformité des états financiers avec les IFRS ;
(f) d'aider les utilisateurs des états financiers à interpréter l'information contenue dans les états financiers préparés en conformité avec les IFRS ;
(g) de fournir à ceux qui s'intéressent aux travaux de l'IASB des informations sur son approche d'élaboration des IFRS.
Le cadre conceptuel précise : « l'objectif de l'information financière à usage général est de fournir, au sujet de l'entité qui la présente, des informations utiles aux investisseurs en capitaux propres, aux prêteurs et aux autres créanciers actuels et potentiels aux fins de leur prise de décisions en tant que fournisseurs de capitaux. Les informations utiles aux fournisseurs de capitaux peuvent aussi l'être à d'autres utilisateurs de l'information financière » (IASB 2010, OB 2).

Pour l'IASB, le but de l'information financière à usage général est de fournir une information relative à la prise de décisions économiques. Bien que les agents susceptibles de prendre des décisions soient multiples (actionnaires, salariés, créanciers, clients, etc.), l'IASB donne la primauté aux investisseurs en capitaux propres, aux prêteurs et aux créanciers actuels et potentiels. C'est une conception anglo-saxonne de la comptabilité dans laquelle l'information doit être utile au marché financier.

2 Qualités de l'information comptable

L'information comptable doit réunir un certain nombre de qualités. Dans son projet de cadre conceptuel, l'IASB accorde explicitement la primauté à la notion de pertinence. Un certain nombre d'autres qualités (considérées comme auxiliaires) permettent de rendre l'information utile.

- **Pertinence**

« L'information est pertinente lorsqu'elle peut influencer la prise de décisions de par sa valeur prédictive ou sa valeur de confirmation » (IASB 2010, QC 6 à 10). Cette qualité n'est évoquée que par l'IASB. La directive européenne et le Code de commerce font implicitement l'hypothèse que l'information comptable est nécessairement pertinente dès lors qu'elle contribue à donner une image fidèle.

- **Fiabilité/Fidélité**

Dans son nouveau cadre conceptuel, l'IASB a remplacé la notion de fiabilité (*reliability*) par celle de fidélité (*faithful representation*). « L'information financière est fidèle si elle dépeint la substance d'un phénomène économique de façon complète, neutre et exempte d'erreurs significatives » (IASB 2010, QC 12 à 16).La fiabilité/fidélité résulte surtout de la valeur des procédures d'audit.

- **Comparabilité**

Le lecteur des comptes a besoin de pouvoir comparer dans l'espace (grâce à la normalisation) et dans le temps (du fait de la permanence des méthodes). Cette qualité (*comparability*) est devenue une caractéristique qualitative auxiliaire pour l'IASB (IASB 2010, QC 20 à 25).

- **Vérifiabilité**

La vérifiabilité (*verifiability*) peut être directe ou indirecte et contribue à assurer une image fidèle de l'information financière (IASB 2010, QC 26 à 28).

- **Compréhensibilité**

L'utilité des comptes est fonction de leur compréhensibilité (*understandability*). Mais compréhensibilité pour qui ? Seul le cadre conceptuel de l'IASB aborde cette question sous le terme de compréhensibilité (IASB 2010, QC 30 à 32). « La compréhensibilité est la qualité de l'information qui permet aux utilisateurs d'en comprendre la signification. La compréhensibilité se trouve accrue lorsque l'information est classée, définie et présentée de façon claire et concise. La comparabilité peut également accroître la compréhensibilité ». En conclusion, l'information doit être claire pour un public averti et ne doit pas s'adresser aux seuls spécialistes.

- **Rapidité**

L'absence de rapidité (*timeless*) n'altère pas nécessairement la fidélité de l'image mais son utilité, sa pertinence. Il n'est donc pas étonnant que le cadre conceptuel (IASB 2010, QC 29) qui est très soucieux des intérêts des utilisateurs, soulève ce point. « La rapidité répond au besoin de rendre l'information accessible aux décideurs avant qu'elle perde sa capacité d'influencer leurs décisions ».

- **Coût raisonnable**

Enfin, la dernière et non la moindre des qualités que doit revêtir l'information comptable est que son coût de production ne doit pas excéder sa valeur d'usage, à supposer qu'on puisse la mesurer. Le cadre conceptuel révisé (IASB 2010, QC 35 à 39) attire l'attention sur ce point qu'il présente comme **une contrainte** plutôt que comme une qualité. « L'application de la contrainte de coût amène à évaluer s'il est probable que les avantages procurés par l'information financière justifieront les coûts entraînés par sa production et son utilisation » Il précise que l'évaluation des avantages et des coûts est essentiellement subjective et que le coût de production d'une information n'est pas nécessairement supporté par celui qui en fait usage.

Remarque. Dans le droit comptable européen et français, ce point n'est abordé qu'à propos des comptes consolidés. Ainsi, selon le titre II du Code de commerce : « une filiale ou une participation peut être laissée en dehors de la consolidation lorsque (...) les informations nécessaires à l'établissement des comptes consolidés ne peuvent être obtenues sans frais excessifs » (art. L 233-19). La Directive européenne 2013/34/UE précise que « les petits groupes peuvent être exemptés d'établir des états financiers consolidés car (...) l'élaboration d'états financiers consolidés en plus des états financiers annuels de l'entreprise mère et des entreprises filiales peut se révéler onéreuse ».

Quel est le rôle de la convention de prudence dans les normes internationales ?

Cette convention avait initialement été retenue dans le cadre conceptuel d'origine de l'IASB (IASC, 1989 § 37). Elle est également évoquée incidemment dans les normes proprement dites à propos de l'évaluation actuarielle des engagements de retraite (IAS 19, § 26), de l'estimation des provisions (IAS 37, § 43) et de la durée d'utilisation des immobilisations incorporelles (IAS 38, § 93). Son application ne doit cependant pas aboutir à la création de réserves occultes ou de provisions excessives enlevant leur neutralité aux états financiers.

Toutefois, dans son projet de cadre conceptuel révisé, l'IASB était arrivé à la conclusion que « décrire la prudence ou le conservatisme comme une caractéristique qualitative ou une réponse souhaitable à l'incertitude entrerait en conflit avec la qualité de neutralité puisque, même avec l'interdiction de sous-évaluation ou de surévaluation délibérée qui est formulée dans les cadres existants, un appel à la prudence donnera vraisemblablement lieu à un biais dans la présentation de la situation financière et de la performance financière » (IASB 2008, BC2 21). En conséquence, la notion de prudence avait été retirée de la version révisée du cadre conceptuel (IASB 2010, QC 5 et s.).

Face aux critiques induites par cette décision, l'IASB (Décision du *Board* de mai 2014) a décidé de réintroduire cette notion dans son cadre conceptuel. Elle est ainsi explicitement citée dans l'exposé sondage de mai 2015 comme élément essentiel de la neutralité des états financiers.

Elle correspond à l'application d'un principe de précaution lorsque des jugements sont exercés dans des conditions d'incertitude ; l'exercice de ce principe est compatible avec la neutralité et ne doit permettre ni la surévaluation ni la sous-évaluation des actifs, passifs, revenus et dépenses

C Le cadre comptable français

S'il n'existe pas de cadre comptable conceptuel français, le nouveau PCG détaille cependant dans son Titre 1 les « Objet et principes de la comptabilité ».

L'objectif est une image fidèle de l'entreprise.

- **Image fidèle** (art. 121-1)

La comptabilité est un système d'organisation de l'information financière permettant de saisir, classer, enregistrer des données de base chiffrées et présenter des états reflétant une image fidèle du patrimoine, de la situation financière et du résultat de l'entité à la date de clôture.

Six principes sont ensuite explicités :

- **Comparabilité** et **continuité d'activité** (art. 121-2)

La comptabilité permet d'effectuer des comparaisons périodiques et d'apprécier l'évolution de l'entité dans une perspective de continuité d'activité.

Toutefois, si par suite de circonstances externes exceptionnelles, il fallait changer de méthode, le Code de commerce (art. L 123-17) et le PCG imposent de décrire, justifier et évaluer l'incidence de ce changement afin de rétablir la comparabilité.

- **Régularité** et **sincérité** (art. 121-3)

La comptabilité est conforme aux règles et procédures en vigueur qui sont appliquées avec sincérité afin de traduire la connaissance que les responsables de l'établissement des comptes ont de la réalité et de l'importance relative des événements enregistrés.

La régularité, définie par le PCG avec la sincérité, était la seconde qualité énoncée par le droit comptable français antérieurement à l'introduction de la 4e Directive (1978). Elle a été maintenue par le Code de commerce (art. L 123-14). L'idée que normalement, lorsque les comptes réunissent les deux qualités de régularité et sincérité, l'objectif d'image fidèle est automatiquement atteint n'apparaît plus dans la rédaction actuelle du PCG.
La sincérité est une qualité énoncée dans le Code de commerce (art. L 123-14) et le PCG (art. 121-3) qui reprennent ainsi une expression traditionnelle du droit comptable français. Mais aujourd'hui, la sincérité qui suppose théoriquement une obligation de moyen pesant sur celui qui établit les comptes n'a plus de raison d'être dès lors qu'il y a une obligation de résultat consistant à donner une image fidèle.
Dans le cas exceptionnel où l'application d'une règle comptable se révèle impropre à donner une image fidèle, il y est dérogé. La justification et les conséquences de la dérogation sont mentionnées dans l'annexe.

- **Prudence** (art. 121-4)

La comptabilité est établie sur la base d'appréciations prudentes, pour éviter le risque de transfert, sur des périodes à venir, d'incertitudes présentes susceptibles de grever le patrimoine et le résultat de l'entité.

- **Permanence des méthodes** (art. 121-5)

La cohérence des informations comptables au cours des périodes successives implique la permanence dans l'application des règles et procédures. Toute exception à ce principe de permanence doit être justifiée par un changement exceptionnel dans la situation de l'entité ou par une meilleure information dans le cadre d'une méthode préférentielle. Les méthodes préférentielles sont celles considérées comme conduisant à une meilleure information par l'organisme normalisateur.
D'autres principes, que l'on trouve à d'autres endroits du PCG, peuvent être ajoutés.

- **Non-compensation** (art. 112-2 et 112-3)

Aucune compensation ne peut être opérée entre les postes d'actif et de passif.
Aucune compensation ne peut être opérée entre les postes de charges et de produits.

- **Intangibilité du bilan d'ouverture** (art. 112-2)

Le bilan d'ouverture d'un exercice correspond au bilan de clôture avant répartition de l'exercice précédent.

- **Importance relative** (art. 112.4)

Ce principe est implicite dans le PCG lorsqu'il précise le rôle de l'annexe : l'annexe comporte toutes les informations d'importance significative destinées à compléter et à commenter celles données par le bilan et par le compte de résultat. Une inscription dans l'annexe ne peut pas se substituer à une inscription dans le bilan et le compte de résultat

- **Coûts historiques** (art. 213-1)

Les immobilisations corporelles ou incorporelles et les stocks, répondant aux conditions de définition et de comptabilisation, doivent être évalués initialement à leur coût (coût d'acquisition, coût de production, valeur vénale pour les actifs acquis à titre gratuit ou par voie d'échange).

- **Indépendance des exercices** (art. 512-4)

Ce principe pose le problème de rattachement des charges et des produits à l'exercice qui les concerne. Pour calculer le résultat par différence entre les produits et les charges de l'exercice, sont rattachés à l'exercice les produits acquis à cet exercice, auxquels s'ajoutent éventuellement les produits acquis à des exercices précédents mais qui, par erreur ou omission, n'ont pas alors fait l'objet d'un enregistrement comptable.

Quid de la juste valeur ?

La convention de la juste valeur s'oppose à la convention du coût historique et à la convention de prudence telle qu'elle est envisagée par le PCG.

L'IASB a publié en mai 2011 un « guide d'évaluation de la juste valeur » (IASB, 2011) applicable depuis le 1er janvier 2013. L'organisme international fait explicitement référence à la crise financière qui a rendu d'autant plus urgente une explicitation des conditions d'évaluation à la juste valeur et des informations à fournir dans les états financiers. L'IFRS 13 s'applique aux éléments financiers et non financiers qui sont évalués à la juste valeur.

« La juste valeur est « le prix qui serait reçu pour vendre un actif ou payé pour transférer un passif lors d'une transaction ordonnée entre des intervenants du marché à la date d'évaluation » (IFRS 13, IASB 2011).

En plus d'homogénéiser les différents textes relatifs à la juste valeur, cette norme indique les informations à fournir en notes aux états financiers et établit une hiérarchie entre les justes valeurs, selon trois niveaux. Il n'y a donc plus une seule juste valeur mais plusieurs justes valeurs.

- Le niveau 1 correspond aux prix cotés que l'on peut observer sur des marchés actifs pour des actifs et des passifs similaires. La norme recommande de privilégier systématiquement ce type de données lorsqu'elles sont disponibles.
- Le niveau 2 correspond à des données autres que de niveau 1, observables soit directement, soit indirectement. Ces données peuvent, par exemple, correspondre à des données observables sur des marchés non actifs de biens similaires, ou encore sur des marchés actifs de biens non similaires.
- Le niveau 3 correspond à des données non observables, pouvant être internes à l'entreprise, et qui doivent être ajustées en fonction des hypothèses des intervenants du marché.

Quid de la prééminence de la réalité sur l'apparence ?

- Ce principe (substance over form) indique qu'il ne faut pas examiner une opération uniquement sous l'angle juridique mais également sous l'angle économique. L'exemple classique est celui du bien acquis par le biais d'un contrat en crédit-bail (location-financement). En apparence, le locataire n'est pas propriétaire du bien tant qu'il n'a pas levé l'option d'achat. En réalité, il contrôle le bien et profite de ses avantages.
- Dans le droit comptable français, pour les comptes sociaux, l'apparence et le droit primeront sur la réalité : le bien ne sera pas admis à l'actif du bilan. Le locataire enregistrera une charge de location.
- Dans le droit comptable international et pour les comptes consolidés, la réalité primera sur l'apparence : le bien sera comptabilisé à l'actif du bilan même si le locataire n'est pas propriétaire. Il constatera également une dette du même montant au passif. La charge de location sera retraitée en dotation en amortissement et en charge d'intérêt.

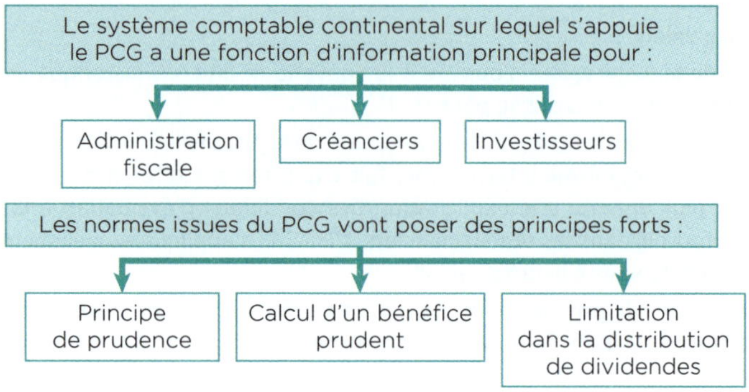
Le système comptable continental sur lequel s'appuie le PCG a une fonction d'information principale pour :
Administration fiscale
Créanciers
Investisseurs
Les normes issues du PCG vont poser des principes forts :
Principe de prudence
Calcul d'un bénéfice prudent
Limitation dans la distribution de dividendes

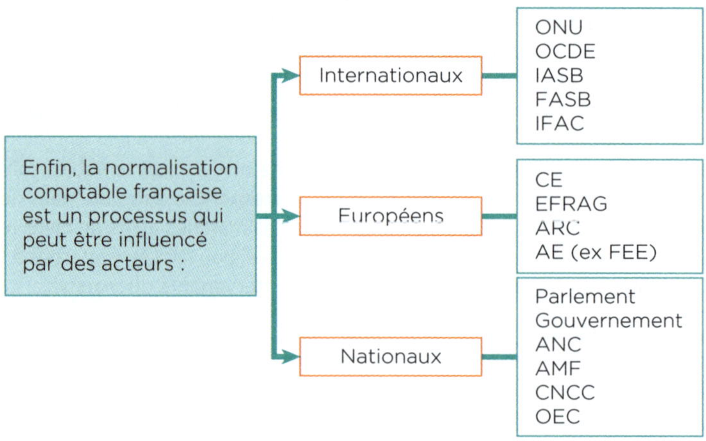
Enfin, la normalisation comptable française est un processus qui peut être influencé par des acteurs :
Internationaux
ONU
OCDE
IASB
FASB
IFAC
Européens
CE
EFRAG
ARC
AE (ex FEE)
Nationaux
Parlement
Gouvernement
ANC
AMF
CNCC
OEC

Définitions et règles générales d'évaluation des actifs

Chapitre 3

COMPÉTENCES ATTENDUES

- **Caractériser les différentes catégories d'actif.**
- **Exposer les conditions d'activation.**
- **Exposer les principes d'évaluation des actifs.**

La catégorie des actifs fait l'objet de nombreuses normes. Loin de ne concerner que les immobilisations, la réglementation impose des traitements communs à toutes les catégories d'actifs.

PLAN DU CHAPITRE

SYNTHÈSE P. 67

APPLICATIONS P. 327

LES RÉFÉRENCES POUR COMPRENDRE LE CONTEXTE

Les actifs et le PCG

Les articles du PCG définissent les actifs et présentent les conditions d'inscription à l'actif.

Difficultés comptables et enjeux autour de l'actif immobilisé dans le secteur public

Fiabilisation et certification des comptes des établissements publics de santé (ministère des Solidarités et de la Santé)

Les difficultés comptables et les enjeux autour de l'actif immobilisé concernent beaucoup d'entreprises mais aussi le secteur public : dans le cadre du projet de fiabilisation des comptes des Établissements publics hospitaliers (EPS), la Direction générale de l'offre de soins (DGOS), la DGFIP et la Cour des comptes ont élaboré une FAQ pour aider les services comptables à se préparer à la certification de leurs comptes :

- Un bien présent à l'inventaire mais jamais comptabilisé à l'actif doit-il obligatoirement être évalué et comptabilisé à la valeur actuelle, et sans rattrapage des amortissements, à partir du moment où l'ordonnateur est en possession d'un acte sur lequel la valeur du bien à l'origine est précisée (*ex.* : acte notarié) ?
- Un établissement ayant transféré son activité de chirurgie continue d'utiliser les salles de blocs pour une activité non chirurgicale avec un taux d'occupation de 15 %. L'activité réalisée au bloc opératoire ne génère plus les recettes attendues pour compenser les amortissements. Le bloc opératoire doit-il être déprécié ou faire l'objet d'un amortissement exceptionnel ?
- Comment imputer comptablement les couvertures (toitures et bardages) ?
- Un droit de réservation, durant 30 ans, de logements mis à disposition par une SEM (société d'économie mixte) pour les élèves infirmiers bénéficiant d'un contrat de pré-recrutement avec un hôpital et pour les membres du personnel de ce dernier, doit-il être inscrit à l'actif de l'EPS comme une immobilisation incorporelle ?

1 Les textes de référence

Le droit comptable émane essentiellement du droit communautaire (règlements et directives européens) et du droit national (lois, ordonnances, règlements de l'ANC).
D'importantes modifications ont eu lieu dans les années 2000 du fait d'une accélération de l'harmonisation comptable européenne et internationale, même si de substantielles différences demeurent encore entre les approches anglo-saxonne et latine. La création de l'ANC en janvier 2009 a renforcé ce mouvement (ordonnance n° 2009-79 du 22 janvier 2009, www.anc.gouv.fr).
Les transpositions de directives dans le droit national par voie législative (ou d'ordonnances) modifient le Code de commerce et l'ANC répercute les changements dans le PCG (*cf.* Partie législative, Livre 1er, Titre II, Chapitre III, Section 2 – De la comptabilité des commerçants Art L123-12 & s.).
Pour ce qui concerne la **définition, les conditions d'inscription, l'évaluation et la classification** des actifs, il faut se reporter à la réglementation issue de l'ANC, et plus précisément dans le Règlement CRC n° 2004-06 du 23 novembre 2004 dont les éléments sont reportés dans le PCG (dernière version consolidée au 1er janvier 2019).
En matière **d'évaluation des actifs non financiers**, postérieurement à leur entrée, il faut essentiellement se référer au règlement ANC n° 2015-06 du 23 novembre 2015 modifiant le PCG.

2 Définition, conditions d'inscription à l'actif

Certains éléments **doivent** figurer à l'actif, d'autres **peuvent** être activés. Comment établir la distinction et déterminer la catégorie adéquate ?
Il faut dans un premier temps revenir à la définition d'un actif, notion plus large qui englobe les immobilisations corporelles et incorporelles, les stocks, puis aux critères d'inscription de ces immobilisations à l'actif du bilan.

A Définition générale et inscription à l'actif

Extrait du Règlement CRC n° 2004-06 du 23 novembre 2004 relatif à la définition, la comptabilisation et l'évaluation des actifs modifiant le PCG

« Article 211-1

1 – Un actif est un élément identifiable du patrimoine ayant une valeur économique positive pour l'entité, c'est-à-dire un élément générant une ressource que l'entité contrôle du fait d'événements passés et dont elle attend des avantages économiques futurs.

2 – Une immobilisation corporelle est un actif physique détenu, soit pour être utilisé dans la production ou la fourniture de biens ou de services, soit pour être loué à des tiers, soit à des fins de gestion interne et dont l'entité attend qu'il soit utilisé au-delà de l'exercice en cours.

3 – Une immobilisation incorporelle est un actif non monétaire sans substance physique.

4 – Un stock est un actif détenu pour être vendu dans le cours normal de l'activité, ou en cours de production pour une telle vente, ou destiné à être consommé dans le processus de production ou de prestation de services, sous forme de matières premières ou de fournitures.

5 – Les charges constatées d'avance sont des actifs qui correspondent à des achats de biens ou de services dont la fourniture ou la prestation interviendra ultérieurement.

[...] »

1 Définition s'appliquant aux actifs non financiers

Trois critères éléments clés de l'article 211-1 sont à étudier :

> **Article 211-1**
>
> 1 – Un actif est un élément identifiable du patrimoine ayant une valeur économique positive pour l'entité, c'est-à-dire un élément générant une ressource que l'entité contrôle du fait d'événements passés et dont elle attend des avantages économiques futurs.

a. Notion d'élément identifiable

Le PCG ne fournit pas d'explicitations supplémentaires. Pour les comptes individuels, il semble possible d'utiliser la définition du règlement ANC 2021-01 sur les comptes consolidés selon laquelle un actif identifiable est un actif susceptible d'être évalué séparément dans des conditions permettant un suivi de sa valeur.

Un actif est donc identifiable si :

- il est **acquis séparément** d'autres actifs (le problème pourra se poser pour certaines immobilisations incorporelles)

ou

- il est **nettement individualisé**, par un numéro de série par exemple (cas des stocks, des ordinateurs...), même s'il fait partie d'un lot.

b. Notion d'avantages économiques futurs

Ils sont précisés dans l'article 211-2 du PCG : « L'avantage économique futur représentatif d'un actif est le **potentiel** qu'a cet actif de **contribuer**, directement ou indirectement, à des **flux nets de trésorerie au bénéfice** de l'entité. ». L'assurance que les avantages économiques futurs iront à l'entreprise n'existe que lorsque l'entreprise **reçoit les avantages attachés** à cet actif et **assume les risques** associés (CNC avis 2004-15).

c. Notion de ressource contrôlée

Un actif doit générer des ressources qui seront contrôlées par l'entreprise. Contrôler revient à **s'assurer que les avantages reviendront à l'entité** et que **nul** ne pourra **s'y opposer**. Autrement dit, l'entité doit avoir le pouvoir d'obtenir les avantages économiques découlant de la ressource et d'en restreindre l'accès aux tiers. Le droit de propriété mais aussi le droit contractuel de **disposer de la chose** induisent une **présomption de contrôle** et sont, de plus, opposables aux tiers. Cette notion de contrôle est extrêmement importante. **La notion de propriété n'est plus essentielle**. Une entité **contrôle** un actif si elle **dispose des avantages** économiques futurs et qu'elle **assume l'essentiel des risques**.

> **Exemple**
>
> Même s'il lui permet de dégager des avantages économiques futurs, le capital humain de l'entreprise (son personnel) ne peut être considéré comptablement comme un actif en l'absence de contrôle suffisant. Le personnel peut en effet à tout moment quitter l'entreprise. Les charges de personnel doivent donc être comptabilisées en charge. Éventuellement, certains talents peuvent être protégés mais dans ce cas, l'activation ne sera possible que si l'élément concerné remplit les critères de comptabilisation.

2 Conditions d'inscription à l'actif

Une fois les trois critères essentiels de définition d'un actif vérifiés, il faut encore s'assurer que l'élément peut être inscrit à l'actif.

Article 212-1 du PCG

« Une immobilisation corporelle, incorporelle ou un stock est comptabilisé à l'actif lorsque les conditions suivantes sont simultanément réunies :
- il est probable que l'entité bénéficiera des avantages économiques futurs correspondants ou du potentiel de services attendus pour les entités qui appliquent le règlement n° 99-01 ou relèvent du secteur public ;
- son coût ou sa valeur peut être évalué avec une fiabilité suffisante, y compris, par différence et à titre d'exception, lorsqu'une évaluation directe n'est pas possible, selon les dispositions de l'article 213-7. »

- La condition n° 1 est normalement remplie par les conditions de définition de l'actif. Le caractère **probable** est généralement associé à la possibilité de contrôler les avantages économiques futurs.
- La condition n° 2 vient compléter les critères définis préalablement et revêt de **l'importance**. En effet, un actif remplissant les conditions peut très bien ne pas rassembler les critères d'inscription.

Exemple

Un fonds de commerce créé par une entreprise répond bien aux critères d'identification, d'avantages économiques futurs et de ressources contrôlées. Cependant, son évaluation peut être qualifiée de subjective dès lors qu'elle repose sur des suppositions de stabilité de chiffre d'affaires ou des comparaisons sectorielles. Un coût est plus fiable car il laisse des empreintes, le problème des hypothèses de répartition des charges indirectes mis à part.
De toutes les façons, un fonds créé ne répond pas non plus au critère de base de l'individualisation car les coûts engagés pour sa création sont difficilement distinguables du coût de l'activité dans son ensemble.

En conséquence, un bien (ou service) **acquis** remplira très certainement la condition d'évaluation fiable. C'est moins vrai pour un bien **produit** par l'entité.

3 Les exceptions à l'activation

a. Principe de significativité

Art. 212-6

Les éléments d'actif non significatifs peuvent ne pas être inscrits au bilan ; dans ce cas, ils sont comptabilisés en charges de l'exercice.

Lorsque les biens sont de **faible valeur**, les actifs sont considérés comme non significatifs. Il n'y a **pas** alors **d'obligation** de les inscrire à l'actif, ils entrent dans la composition du résultat.
Cependant, le PCG ne donne pas plus d'indications sur la nature de ces biens : on peut donc penser que la possibilité s'offre à tous les éléments entrant dans le champ d'application des actifs non financiers.
De même, le PCG ne fournit pas de base de comparaison pour apprécier la « faible » valeur. La profession comptable a donc adopté la **tolérance fiscale** concernant du matériel (petit outillage à main, dépenses de menus équipements et mobiliers de bureau, logiciels) dont le prix d'acquisition ne dépasse pas 500 € HT.

> **La règle fiscale sur le site impots.gouv**
> https://bofip.impots.gouv.fr/bofip/2109-PGP.html/identifiant%3DBOI-BIC-CHG-20-30-10-20170301

b. Les biens pris en location

Rappelons que le droit de **propriété** (même démembré) **n'est pas un critère d'inscription à l'actif**. Ainsi, un bien dont l'entité est propriétaire mais dont elle n'a pas le contrôle n'est pas un actif. A contrario, un bien qu'elle contrôle mais dont elle n'est pas propriétaire peut être théoriquement considéré comme un actif.

Les biens pris en location (location simple, location-financement) ne doivent pas être inscrits à l'actif, alors qu'ils répondent aux critères. L'article 212-5 du PCG précise : « Le titulaire d'un contrat de crédit-bail comptabilise **en charges** les sommes dues au titre de la période de location. À la **levée de l'option** d'achat, le titulaire d'un contrat de crédit-bail inscrit **l'immobilisation** à l'actif de son bilan pour un montant établi conformément aux règles applicables en matière de détermination de la valeur d'entrée. »

> **Précision**
> Bien que répondant aux critères de définition et d'inscription à l'actif, les biens faisant l'objet d'une location (du côté preneur) ont été exclus du champ d'application du règlement CRC n° 2004-06. Ces biens (*cf.* contrats de crédit-bail, chapitre 6) sont exclus de ces dispositions après l'avis CNC n° 2004-15. Tous les textes ultérieurs ont repris cette exclusion. La raison tient au problème juridique que cela poserait, dans la mesure où le bailleur a l'obligation d'inscrire le bien qu'il loue à l'actif de son bilan. L'inscription au bilan du preneur n'est alors pas possible. Cette position revient à continuer à privilégier l'approche juridique à l'approche économique dans les comptes sociaux des entreprises françaises.

4 Distinction immobilisation/stock

Les critères de distinction entre immobilisations et stocks ont été introduits par le règlement CRC n° 2004-06 sur les actifs.

Un bien sera affecté aux immobilisations ou aux stocks selon les deux critères suivants.

a. La durée de son utilisation

Une **immobilisation** a vocation à être **consommée de façon durable** (au-delà de l'exercice d'acquisition) dans l'activité de l'entité. Au contraire, un stock est consommé rapidement.

> **Exemple :** Une acquisition de tôle dans l'industrie automobile est un stock, l'acquisition d'une emboutisseuse est une immobilisation.

b. Sa destination

Un **stock** est destiné à être **vendu** dans le cadre de l'activité normale ou **consommé dans le processus** de production.

Une **immobilisation** est destinée (PCG art. 211-6) à être **utilisée** dans le processus de production ou louée à des tiers ou être utilisée à des fins de gestion interne.

> **Exemple :** Un véhicule produit par un constructeur automobile pour être vendu sera en stock. Si le même véhicule est affecté au service commercial, ce sera une immobilisation (c'est une auto-production d'immobilisation).

On peut résumer le processus de détermination d'un actif par le schéma suivant :

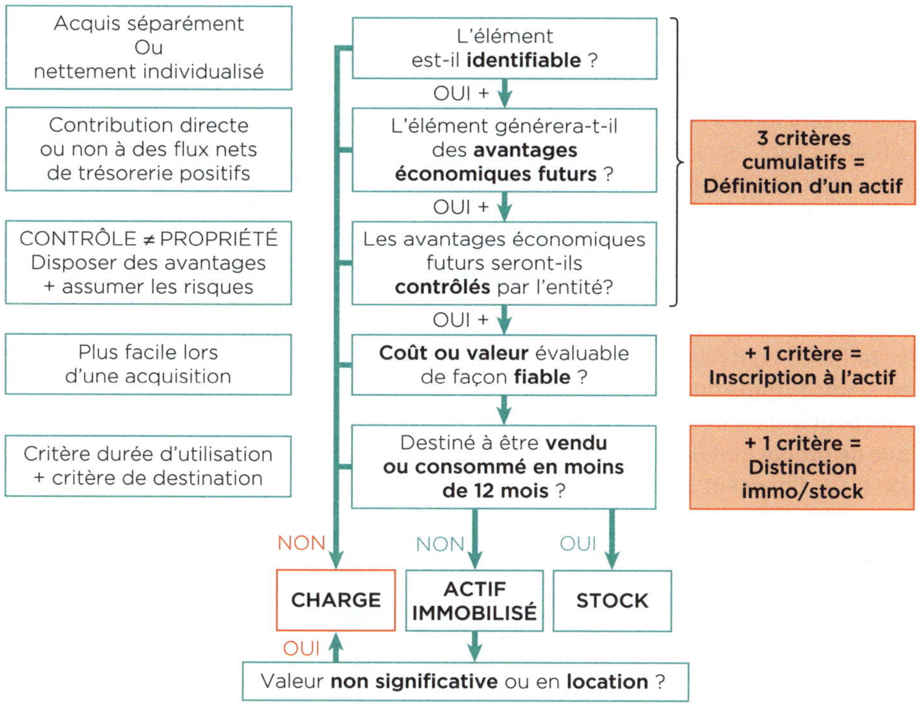

B Champ d'application

Le PCG, dans son Livre I, titre II, présente l'actif du bilan. Il distingue l'actif non financier et l'actif financier (voir chapitre 7).

L'actif non financier	Référence PCG	Actif financier	Référence PCG
Immobilisations incorporelles	Art. 211-5	Titres immobilisés	Art. 221-1 à 8
Immobilisations corporelles	Art. 211-6		
Stocks	Art. 211-7	Titres de placement	Art. 222-1
Charges constatées d'avance	Art. 211-8		

En dehors des conditions d'inscription à l'actif, les immobilisations, les stocks et les titres non immobilisés ont des règles propres (voir chapitres 4, 5, 7 et 8).
Les autres postes de l'actif du bilan, telles les créances, les disponibilités, ne sont pas mentionnés dans le PCG, à ce stade.
Cela ne signifie pas que les créances et disponibilités ne puissent pas être à **l'**actif du bilan, mais elles n'ont pas le statut **d'**actif.
La différence paraît subtile mais elle est importante : les **éléments autres** que l'actif non financier (et financier) n'ont **pas**, pour être inscrits à l'actif, **l'obligation de remplir les quatre critères** développés précédemment.
Seuls les biens ou les services ayant été acquis ou produits par l'entité sont soumis aux conditions préalables.
Le droit comptable français n'a **pas émis** de règlement à ce sujet, contrairement aux IFRS où les créances comme la trésorerie sont qualifiées **d'actifs monétaires**.

3 Règles d'évaluation communes à tous les actifs

A À l'entrée : incorporation des coûts d'emprunt

Les règles d'évaluation à l'entrée dans le patrimoine sont **propres** à chaque **catégorie** d'actifs et seront étudiées dans leurs chapitres respectifs.
Toutefois, le traitement des coûts d'emprunt est commun aux actifs corporels, incorporels et aux stocks, qu'ils soient acquis ou produits par l'entité.
Il est déterminé par l'article 213-9 du PCG. **Deux traitements** comptables sont possibles pour les coûts d'emprunt : rattachement au coût ou comptabilisation en charge.

1 Les coûts d'emprunt éligibles

L'incorporation de coûts dans une valeur d'entrée d'immobilisation amortissable vise à étaler ces coûts au même rythme que l'immobilisation par le biais des amortissements.
Une entité **peut** inclure dans le coût de l'actif corporel, les coûts d'emprunt lorsqu'ils **concernent la période de production** de cet actif, **jusqu'à la date d'acquisition** ou de réception définitive **ET** à condition qu'ils **financent l'acquisition** ou la production d'un actif éligible (PCG Art. 213-9).

Remarque. Aucune méthode de référence n'ayant été énoncée par les Autorités comptables, cela reste une possibilité. Par contre, si cette méthode a été choisie pour un actif éligible, elle doit être appliquée pour tous les éligibles.

Un actif **éligible** est un actif qui exige une **longue période de préparation** ou de construction avant de pouvoir être utilisé ou vendu.
Le traitement retenu doit être appliqué de façon cohérente et permanente à tous les coûts d'emprunt. Autrement dit, c'est la **même méthode** (incorporation au coût de l'actif ou passage en charges) qui doit être **appliquée** à **tous** les **coûts d'emprunt** attribuables à des actifs éligibles de l'entité. En raison de son impact sur les états financiers, la méthode retenue doit explicitement être mentionnée en **annexe**.
Ces coûts d'emprunt peuvent inclure (ANC avis 2004-15) :
- les intérêts sur découverts bancaires et emprunts à court terme et à long terme ;
- l'amortissement des primes d'émission ou de remboursement relatives aux emprunts ;
- l'amortissement des coûts accessoires encourus pour la mise en place des emprunts (frais d'émission) ;
- les différences de change résultant des emprunts en monnaie étrangère, dans la mesure où elles sont assimilées à un ajustement des coûts d'intérêt.

2 Emprunt spécifique ou emprunt général

L'incorporation des coûts d'intérêt au coût d'entrée d'une immobilisation ne pose pas de problème particulier en cas d'un emprunt spécifiquement effectué en vue de la production ou de l'acquisition de l'actif correspondant puisque ces coûts sont dans ce cas directement affectables.
En revanche, lorsque les fonds sont empruntés de **manière générale** puis utilisés en vue de l'obtention d'un actif éligible, le montant des coûts d'emprunt incorporables au coût de l'actif doit être déterminé en appliquant un **taux de capitalisation**.
Ce dernier doit être la **moyenne pondérée** des coûts d'emprunt applicables aux emprunts de l'entité au titre de l'exercice, autres que les emprunts contractés spécifiquement dans le but d'obtenir un actif éligible.

FOCUS IFRS

Sous normes IFRS, les entités doivent appliquer IAS 23 relative aux coûts d'emprunt.

La notion « d'actif éligible » sous normes françaises fait place à celle « d'actif qualifié ». L'incorporation de charges d'intérêt au coût d'acquisition ou de production des actifs qualifiés est obligatoire et non optionnelle.

Les charges d'intérêts incluses dans le coût d'un actif sont celles calculées à l'aide de la méthode du taux d'intérêt effectif (*cf.* IFRS 9), celles en rapport avec les contrats de location et enfin les différences de change résultant des emprunts en monnaie étrangère.

Exemple

Une entreprise contracte le 15/01/N un emprunt en vue de financer en totalité l'acquisition d'une machine d'une valeur de 300 k€. L'installation débute le 1/02/N et se termine le 1/06/N. La machine est prête à fonctionner le 1/08/N. Le taux d'intérêt annuel de l'emprunt est de 3 %. L'emprunt est remboursable sur 5 ans par annuités constantes

La période d'incorporation des coûts s'étend sur 4 mois : du début de l'installation (1/02) à la date de fin d'installation (1/06). C'est sur cette période qu'il va être possible d'incorporer les charges d'intérêt, soit pour un montant de 300 000 × 3 % × 4/12 = 3 000 €. L'enregistrement comptable sera donc le suivant si l'entreprise opte pour l'incorporation des charges d'intérêt au coût d'acquisition de ses actifs éligibles.

		01/06/N		
2154		Matériel industriel	303 000	
44562		TVA déductible sur immobilisation (300 000 × 20 %)	60 000	
	796	Transfert de charges financières		3 000
	404	Fournisseurs d'immobilisations		360 000
		Enregistrement de l'acquisition		

Remarque. En principe, pour les immobilisations, c'est le compte **72. Production immobilisée** qui devrait être utilisé mais cela impacterait le résultat d'exploitation et non le résultat financier.

Exemple

Une entreprise contracte deux emprunts pour financer son activité. L'entreprise a opté pour l'incorporation des coûts d'emprunts aux coûts des actifs éligibles.

Le premier, d'un montant de 200 000 € a été contracté le 1/02/N à 4 %.

Le second, d'un montant de 400 000 € a été contracté le 1/04/N à 5 %.

Elle utilise une partie de ces emprunts pour financer un projet de construction par la société elle-même d'une valeur de 300 000 €. Cette construction débute le 01/06/N et s'achève le 01/12/N.

Une première partie des dépenses sont engagées le 01/06/N pour 100 000 € et une seconde partie le 01/08/N pour 200 000 €.

Ces emprunts n'étant pas spécifiques, il faut calculer le taux d'intérêt moyen :

[(200 000 × 4 %) + (400 000 × 5 %)]/600 000 = 4,66 %

Ce taux est ensuite utilisé pour calculer les coûts d'emprunts incorporables sur la durée de la construction (6 mois).

(100 000 × 4,66 % × 6/12) + (200 000 × 4,66 % × 4/12) = 5 436 (arrondi)

B La valeur d'inventaire

L'article L 123-12, al.2 du Code de commerce stipule que tout commerçant doit faire, au moins une fois tous les **douze mois**, un **inventaire** de ses biens. Ceux-ci doivent être recensés et évalués. Les entreprises sont tenues de mettre au point des procédures pour suivre leurs acquisitions et leurs sorties (d'immobilisations, stocks) et s'assurer que les biens figurant au bilan sont bien en concordance avec la réalité (pour les quantités et les valeurs).

La valeur d'inventaire est la **valeur actuelle**. Cette valeur doit être **comparée** à la **valeur nette comptable** (valeur brute diminuée du cumul des amortissements pour les immobilisations amortissables et des dépréciations). Si la **VNC** est **inférieure** à la valeur d'inventaire, il conviendra de constater une **dépréciation**.

La valeur actuelle est une valeur estimée qui s'apprécie en fonction du marché et de l'utilité du bien pour l'entreprise (C. com. art. R 123-178-4°).

C'est, en principe, la valeur **la plus élevée** (PCG art. 214-6) :
- de la **valeur vénale**,
- ou de la **valeur d'usage**.

Selon le PCG art. 214-6

- La valeur **vénale** est le montant qui pourrait être obtenu, à la date de clôture, de la **vente** d'un actif lors d'une transaction conclue à des **conditions normales de marché, net des coûts de sortie** (définition similaire à celle de la juste valeur en IFRS).
- Les coûts de sortie sont les coûts **directement attribuables** à la sortie d'un actif, à l'exclusion des charges financières et de la charge d'impôt sur le résultat.
- La valeur **d'usage** d'un actif est la valeur des **avantages économiques futurs** attendus (estimation des flux nets de trésorerie actualisée) de son utilisation et de sa sortie. Pour les activités où les flux de trésorerie attendus ne reflètent pas à eux seuls les avantages économiques futurs attendus, les éléments additionnels pertinents sont pris en considération.

Processus de comparaison valeur ACTUELLE et valeur NETTE COMPTABLE

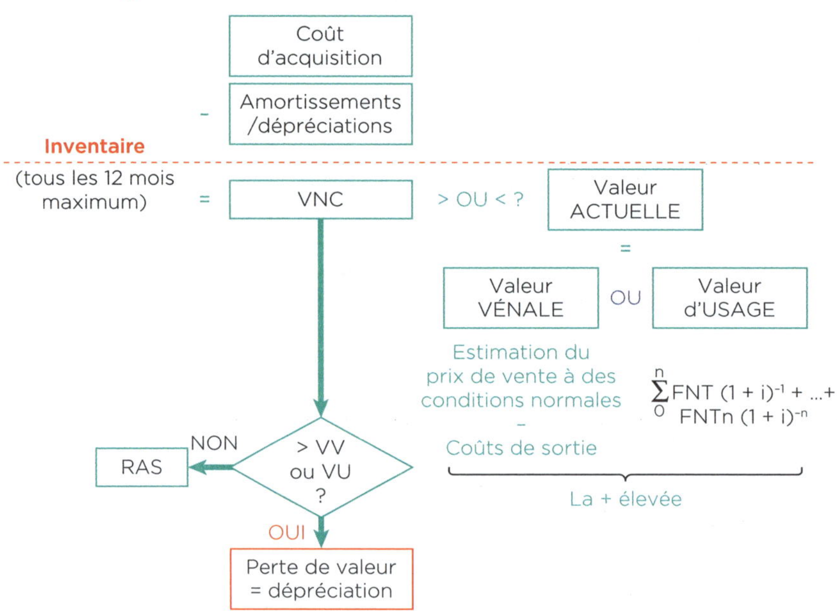

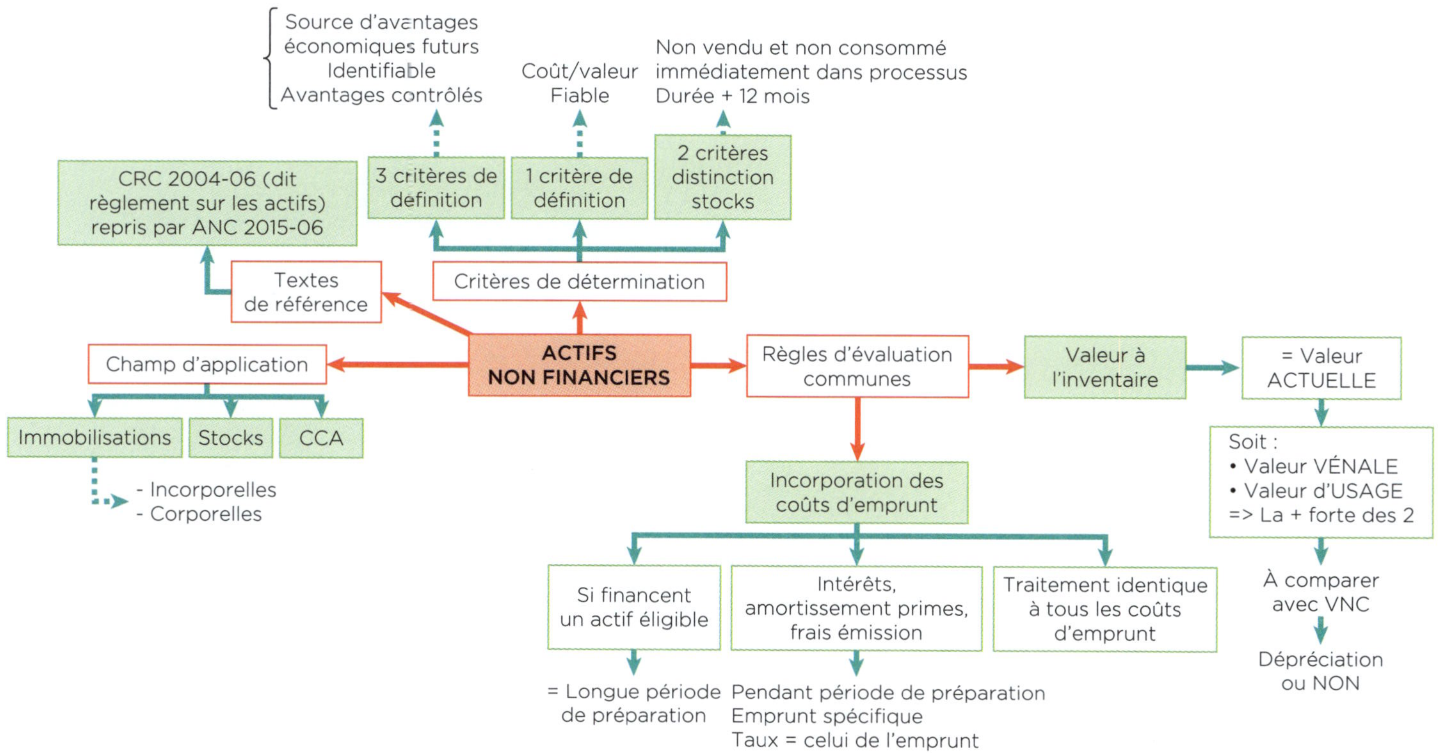
Source d'avantages économiques futurs
Identifiable
Avantages contrôlés
Coût/valeur
Fiable
Non vendu et non consommé immédiatement dans processus
Durée + 12 mois
CRC 2004-06 (dit règlement sur les actifs) repris par ANC 2015-06
3 critères de définition
1 critère de définition
2 critères distinction stocks
Textes de référence
Critères de détermination
Champ d'application
ACTIFS NON FINANCIERS
Règles d'évaluation communes
Valeur à l'inventaire
= Valeur ACTUELLE
Immobilisations
Stocks
CCA
- Incorporelles
- Corporelles
Incorporation des coûts d'emprunt
Soit :
• Valeur VÉNALE
• Valeur d'USAGE
=> La + forte des 2
Si financent un actif éligible
Intérêts, amortissement primes, frais émission
Traitement identique à tous les coûts d'emprunt
À comparer avec VNC
Dépréciation ou NON
= Longue période de préparation
Pendant période de préparation
Emprunt spécifique
Taux = celui de l'emprunt

Les immobilisations corporelles

Chapitre 4

COMPÉTENCES ATTENDUES

- **Identifier et distinguer les immobilisations corporelles et incorporelles.**
- **Exposer et appliquer les règles d'inscription à l'actif, d'évaluation et d'enregistrement des immobilisations corporelles et incorporelles.**
- **Évaluer et comptabiliser les opérations portant sur les immobilisations corporelles et incorporelles à l'entrée et postérieurement à leur entrée.**
- **Analyser les conséquences d'un choix de comptabilisation, notamment sur la présentation des comptes annuels, dans une situation donnée.**
- **Présenter les informations à fournir en annexe.**

PLAN DU CHAPITRE

SYNTHÈSE P. 89

APPLICATIONS P. 328

LES RÉFÉRENCES POUR COMPRENDRE LE CONTEXTE

Les immobilisations corporelles traduisent une grande partie du patrimoine d'exploitation d'une entreprise industrielle et donc de son financement durable. Leur coût est étalé dans le temps par le biais des amortissements, néanmoins, un chef d'entreprise doit réfléchir très tôt à leur obsolescence et leur renouvellement. Leur évaluation, à tout moment du cycle de vie, est primordiale.

Extraits du Rapport annuel CMA-CGM (transporteur de fret maritime) 2020

En 2020, 7 nouveaux navires ont été livrés (tous gérés par CMA Ships). [...]
7 navires ont également été modifiés pour être mis aux normes des nouvelles écluses du canal de Panama, 5 ont été équipés de dispositifs de cold ironing (branchement électrique à quai) et 21 ont bénéficié de l'installation d'un nouveau système de traitement des eaux de ballast (permettant d'éliminer tout organisme exogène vivant et donc tout impact négatif sur la biodiversité locale).
Enfin, 37 navires sont en commande auprès du Groupe CSSC et devraient être livrés d'ici 2024 [...]
Avec l'entrée en flotte dès septembre 2020 des premières unités de la série des porte-conteneurs de 23 000 EVP propulsés au GNL, une étape majeure a été franchie pour trouver des solutions immédiatement opérationnelles pour accélérer la transition énergétique du secteur. [...] En 2020, le Groupe a envoyé quatre navires en démantèlement dans des chantiers navals situés en Turquie.

Extrait du bilan consolidé du groupe au 31/12/2020 (en millions US $)

41 % de l'actif

ACTIF	Note	Au 31 décembre 2020	Au 31 décembre 2019
Navires	5.2.1	13 557,4	12 805,6
Conteneurs	5.2.1	2 818,2	2 751,9
Terrains et constructions	5.2.1	1 852,2	1 824,1
Autres immobilisations corporelles	5.2.1	379,4	384,2
IMMOBILISATIONS CORPORELLES	5.2.1	**18 607,2**	**17 765,8**

Les coûts d'entretien sont comptabilisés en charges sur l'exercice, à l'exception de ceux encourus dans le cadre des arrêts techniques obligatoires [...] qui constituent un composant identifiable au moment de l'acquisition d'un navire et qui sont alors capitalisés lors du prochain arrêt technique.
Ces composants sont amortis sur la période la plus courte entre la durée de vie résiduelle de l'actif et la date du prochain arrêt technique.
Les immobilisations corporelles sont amorties selon la méthode linéaire afin de ramener le coût de chaque actif à sa valeur résiduelle (valeur à la casse pour les navires et prix de vente estimé pour les conteneurs) sur sa durée d'utilité estimée comme suit :

ACTIF	Durée d'utilité en années
Constructions (selon les composants identifiés)	15 à 40
Navires neufs	25
Arrêts techniques (composants des navires)	1 à 7
Navires d'occasion (porte-conteneurs et roll-on roll-off) ; en fonction de la durée de vie résiduelle	6 à 22

www.cma-cgm.fr

1 Définition et inscription à l'actif

Les définitions relatives aux immobilisations (corporelles et incorporelles) proviennent du règlement CRC 2004-06 (repris dans ANC 2014-03) largement inspiré par le cadre conceptuel de l'IASB (pour la définition de l'actif) et des normes IAS 16 et IAS 38 relatives respectivement aux immobilisations corporelles et aux immobilisations incorporelles. L'IASB privilégie une vision économique qui s'oppose à la traditionnelle vision juridique fondée sur la propriété du PCG.
Ainsi, un bien dont l'entité est propriétaire mais dont elle n'a pas le contrôle n'est pas un actif (cas des ventes avec clause résolutoire). A contrario, un bien qu'elle contrôle mais dont elle n'est pas propriétaire peut être théoriquement considéré comme un actif (voir chapitre 3).

A La définition d'une immobilisation corporelle

Une immobilisation corporelle est « un actif **physique** détenu, soit pour être utilisé dans la production ou la fourniture de biens ou de services, soit pour être loué à des tiers, soit à des fins de gestion interne et dont l'entité attend qu'elle soit utilisée au-delà de l'exercice en cours » (PCG Art. 211-6).
Une entité doit évaluer selon ces critères de comptabilisation tous les coûts d'immobilisation, pour une acquisition ou une production d'immobilisation corporelle, mais aussi postérieurement lorsqu'il s'agit de remplacer certains éléments ou incorporer des coûts de gros entretien (PCG Art. 212-2).

B Inscription à l'actif

Rappelons qu'une immobilisation corporelle, répondant à la définition de l'actif, est comptabilisée à l'actif lorsque les conditions suivantes sont simultanément réunies (PCG Art. 212-1) :
- il est probable que l'entité bénéficiera des **avantages économiques futurs** correspondants ou du potentiel des services attendus ;
- son coût ou sa valeur peut être évalué avec une **fiabilité** suffisante ou à titre d'exception, par différence.

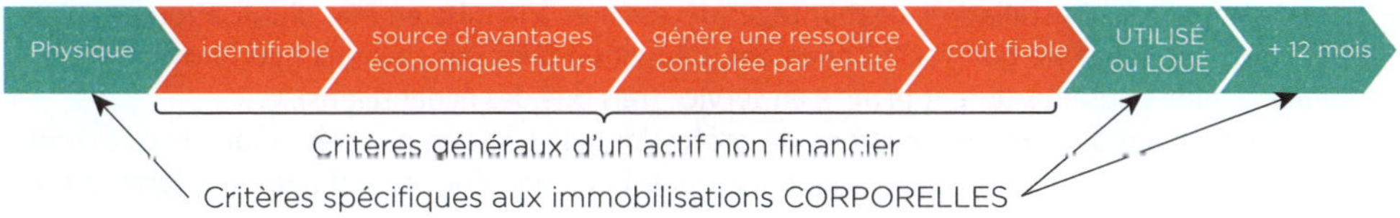

C Exceptions

Il est à noter que des cas particuliers existent (voir chapitres 3 et 6) :
- Certains éléments sont **exclus** des immobilisations corporelles même s'ils répondent aux critères (comme les actifs corporels reçus à la suite d'une fusion, biens en location détenus chez le preneur) => ils sont traités par une **réglementation spécifique**.
- Certains éléments n'ont **pas de statut** bien **précisé** (comme les biens démembrés, pour la partie usufruit) => la doctrine préconise de constater les biens acquis en usufruit en immobilisation incorporelle (Bulletin CNCC n° 158, juin 2010).
- Certains éléments ne répondent pas aux critères mais sont **inclus** dans les immobilisations corporelles (comme les frais d'établissement, d'augmentation de capital) => ils sont toujours prévus à l'actif par le **Code de commerce**, or la loi est d'un **niveau hiérarchique plus fort** qu'un règlement ANC.

2 Évaluation d'une immobilisation corporelle à l'entrée

Les immobilisations corporelles qui répondent aux conditions de définition et de comptabilisation d'un actif doivent être évaluées à leur coût à la date d'entrée dans le patrimoine de l'entreprise (PCG Art. 213-1). Sauf cas très particuliers, ce coût est **définitif**, il est **dissocié** des modalités de **règlement**.
Cette valeur est déterminée différemment suivant les conditions d'obtention de l'actif corporel :
- à leur coût **d'acquisition** pour les actifs acquis à titre onéreux ;
- à leur coût de **production** pour les actifs produits par l'entité ;
- à leur valeur **vénale** pour les actifs acquis à titre gratuit ou par voie d'échange.

A Les immobilisations corporelles acquises

1 Le coût d'acquisition des immobilisations acquises à titre onéreux

La composition du coût d'acquisition d'une immobilisation corporelle est détaillée par le PCG (Art. 213-8) qui reprend l'avis du CNC 2004-15. Il est constitué de :
- son **prix d'achat**, y compris les droits de douane et taxes non récupérables, après déduction des remises, rabais commerciaux et escomptes de règlement ;
- de tous les **coûts directement attribuables** engagés pour mettre l'actif en place et en **état de fonctionner selon l'utilisation prévue par la direction** (ce qui peut être différent de la mise en service) ;
- sur option, de l'estimation initiale des **coûts de démantèlement**, d'enlèvement et de restauration du site ;
- sur option, des coûts **d'emprunts**.

Coûts directement attribuables

- Coût des **rémunérations** et autres avantages au personnel résultant directement de la construction ou de l'acquisition de l'immobilisation.
- Coûts de **préparation** du site et frais de **démolition** nécessaires à la mise en place de l'immobilisation (attention : ces coûts sont la contrepartie d'une provision constatée au passif).
- Frais de **livraison** et de **manutention** initiaux.
- Frais de **transport**, **d'installation**, de **montages** nécessaires à la mise en état d'utilisation des biens.
- Coûts liés aux **essais** de bon fonctionnement, déduction faite des revenus nets provenant de la vente des produits obtenus durant la mise en service (tels que des échantillons).
- Sur option : **honoraires** et **commissions** de professionnels (*ex.* : architectes, géomètres, experts, évaluateurs, conseils), **frais d'actes**, etc. Leur incorporation constitue la **méthode de référence** (PCG art. 213-8).
- Sur option depuis 2020 (ANC 2019-09) : frais de **formation** (externes uniquement) nécessaires à la mise en service.

Coûts ne pouvant pas être rattachés au coût d'acquisition de l'immobilisation

- Coûts d'ouverture d'une nouvelle installation.
- Coûts d'introduction d'un nouveau produit ou service (incluant les coûts de publicité et de promotion).
- Coûts de relocalisation d'une affaire dans un nouvel emplacement ou avec une nouvelle catégorie de clients (incluant le coût de la formation du personnel).
- Coûts administratifs et autres frais généraux à l'exception des coûts des structures dédiées.
- Coût des rémunérations et autres avantages au personnel ne résultant pas directement de la construction ou de l'acquisition de l'immobilisation.
- Et, bien entendu, tous les coûts **postérieurs** à la date **d'état de fonctionner selon l'utilisation prévue** par la direction.

Exemple

Une entreprise acquiert une machine-outil en N. Les coûts en € et HT sont les suivants :

Prix d'achat	10 000
Frais de transport	500
Frais d'installation	300
Test de fonctionnement	100
Coût de formation du personnel à l'utilisation (formation par un salarié ingénieur)	1 500
Honoraire de l'ingénieur conseil supervisant la mise en état de fonctionnement	1 000

L'entreprise bénéficie en outre d'une remise de 5 % sur la valeur brute de la machine. Le coût d'acquisition de la machine est le suivant :

Prix d'achat net de RRR (10 000 × 0,95)	9 500
Frais de transport, d'installation	800
Test de fonctionnement	100
Honoraire de l'ingénieur conseil supervisant la mise en état de fonctionnement	1000
Coût d'acquisition de la machine-outil HT	**11 400**

Le coût de formation du personnel à l'utilisation aurait pu (sur option) être incorporé car il concourt à la mise en état de fonctionner selon l'utilisation prévue mais c'est un coût interne. Il doit donc être mis en charges.

Coûts de démantèlement, enlèvement et restauration

Lorsqu'il y a **dégradation immédiate**, **nécessaire** à l'exploitation future, et **obligation** de **remise en état**, une **provision** pour coûts de démantèlement est obligatoirement constituée, en **contrepartie** du **coût d'acquisition** de l'immobilisation.

Exemple : Dégradation du milieu marin lors de construction de plates-formes pétrolières, de parcs éoliens, du milieu terrestre et sous-terrain pour les centrales nucléaires, du sol pour les gisements.

Dès lors qu'il existe une obligation, une sortie de ressources probable et une estimation fiable, on constate un actif porteur d'avantages économiques futurs en contrepartie des coûts de démantèlement, ce qui vient augmenter le coût total d'acquisition de l'immobilisation. Il est amorti selon un plan d'amortissement propre. La présentation au bilan, dans un sous-compte de l'immobilisation principale, est préconisée par la doctrine et l'administration fiscale.
L'évaluation de ces coûts est particulièrement difficile. Elle émane d'une estimation, souvent sur un horizon lointain, avec des risques de modification des prévisions en cours d'exploitation. L'évaluation par une méthode d'actualisation est possible (avis Comité d'urgence n° 2005-H). Dans ce cas, la provision fait l'objet d'un ajustement à chaque clôture.

Exemple

(Inspiré de l'avis CU n° 2005-H)
Une entreprise d'exploitation de carrières de quartzite (roche massive de cristaux de quartz soudés) vient d'acquérir un gisement au début de l'année N. Les conditions relatives à la constatation d'une provision pour démantèlement sont réunies et les données sont les suivantes :
- l'exploitation aura lieu sur 10 ans,
- le démantèlement (comblement) sera effectué le 31/12/N+9,
- le coût estimé à l'acquisition est de 500 000 euros,
- Le taux d'actualisation est fixé à 6 %, le taux d'inflation à 2,55 %.

>>>

>>>

Calcul du coût de démantèlement

	Début N	Fin N	Fin N+1	Fin N+2	Fin N+3	Fin N+4	Fin N+5	Fin N+6	Fin N+7	Fin N+8	Fin N+9
Coût estimé en K€	500	512,75	525,83	539,23	552,98	567,09	581,55	596,38	611,58	627,18	643,17

Coût actualisé à l'acquisition début N : $643{,}17 \times (1 + 0{,}06)^{-10} = 359{,}14$ K€

Comptabilisation de la provision et de l'actif à l'acquisition

		Début N		
21141		Terrains de carrière-démantèlement	359 140	
	1581	Provision pour remise en état		359 140
		Enregistrement du coût prévisionnel actualisé		

Coût actualisé à fin N : $643{,}17 \times (1 + 0{,}06)^{-9} = 380{,}69$ K€
La provision doit être ajustée de 21,55 K€ (380,69-359,14)

Ajustement de la provision à la clôture N

		Fin N		
6815		Dotation aux provisions d'exploitation	21 550	
	1581	Provision pour remise en état		21 550
		Ajustement de la provision		

Amortissement de l'actif à la clôture N

		Fin N		
68112		Dotation aux amortissements immob. corporelles	35 910	
	281141	Amortissement terrain carrière-démantèlement		35 910
		Dotation aux amortissements du coût du démantèlement		

$359\,140 \times 1/10$
Ainsi, pour chaque exercice, la provision sera ajustée pour représenter son coût actualisé, et l'actif de démantèlement sera amorti pour que sa valeur nette soit nulle au bout des 10 ans.
Au démantèlement, la provision sera reprise, ce qui compensera les coûts réellement constatés au résultat de l'exercice de remise en état.

Les coûts d'emprunt

La possibilité d'inclure ces coûts est détaillée dans le chapitre 3.
Tous les coûts qui **ne font pas partie** du prix d'acquisition de l'immobilisation et qui ne peuvent être rattachés directement aux coûts rendus nécessaires pour mettre l'actif en place et en état de fonctionner sont comptabilisés en **charges** (PCG Art. 213-11).

2 Le coût d'acquisition des immobilisations acquises à titre gratuit ou par voie d'échange

Sans base de prix pour évaluer l'immobilisation à son entrée, il convient de déterminer une valeur vénale.

La valeur vénale

Le PCG (Art. 214-6) la définit comme « le montant qui **pourrait être** obtenu, à la **date de clôture**, de la **vente** d'un actif lors d'une transaction conclue à des **conditions normales de marché, nets** des **coûts** de **sortie** ».

Lorsque les biens sont acquis à titre gratuit, on enregistre en **contrepartie** un **produit exceptionnel**. Le règlement ANC 2015-06 complète cette définition.
Deux cas se présentent.

- L'entreprise dispose d'un **accord de vente irrévocable** signé à l'occasion d'une transaction. Cette transaction doit avoir été effectuée dans des conditions de concurrence normale ou résulter d'un marché actif, c'est-à-dire qu'elle doit intervenir entre des parties bien informées, indépendantes et consentantes ou résulter d'un marché sur lequel les transactions sont fréquentes et les biens comparables. Dans ce cas, ce **prix** est la meilleure indication de la **valeur vénale** d'un actif.
- Il n'existe ni accord de vente irrévocable, ni marché actif pour l'actif considéré. Dans ce cas, la **valeur vénale** est **estimée** à partir de la meilleure information disponible. Pour déterminer ce montant, l'entité tient compte de **transactions récentes** portant sur des actifs **similaires** dans le **même secteur** d'activité.

Exemple : Si l'entreprise veut vendre une construction, elle peut se renseigner sur les prix pratiqués pour des biens similaires qui dépendent bien souvent de l'emplacement (quartier), du prix au m², mais également de l'état du bien. Pour la cession d'un bien mobilier, véhicule, machine, elle peut consulter les journaux spécialisés ou annonces sur le web.

FOCUS IFRS

La valeur vénale du PCG modifié (règlement ANC 2015-06) est proche de la notion de juste valeur développée dans l'IFRS 13 et notamment des niveaux 1 et 2.

IFRS 13 classe en effet les évaluations en 3 niveaux selon la nature des données utilisées.

1) Au sommet de la hiérarchie se trouvent les données de niveau 1 qui correspondent à des cours observables sur des actifs ou passifs similaires.

IFRS 13 considère en effet que le prix de marché correspond à l'évaluation la plus fiable de la juste valeur. Il n'existe que pour les immobilisations financières cotées.

2) Les données de niveau 2 sont des données, autres que celles de niveau 1 qui sont observables directement ou indirectement.

Cette catégorie comprend :

a) des prix sur des marchés actifs pour des biens similaires à ceux devant être évalués ;

b) des cours sur des marchés non actifs pour des biens similaires.

3) Enfin, tout en bas de la hiérarchie se trouvent les données de niveau 3 correspondant à des données non observables.

Il s'agit de prévisions faites par l'évaluateur.

Ces données sont censées refléter des hypothèses bien précises concernant la nature des revenus, le taux d'actualisation ou encore l'horizon d'actualisation.

On ne doit utiliser cette catégorie de données qu'en dernier recours (si les données de niveau 1 et 2 ne sont pas pertinentes).

Les données de niveau 3 sont celles utilisées pour le calcul de la valeur d'usage proposée par le PCG.

Remarque. Immobilisations acquises par voie d'échange : en vertu du principe de non-compensation, la comptabilisation a lieu en deux temps. La cession/sortie d'une part et l'acquisition, d'autre part.

B Les immobilisations corporelles produites

Le coût de production d'une immobilisation est égal au **coût d'acquisition** des **matières** consommées augmenté des autres coûts engagés, au cours des activités de production, c'est-à-dire des **charges directes et indirectes** qui peuvent être **raisonnablement rattachées** à la production du bien ou du service (PCG Art. 2013-14). Les coûts d'emprunt sont, sur option, incorporables au coût de production (voir chapitre 3).

La quote-part de charges correspondant à la **sous-activité** n'est **pas incorporable** au coût de production (PCG Art. 213-18). En effet, lorsque l'entreprise est en sous-activité, le coût fixe unitaire, et donc le coût de revient unitaire de l'actif, augmente artificiellement. En comptabilité de gestion, on pratique la méthode dite « de l'imputation rationnelle des charges fixes ». Cela revient à appliquer au montant total des charges fixes un coefficient d'activité (activité réelle/activité normale) pour stabiliser le coût de revient unitaire.

Exemple

Une entreprise de bâtiment construit pour sa propre utilisation, un hangar (non décomposable) pour entreposer son matériel. La période de construction s'étend du 1er octobre N au 30 juin N+1. Les coûts sont les suivants :

	N	N+1
Charges variables directes de production	28 000	25 000
Matières premières	10 000	7 500
Salaires et charges sociales	18 000	17 500
Charges fixes indirectes de production	5 000	6 000
Charges administratives	1 000	1 500

Le taux d'activité est de 80 % en N et de 85 % en N+1.
Le coût de production ne doit pas comprendre les charges administratives ni le coût de la sous-activité.
Fin N, le coût de l'en-cours est le suivant :

Charges variables directes de production	28 000
Charges fixes indirectes : 5 000 × 80 %	4 000
Total	32 000

Attention ! En cas de suractivité, les charges fixes imputées correspondent aux charges fixes réelles, l'ajustement est réalisé uniquement en cas de sous-activité.

Fin N+1, le coût de production est le suivant :

Charges variables de production	25 000
Charges fixes indirectes : 6 000 × 85 %	5 100
Total	30 100

Au total, le coût de production du hangar s'élève à 32 000 + 30 100 = 62 100 €
Les écritures sont les suivantes :

		31/12/N		
231		Immobilisation corporelle en cours	32 000	
	722	Production immobilisée-immobilisations corporelles		32 000
		En-cours de production		

>>>

>>> Le compte 72. Production immobilisée permet d'annuler les charges enregistrées au cours de l'exercice N.

		30/06/N+1		
213		Constructions	62 100	
	722	Production immobilisée-immobilisations corporelles		30 100
	231	Immobilisation corporelle en cours		32 000
		Coût de production du hangar terminé		

FOCUS Fiscalité - Loi 2014-1545 du 20 décembre 2014, art. 32 relative à la simplification de la vie des entreprises

La livraison à soi-même (LASM) est l'opération par laquelle une personne obtient, avec ou sans le concours de tiers, un bien meuble ou immeuble ou une prestation de services à partir de biens, d'éléments ou de moyens lui appartenant. Cette opération donne lieu, d'une part, à la comptabilisation d'une TVA déductible et, d'autre part, à une TVA collectée.

L'obligation de constater une LASM est désormais supprimée, lorsque l'assujetti aurait pu déduire l'intégralité de la TVA s'il avait acquis le même bien auprès d'un autre assujetti (CGI art. 257-11-1-2°). Autrement dit, lorsque l'assujetti bénéficie d'un coefficient de déduction de 1, il déduira la TVA ayant grevé les dépenses qui ont concouru à la fabrication du bien, selon les règles de droit commun. La constatation d'une production immobilisée en comptabilité ne conduit plus, dans ce cas, à constater une TVA collectée.

Exception : le régime de la LASM sur les immobilisations produites demeure lorsque l'assujetti n'est pas un redevable à 100 % (avec un coefficient de 0,8 par exemple).

C Les immobilisations corporelles décomposables

Si un actif est composé d'éléments exploités de façon **indissociable**, l'entité retient un plan **d'amortissement unique** pour l'ensemble de ces éléments. En revanche, si dès l'origine, un ou plusieurs de ces éléments ont chacun des **utilisations différentes**, chaque élément est **comptabilisé séparément** et l'entité retient un **plan d'amortissement propre** à chacun de ces éléments (PCG Art. 214-9).

Ainsi, l'information financière correspond mieux à une réalité économique puisque l'amortissement du bien se déroulera en prenant en compte le rythme des remplacements et gros entretiens.

Remarque. On appelle « structure » la partie non décomposée de l'immobilisation.

Une immobilisation décomposable est donc une immobilisation corporelle dont un ou plusieurs **composants** doivent être enregistrés à l'actif, séparément de sa « structure », pour pouvoir être amortis de manière distincte. Il faut dès lors **décomposer le coût d'entrée** de l'immobilisation. Par exemple, on pourra décomposer :

- pour un immeuble : la toiture, les ascenseurs, la chaufferie etc. (avis CNC 2004-11) ;
- pour un semi-remorque : cabine, moteur, amortisseurs, remorque, etc. ;
- pour un train transportant des personnes : locomotive, wagons, sièges, lits couchettes, etc.

Remarque. À notre avis, la décomposition de composants d'un véhicule de tourisme (pneus, moteur...) n'est pas utile, au regard du principe **d'importance significative** (PCG art. 213-20).

Exemple

Une entreprise achète un immeuble début N pour un prix de 1 000 000 €. Elle doit renouveler le toit tous les 40 ans et la chaufferie tous les 20 ans. Le coût d'entrée du toit est estimé à 100 000 €, la chaufferie à 50 000 €.
L'écriture est la suivante (on fait abstraction de la TVA) :

		Début N		
2131		Constructions-structure (1 000 000 - 100 000 - 50 000)	850 000	
2132		Constructions-toit	100 000	
2133		Constructions-chaufferie	50 000	
	404	Fournisseurs d'immobilisations		1 000 000
		Enregistrement de la structure et des composants		

FOCUS IFRS

Les dispositions relatives à la comptabilisation et à l'amortissement des immobilisations décomposables se sont inspirées de la norme IAS 16 « Immobilisations corporelles » de l'IASB dans un souci de convergence. Elles ont été introduites dans le PCG par le règlement CRC 2002-10 relatif à l'amortissement et la dépréciation des actifs (méthode de comptabilisation par composants) depuis abrogé et repris par le règlement ANC 2015-06.

On distingue les composants principaux dits de « première catégorie » et les dépenses d'entretien dites de « seconde catégorie » (terminologie de l'avis 2003-E du Comité d'urgence).

1 Composants de « première catégorie »

Il s'agit des **éléments principaux** d'immobilisations corporelles qui doivent faire l'objet de **remplacement** à **intervalles réguliers**, ayant des **utilisations différentes** ou procurant des avantages économiques à l'entité selon un **rythme différent** et nécessitant l'utilisation de taux ou de modes d'amortissement propres. Ils doivent être comptabilisés séparément **dès l'origine** et **lors des remplacements** (PCG Art. 214-9).

Le Code général des impôts (CGI, ann. II, art. 15 bis 1) précise qu'il s'agit de composants :
- ayant une durée réelle d'utilisation différente de celle de cette immobilisation ;
- devant être remplacés au cours de la durée prévue d'utilisation.

Exemple

La décomposition minimum d'un immeuble de logement social se présente de la manière suivante (d'après Avis CNC 2004-11).

Composants	Durée d'amortissement
Structure et ouvrages assimilés	50 ans
Menuiseries extérieures	25 ans
Chauffage collectif	25 ans
Selon l'état de l'immeuble, trois composants supplémentaires peuvent être identifiés :	
Électricité	25 ans
Plomberie/Sanitaire	25 ans
Ascenseur	15 ans

2 Composants de « seconde catégorie »

Il s'agit des dépenses d'entretien qui font l'objet de **programmes pluriannuels de gros entretien** ou de grandes **révisions** en application de lois, règlements ou de pratiques constantes de l'entité. Ces dépenses ont pour objet de vérifier le bon fonctionnement des installations et d'y apporter un entretien sans prolonger la durée de vie au-delà de celle qui est prévue initialement. Ces dépenses doivent être comptabilisées dès l'origine comme un composant distinct de l'immobilisation, si aucune provision pour gros entretien ou grandes révisions n'a été constatée (PCG Art. 214-10) et sous réserve de répondre aux conditions de comptabilisation suivantes (Avis CNC 2002-12) :

- il est probable que les avantages économiques futurs associés à l'actif iront à l'entreprise ;
- le coût pour l'entreprise de grosses réparations ou des grandes révisions peut être évalué de manière fiable.

Un composant séparé, qui n'a pas été identifié à l'origine, doit l'être ultérieurement si les conditions de comptabilisation à l'actif sont remplies.

Attention ! La méthode de comptabilisation par composants de gros entretien ou de grandes révisions exclut la constatation de provision pour gros entretiens ou de grandes révisions. L'entité a donc le choix entre l'une ou l'autre méthode.

Exemple

Une entreprise acquiert, début N, une nouvelle chaufferie d'une valeur de 100 000 € dont la durée d'utilisation estimée est de 20 ans. Cette chaufferie nécessite d'être révisée en profondeur tous les trois ans. Le coût de cette révision est estimé à 15 000 €. La première révision est effectuée fin N+2 et son coût réel s'élève à 16 000 €. Deux solutions sont envisageables pour l'entreprise.

1re solution : option de la provision pour dépenses d'entretien

		Début N		
2135		Installations générales – chaufferie	100 000	
4456		État TVA déductible	20 000	
	404	Fournisseurs d'immobilisations		120 000
		Enregistrement acquisition avec option provision gros entretien		
		Fin N à fin N+2		
6815		Dotations aux provisions d'exploitation (15 000/3 ans)	5 000	
	1572	Provisions pour gros entretien ou grandes révisions		5 000
		Enregistrement de la provision gros entretien		
		Fin N+2		
615		Entretiens, réparations	16 000	
4456		État, TVA déductible	3 200	
	401	Fournisseurs		19 200
		Enregistrement de la charge d'entretien		

>>>

>>>

		Fin N+2		
1572		Provisions pour gros entretien ou grandes révisions	5 000	
	7815	Reprises sur provisions d'exploitation		5 000
		Reprise provision		

2e solution : option de la comptabilisation par composants

		Début N		
21351		Installations générales – chaufferie	85 000	
21352		Installations générales – composant révision	15 000	
4456		État TVA déductible	20 000	
	404	Fournisseurs d'immobilisations		120 000
		Reprise provision		

Le composant révision est ensuite amorti en linéaire sur une durée de 3 ans, tandis que la structure de la chaufferie est amortie sur une durée de 20 ans.
Finalement, on s'aperçoit que, **quelle que soit l'option retenue, l'impact en charges est identique**.
Les différences résident dans la **présentation** des états financiers :
- le **niveau de résultat** impacté est différent : résultat d'exploitation pour l'option 1, exceptionnel pour l'option 2 ;
- dans le bilan, le **passif est augmenté** (provision) pour l'option 1, **l'actif est diminué** (amortissement) pour l'option 2.

	Option 1			Option 2		
	Montant en charges			Montant en charges		
	N	N+1	N+2	N	N+1	N+2
Provision	5 000	5 000	5 000			
Entretien réel			16 000			16 000
Reprise provision			– 15 000			
Amortissement				5 000	5 000	5 000
Sortie du composant (VNCEA)						– 15 000
TOTAUX SUR 3 EXERCICES	5 000	5 000	6 000	5 000	5 000	6 000

Attention ! Le traitement fiscal est différent car les composants de seconde catégorie ne sont pas reconnus en fiscalité, seule la provision pourra être déductible. Voir cours UE4 (Droit fiscal).

3 Évaluation à la clôture

Le règlement de l'Autorité des normes comptables modifiant le PCG (ANC, règlement 2015-06) apporte des modifications sur l'évaluation des actifs corporels et incorporels, qui s'appliquent pour les exercices ouverts depuis le 1er janvier 2016.
Deux cas sont prévus par le règlement : soit les actifs ont une **durée d'utilisation limitée**, soit ils ont une durée d'utilisation non limitée. Tout dépend de l'usage que l'on fait de l'actif.

A La durée d'utilité

Un actif immobilisé dont la **durée d'utilisation** est **limitée** fait l'objet d'un **amortissement**. Le **cas échéant**, il fait également l'objet d'une **dépréciation**.
Le caractère limité de la durée d'utilisation d'un actif est déterminé, soit à l'origine, soit en cours d'utilisation, au regard des critères, généralement physiques, techniques, juridiques, ou économiques, inhérents à l'utilisation par l'entité de l'actif considéré.
Si plusieurs critères sont pertinents, la durée d'utilisation **la plus courte** résultant de l'application de ces critères est retenue (PCG Art. 2014-1).
Les actifs corporels, physiques par essence, ont généralement une durée d'utilisation limitée (exception faite pour les terrains).

Quatre critères (physique, technique, juridique et économique) permettent de juger de l'usage limité dans le temps de l'actif corporel (ANC, règlement 2015-06).

1) **Physique** : l'actif subit une **usure** physique par **l'usage** qu'en fait l'entité ou par le passage du temps.

2) **Technique** : l'évolution technique entraîne une **obsolescence** de l'actif, son utilisation devenant inférieure à celle qui serait fondée sur sa seule usure physique. Il en est notamment ainsi en cas de nouvelles normes de conformité rendant l'actif obsolète.

3) **Juridique** : l'utilisation est limitée dans le temps pour des raisons légales ou contractuelles, notamment en raison de **l'expiration** d'une **protection**.

4) **Économique** : l'utilisation est limitée dans le temps en raison du **cycle de vie** des produits générés par cet actif.

B Le plan d'amortissement

Tout autant que l'amortissement comptable, l'élaboration d'un plan d'amortissement est une obligation comptable (contrairement à l'amortissement fiscal). Le point de départ d'un amortissement, en comptabilité, est généralement la date de mise en service (début de consommation des avantages économiques attachés).

1 La base amortissable

Le montant amortissable d'un actif est sa valeur brute sous déduction de sa **valeur résiduelle**. La valeur résiduelle est le montant, net des coûts de sortie attendus, qu'une entité obtiendrait de la cession de l'actif sur le marché à la fin de son utilisation. Mais celle-ci n'est prise en compte pour la détermination du montant amortissable que lorsqu'elle est à la fois **significative et mesurable**. (PCG Art. 214-4). Pour que la valeur résiduelle soit mesurable, l'entité doit pouvoir déterminer de manière fiable, dès l'origine, la valeur de marché à la revente du bien en fin de période d'utilisation. Elle peut pour cela fournir un contrat de vente ferme, une option de vente, ou encore un catalogue de prix d'occasion (ANC, règlement 2015-06). C'est la notion de valeur vénale énoncée précédemment.

2 Le mode d'amortissement

L'amortissement d'un actif est la **répartition systématique** de son montant amortissable en fonction de son utilisation. Il commence à la date de **début de consommation** des avantages économiques qui lui sont attachés. Cette date correspond **généralement** à la **mise en service** de l'actif. Le mode d'amortissement doit permettre de traduire au mieux le rythme de consommation des avantages économiques attendus de l'actif par l'entité. Il est défini, soit en termes **d'unités** de temps (durée d'utilisation en années), soit en termes d'unités d'œuvre (km parcourus, heures de travail, nombre de pièces produites...). Le mode **linéaire** est appliqué **à défaut** de mode mieux **adapté**. (PCG Art. 214-12 et 13).
Dans les comptes individuels, pour les actifs à durée d'utilisation limitée, les durées résultant des usages professionnels peuvent être retenues si elles ne sont pas contraires aux dispositions mentionnées précédemment (ANC, règlement 2015-6).

Dans ce cas-là, la différence entre la durée d'usage admise au plan fiscal et la durée d'utilisation donnera lieu à la comptabilisation d'un **amortissement dérogatoire**. On peut élargir les cas de constatation d'amortissements dérogatoires à toutes les situations qui aboutissent à un **amortissement fiscal supérieur à l'amortissement comptable** (durée d'usage > durée économique, base fiscale > base comptable, taux fiscal > taux comptable). Comme on l'a expliqué dans le chapitre 3, il s'agit de saisir une opportunité fiscale obligeant à une comptabilisation en charges.

Attention ! Le contraire n'est pas vrai. Un amortissement comptable supérieur au montant fiscal autorisé (véhicules de tourisme, durée d'utilisation > durée d'usage...) génère une **réintégration** extra-comptable (ce qui permet de ne pas augmenter artificiellement le résultat distribuable).

Ceux-ci sont comptabilisés au passif dans les comptes « provisions réglementées » (voir chapitre 20).

Exemple

L'entreprise EBRAN a acquis le 1er septembre N un matériel industriel dont la durée d'utilisation normale est de 5 ans. La base amortissable est égale à 40 000 €. Fiscalement, l'entreprise décide d'amortir ce bien selon le mode dégressif alors que l'amortissement économique correspond au mode linéaire. L'exercice comptable coïncide avec l'année civile.

Rappel

Tous les biens ne sont pas éligibles à l'amortissement dégressif (voir cours UE4-Droit fiscal) : le bien concerné doit figurer sur une liste établie par la DGI, être neuf et d'une durée normale d'utilisation au moins égale à 3 ans.

La loi permet d'augmenter le taux d'amortissement par l'application d'un coefficient d'amortissement dégressif :

Durée de vie probable du bien	Coefficients dégressifs			
	Jusqu'au 31/12/2000	01/1/2001 – 03/12/2008	04/12/2008 – 31/12/2009	Depuis 01/01/2010
3 et 4 ans	1,5	1,25	1,75	1,25
5 et 6 ans	2	1,75	2,25	1,75
Plus de 6 ans	2,5	2,25	2,75	2,25

Exercice	AMORTISSEMENT COMPTABLE			AMORTISSEMENT FISCAL						DÉROGATOIRE	
	Dotation	Cumul amort.	V.N.C.	Taux linéaire	Taux appliqué (coef. 1,75)	Valeur nette fiscale (V.N.F.) début de période	Dotation fiscale	Amort. fiscaux cumulés	Valeur nette fiscale (V.N.F.) fin de période	Dotation	Reprise
N	2 667	2 667	37 333	20 %	35,0 %	40 000	4 667	4 667	35 333	2 000	-
N+1	8 000	10 667	29 333	25 %	35,0 %	35 333	12 367	17 033	22 967	4 367	-
N+2	8 000	18 667	21 333	33 %	35,0 %	22 967	8 038	25 072	14 928	38	-
N+3	8 000	26 667	13 333	50 %	50,0 %	14 928	7 464	32 536	7 464	-	536
N+4	8 000	34 667	5 333	100 %	100,0 %	7 464	7 464	40 000	-	-	536
N+5	5 333	40 000	-							-	5 333
Total	40 000						40 000			6 405	6 405

>>>

>>>

En N

		01/09/N		
2154		Matériel industriel	40 000	
44562		TVA déductible sur immobilisations	8 000	
	404	Fournisseurs d'immobilisations		48 000
		Enregistrement de l'acquisition		

		31/12/N		
68112		Dotations aux amortissements des immo. corporelles	2 667	
	28154	Amortissement matériel industriel		2 667
		Amortissement économique : (40 000/5 ans) × 4/12		

		31/12/N		
68725		Dotations aux amortissements dérogatoires	2 000	
	145	Amortissement dérogatoire		2 000
		Amortissement fiscal en complément : (4 667 – 2 667)		

À fin N+3

		31/12/N+3		
68112		Dotations aux amortissements des immo. corporelles	8 000	
	28154	Amortissement matériel industriel		8 000
		Amortissement économique : (40 000/5 ans)		

		31/12/N+3		
145		Amortissement dérogatoire	536	
	78725	Reprises sur amortissements dérogatoires		536
		Amortissement fiscal < amortissement économique : (7 464 – 8 000)		

FOCUS Fiscalité

Base amortissable et **valeur résiduelle** : la règle comptable selon laquelle la base est minorée de la valeur résiduelle (montant que l'entreprise peut obtenir de la cession du bien à la fin de son utilisation) **n'est pas reprise** en fiscalité, qui retient toujours le prix de revient (l'amortissement dérogatoire doit dans ce cas être utilisé).

Notons qu'en cas de différence due à la base amortissable, la comptabilisation d'amortissements dérogatoires est obligatoire sous peine d'amortissements irrégulièrement différés car la règle du minimum linéaire n'est pas respectée.

Exemple

L'entreprise EBRAN a également acquis une machine : prix d'acquisition HT : 20 000 € ; remise 4 % ; escompte 2 % ; frais d'installation 884 € ; machine acquise le 1er avril N et mise en service le 15 avril N. La valeur résiduelle est estimée à 15 % du prix d'acquisition HT. La durée de vie économique est égale à 8 ans ; la durée d'usage à 6 ans. L'amortissement économique est supposé correspondre à l'amortissement linéaire.

Coût d'acquisition : (20 000 × 0,96 × 0,98) + 884 = 19 700 € HT

Base amortissable = coût d'acquisition – coûts de sortie

Valeur résiduelle : 20 000 × 0,15 = 3 000 €

Base amortissable : 19 700 – 3 000 = 16 700 €

À l'issue de la durée d'utilisation, la différence de base amortissable figure encore en VNC de l'immobilisation corporelle et en amortissements dérogatoires. Ce montant sera repris à la sortie du bien et viendra compenser en produits la VNC du bien en charges.

AMORTISSEMENT COMPTABLE					AMORTISSEMENT FISCAL				DÉROGATOIRE	
Année	Base	Dotation	Cumul amort.	V.N.C.	Valeur nette fiscale (V.N.F.) début de période	Dotation fiscale	Amort. fiscaux cumulés	Valeur nette fiscale (V.N.F.) fin de période	Dotation	Reprise
N	16 700	1 479	1 479	18 221	19 700	2 326	2 326	17 374	847	-
N+1	16 700	2 088	3 566	16 134	19 700	3 283	5 609	14 091	1 196	-
N+2	16 700	2 088	5 654	14 046	19 700	3 283	6 567	10 808	1 196	-
N+3	16 700	2 088	7 741	11 959	19 700	3 283	6 567	7 524	1 196	-
N+4	16 700	2 088	9 829	9 871	19 700	3 283	6 567	4 241	1 196	-
N+5	16 700	2 088	11 916	7 784	19 700	3 283	6 567	958	1 196	-
N+6	16 700	2 088	14 004	5 696	19 700	958	4 241	0	-	1 130
N+7	16 700	2 088	16 091	3 609		-	-	0	-	2 088
N+9	16 700	609	16 700	3 000		-	-	0	-	609
Total		16 700				19 700			6 826	3 826
									3 000	

3 La révision du plan d'amortissement

Au cours de l'utilisation d'un actif, l'estimation de l'utilisation faite à l'origine peut ne plus apparaître appropriée (raison pour laquelle on parle de plan d'amortissement et non de tableau d'amortissement). Par exemple, l'utilisation peut être allongée du fait de dépenses ultérieures sur l'actif qui améliorent son état au-delà de son niveau de performance initiale. *A contrario*, des changements techniques ou des évolutions du marché peuvent conduire à réduire son utilisation. Dans de tels cas, l'utilisation et, en conséquence, le taux d'amortissement, sont ajustés pour l'exercice en cours et les exercices suivants conformément aux dispositions relatives aux changements d'estimation (PCG Art. 122-3).

De même, les dépréciations entraînent une modification de la base amortissable. Le plan doit être révisé, toujours de façon prospective.

C La dépréciation d'une immobilisation corporelle

Même en cas d'absence ou d'insuffisance du bénéfice, il faut procéder aux dépréciations (et amortissements) nécessaires pour que les comptes annuels donnent une image fidèle du patrimoine, de la situation financière et du résultat de l'entreprise (C. com. art. L 123-20, al. 2 et PCG art. 214-7).

La présentation détaillée du principe figure dans les règles communes à tous les actifs (voir chapitre 3).
Le test de dépréciation d'un actif consiste à comparer sa valeur actuelle (la plus faible de sa valeur d'usage ou sa valeur vénale). Dès lors que la valeur actuelle est inférieure à la valeur nette figurant au bilan, une dépréciation doit être constatée, en vertu du principe de prudence.
Une dépréciation vient impacter la VNC de l'immobilisation :

VNC = valeur brute – cumul des amortissements – cumul des dépréciations

Il y a donc nécessité de modifier le plan d'amortissement d'origine, pour les exercices restant à courir, afin de réduire la dotation aux amortissements pratiquée.

Exemple

(D'après sujet DCG 2020)
- Dans les immobilisations de la société M'ANGER figure un four professionnel X12 BELLAGIO acquis début N-3 pour 16 000 €, sans valeur résiduelle. L'année dernière, courant novembre, BELLAGIO a sorti le modèle X13+. Immédiatement, sur le marché de l'occasion, le prix du modèle X12 a chuté. Par ailleurs, pour ce four, une valeur d'usage de 7 000 € a été estimée. Son prix de revente serait néanmoins de 8 000 €.
- En décembre N, dans la *Pâtisserie pour les pros*, il était mentionné que le modèle X13+ avait fait l'objet de rappels massifs par BELLAGIO. Le modèle X12 qui a depuis cessé d'être fabriqué par BELLAGIO, a vu alors son prix ré-augmenter et atteindre 10 000 € HT.

Plan d'amortissement initial du four X12 BELLAGIO

Années	Base	Amortissement	Cumul des amortissements	VNC
N-3	16 000	2 000	2 000	14 000
N-2	16 000	2 000	4 000	12 000
N-1	16 000	2 000	6 000	10 000
N	16 000	2 000	8 000	8 000
N+1	16 000	2 000	10 000	6 000
N+2	16 000	2 000	12 000	4 000
N+3	16 000	2 000	14 000	2 000
N+4	16 000	2 000	16 000	0

L'arrêt de la fabrication du four X12 par BELLAGIO et l'apparition d'un nouveau modèle constituent un indice externe de perte de valeur qui oblige la société à réaliser un test de dépréciation à la clôture de l'exercice N.
Le test de dépréciation consiste à comparer la valeur nette comptable (VNC) d'un actif à sa valeur actuelle (VA).
La VA correspond à la valeur la plus élevée entre la valeur vénale et la valeur d'usage. D'après l'énoncé, il faut retenir la valeur vénale pour ce four, à savoir 8 000 €.
VNC du four X12 BELLAGIO au 31/12/N-1 = 10 000 donc > VA (8 000)
→ Dépréciation = 10 000 – 8 000 = 2 000.
Le fait d'avoir déprécié l'immobilisation en N –1 implique une modification du plan d'amortissement initial du four pour l'avenir.

>>>

>>>

Détermination de la valeur nette comptable (VNC) du four à la clôture de l'exercice N

Années	Base	Amortissement	Cumul des amortissements	VNC
N	8 000 [a]	1 600 [b]	7 600 [c]	6 400 [d]

a. Nouvelle base amortissable = 10 000 – 2 000 = 8 000 à amortir sur la durée d'utilisation résiduelle du four soit 8 – 3 = 5 années
b. Dotation aux amortissements pour l'année N = 8 000/5 = 1 600
c. Cumul amortissements : 6 000 à fin N-1 + 1 600 en N
d. VNC au 31/12/N = 16 000 – (6 000 + 1 600) – 2 000 = 6 400

Test de dépréciation du four à la clôture de l'exercice N

La VNC du four X12 BELLAGIO doit être comparée à sa valeur actuelle c'est-à-dire la valeur la plus élevée entre sa valeur vénale (VV) et sa valeur d'usage (VU).
La valeur vénale est le montant qui pourrait être obtenu, à la date de clôture, de la vente d'un actif lors d'une transaction conclue à des conditions normales de marché, net des coûts de sortie.
La valeur d'usage d'un actif est la valeur des avantages économiques futurs attendus de son utilisation et de sa sortie.
La valeur vénale du four X12 BELLAGIO s'établit désormais à 10 000 € et est supérieure à la VNC du four à la clôture (6 400). Il est alors inutile de déterminer la valeur d'usage. En effet, si la valeur vénale est supérieure à la valeur nette comptable, il est inutile d'estimer la valeur d'usage car, quel que soit son montant, c'est la plus forte des deux qui doit être retenue. Une reprise sur dépréciation devra être constatée. De plus, calculer la valeur d'usage d'un actif pose des difficultés d'évaluation puisqu'elle est déterminée en fonction de la somme actualisée des flux nets de trésorerie attendus de l'utilisation de l'immobilisation et de sa sortie.
→ Une reprise sur dépréciation doit être constatée.

Calcul de la reprise sur dépréciation

La reprise d'une dépréciation ne doit pas porter la VNC de l'immobilisation à un niveau supérieur à VNC déterminée selon le plan d'amortissement initial.
VNC au 31/12/N selon le plan d'amortissement initial = 8 000
Reprise sur dépréciation = 8 000 – 6 400 = 1 600 (reprise plafonnée)
→ Solde du compte dépréciation au 31/12/20N = 2 000 – 1 600 = 400

4 Les sorties d'immobilisations

Il s'agit, en théorie, d'une opération non courante. L'impact de ces sorties se verra donc au niveau du résultat **exceptionnel**.

Les immobilisations sont sorties du patrimoine lorsque :

- elles sont **cédées** volontairement ou non (vente, donation, confiscation...),
- elles sont **détruites**, **mises au rebut**, reprises à l'achat d'un bien neuf.

À la date de l'opération, l'immobilisation est retirée du bilan par **l'annulation** de sa valeur brute et de ses **amortissements** et éventuellement ses **dépréciations**.

=> La VNC apparaît ainsi distinctement dans le compte **675. Valeur comptable des éléments d'actifs cédés**. VCEAC est un compte de charge exceptionnelle avec :

VCEAC = Valeur brute – Amortissements cumulés

Ses composants doivent également faire l'objet du même traitement.

Les amortissements dérogatoires qui y sont attachés ainsi que les éventuelles dépréciations devront être repris par l'intermédiaire d'un compte 78.

Le prix de cession est constaté dans le compte **775. Produit de cession des éléments d'actifs**.

La différence entre le prix de cession et la valeur nette comptable constitue le gain (ou la perte) comptable de cession (la plus-value fiscale peut être différente, selon qu'il existe ou non des amortissements non comptabilisés).

1. Complément d'amortissement → Du début de l'exercice à la date de cession

Débit	Crédit
68112	281...

2. Constatation de la cession → Vente avec ou sans TVA

Débit	Crédit
46	775

3. Régularisation éventuelle de TVA (TVA à reverser) → Pour les immeubles seulement

Débit	Crédit
211 et/ou 213	4457

4. Sortie de l'immobilisation →

Débit	Crédit
281 675	21...

5. Reprises, éventuellement, amortissement dérogatoire et dépréciations →

Débit	Crédit
291 145	78112 78725

NON systématique (étapes 3 et 5)

FOCUS Fiscalité

Les cessions d'immobilisations sont soumises à TVA à partir du moment où le bien a ouvert droit à déduction complète ou partielle de TVA lors de l'acquisition.

Lorsqu'un bien neuf est revendu dans les 20 ans qui ont suivi son acquisition, alors une fraction de la TVA initialement déduite doit être reversée.

Exemple

Un immeuble acquis le 1er avril N pour un montant de 500 000 € HT est revendu le 1er octobre N+8 pour 600 000 €. Il est amorti sur 20 ans en linéaire, les amortissements cumulés s'élèvent à 193 750 € à la date de la dernière clôture. L'amortissement complémentaire, du 1er janvier N+8 au 30 septembre N+8, est de 18 750 €. La TVA déduite au moment de l'acquisition est de 100 000 €. La TVA à reverser dépend du nombre d'années acquis sachant que chaque fraction d'année compte pour une unité soit 9 années de N à N+8.

TVA à reverser = 100 000 – (100 000 × 9/20) = 55 000

Les enregistrements sont les suivants :

		01/10/N+8		
462		Créances sur cessions d'immobilisations	600 000	
	775	Produit de cession des éléments d'actif cédés		600 000
		Constatation de la vente		
		01/10/N+8		
213		Constructions	55 000	
	4457	TVA collectée		55 000
		TVA à reverser		
		01/10/N+8		
2813		Amortissement des constructions	212 500	
675		VCEAC	342 500	
	213	Constructions		555 000
		Sortie de l'immobilisation		

Le résultat de cession s'établit à 600 000 – 342 500 = 257 500 €.

SYNTHÈSE Chapitre 4

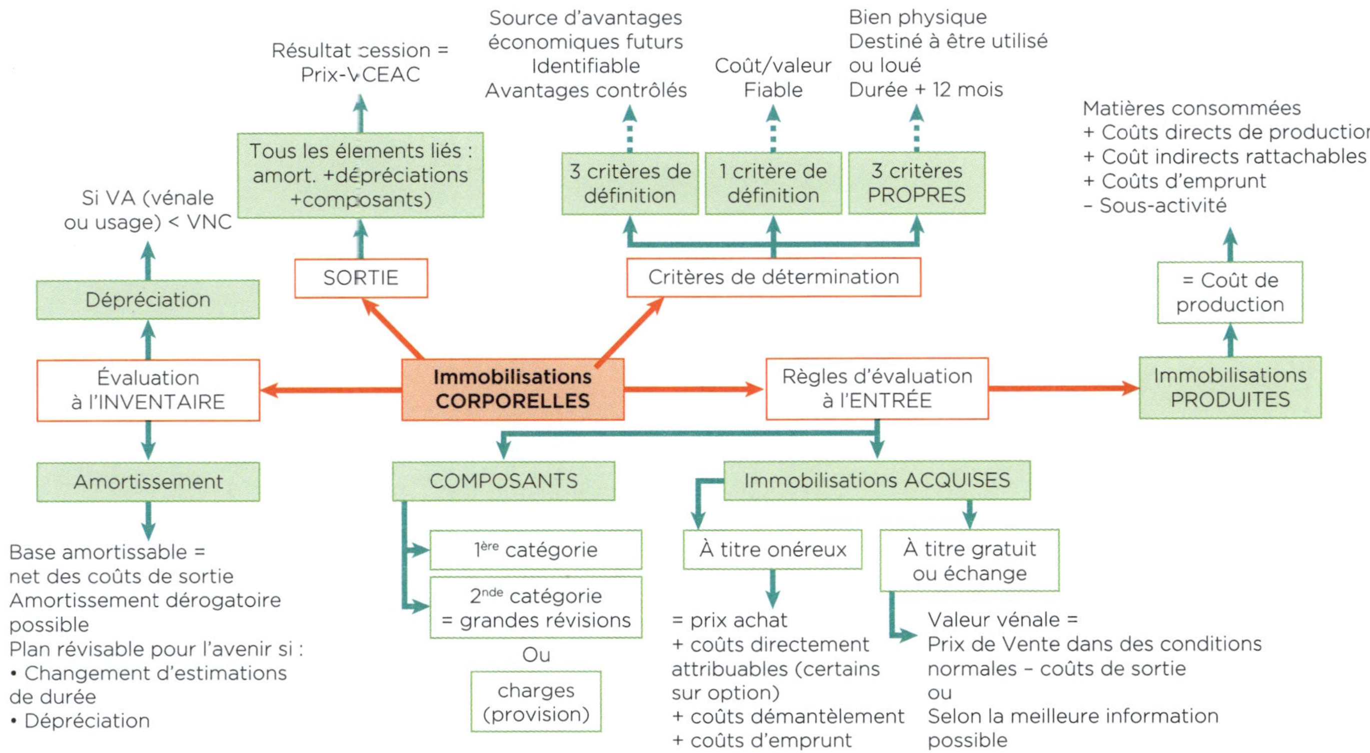

Les immobilisations incorporelles

Chapitre 5

COMPÉTENCES ATTENDUES

- **Identifier et distinguer les immobilisations corporelles et incorporelles.**
- **Exposer et appliquer les règles d'inscription à l'actif, d'évaluation et d'enregistrement des immobilisations corporelles et incorporelles.**
- **Évaluer et comptabiliser les opérations portant sur les immobilisations corporelles et incorporelles à l'entrée et postérieurement à leur entrée.**
- **Analyser les conséquences d'un choix de comptabilisation, notamment sur la présentation des comptes annuels, dans une situation donnée.**
- **Présenter les informations à fournir en annexe.**

Ce chapitre traite des immobilisations incorporelles, autrement dit des actifs non financiers et non courants, destinés à rester durablement dans l'entreprise. Parmi ceux-ci figurent des éléments intangibles tels que les brevets, marques ou licences. Comme pour les immobilisations corporelles, pour être reconnus comme actifs, ces éléments doivent satisfaire l'ensemble des critères mis en avant dans la définition (identifiable, avantages économiques futurs, contrôlable).

Du fait des phases de production assez longues, les actifs incorporels créés en interne posent de véritables problèmes de valorisation à l'entrée. Le maintien de leur valeur à l'inventaire fait également l'objet de difficultés.

Il s'agit essentiellement des marques, logiciels, frais de recherche et développement.

PLAN DU CHAPITRE

SYNTHÈSE P. 107
APPLICATIONS P. 331

LES RÉFÉRENCES POUR COMPRENDRE LE CONTEXTE

Présentation du groupe UBISOFT

1986 — Création par 5 frères en Bretagne → 1989 — Jeu médiéval Iron Lord → 1995 — Jeu Rayman → ... → 2021 — Capitalisation boursière (10 mds €) 18 000 salariés + 80 entités dans le groupe

NOTE 19 VALEUR D'INVENTAIRE ET MOUVEMENTS DE L'EXERCICE DES IMMOBILISATIONS INCORPORELLES

	Brut	Amortissements et dépréciation	31/03/21 Net
Logiciels de développements internes en-cours de commercialisation	1 195,1	965,2	229,9
Développements extérieurs en-cours de commercialisation	2,5	2,1	0,3
Logiciels de développements internes en-cours de production	1 296,7	106,5	1 190,1
Développements extérieurs en-cours de production	15,9	-	15,9
Marques et licences d'exploitation	14,7	-	14,7
Fonds commercial	27,9	23,0	4,9
Autres	17,2	12,5	4,7
TOTAL	**2 570,0**	**1 109,4**	**1 460,6**

37% de l'actif

D'après le document d'enregistrement universel 2021

Extrait du rapport des commissaires aux comptes exercice 31/3/2021

Nous avons considéré les tests de dépréciation des logiciels commerciaux développés en interne comme un point clé de l'audit, compte tenu de leur montant particulièrement significatif et du fort degré de jugement requis par le Groupe pour déterminer la valeur d'utilité basée sur des prévisions de flux de trésorerie actualisés dont la réalisation est par nature incertaine.

Extraits des Comptes sociaux d'Ubisoft Entertainment SA au 31 mars 2021 (en millions d'€)

Les logiciels de développements internes et extérieurs sont immobilisés lorsqu'ils correspondent à la définition d'un actif conformément au règlement CRC 2004-06 et sont valorisés à leur coût de production [...]

Les coûts des développements, qu'ils soient sous-traités aux studios du Groupe ou réalisés en externe, sont enregistrés en compte de charges de sous-traitance et transférés en « immobilisations incorporelles en-cours de production » par le biais d'un compte de production immobilisée. À dater de leur première commercialisation, [...] ils sont transférés dans les comptes « logiciels de développements internes en-cours de commercialisation » ou « développements extérieurs en-cours de commercialisation » pour être amortis et dépréciés le cas échéant.

Logiciels & développements : La Société détermine la valeur d'utilité en actualisant les flux de trésorerie futurs attendus du logiciel sur l'ensemble de sa durée d'exploitation, selon un taux basé sur une évaluation du coût moyen des capitaux propres (8,74 % au 31 mars 2021).

1 Principes généraux

Les définitions relatives aux immobilisations incorporelles proviennent du règlement CRC 2004-06 (repris dans ANC 2014-03) largement inspiré par le cadre conceptuel de l'IASB (pour la définition de l'actif) et de la norme IAS 38 relative aux immobilisations incorporelles. L'IASB privilégie une vision économique qui s'oppose à la traditionnelle vision juridique fondée sur la propriété du PCG.

Ainsi, un bien dont l'entité est propriétaire mais dont elle n'a pas le contrôle n'est pas un actif (cas des ventes avec clause résolutoire). A contrario, un bien qu'elle contrôle mais dont elle n'est pas propriétaire peut être théoriquement considéré comme un actif (voir chapitre 3).

A La définition d'une immobilisation incorporelle

Une immobilisation incorporelle est un actif non monétaire identifiable **sans substance physique**. Elle est identifiable :

- si elle est **séparable** des activités de l'entité, c'est-à-dire susceptible d'être vendue, transférée, louée ou échangée de manière isolée ou avec un contrat, un autre actif ou passif ;
- ou si elle résulte d'un **droit légal ou contractuel** même si ce droit n'est pas transférable ou séparable de l'entité ou des autres droits et obligations (PCG Art. 211-5).

Autrement dit, si, dans le cas d'une immobilisation incorporelle, le coût de développement d'une immobilisation ne peut être distingué du coût de l'activité de l'entité dans son ensemble, son coût doit être comptabilisé en charge. C'est le cas notamment des dépenses engagées pour créer en interne des fonds commerciaux, des marques, des titres de journaux et de magazines ou encore des listes de clients (PCG Art. 212-3.3).

En revanche, le fonds commercial acquis, évalué par différence, est inscrit à l'actif du bilan des comptes individuels.

B Inscription à l'actif

Rappelons qu'une immobilisation incorporelle, répondant à la définition de l'actif, est comptabilisée à l'actif lorsque les conditions suivantes sont simultanément réunies (PCG Art. 212-1) :

- il est probable que l'entité bénéficiera des **avantages économiques futurs** correspondants ou du potentiel des services attendus ;
- son coût ou sa valeur peut être évalué avec une **fiabilité** suffisante ou à titre d'exception, par différence.

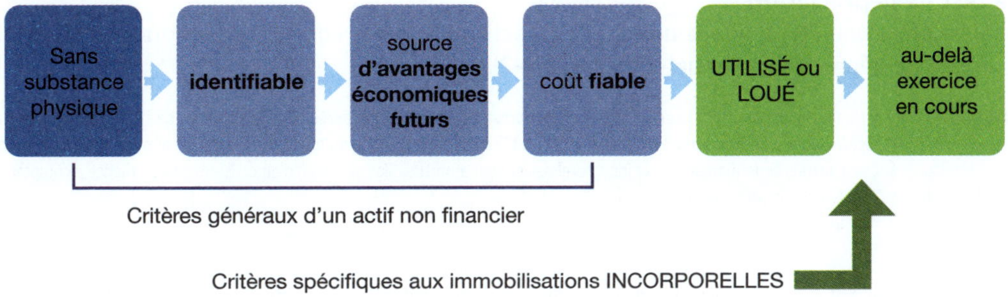

Les immobilisations incorporelles qui figurent au bilan sont celles qui satisfont à la définition de l'actif et aux conditions de comptabilisation des immobilisations incorporelles. On les trouve dans les comptes suivants :

- **Compte 201. Frais d'établissement** (n'est pas un actif, mais prévu par la loi)
- **Compte 203. Frais de recherche et développement**

- **Compte 205. Concessions et droits similaires, brevets, licences, marques, procédés, logiciels, droits et valeurs similaires**
- **Compte 206. Droit au bail**
- **Compte 207. Fonds commercial**

C Évaluation à la clôture

1 L'amortissement

Le règlement de l'Autorité des normes comptables modifiant le PCG (ANC, règlement 2015-06) apporte des modifications sur l'évaluation des actifs incorporels, qui s'appliquent pour les exercices ouverts depuis le 1er janvier 2016.

Deux cas sont prévus par le règlement : soit les actifs ont une **durée d'utilisation limitée**, soit ils ont une durée d'utilisation **non limitée**. Tout dépend de l'usage que l'on fait de l'actif.

Sachant que les critères de choix sont généralement plus complexes pour les actifs incorporels, le règlement détaille encore davantage les facteurs permettant de mettre en œuvre les critères techniques, juridiques ou économiques (voir chapitre 4) ; l'actif incorporel n'est pas concerné par le critère physique d'usure dans le temps ou par l'usage.

Les facteurs suivants sont notamment pris en compte pour déterminer leur durée d'utilisation (ANC, règlement 2015-06) :

a) les **cycles de vie des produits résultant de l'actif** et les informations publiques concernant l'estimation de la durée d'utilisation d'actifs similaires qui sont utilisés de façon similaire ;

b) **l'obsolescence** technologique, commerciale ou autre ;

c) la **stabilité du secteur d'activité** dans lequel l'actif est utilisé et l'évolution de la demande portant sur les produits ou les services résultant de l'actif ;

d) les **actions attendues des concurrents** ou des concurrents potentiels ;

e) le niveau des **dépenses de maintenance** à effectuer pour obtenir les avantages économiques futurs attendus de l'actif ainsi que la capacité et l'intention de l'entité d'atteindre un tel niveau : et

f) le fait que la durée d'utilisation de l'actif **dépend** (ou non) de la durée d'utilisation **d'autres actifs** de l'entité.

On peut considérer que certains actifs incorporels ont une durée d'utilisation limitée, soit parce que la **protection juridique** dont ils bénéficient a un **terme** (cas de brevets ou de licences), soit encore parce que l'entité a décidé **d'arrêter leur utilisation** (marque).

2 Le test de dépréciation

Dans le cas d'une durée de vie **non limitée**, l'actif ne fait pas l'objet d'un amortissement mais d'un **test de dépréciation annuel** (PCG Art. 214-2).

Attention ! L'impact d'un changement de durée d'utilisation, de durée non limitée à une durée limitée, est traité de façon **prospective**. Par exemple, en cas de décision prise d'arrêter, à une échéance donnée, l'utilisation d'une marque ou tout autre incorporel dont la durée d'utilisation était antérieurement non limitée, cette marque ou cet incorporel deviennent amortissables et le plan d'amortissement commence à compter de cette décision jusqu'à la date d'échéance prévue.

a. Principe

Pour apprécier s'il existe un quelconque indice qu'un actif ait pu perdre de la valeur, l'entité doit au minimum considérer des **indices externes et internes** :

- externes : valeur de marché, changements importants, taux d'intérêt ou de rendement ;
- internes : obsolescence ou dégradation physique, changements importants dans le mode d'utilisation, performances inférieures aux prévisions. (PCG Art. 214-16).

Le test de dépréciation consiste à comparer la valeur actuelle de l'actif avec sa valeur nette comptable (PCG Art. 214-5).

Définitions

- La valeur nette comptable d'un actif correspond à sa valeur brute (valeur d'origine) diminuée des amortissements cumulés et des dépréciations.
- La valeur actuelle est la valeur **la plus élevée** de la valeur vénale ou de la valeur d'usage.
- La valeur vénale est le montant qui pourrait être obtenu, à la clôture, de la vente d'un actif lors d'une transaction conclue à des conditions normales de marché, net des coûts de sortie.
- La valeur **d'usage** d'un actif est la valeur des avantages économiques futurs attendus de son utilisation et de sa sortie. Ceux-ci correspondent à **l'estimation des flux nets de trésorerie** actualisée attendus de l'actif.

FOCUS IFRS

Ce test de dépréciation (*Impairment test*) est celui décrit par l'IAS 36 « dépréciation des actifs » avec un vocabulaire différent. Dans la terminologie de l'IASB, la valeur actuelle correspond à la valeur recouvrable (*recoverable amount*). La valeur vénale correspond à la juste valeur de niveau 1 ou 2 (prix de marché direct ou indirect), déduction faite des frais nécessaires pour réaliser la vente (*fair value less costs to sell*). La valeur d'usage (appelée valeur d'utilité en IFRS, *value in use*) correspond à la juste valeur de niveau 3 (valeur estimée par des calculs de flux de trésorerie).

On procède donc de la façon suivante :

- Étape 1 : on détermine la valeur qui servira de référence à la valeur actuelle : la plus élevée de la valeur vénale ou valeur d'usage.
- Étape 2 : on compare cette valeur actuelle avec la valeur nette comptable :
  - si la valeur actuelle est supérieure à la valeur nette comptable, aucune dépréciation n'est comptabilisée ;
  - si la valeur actuelle est inférieure à la valeur nette comptable, il faut procéder à une dépréciation.

Exemple

On réalise un test de dépréciation sur une marque protégée et entretenue qui n'est pas amortie. Fin N, sa valeur nette comptable est de 600 000 €. On envisage deux hypothèses pour sa valeur vénale :
- Hypothèse 1 : sa valeur vénale est de 550 000 €.
- Hypothèse 2 : sa valeur vénale est de 650 000 €.

Sa valeur d'usage, calculée sur la base de flux de trésorerie futurs, est estimée à 400 000 €.
Pour les deux hypothèses c'est la valeur vénale qui est retenue pour la valeur actuelle car elle est supérieure à la valeur d'usage.
Hypothèse 1 : la valeur nette comptable est supérieure à la valeur actuelle (vénale ici) donc on déprécie la marque de 600 000 – 550 000 = 50 000 €
Hypothèse 2 : la valeur nette comptable est inférieure à la valeur actuelle (vénale ici) donc on ne déprécie pas.

La valeur d'usage (ou d'utilité) est une notion classique en finance. Elle se calcule en **actualisant** des flux de trésorerie futurs sur un horizon déterminé, en se servant d'un taux d'actualisation qui traduit la valeur temps de l'argent. La durée d'actualisation et le taux d'actualisation sont des paramètres manipulables qui peuvent modifier les valeurs calculées. Le règlement ANC 2015-06 (repris en commentaire dans le PCG Art. 214-6) précise ainsi le mode de calcul de cette valeur.

Deux périodes sont distinguées :

- Une période couverte par des documents prévisionnels pluriannuels
  - Les projections de flux de trésorerie qui couvrent la période de prévisions budgétaires sont fondées sur des **hypothèses raisonnables** et cohérentes entre elles, reprises dans les documents prévisionnels pluriannuels les plus récents. Elles représentent la meilleure estimation faite par la direction de l'ensemble des conditions d'utilisation de l'actif dans son état actuel.
  - Les hypothèses de croissance et de marge retenues sont documentées.
  - Les projections couvrent une période qui **ne peut être supérieure à 5 ans** sauf si l'entité peut démontrer sa capacité à établir des prévisions fiables au-delà de cette période.
- Une période couverte par les flux extrapolés
  - Au-delà de la période de prévisions budgétaires, les projections de flux de trésorerie sont estimées par l'extrapolation des données budgétaires en appliquant un **taux de croissance stable** ou décroissant en fonction des perspectives économiques ; ce taux de croissance n'excède pas le taux de croissance moyen à long terme pour les produits, les secteurs d'activité ou le(s) pays dans le(s)quel(s) l'entreprise opère ou pour le marché pour lequel l'actif est utilisé, sauf si un taux de croissance différent peut être justifié.
  - Ces flux peuvent être **extrapolés** soit à l'infini sur la base d'un flux de trésorerie normatif, soit sur une période déterminée à l'issue de laquelle est envisagée et prise en compte une sortie de l'actif. Dans ce dernier cas, l'estimation de la valeur de sortie est nette des coûts de sortie.

Le taux d'actualisation est un taux reflétant la valeur temps de l'argent et les **risques spécifiques** à l'actif dans la perspective d'utilisation de l'actif par l'entité. Il ne reflète pas les risques et avantages déjà pris en compte dans les estimations de flux de trésorerie.

Exemple

(d'après DCG 2015)
Depuis sa création, l'entreprise HALESCOURT n'a cessé d'évoluer et de se développer. Elle s'est ainsi implantée dans un département voisin grâce à l'acquisition d'un fonds commercial. Ce dernier a été acquis moyennant le paiement de redevances annuelles. Le fonds commercial est situé en Savoie. Il a été acquis début N moyennant le paiement de redevances annuelles pendant 5 ans. Le contrat prévoit une part fixe et une part variable :
- **la part fixe d'un montant de 10 000 € a été payée lors de l'acquisition le 02 janvier N ;**
- **la part variable est égale à 10 % du chiffre d'affaires réalisé pendant l'année et est versée le 31 décembre de chaque année.**

L'entreprise HALESCOURT a prudemment estimé à 500 000 € le chiffre d'affaires annuel lié à ce fonds commercial pendant la durée du contrat.
Le taux d'actualisation retenu est de 5 %.
La valeur d'usage (qui servira de coût d'entrée dans ce cas) de ce fonds commercial peut se calculer sur la base de l'actualisation des redevances sur 5 ans avec le taux d'actualisation fourni de 5 %.
Valeur d'usage = 10 000 + (500 000 × 10 %) × [(1 – (1 + 0,05)$^{-5}$)/0,05] = 226 473,83 €
On arrondit à 226 500 €

b. Regroupement d'actifs

S'il n'est pas possible de déterminer la valeur actuelle de l'actif **pris isolément**, il convient de déterminer la valeur actuelle du **groupe d'actifs** auquel il appartient.

- Les actifs ou groupes d'actifs au niveau desquels est réalisé le test de dépréciation sont déterminés de façon cohérente et permanente à chaque évaluation de la valeur actuelle.
- Les actifs ou groupes d'actifs au niveau desquels est réalisé le test de dépréciation sont déterminés en fonction du mode de gestion et de suivi des activités de l'entité (par ligne de produits, secteurs d'activité, implantation géographique...). (Règlement ANC 2015-06 repris en commentaire dans PCG Art. 214-15).

- Le fait de générer des avantages économiques autonomes est un indicateur permettant d'identifier le niveau (d'actifs ou groupe d'actifs) auquel un actif doit être testé. Les actifs d'un groupe d'actifs incluent, le cas échéant, tout ou partie des actifs de support qui peuvent leur être affectés de manière raisonnable et cohérente.
- Le fonds commercial est généralement affecté à un groupe d'actifs ou un regroupement de groupes d'actifs pour pouvoir être testé. Pour cette affectation, il convient de retenir le niveau pertinent de l'entité auquel le fonds commercial est géré et ses performances suivies.

Attention ! Lorsqu'une dépréciation est comptabilisée dans un groupe d'actifs, cette dépréciation est allouée en premier au fonds commercial puis aux autres actifs appartenant à ce groupe d'actifs au prorata de leur valeur comptable (bulletin CNC n° 173). .

FOCUS IFRS

La notion d'UGT « unités génératrices de trésorerie » a été introduite par la norme IAS 36 « dépréciation d'actifs » sous l'appellation CGU « *Cash Generating Units* ».

Une UGT est le plus petit groupe identifiable d'actifs qui génère des entrées de trésorerie indépendantes des entrées de trésorerie générées par d'autres actifs ou groupe d'actifs.

3 Les sorties d'immobilisations

Le **traitement** ici est **identique** qu'il s'agisse d'immobilisations **corporelles ou incorporelles**. Sachant que la sortie d'une immobilisation n'est pas une opération courante, la comptabilité enregistre cette sortie en utilisant des comptes de charges et de produits exceptionnels.

2 Les frais d'établissement

Ce poste contient l'ensemble des dépenses engagées à l'occasion d'opérations qui conditionnent l'existence ou le développement de l'entité dans son ensemble mais dont le montant ne peut être rapporté à des productions de biens ou de services déterminées (PCG Art. 212-9). Ces frais sont **amortis** selon un plan et dans un **délai maximal de 5 ans**.

Il s'agit notamment des frais de constitution, de transformation et de premier établissement. Les frais d'augmentation de capital de fusion ou de scission peuvent également être inscrits à l'actif dans cette rubrique.

FOCUS IFRS

La possibilité d'inscrire les frais d'établissement est une particularité française qui figure dans le Code de commerce (CC Art. R. 123-186). En effet, ces frais peuvent figurer à l'actif bien que ne répondant pas aux critères de définition énoncés par le PCG. Néanmoins, leur inscription en compte de résultat constitue la méthode de référence pour se conformer aux dispositions inscrites dans la norme IAS 38 relative aux immobilisations incorporelles.

3 Les frais de recherche et développement

Les frais de recherche doivent systématiquement être passés en charges.

Les frais de développement peuvent être activés sous certaines conditions.

En effet, il est possible de faire apparaître une partie des charges relatives à un projet de recherche et développement sous certaines conditions, reconnaissant par là même à ces dépenses engagées la valeur d'un investissement qui aura des retombées économiques pour l'entité (PCG Art. 212-3).

A Différentes phases dans le projet de R&D

Deux phases sont distinguées : la phase recherche et la phase développement.
1) Les dépenses engagées pour la recherche (ou pour la phase de recherche d'un projet interne) doivent être comptabilisées en charges lorsqu'elles sont encourues et ne peuvent plus être incorporées dans le coût d'une immobilisation incorporelle à une date ultérieure.
2) Les coûts de développement peuvent être comptabilisés à l'actif s'ils se rapportent à des projets nettement individualisés, ayant de sérieuses chances de réussite technique et de rentabilité commerciale ou de viabilité économique pour les projets de développement pluriannuels associatifs.
Si l'entité ne peut distinguer ces deux phases, alors les dépenses relatives au projet doivent être traitées comme si elles étaient encourues lors de la phase de recherche. Elles restent donc en charges.
Pour activer une partie des frais de développement, l'entité doit respecter six critères. Si un des critères ne devait pas être rempli, alors les dépenses doivent être comptabilisées en charges (PCG Art. 212-3).
1) La faisabilité technique nécessaire à l'achèvement de l'immobilisation incorporelle en vue de sa mise en service ou de sa vente.
2) L'intention d'achever l'immobilisation incorporelle et de l'utiliser ou de la vendre.
3) La capacité à utiliser ou à vendre l'immobilisation incorporelle.
4) La façon dont l'immobilisation incorporelle générera des avantages économiques futurs probables. L'entité doit démontrer, entre autres choses, l'existence d'un marché pour la production issue de l'immobilisation incorporelle ou pour l'immobilisation incorporelle elle-même ou, si celle-ci doit être utilisée en interne, son utilité.
5) La disponibilité de ressources (techniques, financières et autres) appropriées pour achever le développement et utiliser ou vendre l'immobilisation incorporelle.
6) La capacité à évaluer de façon fiable les dépenses attribuables à l'immobilisation incorporelle au cours de son développement.
Les frais de développement sont ensuite amortis sur une durée qui reflète la durée d'utilisation des actifs auxquels ils se rapportent. Cette durée sera justifiée dans l'annexe.

FOCUS IFRS

Sous normes françaises, l'activation des frais de développement est donc facultative. Il faut noter cependant que le PCG la considère comme la méthode de référence.
Sous normes IFRS, les frais de recherche et développement sont traités par la norme IAS 38 relative aux immobilisations incorporelles. L'activation des frais de développement est obligatoire lorsque les conditions sont remplies.

B Frais non activables

Il existe une interdiction formelle d'activation de certains projets.
Il est interdit d'activer les dépenses engagées pour créer en interne des fonds commerciaux, des marques, des titres de journaux et de magazines, des listes de clients et autres éléments similaires en substance (PCG Art. 212-3.3), ces dépenses ne pouvant pas être distinguées du coût de développement de l'activité dans son ensemble. Il en est de même pour les coûts engagés ultérieurement relatifs à ces dépenses internes.

4 Concessions et droits similaires, brevets, licences, marques, procédés, logiciels, droits et valeurs similaires

La comptabilisation de concessions, brevets, licences, marques ou logiciels ne pose généralement pas de problème particulier du moment que les immobilisations incorporelles ont été acquises à titre onéreux. Elles sont alors inscrites pour leur coût d'acquisition.
Dans le cas où ces immobilisations sont produites par l'entreprise :
- soit leur activation est interdite : c'est le cas des dépenses engagées pour créer en interne des marques, des titres de journaux et de magazines ou encore des listes de clients dont le coût de développement ne peut être distingué du coût de l'activité de l'entité dans son ensemble (PCG Art. 212-3.3) ;
- soit les dépenses peuvent être comptabilisées en suivant les mêmes conditions que les frais de développement : c'est le cas des brevets développés en interne. Ils sont alors comptabilisés à leur coût de production ;
- soit des conditions d'activation spécifiques sont précisées : c'est le cas des logiciels créés. Ils sont alors comptabilisés à leur coût de production.

Nous traiterons ici uniquement des **logiciels** créés par l'entreprise et destinés à rester ou sein de l'entreprise (logiciels créés à usage interne) ou à être vendus (logiciels créés à usage commercial).
En effet, les logiciels acquis sont :
- soit considérés comme des marchandises, s'ils sont destinés à être revendus en l'état ;
- soit immobilisés dans le compte **205. Concessions et droits similaires**. Ils sont amortis à partir de leur date d'acquisition sur leur durée réelle d'utilisation (ils ne peuvent plus bénéficier d'un amortissement fiscal accéléré sur 12 mois depuis le 01/01/2017).

Leur traitement comptable ne pose pas de problème particulier.
Par ailleurs, les logiciels non autonomes, indissociables du matériel avec lequel ils sont acquis (*ex.* : logiciels de traitement de texte ou tableur), sont comptabilisés en immobilisations corporelles avec le matériel auquel ils sont rattachés.
Les logiciels créés peuvent être considérés comme des immobilisations incorporelles au même titre que les brevets à condition de remplir un certain nombre de conditions : en particulier, l'entreprise devra apporter des justifications quant aux probabilités de réussite du projet.

A Différentes destinations des logiciels créés

1 Les logiciels créés destinés à un usage commercial

Les logiciels destinés à un usage commercial sont créés en vue d'être vendus, loués ou commercialisés sous d'autres formes (PCG Art. 611-1).
Ils doivent être comptabilisés en immobilisations dans le compte **205. Concessions et droits similaires...** si les conditions suivantes sont simultanément réunies (PCG Art. 611-2) :
- le projet est considéré par l'entité comme ayant de sérieuses chances de réussite technique et de rentabilité commerciale ;
- l'entité manifeste sa volonté de produire le logiciel concerné et de s'en servir durablement pour les besoins de la clientèle et identifie les ressources humaines et techniques qui seront mises en œuvre.

L'avis CNC n° 31 des 9 janvier et 29 avril 1987 relatif au traitement comptable des dépenses de logiciels précise les éléments relatifs à la réussite technique et commerciale du projet.

Avis CNC n° 31 (1987) relatif au traitement comptable des dépenses de logiciels (extrait)

« La réussite technique du projet suppose :
- que l'entreprise dispose de moyens matériels et humains suffisants pour pouvoir produire le logiciel ou a recours à la sous-traitance et que ce dernier correspondra aux spécifications techniques fixées dans le cahier des charges ;
- que les facteurs de risques susceptibles de remettre en cause la fiabilité technique du logiciel ont été identifiés et résolus. À ce titre, tout projet présentant le caractère d'une innovation technologique doit être examiné avec d'autant plus de prudence que sa réussite technique finale est parfois très aléatoire même à des stades avancés de son déroulement.

La condition relative à la rentabilité commerciale d'un projet est notamment satisfaite dès lors que l'entreprise est en mesure d'estimer que les recettes attendues de la commercialisation d'un logiciel couvriront, au moins, les frais correspondant à sa création ainsi que ses coûts probables de fonctionnement, quelle que soit leur nature. »

2 Les logiciels créés destinés à un usage interne

Les logiciels à usage interne sont destinés à toute autre forme d'usage (PCG Art. 611-1).
Ils doivent être enregistrés en immobilisations dans le compte **205. Concessions et droits similaires...**, si les conditions suivantes sont simultanément remplies (PCG Art. 611-3) :
- le projet est considéré comme ayant de sérieuses chances de réussite technique ;
- l'entité manifeste sa volonté de produire le logiciel, indique la durée d'utilisation minimale estimée compte tenu de l'évolution prévisible des connaissances techniques en matière de conception et de production de logiciels et précise l'impact attendu sur le compte de résultat.

B Coût de production des logiciels créés

Les logiciels créés par l'entité, destinés à un usage commercial ainsi que ceux destinés aux besoins propres de l'entité sont inscrits en immobilisations, à leur coût de production.
Il importe ici de se référer également aux règles plus générales relatives à la comptabilisation des frais de recherche & développement. On considère en effet que le logiciel créé est un projet de développement particulier.

1 Phase conceptuelle

Phase 1 : étude préalable

À ce stade, on considère que le projet a une faible probabilité de succès technique. Seuls les objectifs globaux et les contraintes du projet ont été définis. Par conséquent, les dépenses engagées lors de l'étude préalable doivent systématiquement être inscrites dans les charges de l'exercice au cours duquel elles sont engagées.

Phase 2 : analyse fonctionnelle

Cette phase a pour objectif de déduire l'architecture du logiciel. Lors de cette phase, plusieurs solutions peuvent être envisagées afin d'en étudier leur faisabilité. À l'issue, un document de conception générale du logiciel est réalisé afin de décrire la structure générale de l'alternative approuvée. Les frais d'analyse fonctionnelle sont donc également exclus du coût de production du projet en cours.

Phase 3 : analyse organique

Cette étape énumère l'architecture approfondie du logiciel jusqu'à parvenir à une description externe de chaque sous-ensemble et information utilisable dans le futur logiciel. À partir de cette étape, seront connues toutes les données (variables, constantes, etc.) et fonctions (procédures,

méthodes, etc.) de l'application vue de l'extérieur. Un langage de programmation est en général validé lors de cette phase. C'est donc la dernière étape avant la réalisation même du logiciel.
Ces frais seront donc généralement compris dans le coût de production du logiciel.

2 Phase de production

Phase 4 : programmation

Le logiciel va être entièrement écrit en algorithme. Le développement peut être confié à une seule personne dans le cas d'une application simple ou divisé entre plusieurs équipes de développeurs dans le cas de projets importants.
Ces frais sont toujours compris dans le coût de production du logiciel.

Phase 5 : test et jeux d'essais

Ces tests ont pour objectif de vérifier individuellement la conformité de chaque élément du logiciel (fonctions et variables) par rapport aux documents de conception détaillée. Toutes les fonctionnalités internes et externes de chaque sous-programme sont contrôlées méthodiquement.
Ces frais sont toujours compris dans le coût de production du projet en cours.

3 Phase de mise à disposition de l'utilisateur et de suivi

Phase 6 : documentation

Cette phase consiste à élaborer la documentation technique destinée à l'usage interne ou externe. Ces frais sont toujours compris dans le coût de production du logiciel.

Phases 7 et 8 : formation de l'utilisateur et suivi de logiciel

Elles ne font pas partie, à proprement parler, de la phase de production mais de la mise en distribution.
Les frais postérieurs à la phase de production du projet ne sont pas inclus dans le coût de production du logiciel et doivent être enregistrés dans les charges de l'exercice au titre duquel ils ont été engagés.
Seuls les coûts de développement propres à un logiciel donné ayant de sérieuses chances de réussite seront donc comptabilisés (phase 3 à 6).

Logiciels : tableau récapitulatif des traitements comptable et fiscal

				Comptabilité	Fiscalité
Logiciels	Indissociés			Comptabilisés au débit du compte 2183 « Matériel de bureau et matériel informatique » avec le matériel	Amortissement selon le même rythme que le matériel sur la durée normale d'utilisation de ce dernier.
	Faisant partie d'un projet de développement			Décision de gestion (frais de développement) : charges ou frais de RD (méthode de référence) si 2 conditions et 6 critères remplis	Régime des frais de RD
	Autonomes	Usage interne	Acquis	Immobilisation au débit du compte 205. Concessions et droits similaires… Amortissement : à partir de la date d'acquisition	Amortissement à partir de la date de mise en service
			Créés	Sous certaines conditions, immobilisation au débit de 232. Immobilisations en cours, puis, lorsque le logiciel est achevé, virement au débit du compte 205. En cas d'échec du projet, le compte 232 est viré au débit du compte 675. Amortissement : à partir de la date d'achèvement	Les entreprises ont le choix entre : suivre le traitement comptable (la déduction fiscale se faisant par la dotation aux amortissements) ; déduire immédiatement les dépenses (par la constatation d'amortissements dérogatoires)
			Utilisés comme moyens d'exploitation	Règles identiques à celles des logiciels à usage interne	Règles identiques à celles des logiciels à usage interne
		Usage commercial	Destinés à être vendus	Les logiciels standards acquis pour être revendus sont enregistrés lors de l'achat au débit du compte 607, puis à l'inventaire, le compte 37. Stocks de marchandises est mis à jour par le crédit du compte 6073. Les dépenses de création de logiciels standards sont enregistrées en charges de l'exercice. À l'inventaire, ces logiciels sont portés au débit du compte 355. Stocks de produits finis par le crédit du compte 7135. Les logiciels spécifiques créés à la commande sont enregistrés en charges, puis à l'inventaire au débit du compte 341. Études en cours par le crédit du compte 7134 (il est aussi possible dans ce cas de constater un chiffre d'affaires à l'avancement).	Ces stocks peuvent faire l'objet de dépréciations déductibles.

Les logiciels créés doivent ensuite être amortis à compter de leur date d'achèvement, sur leur durée probable d'utilisation.

Exemple

En N, une entreprise a la possibilité de créer son propre logiciel adapté précisément à ses besoins et s'y emploie au cours du deuxième semestre de l'année. Dès la fin de l'année N, les conditions d'activation des dépenses liées à la création du logiciel sont remplies. Le logiciel est pratiquement achevé et elle envisage d'utiliser ce logiciel dès le 1er juillet N+ 1.
On vous communique le détail des frais engagés :

2e semestre N	Montant HT	1er semestre N+1	Montant HT
Étude préalable	6 000 €	Programmation	12 000 €
Analyse fonctionnelle	4 000 €	Test et jeux d'essais	3 000 €
Analyse organique	10 000 €	Documentation	5 000 €

On vous demande de procéder à l'enregistrement comptable des écritures relatives à ce logiciel au 31/12/N et au 1er juillet N+1 sachant que les charges ont déjà été normalement comptabilisées.
On vous informe par ailleurs que des coûts de formation d'un montant de 3 000 € HT ont été engagés pour familiariser le personnel avec ce logiciel.
Il faut donc procéder en deux étapes et déterminer les charges qui sont susceptibles d'être activées. Fin N, seules les charges relatives à l'analyse organique peuvent entrer dans le coût de production d'une immobilisation. Celle-ci est en cours de production. Le 1er juillet N+1, on va enregistrer le logiciel achevé. Il exclut les frais de formation.

		31/12/N		
232		Immobilisations incorporelles en cours	10 000	
	721	Production immobilisée-immo. incorporelles		10 000
		Enregistrement du logiciel en cours		

		01/07/N+1		
205		Logiciels	30 000	
	232	Immobilisations incorporelles en cours		10 000
	721	Production immobilisée-immo. incorporelles		20 000
		Enregistrement du logiciel achevé		

a. Sites internet

Dans le cas particulier des sites internet, les dispositions du PCG reposent en grande partie sur celles plus générales relatives aux frais de R&D. Elles ne concernent pas les sites internet « passifs » destinés à donner uniquement des informations sur l'entreprise (sites de présentation) et ne participant pas aux systèmes d'information ou commerciaux de l'entreprise (comptabilité, ventes...) car on ne peut démontrer qu'ils généreront des avantages économiques futurs distincts de ceux générés par d'autres actifs. Les dépenses relatives aux sites internet « passifs » ne répondent pas à la définition d'un actif et doivent être comptabilisées en charges.
Les coûts de création de sites internet « actifs » peuvent être comptabilisés à l'actif si l'entreprise démontre qu'elle remplit simultanément les conditions suivantes (PCG Art. 612-1) :
- le site internet a de sérieuses chances de réussite technique ;
- l'entreprise a l'intention d'achever le site internet et de l'utiliser ou de le vendre ;
- l'entreprise a la capacité d'utiliser ou de vendre le site internet ;

- le site internet générera des avantages économiques futurs ;
- l'entreprise dispose des ressources (techniques, financières et autres) appropriées pour achever le développement et utiliser ou vendre le site internet ;
- l'entreprise a la capacité d'évaluer de façon fiable les dépenses attribuables au site internet au cours de son développement.

Si ces conditions sont remplies, les coûts engagés qui peuvent être comptabilisés à l'actif comme coût de production du site internet, comprennent les dépenses relatives à (PCG Art. 612-2) :
- l'obtention et l'immatriculation d'un nom de domaine ;
- l'acquisition ou le développement du matériel et du logiciel d'exploitation qui se rapportent à la mise en fonctionnalité du site ;
- le développement, l'acquisition ou la fabrication sur commande d'un code pour les programmes, de logiciels de bases de données, et de logiciels intégrant les applications distribuées dans les programmes ;
- la réalisation de la documentation technique ;
- les coûts afférents au contenu, notamment les frais induits par la préparation, l'alimentation et la mise à jour du site ainsi que l'expédition du contenu du site.

La comptabilisation des coûts de développement et de production de sites internet à l'actif est considérée comme la méthode de référence.

Attention ! Les charges relatives à l'obtention d'un nom de domaine ne sont pas amortissables car celui-ci n'a pas de durée d'utilisation limitée.

5 Droit au bail

Ce compte enregistre le montant versé ou dû au locataire précédent en considération du transfert à l'acheteur des droits résultant tant des conventions que de la législation sur la propriété commerciale (PCG Art. 924-20). C'est ce qu'on appelle dans le langage courant le « pas-de-porte ».

6 Fonds commercial

A Définition

Dans le cadre de la transposition de la directive comptable 2013/34/UE du 26 juin 2013 et de la publication au Journal officiel du 23 juillet 2015 de l'ordonnance n° 2015-900 et du décret n° 2015-903, l'ANC a modifié le règlement n° 2014-03 du 5 juin 2014 relatif au plan comptable général. Ces modifications portent notamment sur la définition du fonds commercial.

Le compte « fonds commercial » enregistre l'acquisition des éléments incorporels du fonds de commerce acquis qui ne font pas l'objet d'une évaluation et d'une comptabilisation séparées au bilan et qui concourent au maintien ou au développement du potentiel d'activité de l'entité (PCG Art. 924-20).

Attention ! Il ne faut pas confondre fonds de commerce et fonds commercial.
- Le fonds de commerce englobe le fonds commercial. Il est constitué d'éléments corporels et d'éléments incorporels appartenant à un commerçant lui permettant de développer sa clientèle.
- Le fonds commercial est une partie résiduelle mais il constitue la partie centrale du fonds de commerce. Il est composé principalement de la clientèle, de l'achalandage, de l'enseigne, du nom commercial et, plus largement, des parts de marché.

Le fonds commercial peut être :
- associé ou non, à l'occasion de transactions juridiques portant sur le fonds de commerce, à des éléments qui peuvent y être rattachés (tels le matériel commercial, le matériel, les stocks, les brevets, les marques, les licences, le droit au bail) bien qu'ils aient une existence juridique distincte et soient généralement comptabilisés dans des postes spécifiques ;
- cédé, loué ou nanti en tant que fonds de commerce, avec ou sans les autres éléments qui peuvent y être rattachés (avis du Collège du 7 mai 2015 repris dans le règlement ANC 2015-06).

B Amortissement

Le cas du fonds commercial est traité à part (PCG Art. 214-3). Celui-ci est présumé avoir une durée d'utilisation non limitée et ne sera pas amortissable, mais cette présomption peut être réfutée. Une simplification est offerte aux petites entreprises au sens comptable. Celles-ci peuvent amortir tous les fonds commerciaux inscrits à leur bilan sur 10 ans. Les petites entreprises sont celles qui réunissent deux critères parmi les trois suivants (Code com. Art. L. 123.16 et F. 123-200 2°) : CA ≤ 4 M€, total bilan ≤ 8 M€, effectif ≤ 50.
Le fonds commercial peut avoir une durée limitée dans certains cas, par exemple si ce dernier est adossé à un contrat ou à une autorisation légale ayant une durée d'utilisation limitée, comme un contrat de concession ou une autorisation d'extraction d'une mine, ou encore lorsqu'une décision d'arrêter l'activité à laquelle le fonds commercial est rattaché est prise par l'entité.

C Test de dépréciation

Pour les exercices ouverts depuis le 1er janvier 2016, un test de dépréciation (comparaison de la valeur nette comptable et de la valeur actuelle) doit être réalisé, au moins une fois par exercice, pour les fonds commerciaux dont la durée d'utilisation est non limitée, qu'il existe ou non un indice de perte de valeur (PCG Art. 214-15 modifié).
Les dépréciations afférentes au fonds commercial ne sont jamais reprises au compte de résultat. Elles sont donc considérées comme irréversibles (Code de commerce R 123-179)

Remarque. Les fonds commerciaux inscrits au bilan à l'ouverture de l'exercice ouvert depuis le 1er janvier 2016 et faisant déjà l'objet d'un amortissement continuent d'être amortis sur la durée d'utilisation résiduelle.

FOCUS IFRS

Le traitement du fonds commercial est conforme à celui du goodwill sous normes IFRS (voir IFRS 3).
- **Pas d'amortissement.**
- **Un test de dépréciation sur un groupe d'actifs auquel se rattache le goodwill.**
- **Une allocation prioritaire de la dépréciation au fonds commercial.**
- **Une reprise de la dépréciation interdite.**

Exemple

Suite exemple « entreprise HALESCOURT »
La valeur nette comptable du fonds commercial est de 226 500 €. Fin N, la valeur actuelle du fonds commercial est estimée à 218 000 €.
On passe donc une dépréciation de 226 500 – 218 000 = 8 500 €

		Fin N		
68161		Dotations aux dépréciations-immo. incorporelles	8 500	
	2907	Amortissement fonds commercial		8 500
		Dépréciation du fonds commercial		

Sachant que la dépréciation est irréversible, on n'opère pas de reprise ultérieurement.

Immobilisations corporelles/incorporelles

Immobilisation INCORPORELLE	Différences avec immobilisations CORPORELLES
Définition	Sans substance physique
Critères de détermination durée d'utilisation	Cycle de vie, obsolescence, stabilité sectorielle, actions concurrents, maintenance, dépendance à d'autres actifs, durée de protection juridique
Tests de dépréciation	Les immobilisations incorporelles non amortissables font l'objet d'un test de dépréciation systématique
Valeur d'usage	Actualisation des flux de trésorerie futurs : Période documentée par des documents prévisionnels fiables => 5 ans Flux extrapolés => au-delà mais sous conditions de taux de croissance stable avec prise en compte des risques spécifiques
Groupes d'actifs (UGT)	Si actif incorporel impossible à isoler : VA du groupe d'actifs auquel il appartient

Spécificités

Spécificités	Points essentiels
Frais d'établissement	Frais liés à l'existence ou développement de l'entité mais non rattachables à des productions déterminées Frais de constitution, transformation, augmentation de capital Amortissables : 5 ans maximum
Frais R&D	**Phase 1. Recherche** : projet non finalisable => **charges** **Phase 2. Développement** : frais **activables** si 2 conditions réunies : projets nettement individualisés & sérieuse chance de réussite Sérieuse chance de réussite si 6 critères réunis : faisabilité technique, intention d'achever, capacité à utiliser ou vendre, existence d'un marché (d'avantages économiques), ressources disponibles, évaluation fiable Frais engagés pour création en interne de marques, fonds commerciaux, listes de clients => non activables car indissociables de l'activité d'ensemble
Concessions, brevets, licences, marques, logiciels	• Acquis => coût d'acquisition fiable • Produits – activation interdite pour marques, fonds commerciaux, listes de clients – frais activables au coût de production comme frais de développement : brevets • Cas particulier des **logiciels créés** – à usage <u>commercial</u> (pour être vendus, loués) : activation possible si sérieuses chances de réussite et de rentabilité (≠ innovation technologique) durabilité, ressources identifiées – à usage <u>interne</u> : activation possible si sérieuses chances de réussite, volonté de produire, durée d'utilisation minimale fixée • Coût de production : période comprise entre l'analyse organique et l'élaboration de la documentation technique (voir schéma de processus) • Cas particulier des **sites internet** : – <u>passifs</u> : charges (ne génèrent pas d'avantages économiques futurs) – <u>actifs</u> : activables si les **6 critères (idem R& D)** sont réunis **ensemble**. Amortissement : m ontant de la base liée au nom de domaine **non amortissable**
Droit au bail	« Pas de porte » : immobilisation incorporelle
Fonds commercial	**Résidu** => prix d'acquisition – éléments évaluables séparément Normalement **NON amortissable** (durée non limitée), sauf exceptions PME Tests de dépréciation **obligatoires** Dépréciation IRRÉVERSIBLE donc pas de reprise

Les opérations de location-financement

Chapitre 6

COMPÉTENCES ATTENDUES

- **Identifier et distinguer les immobilisations corporelles et incorporelles.**
- **Exposer et appliquer les règles d'inscription à l'actif, d'évaluation et d'enregistrement des immobilisations corporelles et incorporelles.**
- **Évaluer et comptabiliser les opérations portant sur les immobilisations corporelles et incorporelles à l'entrée et postérieurement à leur entrée.**
- **Analyser les conséquences d'un choix de comptabilisation, notamment sur la présentation des comptes annuels, dans une situation donnée.**
- **Présenter les informations à fournir en annexe.**

Encore aujourd'hui, le traitement comptable français des locations-financement diffère des normes internationales. L'approche juridique est privilégiée au détriment de l'approche économique.

PLAN DU CHAPITRE

SYNTHÈSE P. 119

APPLICATIONS P. 338

LES RÉFÉRENCES POUR COMPRENDRE LE CONTEXTE

Le crédit-bail

Présentation aux entreprises des avantages du crédit-bail par les chambres de commerce

Il existe de nombreux avantages à la conclusion d'un contrat de crédit-bail.

- Cette opération permet au chef d'entreprise qui n'en a pas les moyens de financer à hauteur 100 % du matériel nécessaire à l'exploitation (tandis que les prêts bancaires traditionnels ne les financent qu'à 70 %). Toutefois, un dépôt de garantie peut être exigé selon les organismes, mais il sera restitué à la fin du contrat le cas échéant (il ne peut dépasser 15 % du prix du matériel).
- Les loyers font partie des charges déductibles du résultat de l'exercice, sauf l'amortissement affecté au terrain dans le cadre du crédit-bail immobilier : lorsque le prix de la levée de l'option est inférieur au coût d'acquisition du terrain par le bailleur, la fraction des loyers, égale à la différence constatée entre ces deux sommes, est exclue des charges déductibles en fin de contrat.
- Le crédit-bail est juridiquement une location : le bien financé n'apparaît pas à l'actif du bilan de l'entreprise bénéficiaire du financement (le locataire) mais uniquement dans les engagements hors bilan (les loyers de crédit-bail figurent sur une ligne spéciale au compte de résultat, l'encours des contrats de crédit-bail est indiqué dans les annexes comptables, et les contrats de crédit-bail sont publiés au greffe du tribunal de commerce). Par conséquent, cela permet à l'entreprise de présenter un endettement apparemment plus « limité » que la réalité.
- Une grande souplesse existe dans les modalités de paiement : les loyers peuvent être constants, dégressifs ou spécifiques. La durée du contrat est modulée en fonction des possibilités de l'entreprise.

1 Définition et principes

À la question « faut-il acheter ou louer ? », le crédit-bail (leasing) apporte une réponse mixte.
Le crédit-bail est, depuis son apparition en France dans les années 1960, mis en avant comme une possibilité de résoudre les problèmes de financement des entreprises en leur permettant d'investir en louant le bien dont elles ont besoin avec la possibilité de l'acheter plus tard. On peut donc considérer que les opérations de crédit-bail constituent une alternative aux opérations de financement classique par le biais de crédits bancaires ou encore aux opérations sur fonds propres. À ce titre, l'activité de loueur ne peut être effectuée à titre habituel, mais uniquement par des entreprises commerciales agréées (article 515-2 du Code monétaire et financier).
Il existe deux types de crédit-bail suivant la nature de bien proposé à la location.

- Le **crédit-bail mobilier** concerne la location par une entreprise de biens d'équipements ou de matériel d'outillage à une société de crédit-bail. Celle-ci va acheter le matériel à la place de l'entreprise et va lui louer sur une **période déterminée**. Au terme de cette période, l'entreprise a la possibilité d'arrêter la location ou de renouveler le contrat. Elle peut également décider d'exercer son **option d'achat** pour acquérir le matériel pour le prix fixé à l'avance.
- Le **crédit-bail immobilier** concerne la location par une entreprise d'un **immeuble** (au sens du droit : ensemble de biens que l'on ne peut déplacer) à un établissement financier propriétaire de biens immobiliers à usage professionnel. Dans ce cas, la durée du contrat est généralement liée à la durée d'amortissement du bien concerné. Tout comme dans le cas précédent, l'entreprise peut exercer son option d'achat à l'expiration du contrat.

Précisions sur la cession-bail

Une opération de cession-bail (lease-back) est une opération qui consiste, pour une entreprise, à vendre une immobilisation dont elle est propriétaire à une société de crédit-bail immobilier et à conclure simultanément un contrat de crédit-bail immobilier. Elle devient ainsi locataire de son ancien bien et en garde la jouissance. L'avantage essentiel est de lui permettre de gagner en flexibilité. Elle peut disposer d'une trésorerie immédiate qu'elle pourra déployer à des fins stratégiques sur d'autres investissements.

L'avantage principal du crédit-bail pour le prêteur est qu'il dispose de la propriété du bien tant que l'option d'achat n'a pas été levée. Il s'agit donc d'une garantie importante en cas de défaillance du client (preneur ou locataire).
Pour les entreprises, les **avantages** sont multiples. En particulier le crédit-bail permet de prendre en compte la totalité de l'investissement, là où le financement bancaire classique exige généralement un apport. Par ailleurs, elle permet à des entreprises qui n'auraient pas accès à des financements traditionnels d'investir sans toucher à leur endettement ou à leur trésorerie. Enfin, le risque à long terme est transmis au prêteur qui reste propriétaire et dans le même temps, le locataire peut bénéficier en permanence de matériel performant. Le crédit-bail connaît donc un succès certain dans le domaine du matériel informatique mais également pour des biens de grande valeur. Ainsi, comme le montre l'exemple suivant, près de 20 % de la flotte d'Air France est acquise en crédit-bail.

Exemple

La flotte Air France-KLM totalise 546 avions au 31 décembre 2020 dont 513 avions en exploitation. Elle est détenue à hauteur de 39,2 % en propriété, 13,7 % en crédit-bail et 47,1 % en location opérationnelle. Le remboursement des dettes de location-financement s'est élevé à 940 millions d'euros en 2020, soit 20 % du total des remboursements liés au financement.
Répartition par mode de détention au 31/12/2021 (source : Air France, rapport financier semestriel 2021)

>>>

>>>

	Propriété	Crédit-bail	Location opérationnelle
Total : 546	214	75	257

https://www.airfranceklm.com/fr/system/files/afk_deu_2020_29042021.pdf

2 Le crédit-bail mobilier

A Traitement comptable

1 Pendant la période de location

Dans les comptes sociaux, il est interdit d'inscrire les biens en location à l'actif du bilan (voir chapitre 3), le titulaire d'un contrat de crédit-bail doit donc comptabiliser en **charges** d'exploitation les sommes dues au titre de la période de location. (PCG Art. 212-5).

Les loyers (**redevances**) sont enregistrés en charges au débit du compte **6122. Crédit-bail mobilier**. Ces redevances sont soumises à TVA. Celle-ci est déductible sauf si le crédit-bail porte sur un bien avec restriction au droit à déduction (véhicule de tourisme, par exemple).

Exemple

Une entreprise souscrit un contrat de crédit-bail mobilier sur une machine d'une valeur de 75 000 € HT. Sa durée de vie économique est de 10 ans et on considère qu'elle est mise à disposition de l'entreprise le 1er août N. Il est prévu un paiement de 4 redevances annuelles de 25 000 € HT chacune, la première étant payée le 1er août N.

Les enregistrements comptables seront les suivants. Considérons l'exercice N+2 :

		01/08/N+2		
6122		Redevances de crédit-bail mobilier	25 000	
44566		TVA déductible sur ABS (25 000 × 20 %)	5 000	
	512	Banque		30 000
		Paiement de la 3e redevance		
		31/12/N+2		
486		Charges constatées d'avance (25 000 × 7/12)	14 583	
	6122	Redevances de crédit-bail mobilier		14 583
		Exclusion partie de redevance concernant N+3		

2 À la levée de l'option d'achat

La **levée** de l'option d'achat n'est **pas obligatoire**. Si elle n'a pas lieu, aucune constatation comptable ne sera faite, sauf éventuellement un dépôt de garantie à restituer.

À la levée de l'option d'achat, le titulaire du contrat de contrat de crédit-bail inscrit l'immobilisation à l'actif du bilan pour un montant établi conformément aux règles applicables en matière de détermination de la valeur d'entrée (PCG Art. 212-5).

Exemple

Suite de l'exemple précédent
Le contrat prévoit la possibilité de racheter la machine lors de la levée d'option au 1er août N+4 pour un prix HT de 5 000 €.

		01/08/N+4		
215		Installations techniques	5 000	
44562		TVA déductible sur immobilisations	1 000	
	512	Banque		6 000
		Levée de l'option		

B Informations à fournir dans l'annexe

Les entreprises ayant recours aux opérations de crédit-bail doivent fournir un certain nombre d'informations dans l'annexe.
Pour celles qui ne bénéficient **pas du régime simplifié** de l'annexe (article R. 313.14 1 du Code monétaire et financier), elles doivent notamment spécifier des informations prévues ventilées selon les postes du bilan dont auraient relevé les biens en cause :
1. la valeur de ces biens au moment de la signature du contrat ;
2. le montant des redevances afférentes à l'exercice ainsi que le montant cumulé des redevances des exercices précédents ;
3. les dotations aux amortissements qui auraient été enregistrées pour ces biens au titre de l'exercice clos s'ils avaient été acquis par l'entreprise ainsi que le montant cumulé des amortissements qui auraient été effectués au titre des exercices précédents.
Elles doivent aussi spécifier :
4. l'évaluation à la date de clôture du bilan des redevances restant à payer ainsi que du prix d'achat résiduel de ces biens stipulé aux contrats.
Ces informations prévues sont ventilées selon les échéances à un an au plus, à plus d'un an et cinq ans au plus et à plus de cinq ans.

Exemple

Suite de l'exemple précédent
L'information, à fin N+1, pourrait être présentée de la façon suivante :

	Engagements de crédit-bail							Immobilisations en crédit-bail			
	Redevances payées		Redevances restant à payer						Dotations aux amortissements		
Poste du bilan	De l'exercice	Cumulées	Jusqu'à 1 an	+ 1 an à 5 ans	+ 5 ans	Total à payer	Prix d'achat résiduel	Coût d'entrée	De l'exercice	Cumulées	Valeur nette
Installations techniques	25 000	50 000	25 000	25 000	0	50 000	5 000	75 000	7 500	10 625	64 375

Pour les autres bénéficiant donc d'un **régime simplifié**, il convient de distinguer les opérations de crédit-bail mobilier et les opérations de crédit-bail immobilier (article R. 313.14.11) :
1. faire apparaître séparément, dans leur compte de résultat, les loyers correspondant à l'exécution des contrats relatifs aux opérations précitées ;
2. évaluer dans l'annexe et à la date de clôture du bilan le montant total des redevances leur restant à supporter en exécution des obligations stipulées dans un ou plusieurs contrats de crédit-bail.

3 Le crédit-bail immobilier

A Traitement comptable

1 Pendant la période de location

Les loyers (**redevances**) sont enregistrés en charges au débit du compte **6125. Crédit-bail immobilier**.

Précisions fiscales

Le régime fiscal du crédit-bail immobilier s'approche d'un traitement relatif à un ensemble en pleine propriété. Le bien n'est pas considéré comme immobilisé (comme en comptes consolidés) mais les redevances ont une déductibilité limitée. Il est nécessaire de :
- répartir la redevance entre « amortissements » et « frais financiers » du capital en jeu ;
- répartir les « amortissements » du capital entre éléments amortissables (constructions) et non amortissables (terrains) ;
- réintégrer la quote-part « d'amortissement » du capital affecté au terrain.

Si le locataire devient acquéreur, à l'échéance du contrat, il doit réintégrer :
- la différence entre valeur résiduelle « théorique » de l'immeuble et le prix de levée d'option de l'immeuble (s'il est inférieur à cette valeur résiduelle) augmenté des quotes-parts déjà réintégrées en cours de contrat (se rapportant au terrain) ;
- la base amortissable fiscale est alors le prix de revient fiscal de la construction

2 À la levée de l'option d'achat

Le prix de levée doit être **scindé** en immobilisation amortissable (construction) d'une part, et en terrain, d'autre part (le cas d'un prix de levée d'option inférieur à la valeur du terrain ne sera pas abordé ici).
La construction pourra être **amortie** pour la durée résiduelle restant à courir (ou sera réestimée).

Remarque. Les règles fiscales énoncées précédemment sont importantes à connaître car elles expliquent pourquoi des **amortissements dérogatoires** sont souvent constatés dans ces situations.

Exemple

D'après sujet DECF
La société COLOR dont l'exercice comptable coïncide avec l'année civile a signé un contrat de crédit-bail immobilier. Le contrat a été signé le 1er janvier N et a pris effet immédiatement.
Les conditions du contrat sont les suivantes :
- Valeur du terrain : 480 0000 €.
- Valeur des constructions : 2 200 000 €.
- Durée du contrat : 12 ans.
- Durée d'amortissement du bien : 22 ans.
- Loyer annuel payable à terme échu, le 31 décembre de chaque année : 300 000 € hors taxes ; TVA : 60 000 €.
- Prix de levée de l'option : 600 000 €.

>>>

>>>

La société C e comptabilise pas de provision sur impôt.
Écriture au 31/12/N

	31/12/N		
6125	Redevances de crédit-bail immobilier	300 000	
44566	TVA déductible sur ABS	60 000	
401	Fournisseur		360 000
	Redevance annuelle de CB immobilier		

Écriture au 31/12/N+11

	31/12/N+11		
211	Terrain	480 000	
213	Construction	120 000	
404	Fournisseur d'immobilisations		600 000
	Levée d'option		

Il n'y a pas de TVA car il s'agit d'une livraison d'immeubles achevés depuis plus de 5 ans.

Base amortissable et calcul d'amortissements

La fiscalité permet un amortissement calculé sur un prix de revient fiscal (valeur d'origine diminuée d'amortissements « théoriques » sur la durée du contrat) qui serait l'équivalent d'une VNC du bien acquis à l'origine, sur la durée restant à courir après contrat (ou réestimée).

Base amortissable	Construction	Terrain
Valeur comptable	120 000	480 000
Réintégration fiscale (1)	880 000	–
Prix de revient fiscal	1 000 000	480 000
Amortissement fiscal (10 ans)	100 000	
Amortissement comptable	12 000	
Amortissement dérogatoire	88 000	

Terrain		480 000
Valeur résiduelle « théorique » de la construction		1 000 000
– Valeur d'origine	2 200 000	
– Amortissements : 2 200 000/22 ans × 12	– 1 200 000	
Valeur résiduelle fiscale de l'ensemble immobilier		1 480 000
Prix de l'option		600 000
Réintégration à effectuer (1)		*880 000*

Si le preneur avait été propriétaire à l'origine, en se finançant par un emprunt au taux de 6,81 % sur 12 ans, il aurait pu déduire sur 12 ans :

	Par an	Au TOTAL
Amortissement : 2 200 K€/22 ans	100 000	1 200 000
+		+
Charges financières après emprunt de 2 200 K€ à 6,80 % sur 12 ans	X (déterminable par un calcul actuariel)	1 040 000
	En 12 ans (charges financières incluses)	2 240 000

>>>

>>>

	Moyenne annuelle	186 667
Reste d'amortissement sur 10 ans	100 000	1 000 000
	TOTAL	3 240 000

Grâce au crédit-bail, sans la règle fiscale ci-avant, le preneur aurait pu déduire :

	Par an	Au TOTAL
Pendant le contrat :		
Redevances : 300 K€/12 ans	300 000 (Charges financières indirectes X incluses pour 1 520 K€)	3 600 000
Valeur du terrain (réintégration)		- 480 000
	En 12 ans (charges financières incluses)	3 120 000
	Moyenne annuelle	260 000
Après l'option :		
Amortissement : 120 K€	12 000	120 000
	TOTAL	3 240 000

On s'aperçoit ainsi que le crédit-bail permet de déduire, en 12 ans, 40 % de charges en plus par rapport à une situation de propriété, pour un montant final équivalent. C'est la raison pour laquelle cette « anticipation » de déduction est neutralisée (même si ce n'est qu'en fin de contrat) par le système de réintégration des loyers et de prix de revient fiscal plus élevé (pour repartir d'une base amortissable équivalente à celle d'un propriétaire à l'origine).

B Informations à fournir dans l'annexe

Les informations sont identiques à celles présentées au point 2. B.

4 Divergences de traitements PCG/comptes consolidés

Les divergences en matière de crédit-bail entre la réglementation PCG et celle concernant les comptes consolidés (ANC ou IFRS) ont déjà été mentionnées dans cet ouvrage.
Voyons les principales différences de traitement entre les deux approches :

Règles françaises	Règles IFRS (IFRS 16) et ANC
	Un actif est une ressource contrôlée par l'entité et donc cette dernière attend des avantages économiques futurs (IAS 38).
Chez le preneur : Dans les comptes individuels, interdiction de comptabiliser à l'actif du bilan les contrats de location-financement (comptabilisation comme un contrat de location simple).	**Chez le preneur** : Pas de distinction entre location simple et location financement. Retraitement obligatoire au bilan des contrats de location *(sauf exemptions de courte durée et de faible valeur permises par IFRS 16)*, **avec constatation d'un actif** (représentatif d'un droit d'utilisation de l'actif loué pendant la durée du contrat) **et d'une dette financière** (au titre de l'obligation de paiement des loyers).

Règles françaises	Règles IFRS (IFRS 16) et ANC
Chez le bailleur : Dans les comptes individuels, comptabilisation en immobilisations des biens donnés en location, même en cas de perte de contrôle.	**Chez le bailleur** : Distinction entre location simple et location financement maintenue. - **En cas de location-financement** : constatation d'une « vente » à crédit par décomptabilisation de l'immobilisation louée et par l'enregistrement d'une créance pour un montant égal à son investissement net dans le contrat de location. - **En cas de location simple :** maintien de l'actif loué au bilan. Au compte de résultat : comptabilisation en produits des loyers de manière linéaire sur la durée du contrat (ou selon une autre base systématique si davantage représentative de la diminution de l'avantage retiré de l'utilisation de l'actif).

C'est essentiellement le point de vue du preneur qu'il est intéressant d'étudier, si l'on souhaite faire un comparatif avec les règles françaises.
On peut schématiser le processus de détermination du traitement de la façon suivante.

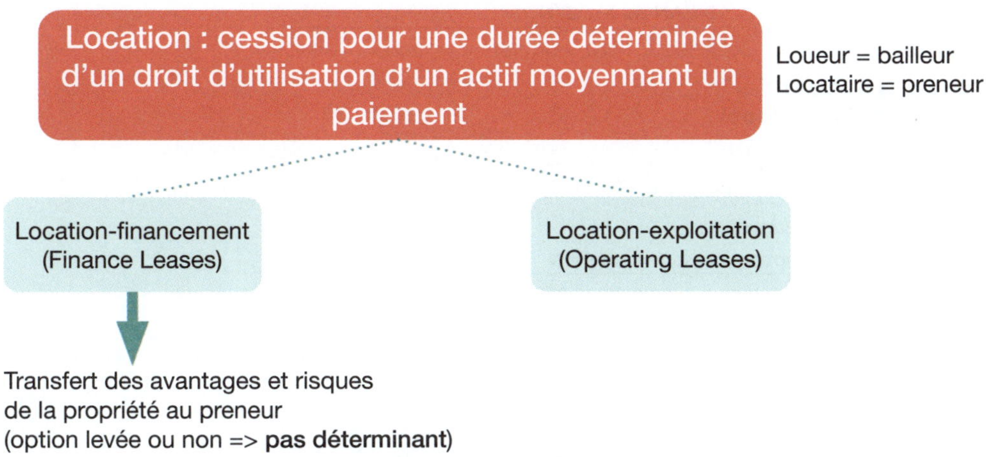

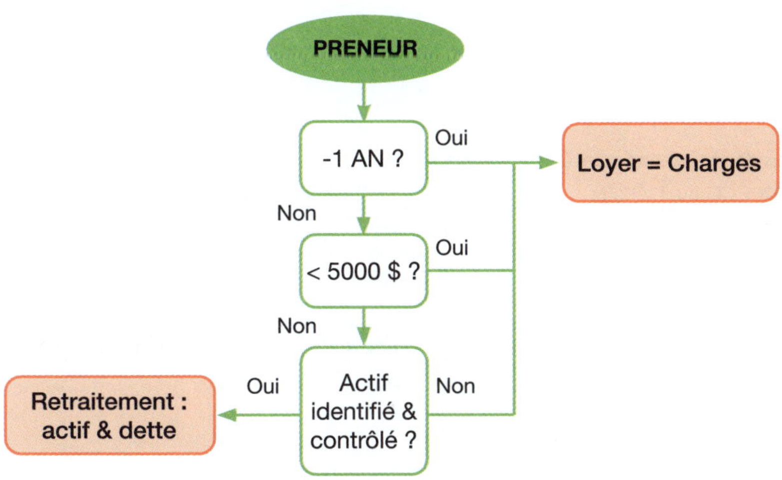

Le traitement, chez le preneur, est le suivant :
- constatation de « droits d'utilisation » à l'actif du bilan en contrepartie d'une dette à LT,
- annulation de la redevance,

- scission de la redevance en charges financières et amortissement de la dette,
- amortissement du bien.

Exemple

La société X a pris en crédit-bail le 01/01/N un matériel industriel dans les conditions suivantes :
- Valeur du bien en début de contrat : 25 000 €.
- Loyer annuel payable à terme échu (31/12) : 5 920 € (rémunération du crédit-bailleur au taux arrondi annuel de 8 %).
- Prix d'exercice de l'option d'achat en fin de contrat : 2 003 €
- Durée du contrat : 5 ans.
- Durée d'utilisation du bien : 8 ans.

Quels sont les traitements chez le preneur en règles PCG et en règles IFRS/ANC ?

Approche PCG

Les incidences du contrat de crédit-bail, sur les documents de synthèse, sont les suivantes :

Compte de résultat année N

6122 Redevances CB	5 920	

BILAN au 31/12/N

512 Trésorerie	- 5920	120 Résultat de l'exercice	- 5920

Approche IFRS/ANC

À la conclusion du contrat

BILAN

Inst. Techn.	25 000	emprunt LT	25 000

Constatation des droits d'utilisation et de la dette

Au paiement des redevances

Compte de résultat année N

Charges financières	2 000	

BILAN

Inst. Techn. Trésorerie	- 5 920 25 000	emprunt LT	21 080

La redevance est scindée en :
Charges financières (25 K€ x 8 %)
Remboursement du K : 5 920 - 2 000

À l'inventaire

Compte de résultat année N

Dotations Amort.	3 125	

25 000 / 8 ans

BILAN

Inst. Techn. - Amort.	25 000 - 3 125	

Bilans et comptes de résultat comparés au 31/12/N

BILAN PCG au 31/12/N

512 Trésorerie	-5 920	120 Résultat ex.	-5 920

BILAN Consolidé au 31/12/N

Inst. Techn.	25 000	Résultat exercice	- 5 125
- Amort	- 3 125		
Trésorerie	- 5 920	emprunt LT	21 080
	15 955		15 955

Compte de résultat année N

6122 Redev. CB	5 920	

Compte de résultat consolidé année N

Dot. Amort.	3 125	
Charges financières	2 000	
	5 125	

Le bilan consolidé fait bien apparaître un bien à l'actif, diminué des amortissements et une dette au passif représentant le capital restant dû.
Le compte de résultat consolidé est impacté au niveau exploitation (mais pour un montant moindre qu'en PCG) et au niveau financier.

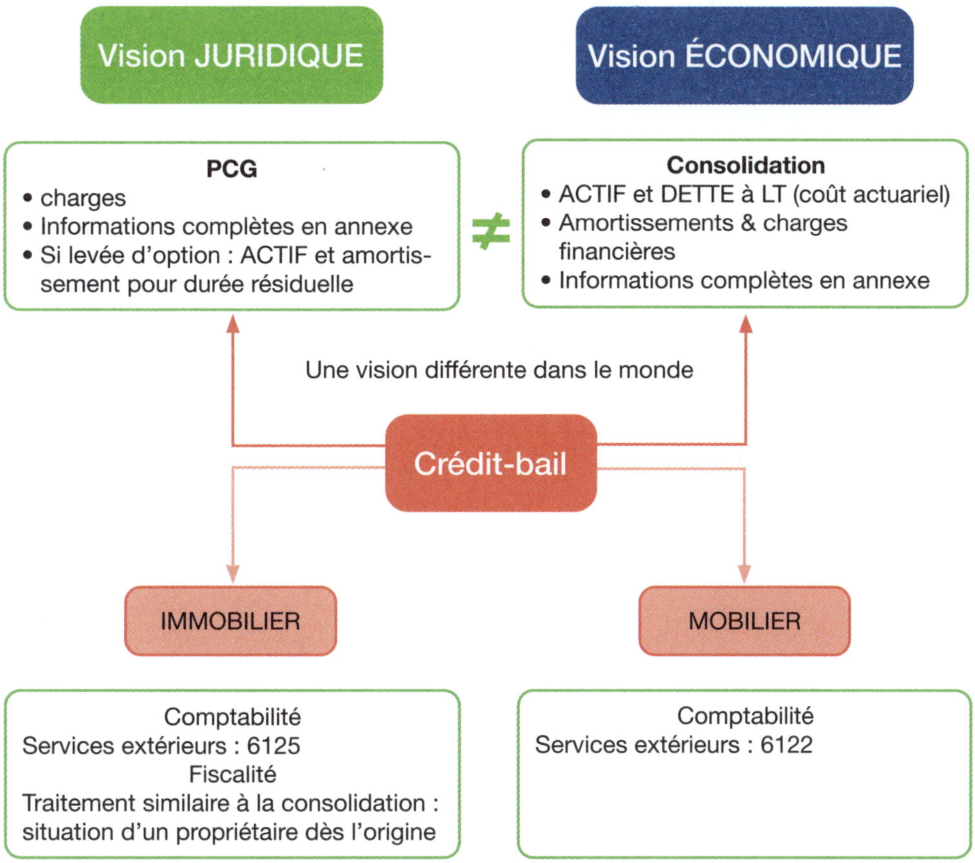
Vision JURIDIQUE
Vision ÉCONOMIQUE
PCG
• charges
• Informations complètes en annexe
• Si levée d'option : ACTIF et amortissement pour durée résiduelle
≠
Consolidation
• ACTIF et DETTE à LT (coût actuariel)
• Amortissements & charges financières
• Informations complètes en annexe
Une vision différente dans le monde
Crédit-bail
IMMOBILIER
MOBILIER
Comptabilité
Services extérieurs : 6125
Fiscalité
Traitement similaire à la consolidation : situation d'un propriétaire dès l'origine
Comptabilité
Services extérieurs : 6122

Le portefeuille-titres

Chapitre 7

COMPÉTENCES ATTENDUES

- **Identifier et caractériser les différentes catégories d'actifs financiers.**
- **Exposer et appliquer les règles d'inscription à l'actif, d'évaluation et d'enregistrement des titres.**
- **Évaluer et comptabiliser les opérations portant sur les actifs financiers à l'entrée et postérieurement à leur entrée.**
- **Analyser les conséquences d'un choix de comptabilisation, notamment sur la présentation des comptes annuels, dans une situation donnée.**
- **Présenter les informations à fournir en annexe.**

Les actifs financiers font l'objet d'un traitement comptable spécifique, souvent lié à l'objectif que l'entreprise prévoit lors de l'acquisition.

PLAN DU CHAPITRE

SYNTHÈSE P. 139

APPLICATIONS P. 341

LES RÉFÉRENCES POUR COMPRENDRE LE CONTEXTE

L'étude du portefeuille-titres est assez complexe car les actifs financiers, à l'exception des dépôts et cautionnements et des créances rattachées à des participations, sont constitués de titres auxquels sont attachés des droits très différents (propriété ou créance).

Pour comprendre ce chapitre, il faut essentiellement comprendre pourquoi les entreprises achètent des titres.

Une attention toute particulière doit être portée à la comptabilisation des coupons.

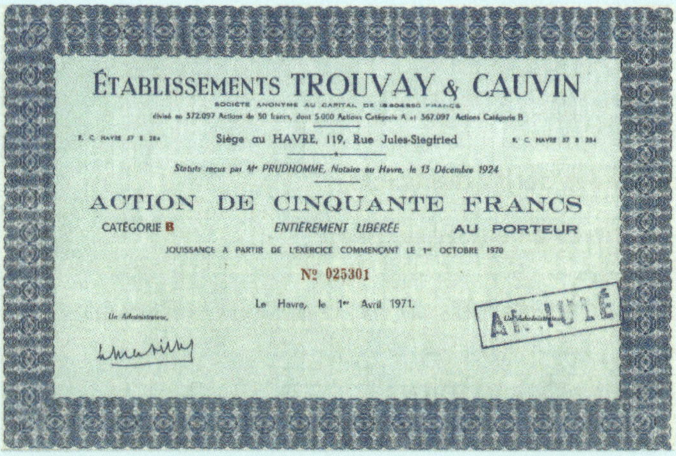

Le terme coupon (qui ne concerne aujourd'hui que les obligations) est ancien. Il concernait aussi les actions. Les droits à dividendes étaient matérialisés par des petits coupons qu'il fallait détacher pour obtenir le paiement.

1 La classification des actifs financiers

Un actif financier peut être un titre de propriété (action ou part sociale) ou un titre de créance (obligation).

La classification comptable est effectuée en fonction de la nature des titres détenus et de l'intention de la société par rapport à ses titres (participation à la gestion, réalisation d'une plus-value à court-terme...).

On peut établir le tableau suivant.

Classification au bilan	Classification Catégories et numéros de compte	Définitions (1)
Actif Immobilisé	Titres de participation (261) ACTIONS uniquement	Titres dont la possession durable permet d'exercer une influence sur la société émettrice ou d'en assurer le contrôle. Les titres acquis lors d'une OPA ou d'une OPE (Offre publique d'achat/d'échange) et les titres représentant au moins 10 % du capital d'une entreprise sont présumés être des titres de participation.
	Titres immobilisés de l'activité de portefeuille (TIAP) (273) ACTIONS uniquement	Titres acquis en vue d'une détention durable pour en retirer une rentabilité dans le cadre de la gestion d'un portefeuille sans intervenir dans la gestion de l'entreprise. La doctrine comptable considère qu'il ne peut s'agir que de titres de participation ou d'obligations convertibles en actions.
	Autres titres immobilisés (271-272) Actions & Obligations	Titres non classés en titres de participation ou en TIAP, que l'entreprise a l'intention de conserver durablement ou qu'elle ne peut pas revendre (ex. : titres donnés en nantissement pour garantir un prêt).
Actif circulant	Valeurs mobilières de placement (VMP)/Titres de placement (50) Actions & Obligations	Détenues dans le but de réaliser un gain à brève échéance : actions, obligations, parts d'OPCVM... Il ne s'agit pas forcément de titres cotés même si dans la pratique c'est le plus souvent le cas.

1. Ces définitions sont issues du PCG 1982 ou de l'avis n° 30 du CNC (1987) en ce qui concerne les TIAP et ne figurent pas explicitement dans le PCG 2014, mais la doctrine comptable considère qu'elles s'appliquent toujours, le PCG évoluant à droit quasi constant.

La classification fiscale est différente. Elle est importante au regard de leur cession (régime des plus ou moins-values à long terme) et de leur dépréciation.

Classification fiscale	Commentaires	Portée de la classification fiscale
Titres de participation	La définition est plus large qu'en comptabilité puisque sont concernés : - les titres inscrits en tant que tels dans la comptabilité - les titres caractérisant une influence ou un contrôle sur la société émettrice, même représentant un faible pourcentage. La présomption fiscale se situe à **5 %**.	Détenus depuis plus de 2 ans, ils bénéficient, à leur cession, du régime spécial des plus-values à LT (taxation réduite).
Titres de placement	Titres exclus du régime des PV à LT (essentiellement TIAP, VMP).	Leur cession est soumise au régime de droit commun.

2 Évaluation des titres à l'entrée au bilan

A Règles générales

Les actifs financiers sont évalués selon les règles générales applicables aux autres actifs (PCG, art 221-1).

→Coût d'acquisition pour les titres acquis à titres onéreux

= Prix d'achat+ frais d'acquisition sur option

Si l'option n'est pas retenue, les frais d'acquisition sont comptabilisés en charges. L'option est effectuée par catégorie de titres.

Exemples de frais d'acquisition

Honoraires de conseils, frais bancaires, frais de formalités légales.

Attention ! L'incorporation des coûts d'emprunts n'est pas applicable aux actifs financiers. Ils doivent rester en charges.

→ Valeur vénale pour les titres acquis à titre gratuit, par voie d'échange ou à titre d'apport en nature

B Les cas particuliers d'acquisition d'actions ou parts sociales

1 La souscription d'actions partiellement libérées

Les actions émises, à la constitution de la société ou lors d'une augmentation de capital ne sont pas systématiquement intégralement libérées à la souscription (voir chapitre 18).

Exemple

D'après sujet DCG 2009

La SARL OPHTALMY détient 300 Actions de la SA MICROCHIR depuis N-20. Le 30 juin N, MICROCHIR a émis 2 000 actions de numéraire (100 €) libérées du minimum légal à la souscription. En utilisant ses droits préférentiels de souscription, OPHTALMY a acquis 100 actions nouvelles. Le 15 juin N+5, MICROCHIR a appelé le solde des actions et tous les versements ont été effectués le 30 juin N+5.

Versement minimal en N : 100 × 1/5 = 25 €

		30/06/N		
271		Titres de participation* (100 × 100)	10 000	
	512	Banque (100 action × 25€)		2 500
	279	Versements restant à effectuer sur titres non libérés		7 500
		Acquisition titres MICROCHIR libération 1/4		

* Selon le type de titres, on pourrait aussi utiliser les comptes 261.Titres de participation/ 269. Versement restant à effectuer sur titres de participation non libérée ou 503. Actions/ 509. Versements restant à effectuer sur valeurs mobilières de placement

		15/06/N+5		
279		Versements restant à effectuer sur titres non libérés	7 500	
	467	Autres créditeurs divers		7 500
		Appel nominal restant actions MICROCHIR		

>>>

>>>

		30/06/N+5		
467		Autres créditeurs divers	7 500	
	512	Banque (100 action × 75€)		7 500
		Versement solde nominal actions MICROCHIR		

2 La souscription d'actions nécessitant l'achat de droits

En cas d'augmentation de capital par apports en numéraire ou par incorporation de réserves, les actionnaires actuels bénéficient de droits préférentiels (**DPS** ou **DA**) pour acquérir ou obtenir les actions nouvelles (voir chapitre 18). Ils peuvent aussi les vendre à toute personne physique ou morale ne disposant pas du nombre de droits nécessaires pour participer à l'augmentation de capital. Pour l'acquéreur le coût d'acquisition est alors égal à :

Prix d'achat des droits nécessaires + prix d'émission de l'action

3 Actions reçues à titre gratuit

a. Éléments de compréhension du droit d'attribution

Les actions reçues à titre gratuit sont souvent créées après une augmentation de capital par incorporation de réserves. Comme pour le droit de souscription, le droit d'attribution vise à compenser la perte subie par l'effet de dilution.

Exemple

Une SA au capital de 60 000 actions de nominal 100 €, dont les réserves s'élèvent à 2 400 000 € décide d'augmenter son capital par incorporation de 2 000 000 € prélevés sur les réserves. Elle distribuera 20 000 actions gratuites de nominal 100 €. Le rapport d'augmentation s'établit à 20 000 actions gratuites pour 60 000 actions anciennes, soit 1 action gratuite pour 3 droits attachés à 3 actions anciennes. Un actionnaire possédant 300 actions s'interroge sur la valeur de son patrimoine après l'opération, s'il souscrit ou non.

Actif net avant augmentation		Actif net après augmentation	
Capital	6 000 000	Capital	8 000 000
Réserves	2 400 000	Réserves	400 000
	8 400 000		8 400 000
Valeur mathématique pour 60 000 actions	140 €	Valeur mathématique pour 80 000 actions	105 €

La valeur mathématique (VM) a diminué (effet de dilution).
Cette perte de valeur de l'action est compensée par l'attribution d'un DA de 35 €, l'opération restant ainsi neutre pour l'ancien actionnaire, qu'il souscrive ou non.
L'ancien actionnaire possédant 300 actions, il détient donc 300 DA. Il pourra :
- soit les exercer et obtenir 100 actions gratuites ;
- soit ne pas les exercer et les céder pour 35 €

Souscription		Non souscription	
Patrimoine avant souscription	300 × 140 € = 42 000 €	Patrimoine avant souscription	300 × 140 € = 42 000 €
		Cession des DA	300 × 35 € = 10 500 €
Actions détenues après l'opération	400 × 105 € = 42 000 €	Actions après l'opération	300 × 105 € = 31 500 €
Patrimoine après souscription	42 000 €	Patrimoine après souscription	42 000 €

>>>

>>>

Notons qu'un nouvel actionnaire n'est pas avantagé : il doit en effet acquérir 3 DA pour obtenir une action, soit 3 × 35 € = 105 €. Une action lui revient donc au même montant.

Remarque. Le raisonnement vaut pour les droits préférentiels de souscription.

b. Problèmes liés à l'attribution d'actions gratuites

L'obtention d'actions gratuites après une augmentation de capital par incorporation de réserves ne génère pas d'écritures comptables dans les comptes du bénéficiaire.

Cependant, le coût unitaire moyen de l'action diminue (à ne pas confondre avec la diminution de la valeur mathématique, *cf.* ci-avant), ce qui peut avoir un impact sur l'évaluation à la clôture.

Exemple

La société ROLITO détient en portefeuille (classées en VMP) des actions de la société VIAMONTE provenant des acquisitions suivantes :

Lot	Date d'acquisition	Quantité	Cours d'acquisition	Total
1	6-9-N-1	400	200 €	80 000 €
2	15-4-N	600	250 €	150 000 €
	Totaux	1 000		230 000 €

Le 1-7-N, le société VIAMONTE procède à l'attribution d'une action gratuite pour quatre anciennes après une augmentation de capital par incorporation de réserves.
Le nombre d'actions gratuites auquel a droit la société ROLITO est donc de 250. Ces actions gratuites sont rattachées à chacun des lots leur ayant donné naissance, soit :

Lot	Date d'acquisition	Quantité initiale	Actions gratuites	Nombre total d'actions	Valeur totale 1	Coût unitaire moyen 2
1	6-9-N-1	400	100	500	80 000 €	160 €
2	15-4-N	600	150	750	150 000 €	200 €
			Totaux	1 250	230 000 €	184 €

1. La valeur totale des actions, mais aussi de chaque lot reste inchangée.
2. Le coût unitaire moyen des actions de chacun des lots est modifié en fonction du nombre total d'actions après actions gratuites. En cas de sortie après une cession de 200 titres, par exemple, l'évaluation de la valeur d'origine des actions par la méthode PEPS sera la suivante : 200 actions du lot 1 à une valeur de 160 € par titre. Resteront en portefeuille 300 actions du lot 1 pour 48 000 (300 × 160 €) et 750 actions du lot 2 pour 150 000 €, soit une valeur globale de 198 000 € dont il faudra tenir compte pour le calcul d'une éventuelle dépréciation lors de l'inventaire.

4 Actions acquises au moyen de bons de souscription d'actions (BSA)

Le BSA est une option d'achat émise par une société permettant au détenteur d'acquérir des actions de la société dans le futur, et pendant une période donnée, mais à un prix fixé lors de l'émission. En cas d'exercice des BSA, le coût d'acquisition des actions est égal à :

Prix d'achat des BSA nécessaires + Prix d'achat de l'action

Les BSA non exercés à la date d'échéance doivent être sortis de l'actif à leur valeur nette comptable, le détenteur n'ayant droit à aucun remboursement de la part de la société émettrice.

Exemple

La société SAB a émis le 15/1/N des 10 000 BSA au prix unitaire de 5 €. Chaque BSA permettra de souscrire entre le 1/6/N et le 31/12/N+ 1 une action SAB au prix de 35 €. Le 15/1/N, la SAS TRADE acquiert 200 BSA. Le 30/9/N, le cours de l'action SAB étant de 42 €, TRADE exerce l'intégralité de ses BSA.
Comptabilisation de ces opérations chez TRADE

		15/01/N		
5082		Bons de souscription (200 × 5€)	1 000	
	512	Banque		1 000
		Achat des BSA à SAB		
		30/9/N		
503		Actions (200 × 35€) + (200 × 5€)	8 000	
	5082	Bons de souscription		1 000
	512	Banque		7 000
		Exercice des BSA		

Supposons maintenant que le cours de l'action SAB n'ayant jamais excédé 35 € entre le 1/6/N et le 31/12/N+1, TRADE n'exerce pas ses BSA :

		31/12/N+1		
667		Charges nette sur cessions de VMP	1 000	
	5082	Bons de souscription (200 × 5€)		1 000
		NON Exercice des BSA		

À noter. Sous conditions, les entreprises de moins de 15 ans peuvent accorder à leurs salariés des Bons de souscription en parts de créateurs d'entreprise (BSCPE), gratuitement ou non, dont les caractéristiques sont assez proches des BSA.

La cession des BSA par le détenteur n'est pas expressément prévue par le PCG. On peut envisager de la traiter comme une cession de VMP.

5 Les rachats d'actions propres

Une société est autorisée à racheter ses propres actions dans les cas suivants :
- pour réaliser une réduction de capital non motivée par des pertes par annulation des actions rachetées (voir chapitre 18) ;
- pour attribuer des actions aux salariés (dans le cadre de la participation aux résultats ou de plan d'attribution d'actions gratuites ou d'options d'achat, infra§ 3.B.2) ;
- réaliser des opérations de croissance externe par échange d'actions.

L'acquisition d'actions propres est normalement comptabilisée au coût d'achat mais les comptes à utiliser divergent selon l'objet du rachat :

Actions propres rachetées en vue de leur annulation	Actions propres rachetées pour une attribution aux salariés	Autres cas
2772. Actions propres ou parts propres en voie d'annulation	5021. Actions propres destinées à être attribuées aux employés et affectés à des plans déterminés	2771. Actions propres ou parts propres

C Les acquisitions d'obligations

Les obligations sont des titres de créances, librement négociables sur un marché réglementé dans la plupart des cas (dans le secteur du capital-risque, l'émission d'obligations convertibles en actions, non cotées, est cependant assez courante). Les conditions d'émission des obligations pour l'émetteur sont présentées dans le chapitre 12.

La détention d'obligations génère un revenu appelé « **coupon** » (intérêt), versé à date fixe annuellement, semestriellement ou trimestriellement.

Nous n'aborderons ici que la comptabilisation chez le souscripteur de ces titres.

Selon l'objectif d'acquisition de l'entité, les obligations seront comptabilisées dans le compte :

- **2721. Titres immobilisés – obligations**
- **506. Obligations**

1 Acquisition d'obligations avec intérêts courus

Les obligations sont cotées en pourcentage du nominal, « au pied du coupon », c'est-à-dire hors intérêts courus (voir DCG 6). Ces intérêts courus (depuis le versement du dernier coupon) sont également exprimés en pourcentage du nominal. Il est rare que l'acquisition coïncide avec la date de versement du coupon, c'est la raison pour laquelle le cédant inclut la valeur des intérêts courus dans son prix de cession car ce n'est pas lui qui encaissera l'intérêt.

Le prix total d'une obligation lors de son acquisition est donc de :

Prix d'achat = cours de l'obligation (en valeur) + intérêts courus en (valeur)

Représentatifs d'un revenu, les intérêts courus doivent être comptabilisés distinctement.

Exemple

Exemple suivi (illustration des différentes situations concernant les obligations)

Une obligation de valeur nominale de 2 000 € a été émise le 1er avril N et est remboursable au pair le 1er avril N+9 (durée 10 ans). Le taux d'intérêt annuel est de 3 %, le montant du coupon (soit 2 000 € × 3 % = 60 €) étant versé chaque 1er avril.

Opération 1 : Une société acquiert une obligation le 1er juin N+1. Son cours est alors de 105 % et les intérêts courus sont de 3 % × 2/12 = 0,5 %. *Remarque : le calcul réel s'effectue en nombre de jours exact augmenté de 3 jours (voir DCG6), mais par simplification, le raisonnement sera nombre de mois.*

Opération 2 : Cette société revend l'obligation le 1-8-N+2. À cette date, le cours est de 115 % et le coupon couru est de 3 % × 4/12 = 1 %, soit un montant de 2 000 € × 1 % = 20 €.

Schéma illustratif des opérations

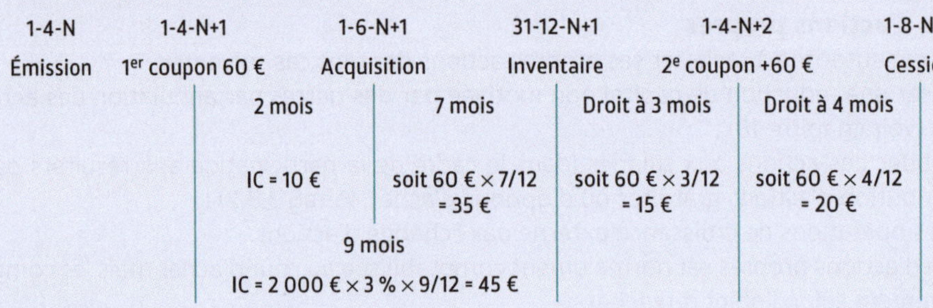

IC = intérêts courus

01/06/N+1 : acquisition de l'obligation

L'ancien porteur de l'obligation a droit à 2 mois d'intérêts, soit 10 €, montant que l'acquéreur lui verse, étant entendu qu'il percevra la totalité du coupon le 1/4/N+2.

Compte tenu du coupon couru, le prix total de l'obligation est de :

(2 000 € × 105 %) + (2 000 € × 0,5 %) = 2 100 € + 10 € = 2 110 €.

>>>

>>>

		1/6/N+1		
506		Obligations	2 100	
764		Revenus des VMP	10	
	512	Banque		2 110
		Acquisition de l'obligation		

Remarque. 1. Si l'acquéreur avait une volonté de placement à long terme, les comptes **2721. Titres immobilisés – obligations** et **762. Produits des autres immobilisations financières** seraient utilisés.
2. L'utilisation du compte 764, plutôt que le compte 5088, lors de l'acquisition de l'obligation semble préférable par souci de simplicité et de clarté. Un détail du compte 764 sera présenté à la fin du traitement de cet exemple suivi.

2 Acquisitions d'obligations avec bons de souscription d'actions ou d'obligations (OBSA ou OBSO)

Il faut distinguer la valeur d'acquisition de l'obligation simple de celle du bon de souscription (BSA ou BSO). Lorsque les BSA ou BSO sont cotés, leur valeur d'entrée correspond à la première cotation boursière. Les OBSO/OBSA sont forcément acquises avant détachement du BSA/BSO, puisque, après détachement, deux valeurs mobilières coexistent : l'obligation et le BSA/BSO. Lorsque les bons ne sont pas cotés, leur valeur est déterminée par différence entre le prix d'émission de l'OBSA/OBSO et la valeur actuarielle de l'obligation (voir chapitre 12).

Exemple

La société MONEY acquiert à la date d'émission 100 OBSA BOND dont les caractéristiques sont les suivantes :
- Prix d'émission unitaire de l'OBSA : 200 €, le 1/4/N.
- À chaque obligation est attaché un BSA qui permettra d'acheter une action BOND à 30 € entre le 2/4/N et le 31/3/N+2.
- 1re cotation du BSA le 1/4/N : 10 €.

		01/04/N		
506 ou 27682		Obligations	19 000	
5082 ou 2722		Bons de souscription (100 × 10€)	1 000	
	512	Banque		20 000
		Acquisition obligations		

Remarque. Pour un exemple sur la comptabilisation de BSO (bons de souscription d'obligations) d'après un sujet d'examen, se reporter aux entraînements du chapitre 12 (Cas n° 3, d'après DCG 2014).

3 Évaluation des titres à la clôture

A Règles générales d'évaluation des titres à la clôture

À la clôture, les titres doivent être évalués à la valeur d'inventaire qui diffère selon les différentes catégories de titres. Lorsque la valeur d'inventaire est inférieure au coût d'entrée, une dépréciation doit être comptabilisée.

1 Valeur d'inventaire des titres

Titres de participation (PCG Art. 221-3)	TIAP (PCG Art. 221-5)	Autres titres immobilisés et VMP (PCG Art. 221-6)
Valeur d'utilité : ce que l'entité accepterait de décaisser pour acquérir cette participation, valeur déterminée à partir de la rentabilité, capitaux propres, conjoncture économique, cours de Bourse…	Valeur qui tient compte des perspectives d'évolution générale dont les titres sont détenus, fondée notamment sur la valeur de marché	– Titres cotés : cours moyen du dernier mois – Titres non cotées : valeur probable de négociation

À noter. Par exception, les sociétés qui établissent par ailleurs des comptes consolidés peuvent valoriser les titres de participation détenus dans les filiales consolidées en intégration globale selon la méthode de l'évaluation par équivalence, qui implique la comptabilisation des moins-values et des plus-values latentes. L'évaluation par équivalence est explicitement exclue du programme du DCG 10 (mais figure au programme du DSCG 4).

La détermination de la valeur d'utilité des titres de participation laisse une part importante au jugement et peut faire l'objet de discussions avec les commissaires aux comptes, comme en témoigne l'exemple suivant concernant une société cotée.

Extrait du rapport des commissaires aux comptes sur les comptes annuels au 30/09/2016 de la société EMOVA

La direction a déterminé l'évaluation des titres de participation à la clôture de l'exercice conformément aux méthodes d'évaluation mentionnées dans les « Règles et Méthodes comptables, § Immobilisations financières et valeurs mobilières de placement » de l'annexe des comptes annuels. En l'absence d'éléments probants mis à notre disposition confirmant les estimations au regard des réalisations passées, nous ne sommes pas en mesure d'apprécier la nécessité d'une dépréciation complémentaire, et le cas échéant de son montant, concernant les titres de participation, dont la valeur nette à l'actif s'établit à 22 122 milliers d'euros au 30 septembre 2016.

Sous cette réserve, nous certifions que les comptes sont, au regard des règles et principes comptables français, réguliers et sincères et donnent une image fidèle…

http://emova-group.com/wp-content/uploads/2017/01/
rapport-sur-les-comptes-annuels-Emova-Group- 30092016.pdf

2 Les coupons courus d'obligations

Lorsque la date de versement des intérêts ne coïncide pas avec la date de clôture des comptes, les intérêts courus non échus doivent être comptabilisés à la clôture, en application du principe d'indépendance des exercices.

Exemple

Suite de l'exemple suivi

Rappel : une obligation de valeur nominale de 2 000 € a été émise le 1er avril N et est remboursable au pair le 1er avril N+9 (durée 10 ans). Le taux d'intérêt annuel est de 3 %, le montant du coupon (soit 2 000 € × 3 % = 60 €) étant versé chaque 1er avril.

Opération 1 : Une société acquiert une obligation le 1er juin N+1. Son cours est alors de 105 % et les intérêts courus sont de 3 % × 2/12 = 0,5 %.

Remarque. Le calcul réel s'effectue en nombre de jours exact augmenté de 3 jours (voir DCG6), mais par simplification, le raisonnement sera nombre de mois.

Le 31/12/N+1

Les intérêts courus à l'inventaire doivent représenter les droits du porteur de l'obligation, soit 2 000 € × 3 % × 7/12 = 35 €. Ce montant correspond bien au solde du compte 764 au 31/12, soit 45 € constatés sur les 9 mois de N+1 (de la date de versement du coupon à la clôture) moins 10 € déjà versés au cédant (qui seront encaissés au 01/04/N+2).

		31/12/N+1		
5088		Intérêts courus sur obligations	45	
	764	Revenus des VMP		45
		Total des IC au 31/12/N+1. Le solde du compte 764 est créditeur de 35 €, montant des intérêts acquis à rattacher à l'exercice N+1		
		1/1/N+2		
764		Revenus des VMP	45	
	5088	Intérêts courus sur obligations		45
		Extourne des IC		
		1/4/N+2		
512		Banques	60	
	764	Revenus des VMP		60
		Encaissement du coupon annuel. Le solde créditeur du compte 764 est de 15 €, montant correspondant aux intérêts acquis depuis le 1/1/N+2 et rattaché ainsi à l'exercice N+2		

Le 1/4/N+2

Les intérêts acquis entre le 1/1/N+2 et le 1/4/N+2, à rattacher à l'exercice N+2, représentent 3 mois, soit 2 000 € × 3 % × 3/12 = 15 €. Ce montant correspond au 60 € de coupon encaissé, diminué des 45 € d'intérêt rattachés à l'exercice N+1 et extournés au 1/1/N+2.

764 – Revenus des VMP

1/6/N	Acquisition	10	31/12/N+1	IC non échus	45	SC : 35 €
1/1/N+2	Extourne	45	1/4/N+2	Encaissement	60	SC : 15 €

3 Les dépréciations de titres

Pour chaque type de titres, la valeur d'inventaire est comparée au coût d'entrée :

- 1er cas : **valeur d'inventaire globale** < Coût d'entrée **global** → comptabilisation d'une dépréciation en application du principe de prudence.
- 2e cas : valeur d'inventaire globale **>** Coût d'entrée global → aucune écriture

Pour déterminer si une dépréciation est nécessaire, les titres doivent être évalués catégorie par catégorie et aucune compensation n'est en principe possible en application du principe de non-compensation (sauf cas particuliers, voir infra B.).

Exemple

La société VALMOB détient le portefeuille de VMP suivant :

Titres	Date d'acquisition	Quantités	Coût d'achat unitaire	Cours de bourse moyen 12/N
Actions L'Oréal	1/4/N	100	145 €	150 €
	1/7/N	50	180 €	
Actions Air Liquide	1/6/N-1	80	90 €	105 €

La valeur d'inventaire est déterminée pour chaque catégorie d'actions, de manière globale et non par lot :

Titres	Coût d'acquisition global	Valeur d'inventaire globale	Dépréciation à comptabiliser
Actions L'Oréal	(100 × 145) + (50 × 180) = 23 500	150 × 150 = 22 500	1 000
Actions Air Liquide	80 × 90 = 7 200	80 × 105 = 8 400	0 (plus-value latente de 1 200)

		31/12/N		
686		Dotations aux dépréciations des éléments financiers	500	
	590	Dépréciation des VMP		500
		Dépréciation des VMP LOREAL		

B Cas particuliers

1 La baisse anormale et momentanée des titres

Par exception au principe de non-compensation, la constatation d'une dépréciation des VMP ou des autres titres immobilisés cotés n'est pas obligatoire lorsque (Avis 2002-C du Comité d'urgence) :

- La baisse des cours de certains titres détenus est anormale et momentanée avec :
  - Baisse du cours = Cours corrigé - cours moyen du dernier mois. Le cours corrigé est la moyenne des cours du dernier mois en excluant les trois cours les plus hauts et les trois cours les plus bas.
  - La baisse est anormale si elle excède d'au moins 10 % le cours moyen.
- La baisse anormale est compensée par une hausse normale d'autres titres. Une hausse est considérée comme normale si le coût d'acquisition est inférieur au minimum du cours moyen et du cours moyen corrigé.

La compensation ne peut se faire qu'à l'intérieur d'une même catégorie (VMP ou Autres titres immobilisés et OPCVM dont la valeur liquidative est déterminée quotidiennement).

Exemple

Suite de l'exemple VALMOB
Les informations complémentaires suivantes sont communiquées concernant le portefeuille-titres de VALMOB

Titres	Cours de Bourse moyen 12/N	Cours de Bourse moyen corrigé	Plus-value latente par rapport au cours moyen
Actions L'Oréal	150 €	166 €	- 500 €
Actions Air Liquide	105 €	106 €	+ 1 200 €

La baisse de l'action L'Oréal est considérée comme anormale et momentanée puisqu'elle représente plus de 10 % du cours moyen (baisse de 16 €, soit 166 € - 150 €, qui représente donc 10,67 % du cours moyen). Pour déterminer s'il y a bien une hausse de l'action Air Liquide, on se réfère au montant le plus faible entre 105 € et 106 €, soit 105 € qui est bien supérieur au coût d'acquisition moyen.
La dépréciation de 500 € peut donc être compensée par la plus-value latente de 1 200 € sur les actions Air Liquide et donc VALMOB a la possibilité de ne comptabiliser aucune dépréciation.

2 Les actions propres détenues par la société et destinés aux salariés

Lorsqu'une société cotée a mis en place un plan d'attribution d'actions gratuites ou d'options d'achat d'actions (stock-options) pour les salariés, deux solutions sont envisageables pour pouvoir attribuer ou vendre les actions aux salariés le moment venu :

- faire une augmentation de capital réservée aux salariés,
- acheter ses propres actions sur le marché puis les donner ou revendre aux salariés, ce qui permet de ne pas diluer la valeur des actions des autres actionnaires.

Si cette 2e solution est retenue, les actions propres détenues à la clôture sont bien considérées comme des VMP mais ne suivent pas les règles d'évaluation générales des VMP (PCG – Art 624-15). Une provision doit en effet être constatée lorsqu'il est probable que la société donnera gratuitement les actions aux salariés ou leur vendra à un prix inférieur au coût de rachat (dans le cas d'un plan d'attribution d'options d'achat d'actions).

Exemple

Le 2 janvier N, la société REWARD, qui est cotée en Bourse, accorde à certains de ses salariés des actions gratuites dans les conditions suivantes :
- 10 000 actions gratuites accordées à 200 bénéficiaires (chacun recevra donc 50 actions gratuites).
- Les actions gratuites seront définitivement acquises par les bénéficiaires le 2 janvier N+2, à condition qu'ils n'aient pas quitté l'entreprise.
- Les actions gratuites remises aux salariés seront auparavant acquises par REWARD sur le marché financier.

Le 3 janvier N, REWARD acquiert 10 000 actions propres au cours de 30 €. Au 31 décembre N, 10 des salariés bénéficiaires ont quitté la société REWARD.
Au 31 décembre N+ 1, le nombre de salariés bénéficiaires toujours présents dans l'entreprise est de 170.
Le 2 janvier N+2, les actions gratuites sont transmises aux 170 salariés bénéficiaires. Le cours de l'action REWARD à cette date est de 35 €. À cette même date, REWARD paie la cotisation patronale de 20 % calculée sur la juste valeur des actions transmises aux salariés à cette date.

		3/1/N		
502-1		Actions destinées à être attribuées aux salariés	300 000	
	512	Banque		300 000
		Achat d'actions propres 10 000 × 30 €		

>>>

>>>

		31/12/N		
502-2		Actions disponibles pour être attribuées aux salariés (10 × 50 × 30€)	15 000	
	502-1	Actions destinées à être attribuées aux salariés		15 000
		Reclassement des actions probablement pas attribuées aux salariés		

		31/12/N		
6815		Dotations aux provisions d'exploitation	142 500	
	15	Provisions pour charges (285 000/2 ans)		142 500
		Coût probable d'attribution des actions gratuites étalé sur 2 ans		

		31/12/N+1		
502-2		Actions disponibles pour être attribuées aux salariés	30 000	
	502-1	Actions destinées à être attribuées aux salariés		30 000
		Reclassement des actions qui ne seront probablement pas attribuées aux salariés 20 × 50 × 30€		

		31/12/N+1		
6815		Dotations aux provisions d'exploitation	112 500	
	15	Provisions pour charges (170 × 50 × 30 – 142 500)		112 500
		Coût probable d'attribution des actions gratuites réajusté		

		2/01/N+2		
648		Autres charges de personnel (170 × 50 × 35 € × 20 %)	59 500	
	447	État-autres impôts, taxes et versements assimilés		59 500
		Charges patronales sur actions gratuites		

		2/01/N+2		
648		Autres charges de personnel (170 × 50 × 30 €)	255 000	
	502-1	Actions destinées à être attribuées aux salariés		255 000
		Attribution d'actions gratuites		

		2/01/N+2		
15		Provision pour charges	255 000	
	781	Reprise provision pour charges		255 000
		Reprise de la provision pour charges		

4 Évaluation des titres à la sortie

A Règles générales

1 L'évaluation de la valeur nette comptable des titres cédés

L'évaluation de la valeur nette comptable des titres cédés ne pose pas de problème sauf en cas de cession partielle, puisqu'il existe une discordance entre les préconisations du PCG (Art. 221-2) et les règles fiscales.

	Règles comptables	Règles fiscales	En pratique
Titres de participation	Méthode préférentielle : Coût d'achat moyen pondéré (CMP) Autre méthode autorisée : Premier entré premier sorti (PEPS)	PEPS ou CMP (pour les sociétés soumises à l'IS : uniquement si le CMP est utilisé comptablement et n'aboutit pas à générer une moins-value à court terme plus élevée que si le PEPS était utilisé)	PEPS ou CMP (mais c'est rare du fait des conditions)
VMP, TIAP, autres Titres immobilisés		PEPS (ou FIFO pour First In First Out)	PEPS, afin de s'aligner la règle fiscale

Le respect du principe de permanence des méthodes implique de choisir une méthode uniforme par catégorie de titres.

2 La comptabilisation des cessions de titres

Le PCG distingue :
- la comptabilisation des cessions de titres de participation et des autres titres immobilisés de celles des autres titres ;
- la comptabilisation des VMP et des TIAP.

La cession de titres de participation et autres titres immobilisés est comptabilisée en deux temps, comme pour les cessions d'immobilisations corporelles et les cessions d'immobilisations incorporelles :
- le prix de cession est comptabilisé en **775. Produits de cession des éléments d'actifs** ;
- la valeur nette comptable est comptabilisée en **675. Valeurs comptables des éléments d'actifs cédés**.

Les plus ou moins-values de cession des VMP et des TIAP sont comptabilisées en produits ou en charges financiers, par dérogation au principe de non-compensation.

Exemple

La société VALMOB détient le portefeuille de VMP suivant (au 30/9/N). Le 1/10/N, elle revend 120 actions l'Oréal au prix unitaire de 160 €. Afin de limiter les écarts comptabilité/fiscalité, VALMOB a choisi d'évaluer les VMP cédées selon la méthode PEPS.

Titres	Date d'acquisition	Quantités	Coût d'achat unitaire
Actions L'Oréal	1/4/N	100	145€
	1/7/N	50	180 €

Il est préférable de procéder en 2 écritures : la vente puis la sortie de l'actif des titres.

		01/10/N		
464 ou 512		Créances sur cession de VMP	19 200	
	767	Produits nets sur cessions de VMP		19 200
		Cession des VMP		

>>>

>>>

		01/10/N		
767		Produits nets sur cessions de VMP	18 100	
	503	VMP-actions (100 × 145) + (20 × 180)		18 100
		Sortie de l'actif		

Après cette cession, la plus-value réalisée est de 1 100 € (solde du 767) et il reste en portefeuille 30 actions L'Oréal acquises à 180 €.

Exemple

Suite et fin de l'exemple suivi

Rappel : une obligation de valeur nominale de 2 000 € a été émise le 1er avril N et est remboursable au pair le 1er avril N+9 (durée 10 ans). Le taux d'intérêt annuel est de 3 %, le montant du coupon (soit 2 000 € × 3 % = 60 €) étant versé chaque 1er avril.

Opération 2 : Cette société revend l'obligation le 1/8/N+2. À cette date, le cours est de 115 % et le coupon couru est de 3 % × 4/12 = 1 % soit un montant de 2 000 € × 1 % = 20 €.

Le 1/8/N+2

Le gain réalisé sur la cession de l'obligation est de 2 300 – 2 100 = 200 €. Celui-ci est bien sûr calculé hors intérêts courus et doit apparaître en solde créditeur du compte 767. Ceux-ci font l'objet d'une comptabilisation en produits financiers.

		1/8/N+2		
512		Banques	2 320	
	764	Revenus des VMP		20
	767	Produits nets sur cession de VMP		2 300
		Cession de l'obligation		

		1/8/N+2		
767		Produits nets sur cession de VMP	2 100	
	506	Obligations		2 100
		Sortie de l'obligation (à la valeur d'acquisition)		

764 – Revenus des VMP

1/6/N	Acquisition	10	31/12/N+1	IC non échus	45	SC : 35 €
1/1/N+2	Extourne	45	1/4/N+2	Encaissement	60	SC : 15 €
			1/8/N+2	Vente	20	SC : 35 €

Le revenu total rattaché à N+2, correspond bien à 7 mois : 60 € × 7/12.

B Cas particuliers

1 Les titres à réméré

Une vente à réméré est une vente avec possibilité, mais non obligation, de rachat par le vendeur la restitution du prix principal et le remboursement de frais de vente. Si l'action de réméré n'a pas été exercée dans le délai imparti (au maximum 5 ans), l'acquéreur demeure le propriétaire

de façon définitive. La cession de titres à réméré fait l'objet d'une analyse comptable spécifique chez le cédant (le vendeur), puisque durant la période d'exercice de l'action de réméré, à chaque clôture, il faudra déterminer si le cédant envisage d'exercer ou pas son option de rachat (PCG, Art. 223-1).
L'exemple suivant permet d'illustrer les différents cas de figure.

Exemple

Le 1/6/N, la société REMU cède des titres, classés en VMP, à la société ROPO en réméré dans les conditions suivantes :
- 10 000 actions SHARE cédées pour 500 000 €. Elles avaient été acquises 400 000 € le 1/10/N–2 ;
- la cession est accompagnée d'une clause de réméré qui laisse la possibilité à REMU de racheter les actions SHARE au prix de 500 000 € plus 30 000 € d'indemnités, jusqu'au 31/5/N+1.
Au 31/12/N, la valeur de l'action SHARE est estimée à 45 €.

Comptabilisation à la cession

La cession est comptabilisée normalement à la date de cession dans les comptes du cédant.

		01/6/N		
512		Banque	500 000	
	503	VMP-actions		400 000
	767	Produits nets sur cessions de VMP		100 000
		Cession des VMP		

L'acquéreur, ROPO, enregistre une acquisition de VMP.

Comptabilisation à la clôture

Cas n° 1 : à la clôture de l'exercice, le cédant (REMU) n'a pas l'intention d'exercer l'option de rachat : aucune écriture n'est à comptabiliser chez REMU. En revanche, ROPO devrait a priori constater une dépréciation de VMP de 50 000 €.
Cas n° 2 ; à la clôture de l'exercice, le cédant (REMU) a l'intention d'exercer l'option de rachat. Les opérations suivantes doivent être comptabilisées chez le cédant :
- la plus ou moins-value de cession doit être neutralisée ;
- la pénalité prévue est enregistrée en charges, pour la fraction correspondant à l'année écoulée ;
- une provision pour risques est comptabilisée si la valeur actuelle des titres est inférieure à la valeur à la date de cession.
La société ROPO (l'acquéreur ou cessionnaire) ne comptabilisera pas de dépréciation des titres et comptabilisera en Produits à recevoir les 17 500 € d'indemnités courues.

Comptabilisation du rachat lorsque la clause de réméré est exercée

On suppose maintenant que le réméré est exercé par REMU le 31/5/N :
- la provision doit être reprise ;
- le solde de l'indemnité est comptabilisé en charges ;
- les actions SHARE sont comptabilisées en VMP à la valeur comptable au jour de la cession (le 1/6/N).

2 Les cessions de droits préférentiels de souscription ou droits d'attribution

Une société peut vendre les droits préférentiels (DPS ou DA) dont elle dispose pour souscrire en priorité aux nouvelles actions émises par une entité dont elle est déjà actionnaire. Une difficulté apparaît alors : les DPS ou DA n'ayant pas été acquis distinctement (ils sont attachés aux actions et n'existent qu'en cas d'augmentation de comptable), comment déterminer leur valeur nette comptable lors de la cession ?

Le PCG ne traitant pas ce cas particulier, c'est la position fiscale qui est retenue :

$$\text{Valeur nette comptable du droit} = \frac{\text{Prix d'achat de l'action} \times \text{Prix de cession du droit}}{\text{Prix de cession du droit} + \text{Valeur de l'action ex - droit}}$$

Exemple

La SARL OPHTALMY détient 300 actions de la SA MICROCHIR depuis N–20, acquises 100 € l'unité (valeur nominale). Le 30 juin N, MICROCHIR a émis 2 000 actions de numéraire (100 €) au prix d'émission de 290 €. Il faut 3 DPS pour pouvoir souscrire une action nouvelle. Le 1er juillet N, OPHTALMY, qui ne souhaitait pas souscrire à cette augmentation de capital, a vendu l'intégralité de ses DPS au prix unitaire de 10 €.
Pour pouvoir souscrire une action nouvelle, un investisseur doit débourser :
290 € + 3 × 10 € = 320 €, c'est la valeur de l'action ex-droit.
Valeur nette comptable du DPS = 10 × 100/(320 + 10) = 3 (arrondi)

		01/07/N		
512		Banque (300 × 10)	3 000	
	503	VMP-actions (300 × 3)		900
	767	Produits nets sur cessions de VMP		2 100
		Vente des DPS		

FOCUS IFRS

La classification des actifs financiers en IFRS selon la norme IFRS 9 (applicable depuis 2018) est assez différente de la classification du PCG et conditionne leurs modalités d'évaluation à la clôture, elles-mêmes très différentes des prescriptions du PCG. IFRS 9 distingue trois catégories d'actifs financiers :
- Les actifs financiers évalués au coût amorti : il s'agit d'actifs détenus uniquement dans le but de recevoir des flux de trésorerie réguliers et prévus selon les termes du contrat (obligations détenues jusqu'à l'échéance, prêts accordés par une banque...).
- Les actifs financiers en juste valeur par capitaux propres : il s'agit essentiellement d'actions détenues dans d'autres sociétés mais que l'entité a choisi de désigner comme tels.
- Les actifs financiers évalués en juste valeur : il s'agit de tous les autres actifs financiers. Les variations de juste valeur sont enregistrées en résultat net.

Ainsi, des titres de participation en IFRS sont toujours évalués à la juste valeur mais, selon le choix effectué par l'entité, les variations de juste valeur sont enregistrées en résultat net ou directement en capitaux propres.

Classification du portefeuille-titres

261 - Titres de participation	273 - TIAP	271-272 Autres titres immobilisés	50 - VMP
• Possession durable • exercice d'une influence => présumée si + 10%	• Détention durable • Objectif de rentabilité	• Conservation durable • Pas TP ni TIAP • Distinguer Actions/obligations	• Gain à CT • Pas TP ni TIAP • Distinguer Actions/obligations
ACTIF IMMOBILISÉ			ACTIF CIRCULANT

Cas particuliers
- Libération partielle : enregistrement à la valeur nominale totale
- Achats de BS : BS à ajouter au prix d'émission
- Actions gratuites
- Actions avec BSA : prix du BSA à ajouter au prix d'achat
- Actions propres : comptes différents (2771-2 : actions propres ou 5021)

Cas particuliers
- Si intérêts courus : à comptabiliser distinctement
- Si OBSA ou OBSO : BS à comptabiliser distinctement

ACTION | **OBLIGATION**

Achat à titre onéreux : Prix d'achat + frais acquisition

Achat à titre gratuit (échange ou apport) : Valeur vénale

À l'entrée

À l'inventaire

ÉVALUATION

Valeur d'utilité (TP) : décaissement acceptable
Valeur de marché (TIAP)
Cours moyen ou valeur de négociation (VMP)

SI <

Valeur d'entrée

Dépréciation

! évaluation globale (≠ par lot) par catégorie, en principe pas de

À la sortie

Comptabilité
CUMP ou PEPS

Fiscalité
PEPS pour tous (sauf CUMP possible pour TP)

Résultat de cession
775-675 pour TP & ATI
767-667 pour VMP & TIAP

Stocks et encours

Chapitre 8

COMPÉTENCES ATTENDUES

- Exposer et appliquer les règles d'inscription à l'actif, d'évaluation et d'enregistrement des stocks.
- Évaluer et comptabiliser les opérations portant sur les stocks à l'entrée et postérieurement à leur entrée.
- Analyser les conséquences d'un choix de comptabilisation notamment sur la présentation des comptes annuels, dans une situation donnée.
- Présenter les informations à fournir en annexe.

PLAN DU CHAPITRE

SYNTHÈSE P. 154

APPLICATIONS P. 345

LES RÉFÉRENCES POUR COMPRENDRE LE CONTEXTE

Depuis les années 1950, « juste-à-temps », « flux tendus », « zéro délai » sont des expressions bien connues des économistes et des entreprises. Le principe vise à réduire au maximum le temps de stockage des matières et produits car les stocks coûtent cher et sont générateurs de risques.

Les stocks induisent trois aspects stratégiques :

BFR

- Composante essentielle du besoin en fond de roulement
- Il doit être financé dans l'attente de l'encaissement des ventes aux clients

Résultat

- La valorisation des stocks impacte directement le résultat de l'exercice
- Plusieurs méthodes d'évaluation sont envisageables

Risques

- Invendus, démarque, obsolescence, sous-activité sont des risques qui pèsent aussi lourdement sur la profitabilité d'une entreprise

1 Définitions

Selon le PCG (art 211-7), un stock est un actif détenu :
- pour être vendu dans le cours normal de l'activité,
- en cours de production pour une telle vente,
- ou des matières premières ou des fournitures destinées à être consommé dans le processus de production ou de prestation de services.

Le plan de comptes du PCG fait état de six catégories de stocks différentes.

Comptes	Définitions	Exemples
31. Matières premières et fournitures	**Stocks de matières premières** et fournitures destinées à être transformées dans le processus de production	Bois utilisé dans une entreprise de menuiserie
32. Autres approvisionnements	Matières consommables, emballages, fournitures consommables (combustibles, produits d'entretien...)	Colle, visserie utilisées dans une entreprise de menuiserie
33. En-cours de production de biens	Produits en cours de production	Meuble en cours de fabrication dans une entreprise de menuiserie
34. En-cours de production de services	Études et prestations de service en cours de production (*cf.* chapitre Les rattachements des produits et charges au résultat de l'exercice)	Coût déjà engagé pour la réalisation d'une prestation d'ingénierie s'étalant sur deux exercices comptables
35. Stocks de produits	- Produits finis destinés à être vendus - Produits intermédiaires, c'est-à-dire produits ayant atteint un stade de production mais qui doivent intégrer une nouvelle étape de production	- Meuble prêt à être vendu - Étagères fabriquées et destinées à équiper une armoire
37. Stocks de marchandises	Marchandises achetées et destinées à être revendues sans transformation	- Meubles achetés par une chaîne de magasins spécialisés

Cas particuliers

- **Les pièces de rechange et le matériel d'entretien sont habituellement comptabilisés en stocks mais ils constituent des immobilisations si l'entité compte les utiliser sur plus d'une période ou s'ils ne peuvent être utilisés qu'avec une immobilisation corporelle (PCG Art. 213-21).**
- **Les emballages récupérables conservés par des tiers que l'entreprise s'engage à reprendre sont considérés comme des immobilisations corporelles. Les autres emballages constituent des stocks.**

Selon l'activité de l'entreprise, certains biens pourront être considérés comme des stocks ou des immobilisations.

Exemple

Type de biens	Stock ou immobilisation ?
Immeuble de bureaux utilisés comme siège social	Immobilisation
Immeubles de bureaux construits et détenus par un promoteur immobilier	Stock
Véhicules de tourisme détenus par un concessionnaire automobile	Stock
Véhicules de tourisme détenus par une société de location de véhicules	Immobilisation

Les biens considérés comme des immobilisations devront être amortis si leur durée d'utilité est finie.

2 Comptabilisation des stocks

Même si le PCG prévoit la possibilité de comptabiliser les stocks selon la méthode de l'inventaire permanent (Art. 943), la pratique la plus courante est la méthode de l'inventaire intermittent.
Selon la méthode de l'**inventaire intermittent**, les comptes d'achat (de matières premières, marchandises...) enregistrent tous les mouvements de l'année, même si tous ces achats ne sont pas intégralement consommés. Un inventaire physique est réalisé à la clôture de l'exercice (Code de commerce L. 123-12), ainsi qu'une évaluation des stocks. Lorsque les stocks sont comptabilisés selon la méthode de l'inventaire permanent, il est possible d'effectuer des inventaires physiques tournants au lieu de l'inventaire physique annuel à la date de clôture.
Après inventaire physique et valorisation, les stocks sont alors ajustés au bilan en contrepartie des comptes **603. Variation de stocks**.
Pour les produits finis et encours, l'ajustement des stocks à la clôture de l'exercice est réalisé en contrepartie des comptes « **71. Production stockée**.

3 Évaluation des stocks à l'entrée à l'actif du bilan

De même que les immobilisations, un stock est comptabilisé à l'actif si :
- il est probable que l'entité bénéficiera des avantages économiques futurs et
- son coût ou sa valeur peut être déterminé de façon fiable (PCG Art. 212-1).

Le coût des stocks doit comprendre tous les coûts d'acquisition, de transformation et autres coûts encourus pour amener les stocks à l'endroit et dans l'état où ils se trouvent, les pertes et gaspillages étant exclus des coûts (PCG Art. 213-30).

Type de stocks	Coût d'entrée à l'actif du bilan
Matières premières et fournitures, autres approvisionnements, marchandises,	Coût d'acquisition
Produits finis, en-cours de production	Coût de production

A Coût d'acquisition d'un stock

Le coût d'acquisition comprend (PCG Art. 213-31) :
- le prix d'achat HT si la TVA est récupérable et après déduction des rabais, remises et escomptes ;
- les droits de douane et autres taxes non récupérables ;
- les frais de transport et de manutention ;
- les autres coûts directement imputables à l'acquisition.

Les coûts administratifs et coûts de stockage (sauf exception) sont exclus du coût d'acquisition, à l'exclusion de ceux relatifs à des structures dédiées.

B Coût de production d'un stock

1 Coûts directs et indirects de production

Le coût de production d'un stock de produits finis ou d'en-cours comprend les coûts directs et les frais généraux indirects de production (PCG Art. 213-32).
Les coûts directs sont ceux directement attribuables aux unités produits : matières premières, main-d'œuvre directe...
Les frais généraux indirects de production peuvent être variables ou fixes.

Frais généraux indirects de production fixes	Frais généraux indirects de production variables
Dotations aux amortissements des équipements industriels, entretien des bâtiments industriels, amortissement des frais de démantèlement, quote-part d'amortissement de frais de développement...	Matières premières indirectes, main-d'œuvre indirecte (coût salarial des administratifs), consommation d'énergie...

L'affectation des frais généraux indirects de production fixes doit se faire en fonction de la capacité normale de production, c'est-à-dire la production moyenne que l'on s'attend à réaliser sur un certain nombre d'exercices. Lorsque l'entreprise est en sous-activité, la quote-part des frais généraux de production fixes correspondant à la sous-activité est exclue du coût d'entrée des stocks pour être comptabilisée en charges de la période. Cette règle a pour objectif de ne pas surévaluer le résultat de l'entreprise en période de sous-activité. De même une consommation anormale de matières premières, suite à un mauvais réglage d'une machine par exemple, doit être exclue du coût des stocks.

Exemple

Soit une entreprise produisant un produit P1. Sa capacité normale de production est de 500 000 pièces. Le coût variable unitaire d'une pièce est de 20 € et les charges fixes totales se montent à 6 millions d'euros. Les stocks sont évalués à l'entrée au coût de production. À fin N-1, le stock de P1 était de 10 000 pièces au coût de production unitaire de 31 €. Le stock final en N est de 50 000 pièces. On envisage une sous-activité dont la conséquence serait la production de 300 000 pièces. Il y a donc 40 % (300 000/500 000) de sous-activité. Voyons son impact sur le résultat de l'entreprise :

Éléments	Activité normale		Sous-activité	
	500 000		300 000	
Coût variable	20 € × 500 000	10 000 000	20 € × 300 000	6 000 000
Charges fixes		6 000 000		6 000 000
Coût de production		16 000 000		12 000 000
Coût de production unitaire		**32 €**		**40 €**

L'écart de 8 € par pièce a une incidence sur les stocks et donc sur le résultat :

	Activité normale		Sous-activité	
Stock initial	10 000 × 31 €	310 000 €	10 000 × 31 €	310 000 €
Stock final	50 000 × 32 €	1 600 000 €	50 000 × 40 €	2 000 000 €
Production stockée :		**1 290 000 €**		**1 690 000 €**

En cas de sous-activité, la production stockée est supérieure de 400 000 € à la situation normale. Le résultat est donc majoré de 400 000 €. **L'entreprise produit moins et pourtant son résultat augmente !!!**

Le problème vient, bien entendu, des charges fixes qui sont « réparties » sur un nombre moins important de produits, ce qui augmente le coût de production. En effet, les charges fixes à l'unité se montent à 12 € en cas d'activité normale (6 millions d'€/500 000), pour 20 € en cas de sous-activité. La différence de 8 € est répercutée sur les stocks, ce qui induit une « sur-valorisation » de 400 000 € (8 € × 50 000 pièces).

>>>

>>>

Pour corriger l'évaluation des stocks, on déduit des charges fixes la quote-part de sous-activité (soit 40 %) :

Éléments	Sous-activité neutralisée	
	300 000	
Coût variable	20 € × 300 000	6 000 000
Charges fixes	6 000 000 × 60 %	3 600 000
Coût de production		9 600 000
Coût de production unitaire		**32 €**

Cette méthode d'imputation des frais fixes de production ne peut pas être appliquée dans les situations de surproduction puisque les stocks ne peuvent pas être évalués pour un montant supérieur à leur coût.

2 Les coûts inclus dans le coût des stocks sur option

Il s'agit des coûts d'emprunt, des commissions et frais d'actes.

Comme pour les immobilisations corporelles et incorporelles, les **coûts d'emprunt** peuvent être inclus, sur option, dans le coût de production d'un stock (*cf.* chapitre 3).

Les commissions et frais d'actes relatifs à la production sont intégrés au coût de production des stocks sur option selon les mêmes modalités que pour les immobilisations corporelles et incorporelles.

Les règles d'incorporation de ces charges sont précisées dans le chapitre « Les immobilisations corporelles et incorporelles : règles générales ».

3 Frais exclus du coût d'entrée d'un stock

Les frais suivants ne doivent pas être incorporés au coût d'entrée d'un stock et doivent donc être comptabilisés en charges :

- les frais administratifs généraux qui ne contribuent pas à mettre les stocks dans l'état et à l'endroit où ils se trouvent ;
- les frais de commercialisation et de distribution ;
- les frais de stockage, sauf ceux concernant un stockage nécessaire entre deux phases de production ;
- les montants anormaux de déchets de fabrication, de main-d'œuvre ou d'autres coûts de production.

Exemple

Au cours du dernier trimestre N, la société PRODI a produit 3 100 produits P3. Au 31/12/N, aucun produit P3 n'a encore été vendu et il n'existait aucun stock au 1/10/N. Les dépenses relatives à cette production sont les suivantes, selon les données de la comptabilité analytique :

- prix d'achat des matières premières utilisées : 200 000 €,
- droits de douane sur matières premières : 17 000 €,
- frais de transport sur matières premières : 8 000 €,
- frais de recherche de nouveaux fournisseurs de matières premières : 3 000 €,
- frais directs variables de production : 160 000 €,
- frais indirects de production : 100 000 € (il s'agit de charges fixes et l'activité réelle sur la période de fabrication a été de 80 % de l'activité normale),
- quote-part de frais de recherche fondamentale : 20 000 €,
- quote-part de frais généraux : 25 000 €.

>>>

>>>

Coût d'entrée du stock de produit P3 au 31/12/N =
Prix d'achat des matières premières : 200 000
+ Droits de douane sur matières premières : 17 000
+ frais de transport sur matières premières : 8 000
+ frais directs variables de production : 160 000
+ frais indirects de production : + 80 % × 100 000 € = 80 000

Total : 465 000 €

Les frais de recherche de fournisseurs de matières premières ne peuvent pas être considérés comme attribuables à cette production, de même pour la quote-part de frais de recherche fondamentale et la quote-part de frais généraux.

C Biens acquis ou produits conjointement

Dans ce cas les règles générales applicables aux actifs s'appliquent (PCG Art. 213-7) : Lorsque les actifs sont acquis conjointement, ou sont produits de façon conjointe et indissociable, pour un coût global d'acquisition, ou de production, le coût d'entrée de chacun des actifs est ventilé à proportion de la valeur attribuable à chacun d'eux. Si cela n'est pas possible, chacun des biens est évalué par référence à une valeur de marché ou forfaitairement, les autres biens étant évalués par différence.

Exemple

Une entreprise a produit 6 000 articles P2 et 2 000 kg de déchets. Le coût de production correspondant est de 251 000 €. Les produits résiduels (déchets) sont réutilisables et vendus 4 € par kg. Cependant, les charges de transport pour la récupération de ces déchets industriels représentent 20 % de leur prix de vente.
Marge nette réalisée sur la vente des déchets :
2 000 × 4 € = 8 000 €
– 20 % × 8 000 €
= 6 400 €
Coût du stock de produit P2 = 251 000 – 6 400 = 244 600 €

D Évaluation des stocks en devises étrangères

La valeur des stocks détenus à l'étranger et évalués en devises doit être convertie en euros à la clôture en utilisant, pour chaque type de stocks, la moyenne pondérée des cours pratiqués à la date d'achat ou d'entrée en magasin (PCG Art. 420-4). Une dépréciation est constatée si la valeur d'inventaire ainsi obtenue est inférieure au coût d'entrée.

4 Les sorties de stocks

A Biens non interchangeables et biens fongibles

Pour valoriser les sorties de stocks et donc les stocks finaux, le PCG distingue les biens non interchangeables et les biens interchangeables ou fongibles.

Type de biens	Définitions	Méthodes d'évaluation des sorties de stocks
Biens non interchangeables	Biens individualisés, identifiables unitairement	Coût de d'acquisition ou de production unitaire réel (par exemple, un bien immobilier en stock au bilan d'un promoteur immobilier)

Type de biens	Définitions	Méthodes d'évaluation des sorties de stocks
Biens fongibles	Biens ne pouvant pas être identifiés unitairement	- **PEPS (Premier Entré Premier Sorti ou FIFO)** - **CUMP (Coût Unitaire Moyen Pondéré) après chaque entrée** - CUMP sur une période n'excédant pas la durée de stockage - Méthodes alternatives utilisables pour raisons de facilité : méthode du coût standard, méthode du prix de détail

Des méthodes différentes peuvent être utilisées pour des stocks de nature différente. Selon la méthode retenue, le résultat de l'exercice et la valeur des stocks au bilan ne seront pas les mêmes. L'entreprise ne peut pas donc pas changer de méthode sans justification économique, en application du principe de permanence des méthodes.

Exemple

Au cours des mois de janvier et février N, une entreprise de distribution a constaté les mouvements suivants sur son stock de tee-shirts de la marque TESS.
Stock au 1/1/N : 0
2/1/N : acquisition de 200 unités à 10 €
31/1/N : vente de 160 unités en janvier N
3/2/N : acquisition de 150 unités à 13 €
28/2/N : vente de 100 unités en février N

Évaluation des sorties de stocks selon la méthode PEPS ou FIFO

	ENTRÉES			SORTIES		
Date	Quantités	Coût unitaire	Total	Quantités	Coût unitaire	Total
2/1/N	200	10	2 000			
31/1/N				160	10	1 600
3/2/N	150	13	1 950			
28/2/N				40	10	400
28/2/N				60	13	780
Total	350		3 950	260		**2 780**
Stock final	**90**	**13**	**1 170**			

Évaluation des sorties de stocks selon la méthode CUMP fin de période

	ENTRÉES			SORTIES		
Date	Quantités	Coût unitaire	Total	Quantités	Coût unitaire	Total
2/1/N	200	10	2 000			
31/1/N				160	11,28	1 805
3/2/N	150	13	1 950			
28/2/N				100	11,28	1 128
Total	350		3 950	260	11,28	2 933
Stock final	**90**	**11,28**	**1 017**			

Dans ce cas, l'utilisation de la méthode PEPS permet de générer un résultat supplémentaire avant impôt de 153 € (2 933 – 2 780).

B Méthodes alternatives d'évaluation des sorties de stocks

Pour des raisons de simplification, les entreprises peuvent préférer utiliser des méthodes de détermination du coût de stocks qui ne retiennent pas les coûts réellement engagés mais une approximation de ces coûts.

1 La méthode des coûts standards

Les coûts standards retiennent les niveaux normaux d'utilisation de matières premières et de fournitures, de main-d'œuvre, d'efficience et de capacité. Ils sont régulièrement réexaminés et, le cas échéant, révisés à la lumière des conditions actuelles (PCG Art. 213-35).

2 La méthode du prix de détail

Cette méthode peut être utilisée par les entreprises de distribution qui commercialisent une multitude de références rendant difficile le suivi individualisé des différentes références. En pratique cela peut concerner les enseignes de grande distribution et les stocks de petites pièces de faible valeur pour lesquelles la détermination du coût réel est impossible (boulons, écrous…). Le coût des stocks est déterminé en déduisant de la valeur de vente des stocks le pourcentage approprié de marge brute et de frais de commercialisation. Un pourcentage moyen pour chaque rayon peut être utilisé.

Exemple

À la fin du mois de janvier N, vous disposez des informations suivantes concernant le rayon parfumerie d'un grand magasin :
- Stock au 1er de janvier N : 360 000 € (en prix de vente TTC). Taux de marge : 55 %.
- Achats de janvier N : 120 000 € en prix de vente TTC et 40 000 € HT en coût d'achat.
- Ventes réalisées en janvier N : 180 000 € TTC.

Le stock évalué en prix de vente au 31 janvier N s'élève à : 300 000 + 100 000 – 150 000 € = 250 000 € (les montants doivent être pris en compte HT).
En coût d'achat le stock s'élève à 45 % × 250 000 = 112 500 €, c'est la valeur qui figurerait à l'actif du bilan au 31 janvier N.

5 Évaluation des stocks à la date d'inventaire

Les stocks doivent être évalués selon les règles d'évaluation générales des actifs (PCG Art 214-22). À la clôture de l'exercice, les stocks sont évalués au plus faible de leur valeur comptable et de leur valeur actuelle. La valeur actuelle est en principe la valeur la plus élevée de la valeur vénale ou de la valeur d'usage. Cependant, comme il n'est pas possible de déterminer la valeur d'usage d'un stock, la valeur actuelle correspond à la valeur vénale. La **valeur vénale** d'un stock est le montant qui pourrait être obtenu de sa vente dans des conditions normales de marché, déduction faites des coûts estimés nécessaires pour réaliser la vente. Cependant, lorsqu'un contrat de vente ferme fixe le prix de vente de ce stock, la valeur vénale est déterminée par référence à ce prix de vente ferme. Lorsque la valeur vénale est inférieure au coût d'entrée du stock, une **dépréciation des stocks** doit être constatée.

Exemple

Un stock de pièces P4 dont le coût de production est de 60 000 € et dont les frais prévisionnels de vente sont de 4 000 € est estimé à 47 000 € (valeur de marché). Cependant, un contrat de vente ferme à l'exportation permet de céder ces pièces pour un prix de 53 000 €.
La valeur actuelle du stock s'élève à 53 000 – 4 000 = 49 000 €. Une dépréciation de 11 000 € (60 000 – 49 000) doit donc être comptabilisée.

>>>

>>>

		31/12/N		
68173		Dotations pour dépréciation des stocks et encours	11 000	
	3955	Dépréciation des stocks de produits finis		11 000

Pour les matières premières et autres approvisionnements entrant dans la fabrication de produits finis la valeur vénale correspond à la valeur d'entrée dès que le prix de vente stipulé couvre à la fois le coût d'entrée de ces approvisionnements, les coûts de transformation et la totalité des frais restant à supporter pour la bonne exécution du contrat.

Exemple

Au 31/12/N, la société INVENTORY possède un stock de matières et un stock de produits finis :

Stocks	Coût d'achat ou de production	Prix de vente à des conditions normales	Frais supplémentaires pour réaliser la vente
Matières premières	500 000	400 000(1)	0
Produits finis	1 200 000	1 700 000	200 000

(1) Le prix d'achat des matières premières utilisées a rapidement baissé lors des deux derniers mois. Cependant, cette baisse n'aura pas de conséquence sur le prix de vente des produits finis dans lesquels sont incorporées ces matières premières.

La valeur actuelle du stock de produits finis est de 1 500 000 (1 700 000 – 200 000) ; elle est donc supérieure à la valeur comptable et aucune dépréciation ne doit être comptabilisée.
La valeur actuelle du stock de matières premières est égale à sa valeur d'entrée puisque les matières premières seront incorporées dans des produits finis qu'il est prévu de vendre avec une marge bénéficiaire. Aucune dépréciation ne doit être comptabilisée.

6 Quotas d'émission des gaz à effet de serre

A Définition

Dans le cadre de la protection de l'environnement, l'Union Européenne a instauré en 2005 un système d'échange de quotas d'émission de gaz à effet de serre, fonctionnant en plusieurs phases. Nous sommes actuellement dans la 3e phase qui couvre la période 2013-2020. Les prescriptions de l'Union Européenne pour cette 3e phase ont été transposées en France dans le code de l'environnement par l'ordonnance n° 2012-827 du 28 juin 2012.
Cette réglementation concerne certaines activités telles que le raffinage de pétrole, la production de pâte à papier, l'industrie nucléaire, compagnies aériennes...
La loi définit les quantités de gaz à effet de serre à effets de serre pouvant être émises par les entreprises concernées en France et attribue à chaque installation concernée un volume global pour la période 2013-2020 et un quota pour l'année en cours. Selon le code de l'environnement, un quota est « une unité de compte représentative de l'émission de l'équivalent d'une tonne de dioxyde de carbone » (L. 229-7).
En fin d'année, l'entreprise doit restituer à l'État les quotas correspondant à ses émissions effectives de gaz à effet de serre durant l'année.
Au cours de l'année, les quotas sont négociables sur un marché. Ainsi une entreprise ayant besoin de quotas pourra les acheter auprès d'une autre entreprise qui est en excédent.

B Comptabilisation

Les quotas de gaz à effet de serre peuvent être détenus soit pour se conformer aux obligations légales, soit pour être cédés (PCG Art. 615-2). Dans les 2 cas, ils constituent un actif.

1 Comptabilisation lors de l'attribution par l'État

Les quotas de gaz à effet de serre constituent une matière de nature administrative car ils sont directement liés aux activités de production et de services et sont comptabilisés en stocks pour une valeur nulle.

2 Comptabilisation des acquisitions et ventes de quotas sur le marché

Le PCG distingue 2 modes de comptabilisation correspondant aux 2 situations de détention de gaz à effet de serre, qui peuvent coexister au sein d'une même entreprise.

a. Le modèle économique « production »

Il s'applique lorsque les gaz à effet de serre sont détenus afin de respecter les obligations légales. **L'acquisition et la vente de quotas** suit les règles normales d'acquisition d'un stock de matières premières et de ventes de produits finis.

Achats de quotas	Ventes de quotas
602. Achats stockés autres approvisionnements 512. Banque	512. Banque 701. Ventes de produits finis

À la clôture de l'exercice, le stock de quotas est évalué en PEPS ou CMP. Conformément aux règles de dépréciation des stocks de matières premières, une dépréciation doit être constatée uniquement si le coût de production des produits finis dans lesquels sont incorporés les quotas est supérieur à la valeur actuelle de ces produits finis.

En fin d'année civile, les quotas correspondant aux émissions de gaz de l'année doivent être restitués à l'État. Deux cas de figure peuvent alors se produire :

1er cas : les émissions de gaz de l'année sont inférieures aux quotas d'émission de l'année : l'entreprise dispose dans ce cas de quotas d'émission disponibles pour couvrir ses émissions futures : il s'agit d'un actif et l'entreprise comptabilise un stock de matières premières

2e cas : les émissions de gaz à effet de serre excèdent les quotas en portefeuille. L'entreprise doit donc acquérir des quotas pour les restituer à l'État. Cette obligation d'acquérir des quotas constitue un passif à la clôture de l'exercice.

Exemple

Une entreprise industrielle a reçu pour l'année N 2 000 quotas. On envisage deux hypothèses sur sa consommation effective de quotas en N :
- hypothèse 1 : elle a consommé 1 900 quotas ;
- hypothèse 2 : elle a consommé 2 050 quotas. Le coût d'acquisition unitaire d'un quota est estimé à 200 € au 31/12/N.

Hypothèse 1 : l'entreprise n'a rien à comptabiliser puisque les quotas restant en stock correspondent à des quotas alloués, ils ont donc une valeur nulle.

Hypothèse 2

		31/12/N		
602		Achats stockés autres approvisionnements (*50 × 200 €*)	10 000	
	449	Quotas d'émission à acquérir		10 000

Lorsque l'entreprise est en déficit de quotas en fin d'année, elle dispose d'un délai d'1 mois pour acheter les quotas manquants et les restituer à l'État. En cas de non-respect de ce délai, l'entreprise s'expose à une amende de 100 € par quota non restitué. Cette amende est comptabilisée en charges. En plus de cette comptabilisation, les quotas de gaz à effet de serre doivent faire l'objet d'une comptabilité matière hors-bilan.

b. Le modèle économique « négoce »

L'objectif dans ce cas pour l'entreprise est de réaliser des plus-values sur la cession des quotas.
Les différences avec le modèle production concernent :

- L'évaluation des stocks à la clôture : si la valeur actuelle, c'est-à-dire la valeur probable de négociation déduction faite des frais restant à engager pour réaliser la vente, est inférieure au coût d'entrée, une dépréciation est constatée.
- Les quotas sont sortis du compte de stocks uniquement lors de leur cession.

Une même entité peut gérer à la fois un stock de quotas selon le modèle « production » et un stock de quotas selon le modèle « négoce ».
En plus de cette comptabilisation, les quotas de gaz à effet de serre doivent faire l'objet d'une comptabilité matière hors-bilan, permettant de suivre les quantités en stocks et distinguant les quantités détenues selon le modèle « Production » et celles détenue selon le modèle « Négoce » (ANC, Note de présentation règlement 2012-03).

7 Les certificats d'économie d'énergie

A Définition

Le code de l'énergie (Art. L. 221-1) imposent aux entreprises qui vendent de l'électricité, du gaz, des carburants automobiles, de la chaleur ou du froid (et dont les ventes annuelles sont supérieures à du décret publié par le Conseil d'État) une obligation d'économie d'énergie qu'elles peuvent remplir :

- soit en réalisant des économies d'énergie, en contrepartie desquelles elles reçoivent des **certificats d'économies d'énergie** délivrés par l'État (**CEE**) ;
- soit en acquérant des CEE.

Les CEE peuvent donc se négocier sur un marché.

B Comptabilisation

La comptabilisation est similaire à celle des quotas de gaz à effet de serre.
Les CEE attribués par l'état ayant une valeur nulle, aucune écriture n'est à enregistrer. En revanche, ils doivent être suivis dans un compte matières extracomptable.
L'entreprise choisit le modèle « Production » ou le modèle « Négoce » pour la comptabilisation des achats et ventes de CEE et la valorisation des stocks selon l'objectif économique poursuivi.
Enfin, un passif doit être comptabilisé lorsqu'en fin d'année les obligations d'économies d'énergie sont supérieures aux économies d'énergie réalisées. Une pénalité de 0,02 € par kilowattheure est versée au Trésor Public en cas de non-respect des obligations d'économies d'énergie dans le délai imparti (Code de l'énergie, Art. L.221-4).

Exemple

Un fournisseur d'électricité est soumis aux obligations d'économie d'énergie prévues par la loi. Les sorties de stocks sont valorisées selon la méthode PEPS. Les opérations suivantes ont été réalisées en N :

Date	Opération	Nombre de CEE
01/01/N	Attribution gratuite par l'État	180
15/4/N	Achat de CEE à 25 €	20
31/12/N	Émission réelle	150

Les droits excédentaires seront conservés en N+1. Un CEE se négocie à 18 € au 31/12/N.

>>>

>>>

L'attribution gratuite des CEE par l'État ne donne lieu à aucune écriture. L'acquisition du 15 avril constitue une acquisition de fournitures.
Au 31/12/N, aucun passif n'est à comptabiliser puisque l'entreprise s'est acquittée de ses obligations.
Il reste un stock de 50 quotas, dont 30 ont une valeur nulle et 20 une valeur unitaire de 25 €.

		15/4/N		
602		Achats stockés autres approvisionnements (*20 × 25 €*)	500	
	512	Banque		500
		31/12/N		
321		Matières consommables	500	
	6032	Variation de stocks d'autres approvisionnements		500

Aucune dépréciation n'est à constater car l'entreprise n'envisage pas de revendre les CEE non utilisés en N+1. C'est le modèle économique « Production » qui est suivi. Une dépréciation serait constatée si le coût de production des produits finis dans lesquels sont incorporés les quotas était supérieur à la valeur actuelle de ces produits finis. On suppose que ce n'est pas le cas ici.

8 Informations à fournir en annexe relatives aux stocks

Les informations suivantes doivent être communiquées en annexe concernant les stocks :
- Méthodes comptables adoptées pour évaluer les stocks
- Valeur des différentes catégories de stocks
- Méthodes utilisées pour le calcul des dépréciations catégories par catégories

Pour les quotas de gaz à effet de serre les informations suivantes doivent être communiquées (PCG Art. 831-2) :
- Description des modèles économiques retenus (Production ou Négoce) ;
- Estimation des émissions réalisées ;
- Hypothèses prises en compte pour l'estimation du passif comptabilisé en « quotas d'émission à acquérir » ;
- Dans la partie « Engagements reçus », doit être communiquée la partie des quotas alloués par l'État mais restant à recevoir. En effet, les quotas sont alloués par tranches pluriannuelles mais affectés annuellement par l'État.

Pour les certificats d'économie d'énergie, l'entreprise doit fournir une description des modèles économiques retenus (Production ou Négoce).

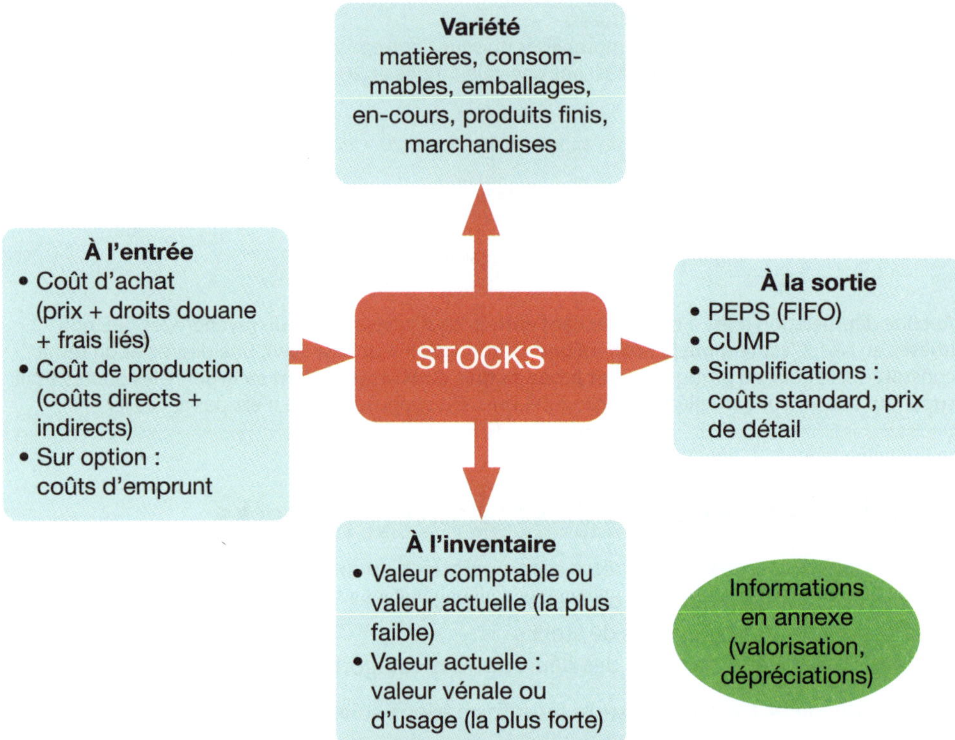
Variété
matières, consommables, emballages, en-cours, produits finis, marchandises
À l'entrée
• Coût d'achat (prix + droits douane + frais liés)
• Coût de production (coûts directs + indirects)
• Sur option : coûts d'emprunt
STOCKS
À la sortie
• PEPS (FIFO)
• CUMP
• Simplifications : coûts standard, prix de détail
À l'inventaire
• Valeur comptable ou valeur actuelle (la plus faible)
• Valeur actuelle : valeur vénale ou d'usage (la plus forte)
Informations en annexe (valorisation, dépréciations)

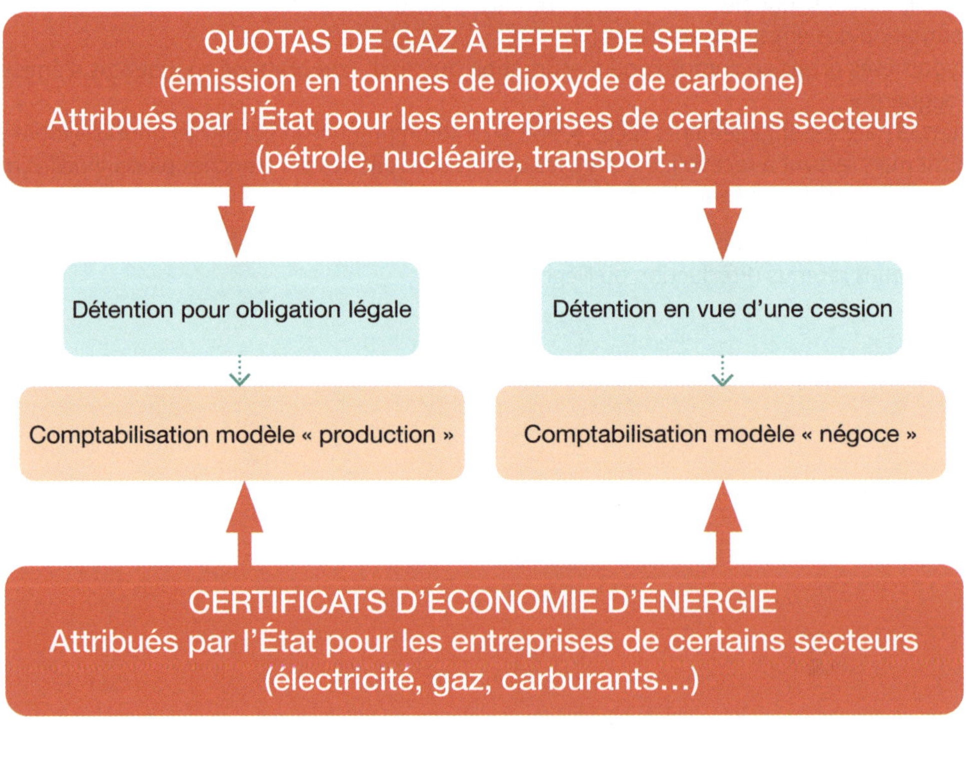
QUOTAS DE GAZ À EFFET DE SERRE
(émission en tonnes de dioxyde de carbone)
Attribués par l'État pour les entreprises de certains secteurs (pétrole, nucléaire, transport…)
Détention pour obligation légale
Détention en vue d'une cession
Comptabilisation modèle « production »
Comptabilisation modèle « négoce »
CERTIFICATS D'ÉCONOMIE D'ÉNERGIE
Attribués par l'État pour les entreprises de certains secteurs (électricité, gaz, carburants…)

Actifs et passifs en monnaies étrangères

Chapitre 9

COMPÉTENCES ATTENDUES

- **Expliciter les conditions d'enregistrement des gains et pertes de change.**
- **Exposer les principes d'évaluation de ces gains et pertes de change à la clôture et au moment du règlement.**
- **Comprendre l'ajustement des provisions pour risques de perte.**

Ce chapitre traite des actifs et passifs en monnaies étrangères qui apparaissent en cas d'opérations en devise, hors zone euro. Les principes d'évaluation des gains et des pertes de change à la clôture sont détaillés, ainsi que la comptabilisation du résultat de change au moment du règlement. Une attention particulière est portée à l'ajustement des provisions pour risques de pertes.

PLAN DU CHAPITRE

SYNTHÈSE P. 163

APPLICATIONS P. 349

LES RÉFÉRENCES POUR COMPRENDRE LE CONTEXTE

Les entreprises qui réalisent beaucoup d'opérations avec l'étranger (hors zone euro) peuvent avoir intérêt à ouvrir des comptes bancaires en devises. Il n'est cependant pas possible d'ouvrir un compte par devise...

La comptabilisation des opérations en devises pose de nombreux problèmes.

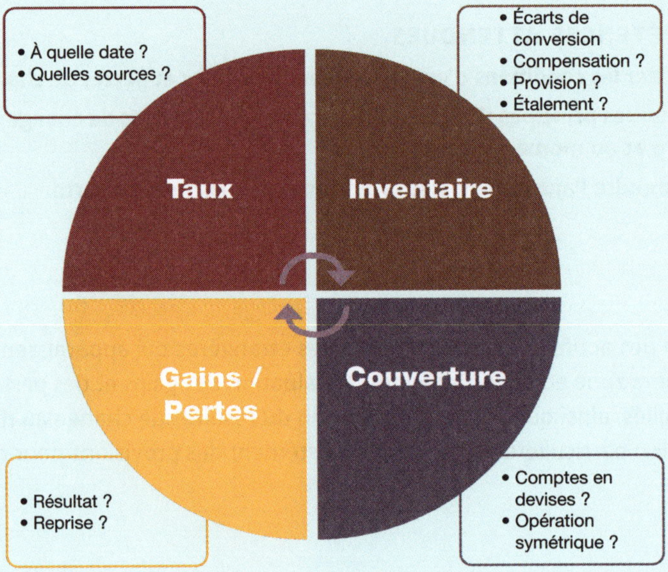

Opter pour des sources sûres en matière de taux

Informations pays/devises (economie.gouv)

Pour les monnaies principales (BCE)

Pour les autres monnaies (Banque de France)

Pour les opérations à l'importation / exportation (Douanes)

1 Enregistrement des gains et des pertes de change

La question de la conversion des **actifs et dettes en monnaie étrangère** se pose notamment pour les transactions effectuées avec des entités hors zone Euro. Lors de leur entrée à l'actif et passif du bilan, les créances et dettes sont comptabilisées au cours du jour de la transaction (en pratique à la date de la facture). À la date de clôture, les créances et les dettes en monnaies étrangères sont converties et comptabilisées en monnaie nationale sur la base du dernier cours du change (PCG Art. 420-5). Dans les comptes individuels, les gains et pertes de change latents sont obligatoirement portés au bilan.
Pour les devises cotées, l'entité doit utiliser les cours indicatifs de la Banque de France publiés au journal officiel, et pour les devises non cotées les cours moyens mensuels établis par la Banque de France.

A Évaluation à la clôture

Lorsque l'application du taux de conversion à la date de clôture de l'exercice a pour effet de modifier les montants en monnaie nationale précédemment comptabilisés, les différences de conversion sont inscrites à des comptes transitoires, en attente de régularisations ultérieures :
- Compte « **476. Différences de conversion – Actif** » : pour les différences correspondant à une perte latente ;
- Compte « **477. Différences de conversion – Passif** » : pour les différences correspondant à un gain latent.

Les écarts de conversion à l'actif et au passif enregistrent les différences de conversion résultant de l'actualisation, au taux de change de fin d'exercice, des comptes de créances et de dettes libellées en monnaies étrangères (PCG Art. 420-8).
Les pertes de change latentes entraînent à due concurrence la constitution d'une provision pour risques (PCG Art. 420-5)
À l'inverse, les gains de change latents ne sont pas enregistrés au compte de résultat.

Quatre situations se présentent :

Créances :

1) Si le cours de la devise à la clôture > cours de la devise à l'enregistrement
→ *hausse du cours,*
→ comptabilisation d'un gain de change latent dans le compte 477. **Différences de conversion – Passif** ;
2) Si le cours de la devise à la clôture < cours de la devise à l'enregistrement
→ *baisse du cours,*
→ comptabilisation d'une perte de change latente dans le compte 476. **Différences de conversion – Actif** ET constitution d'une provision pour pertes de change, compte 1515.

Dettes :

1) Si le cours de la devise à la clôture > cours de la devise à l'enregistrement
→ *hausse du cours,*
→ comptabilisation d'une perte de change latente dans le compte 476. **Différences de conversion – Actif** ET constitution d'une provision pour pertes de change, compte 1515.
2) Si cours de la devise à la clôture < cours de la devise à l'enregistrement ;
→ *baisse du cours,*
→ comptabilisation d'un gain de change latent dans le compte 477. **Différences de conversion – Passif**.

Attention ! En fiscalité, le traitement est différent. Seuls les gains et pertes latents sont déductibles/imposables. Il convient donc de rendre imposables/déductibles les écarts de conversion. La dotation à la provision pour pertes de change doit alors être neutralisée dans le résultat fiscal. En N+1, les écarts N sont repris à l'inverse dans le résultat fiscal, ce qui neutralise ainsi les gains et pertes réellement constatés au résultat. Le principe est le même en comptes consolidés où les gains et pertes potentiels sont rattachés au résultat de la période.

Exemple

Une entreprise dispose de plusieurs créances et dettes commerciales en dollars.

	Montant en dollars	Cours à l'enregistrement	Cours à la clôture Fin N
Créance client A	10 000	0,85	0,87
Créance client B	15 000	0,89	0,87
Dette fournisseur C	22 000	0,88	0,87
Dette fournisseur D	25 000	0,86	0,87

Pour la créance client A :
À la date de clôture, le cours de la devise a augmenté donc la créance également : l'entreprise recevra une somme plus importante du client. C'est donc un gain latent qu'il faut enregistrer dans un compte 477. **Différences de conversion – Passif** pour un montant de : 10 000 × (0,87 – 0,85) = 200 €

Pour la créance client B :
À la date de clôture, le cours de la devise a diminué donc la créance également : l'entreprise recevra une somme moins importante du client. C'est donc une perte latente qu'il faut enregistrer dans un compte 476. **Différences de conversion – Actif** pour un montant de : 15 000 × (0,89 – 0,87) = 300 €. Il faudra également comptabiliser une provision pour perte de change.

Pour la dette fournisseur C :
À la date de clôture, le cours de la devise a diminué donc la dette également : l'entreprise aura une somme moins importante à régler. C'est donc un gain latent qu'il faut enregistrer dans un compte 477. **Différences de conversion – Passif** pour un montant de : 22 000 × (0,88 – 0,87) = 220 €

Pour la dette fournisseur D :
À la date de clôture, le cours de la devise a augmenté donc la dette également : l'entreprise devra donc une somme plus importante au fournisseur. C'est donc une perte latente qu'il faut enregistrer dans un compte 476. **Différences de conversion – Actif** pour un montant de : 25 000 × (0,87 – 0,86) = 250 €. Il faudra également constituer une provision pour risque.

Les écritures sont les suivantes :

Clients A

		Fin N		
411		Clients	200	
	477	Différences de conversion – Passif		200
		Enregistrement du gain de change latent sur créance A		

Clients B

		Fin N		
476		Différences de conversion – Actif	300	
	411	Clients		300
		Enregistrement de la perte de change latente sur créance B		
681		Dotations aux provisions – Exploitation	300	
	1515	Provisions pour pertes de change		300
		Constitution de la provision pour perte de change		

>>>

>>>

Fournisseur C

			Débit	Crédit
		Fin N		
401		Fournisseurs	220	
	477	Différences de conversion – Passif		220
		Enregistrement du gain de change latent sur dette C		

Fournisseur D

			Débit	Crédit
		Fin N		
476		Différences de conversion – Actif	250	
	401	Fournisseurs		250
		Enregistrement de la perte de change latente sur dette D		
681		Dotations aux provisions – Exploitation	250	
	1515	Provisions pour pertes de change		250
		Constitution de la provision pour perte de change		

Remarque. Sachant qu'il s'agit de comptes de régularisation, les écritures constatant des écarts de conversion-actif ou passif à l'inventaire devront être contrepassées à l'ouverture de l'exercice suivant de manière à rattacher les charges et les produits à l'exercice qui les concernent.

B Évaluation au moment du règlement

Au moment du règlement, les créances et dettes sont comparées aux valeurs historiques originales. Si les opérations n'étaient pas couvertes, les gains et pertes de change peuvent se réaliser. Les résultats doivent alors être enregistrés en résultat d'exploitation ou en résultat financier en fonction de la nature des opérations l'ayant généré (Règlement ANC 2015-05 § 3.1.3 applicable depuis le 1/1/2017) :

- compte 656. Pertes de change sur créances et dettes commerciales ou 756. Gains de change sur créances et dettes commerciales s'il s'agit d'une opération commerciale (PCG art. 946-65 et 947-75).

OU

- compte 666. Pertes de change financières ou compte 766. Gains de change financiers s'il s'agit d'une opération de nature financière (PCG art. 946-66 et 947-76).

Exemple

(suite de l'exemple précédent)
Par un souci de simplification, on considère que les créances et dettes sont réalisées au cours de l'année N+1 au même taux que constaté précédemment à la clôture N (0,87).

	Montant en dollars	Cours à la réalisation	Montant en €
Créance client A	10 000	0,87	8 700
Créance client B	15 000	0,87	13 050
Dette fournisseur C	22 000	0,87	19 140
Dette fournisseur D	25 000	0,87	21 750

>>>

>>> Les écritures sont les suivantes :

Clients A

		Fin N+1		
512		Banque (*10 000 × 0,87*)	8 700	
	411	Clients (*10 000 × 0,85*)		8 500
	756	Gains de change		200
		Enregistrement du gain de change réel de la créance A		

Clients B

		Fin N+1		
512		Banque (*15 000 × 0,87*)	13 050	
656		Perte de change	300	
	411	Clients (*15 000 × 0,89*)		13 350
		Enregistrement de la perte de change réelle sur créance B		
1515		Provisions pour pertes de change	300	
	781	Reprise sur dépréciations et provisions – Exploitation		300
		Annulation de la provision pour perte de change		

Fournisseur C

		Fin N+1		
401		Fournisseurs (*22 000 × 0,88*)	19 360	
	756	Gain de change		220
	512	Banque (*22 000 × 0,87*)		19 140
		Enregistrement du gain de change réel sur dette C		

Fournisseur D

		Fin N+1		
401		Fournisseurs (*25 000 × 0,86*)	21 500	
656		Perte de change	250	
	512	Banques (*25 000 × 0,87*)		21 750
		Enregistrement de la perte de change réelle sur dette D		
1515		Provisions pour pertes de change	250	
	781	Reprises sur dépréciation et provisions – Exploitation		250
		Annulation de la provision pour perte de change		

FOCUS IFRS

Le traitement des effets des cours de monnaies étrangères est développé dans la norme IAS 21. Il est indiqué (§ 28) que les écarts de change résultant du règlement d'éléments monétaires ou de la conversion d'éléments monétaires à des cours différents de ceux auxquels ils ont été convertis lors de leur comptabilisation initiale (pendant la période ou dans des états financiers antérieurs) doivent être comptabilisés en résultat net de la période pendant laquelle ils surviennent. Les gains et pertes de change latents sont donc comptabilisés en résultat en normes IFRS.

D'ailleurs, l'enregistrement des écarts de conversion-actif et passif en charges financières et en produits financiers, au cours de la période à laquelle ils se rapportent, constitue la méthode de référence pour les comptes consolidés français.

C Cas des liquidités en monnaies étrangères

Les liquidités ou exigibilités immédiates en devises existant à la clôture de l'exercice sont converties en monnaie nationale sur la base du dernier cours de change au comptant. Les écarts de conversion sont comptabilisés dans le résultat de l'exercice (PCG, Art. 420-8).

Exemple

Une entreprise a acquis 10 000 dollars au cours de 1USD = 0,87 € le 1er septembre N.
Fin décembre N, il lui reste encore 4 000 dollars en caisse. Le cours est de 1USD = 0,89 €.
Ces dollars restants sont convertis au cours de clôture.
Le gain de change est donc de 4 000 × (0,89 – 0,87) = 80 €.
L'écriture sera la suivante :

	Fin N		
5314	Caisse en devises	80	
766	Gain de change		80
	Enregistrement du gain de change		

2 Ajustement des provisions

Lorsque les circonstances suppriment en tout ou partie le risque de perte, les provisions sont ajustées en conséquence. Le PCG prévoit les cinq cas suivants (Art. 420-6).

A Opérations symétriques

Lorsque l'opération traitée en devises est assortie par l'entité d'une opération symétrique destinée à couvrir les conséquences de la fluctuation du change, appelée couverture de change, la provision n'est constituée qu'à concurrence du risque non couvert.

Exemple

Une entité a une créance de 100 000 dollars au 1er avril N (1 USD = 0,875 €). Elle décide de couvrir partiellement cette créance en empruntant 60 000 dollars à la Banque de New York. Fin décembre le taux de conversion est le suivant : 1 USD = 0,856 €.
Sachant que le cours de la devise a augmenté, l'entreprise subit d'un côté une perte de change sur la créance de (0,875 – 0,856) × 100 000 = 1 900 €. Mais cette perte est partiellement compensée par le gain de change sur la dette de (0,875 – 0,856) × 60 000 = 1 140 €.
Au total la provision à constituer ne sera que de 1 900 – 1 140 = 760 €

	Fin N		
4761	Différences de conversion – Actif, diminution de créance	760	
4768	Différences de conversion – Actif, compensées par couverture de change	1 140	
411	Clients		1 900
	Enregistrement de la perte de change latente sur créance		
164	Emprunt	1 140	
4778	Différence de conversion-Passif, compensées par couverture de change		1 140
	Enregistrement du profit latent sur l'emprunt		
681	Dotations aux provisions – Exploitation	760	
1515	Provisions pour pertes de change		760
	Constitution de la provision pour perte de change		

B Emprunt assorti de l'acquisition d'une immobilisation

Lorsqu'un emprunt en devises, sur lequel est constatée une perte latente, est affecté à l'acquisition d'immobilisations situées dans le pays ayant pour unité monétaire la même devise que celle de l'emprunt, ou à l'acquisition de titres représentatifs de telles immobilisations, il n'est pas constitué de provision globale pour la perte latente attachée à l'emprunt affecté.

Exemple

(variante de l'exemple précédent)
Une entité a emprunté à la Banque de New York une somme de 100 000 USD (1 USD = 0,856 €) pour financer la construction d'une usine aux États-Unis. Au 31 décembre, le taux de conversion est le suivant : 1 USD = 0,875 €. Il faudra constater une perte de change latente de 1 900 € et l'enregistrer en écart de conversion-actif mais aucune provision n'est à constater.

C Opérations aux termes voisins

Lorsque pour des opérations dont les termes sont suffisamment voisins les pertes et les gains latents peuvent être considérés comme concourant à une position globale de change, le montant de la dotation peut être limité à l'excédent des pertes sur les gains.

D Emprunt en devises obtenu à des conditions plus avantageuses

Lorsque les charges financières liées à un emprunt en devises sont inférieures à ce qu'elles auraient été si l'emprunt avait été contracté en monnaie nationale, le montant de la dotation annuelle au compte de provision peut être limité à la différence entre ces charges calculées et les charges réellement supportées.

E Opération affectant plusieurs exercices

Lorsque les pertes latentes de change sont attachées à une opération affectant plusieurs exercices, l'entité peut procéder à l'étalement de ces pertes.

Exemple

Une entité a emprunté à la Banque de New York une somme de 100 000 USD (1 USD = 0,856 € le 1er janvier N). Cet emprunt est remboursable au bout de 10 ans. Fin décembre N le taux de conversion est le suivant : 1 USD = 0,875 €. Fin Décembre N+1 le taux de conversion est de 1 USD = 0,847 €
L'entité a décidé d'opter pour l'étalement de ces pertes sur la durée totale de l'emprunt. Cela signifie que la provision va être étalée sur l'exercice qui court mais également sur les exercices à courir.
Fin décembre N, il faudra constater une perte de change de (0,875 – 0,856) × 100 000 = 1 900 €. La provision à enregistrer sera de 1 900 × 1/10 = 190 €.

Opérations en devises

Éléments concernés
Stocks, créances, dettes, emprunts/prêts, immobilisations

À l'entrée
Cours du jour d'opération

Au règlement
- Cours du jour
- Comparaison avec valeur historique
- Gain réel ou perte réelle par nature d'opération

À l'inventaire
- Cours de clôture
- Comparaison avec valeur historique :

SI

Valeur de l'ACTIF ↗ (ou PASSIF) ↘
GAIN latent
=> ajustement du poste & écart de conversion passif en contrepartie

SI

Valeur du PASSIF ↗ (ou ACTIF ↘)
PERTE latente
=> ajustement du poste & écart de conversion actif
+
Provision pour pertes de change

Limitation de la constatation de la perte
- Couverture de change : provision de la différence
- Termes voisins : position globale de change (compensation)
- Immobilisation + emprunt : provision concernant l'immo. seule (si emprunt dans la même devise)
- Perte potentielle sur emprunt : étalement possible sur la durée de l'emprunt

Les cas spécifiques relatifs aux actifs

Chapitre 10

COMPÉTENCES ATTENDUES

- **Identifier et distinguer les immobilisations corporelles et incorporelles.**
- **Exposer et appliquer les règles d'inscription à l'actif, d'évaluation et d'enregistrement des immobilisations corporelles et incorporelles.**
- **Évaluer et comptabiliser les opérations portant sur les immobilisations corporelles et incorporelles à l'entrée et postérieurement à leur entrée.**
- **Analyser les conséquences d'un choix de comptabilisation, notamment sur la présentation des comptes annuels, dans une situation donnée.**
- **Présenter les informations à fournir en annexe.**

Ce chapitre traite de cas particuliers relatifs aux immobilisations corporelles et incorporelles. Parmi celles-ci, certaines respectent des règles de comptabilisation spécifiques, notamment lorsqu'elles font l'objet d'un contrat de location financement. Par ailleurs, les immobilisations corporelles peuvent faire l'objet de réévaluation libre. Enfin, lorsqu'ils respectent certaines conditions, les frais de développement des immobilisations incorporelles peuvent être activés. Sont également examinés les cas d'actifs acquis par paiement d'une redevance annuelle et ceux comportant une clause de réserve de propriété.

PLAN DU CHAPITRE

SYNTHÈSE P. 175

APPLICATIONS P. 352

LES RÉFÉRENCES POUR COMPRENDRE LE CONTEXTE

Cas particuliers traités dans ce chapitre

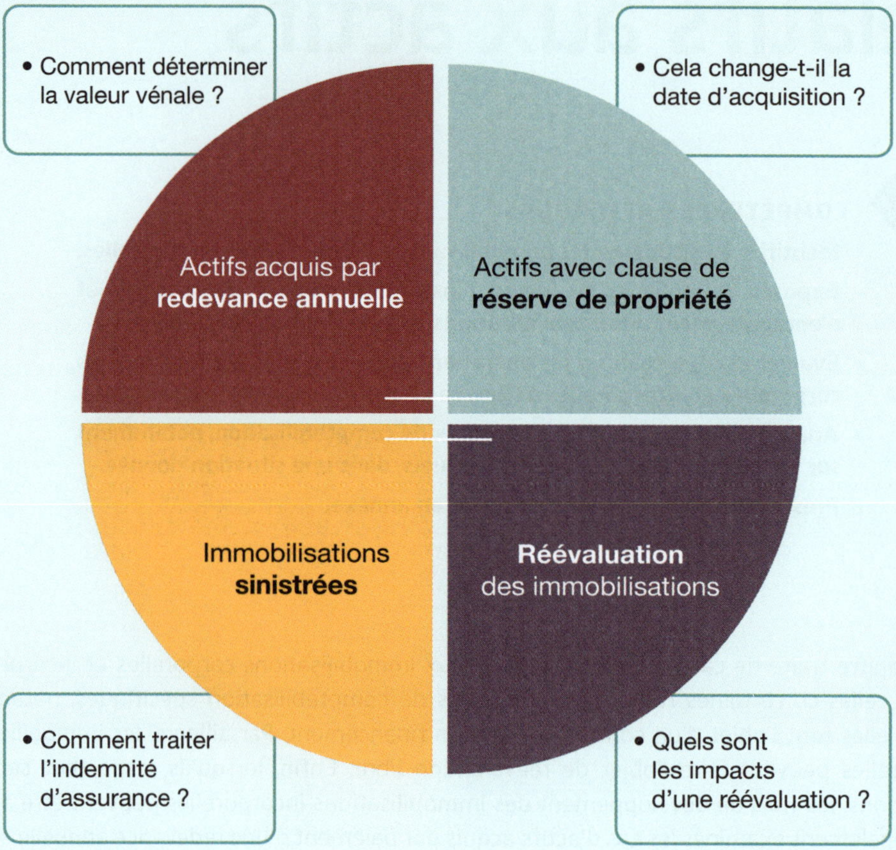

1 Les immobilisations sinistrées

Dans le cas d'immobilisations sinistrées, deux cas se présentent :

- si elles sont réparables, le sinistre est comptabilisé comme une charge et l'indemnité d'assurance est enregistrée dans un compte **79. Transfert de charge** ;
- si elles ne sont pas réparables, elles vont sortir de l'actif. L'indemnité d'assurance est alors enregistrée comme le prix de cession de l'immobilisation.

Exemple

(D'après DCG 2015)
Le 30 septembre N, un incendie a eu lieu dans un atelier. Il a eu des conséquences sur les biens de l'entreprise. Il a notamment détruit un module de cuisson (mod123). Il s'agissait d'un module mobile de qualité, en inox, avec éclairage et système d'aspiration intégré. Il n'est pas réparable. L'incendie a aussi endommagé l'atelier. Celui-ci est remis en état par un artisan en octobre. Sa facture, datée du 14 octobre N, s'élève à 3 000 € HT. Elle est réglée le jour même.
Le 22 décembre N, l'entreprise a perçu une indemnité d'assurance d'un montant total de 19 000 € se décomposant en 16 000 € pour le module de cuisson et 3 000 € pour l'atelier.

Caractéristiques des immobilisations endommagées

Immobilisations	Mod123	Aménagement de l'atelier
Date d'achat	02/01/N-2	15/07/N-4
Valeur d'origine	32 000 € HT	8 000 € HT
Mode d'amortissement	Linéaire(1)	Linéaire(1)
Durée d'utilisation prévue	4 ans	10 ans
Compte	2154	2135

(1) L'entreprise a choisi de ne pas utiliser le mode d'amortissement dégressif offert par la législation fiscale.

La comptabilisation des conséquences du sinistre se fait de la manière suivante.

Pour l'aménagement de l'atelier

Il est réparable, il n'est donc pas sorti de l'actif.
La réparation consiste en une remise en état : elle est comptabilisée en charges.

		14/10/N		
6152		Entretien	32 000	
4456		TVA déductible	600	
	401	Fournisseurs		32 600
		Facture de réparation		

Pour le module de cuisson

Il n'est pas réparable. Il va donc sortir de l'actif.
Calculs préalables
Amortissement pratiqué en N-2 : 32 000 × 1/4 = 8 000
Amortissement pratiqué en N-1 : 8 000
Amortissement pratiqué en N (jusqu'à la date du sinistre) : 8 000 × 9/12 = 6 000
La valeur nette comptable de la table de cuisson s'élève à :
32 000 – (8 000 + 8 000 + 6 000) = 10 000

>>>

>>>

L'indemnité d'assurance

Elle est considérée comme constituant le prix de cession de l'immobilisation irréparable pour l'immobilisation qui sort de l'actif (module de cuisson) et enregistrée dans un compte **79. Transfert de charges** pour l'immobilisation réparable qui reste à l'actif du bilan (l'aménagement de l'atelier).

		22/12/N		
467		Autres comptes débiteurs	19 000	
	775	PCEA		16 000
	791	Transfert de charges d'exploitations		3 000
		Indemnité d'assurance à recevoir		

Concernant le module de cuisson, les enregistrements sont les suivants :

		30/09/N		
68112		Dotations aux amortissements	6 000	
	28154	Amortissement du matériel industriel		6 000
		Amortissement complémentaire		
		30/09/N		
3871		Dotations aux amortissements exceptionnels	10 000	
	28154	Amortissement du matériel industriel		10 000
		Amortissement exceptionnel pour annulation VNC		
		30/09/N		
28154		Amortissement du matériel industriel	32 000	
	2154	Matériel industriel		32 000
		Sortie de l'immobilisation		

2 Les actifs acquis par paiement d'une redevance annuelle

A Principe

Les fonds de commerce, les brevets, les marques ou des licences peuvent être acquis au moyen de redevances annuelles sur une certaine durée. Ces redevances sont généralement fonction du chiffre d'affaires généré par l'actif. Il est alors possible d'activer ces immobilisations incorporelles à leur valeur vénale à la date de signature du contrat.

Même si le PCG ne le spécifie pas, selon la doctrine comptable, la **valeur vénale** est représentée par le montant de la somme fixe prévue au contrat augmentée de la valeur actualisée des redevances annuelles à verser au cours du contrat (*Mémento comptable*, Francis Lefebvre, § 1639-4).

Les conséquences sont les suivantes :

- Si le montant cumulé des redevances payées à la clôture d'un exercice vient à excéder la valeur ainsi retenue et que cela concerne une immobilisation incorporelle dont les frais de création peuvent être activés (comme un brevet par exemple), ce montant constitue un nouveau prix de revient qui doit être substitué comme base de calcul à l'ancienne valeur estimative. Attention, si cette augmentation de valeur concerne une marque ou un fonds de commerce, il faut passer une charge exceptionnelle, car ces immobilisations incorporelles créées ne peuvent être activées.
- En revanche, s'il ressort que le montant cumulé des redevances payées au cours d'un exercice est inférieur à la valeur retenue, il faut passer une dotation aux dépréciations de l'immobilisation incorporelle.

B Application

On considère une société qui acquiert un contrat de licence pour commercialiser des robots de cuisine moyennant une redevance fixe de 50 000 €. Elle est soumise à TVA. Cette redevance est payée à la signature du contrat début N. Le contrat stipule également une redevance annuelle variable de 10 € par appareil vendu en considérant une moyenne de 20 000 appareils vendus. Les redevances sont payées annuellement, le 1er janvier en fonction des ventes de l'année précédente. Le contrat est de 5 ans et le taux d'actualisation de 5 %.

La valeur d'usage de la redevance est donc constituée par la part fixe de redevance majorée de la valeur actualisée des redevances annuelles sur la durée du contrat.

$50\,000 + 200\,000 \times (1{,}05)^{-1} + 200\,000 \times (1{,}05)^{-2} + 200\,000 \times (1{,}05)^{-3} + 200\,000 \times (1{,}05)^{-4} + 200\,000 \times (1{,}05)^{-5} = 915\,895$ € (arrondi)

	1/01/N		
205	Concessions et droits similaires, brevets, licences, marques	915 895	
4456	État-TVA déductible (50 000 × 20 %)	10 000	
512	Banque (50 000 + 10 000)		60 000
404	Fournisseurs d'immobilisations		865 895
	Enregistrement de la licence à la valeur d'usage		
	31/12/N		
68111	Dotations aux amortissements sur immobilisations incorporelles	183 179	
2805	Amortissement des concessions, brevets, licences, marques		183 179
	Enregistrement de l'amortissement (915 895/5)		

Début janvier N+1, il ressort que 18 000 appareils ont été vendus pour l'année N.

	1/01/N+1		
404	Fournisseurs d'immobilisations (18 000 × 10)	180 000	
4456	État-TVA déductible (180 000 × 20 %)	36 000	
512	Banque (180 000 + 36 000)		216 000
	Enregistrement de la redevance en fonction des ventes réalisées		

Les ventes sont variables et donnent lieu aux redevances suivantes sur la durée du contrat.

	Ventes	Redevances variables	Solde du compte fournisseur (ici HT)
Début N		50 000	915 895 - 50 000 = 865 895
Fin N → janv N+1	18 000	180 000	865 895 - 180 000 = 685 895
Fin N+1 → janv N+2	20 000	200 000	685 895 - 200 000 = 485 895
Fin N+2 → janv N+3	22 000	220 000	485 895 - 220 000 = 265 895
Fin N+3 → janv N+4	24 000	240 000	265 895 - 240 000 = 25 895
Fin N+4 → janv N+5	26 000	260 000	

La redevance variable à payer à la fin du contrat est théoriquement de 260 000 € HT. Or le solde du compte Fournisseurs est égal à 25 895 € HT. Il y a eu création d'une immobilisation incorporelle d'une valeur de 260 000 - 25 895 = 234 105 €.

Si cette immobilisation n'est pas activable il faut passer une charge exceptionnelle.

	1/01/N+5		
404	Fournisseurs d'immobilisations (solde)	25 895	
4456	État-TVA déductible (*260 000 × 20 %*)	52 000	
6788	Charges exceptionnelles diverses	234 105	
512	Banque (*260 000 × 1,20*)		312 000
	Enregistrement de la dernière redevance		

3 Les actifs acquis avec clause de réserve de propriété

A Principe

Une clause de réserve de propriété est une clause insérée dans le contrat de vente, qui permet de garantir au vendeur qu'il sera payé du prix par l'acheteur. En effet, le transfert de propriété ne se fait qu'après le paiement de la dernière échéance du contrat. Le vendeur reste donc propriétaire du bien jusqu'au paiement en totalité de l'acheteur. La clause de réserve de propriété est donc une mesure de protection, une garantie en cas de non-paiement.
Selon l'article 512-3 du PCG, les transactions assorties d'une clause de réserve de propriété (CRP) sont comptabilisées à la date de la livraison du bien et non à celle du transfert de propriété. Cela ne change donc rien sur la date d'inscription à l'actif ni à la date d'amortissement qui reste la date de mise en service.
En ce qui concerne la présentation du bilan, les actifs (immobilisations ou stocks) avec clause de réserve de propriété sont regroupés sur une ligne distincte portant la mention « dont... avec clause de réserve de propriété ». En cas d'impossibilité d'identifier les biens, un renvoi au pied du bilan indique le montant restant à payer sur ces biens.

B Application

(D'après DCG 2014)
Afin d'adapter sa production aux nouveaux matériaux utilisés, une société A doit moderniser son outil de production et investir dans de nouveaux équipements. Pour cela, elle fait l'acquisition auprès de la société M d'une nouvelle machine à commande numérique.
La nouvelle machine a été livrée et facturée par la société M le 30 juin N. Son prix d'achat s'élève à 100 000 € HT, auxquels viennent s'ajouter des frais d'installation pour 12 000 € HT. En raison d'un retard de livraison, la Société A a bénéficié d'un rabais de 2 %, calculé sur le prix d'achat, hors installation. La facture mentionne l'existence d'une clause de réserve de propriété. L'intégralité de la facture a été payée le 30 septembre N.
La mise en service a eu lieu le 1er juillet N. La Société A envisage d'utiliser l'immobilisation durant 5 ans. Elle retient un mode d'amortissement linéaire. Durant le premier mois d'utilisation, la société a subi des pertes d'exploitation s'élevant à 5 000 €.
Bien que le titre de propriété soit conservé par le vendeur (la société M) jusqu'au paiement complet, l'entreprise A en maîtrise tout de même l'utilisation, bénéficie des avantages liés à l'immobilisation et en assume les risques. Elle en a donc bien le contrôle.
Ces nouveaux équipements seront utilisés pour la production de nouveaux matériaux, il s'agit bien d'une immobilisation corporelle qui doit être comptabilisée à l'actif de l'acheteur.

Le coût d'acquisition de la machine à commande numérique est le suivant.

Prix d'achat :	100 000
- Rabais	- 2 000
+ frais d'installation	12 000
Total	110 000

Les pertes d'exploitation initiales ne doivent pas être incorporées au coût d'acquisition de l'immobilisation.
Les enregistrements chez la société A (l'acheteur) sont les suivants :

	30/6/N		
2154	Matériel industriel	110 000	
44562	TVA déductible sur immobilisations	22 000	
404	Fournisseurs d'immobilisations		132 000
	Facture		
	31/12/N		
68112	Dotations aux amortissements sur immobilisations corporelles	11 000	
28154	Amortissement du matériel industriel		11 000
	Enregistrement de l'amortissement (110 000 × 1/5 × 6/12)		

4 La réévaluation des immobilisations

A Principe

Dans certains cas, les immobilisations peuvent prendre de la valeur. Une entreprise peut donc être tentée de les réévaluer si elle veut que son bilan reflète une valeur plus fidèle que les valeurs nettes comptables inscrites à l'actif.
La question de la réévaluation des actifs entre ici en conflit avec un autre principe de la comptabilité qui est le principe de prudence. D'après ce principe, le coût d'entrée d'une immobilisation est son coût historique : coût d'acquisition ou coût de production. Toutefois au cours du temps, on peut constater une véritable déconnexion entre la valeur nette comptable de l'immobilisation et sa valeur actuelle telle qu'elle résulterait de l'évaluation par le marché ou de l'actualisation de ses flux de trésorerie futurs.
Le législateur (loi n° 83-353 du 30 avril 1983) a prévu la possibilité d'une réévaluation libre puisqu'il permet des ajustements de valeur portant sur l'ensemble des immobilisations corporelles et financières pouvant être effectués dans le cadre de la réévaluation des comptes. (Art. L123-18 du Code de commerce et Art. 214-27 du PCG).

B Traitement comptable de la réévaluation

On retrouve la plupart des dispositions précisant les modalités de cette réévaluation dans l'avis n° 2003-10 publié par le CNC (actuelle ANC).
La réévaluation doit porter sur l'ensemble des immobilisations corporelles et financières de l'entreprise. Ceci signifie tout d'abord, que l'entreprise ne peut pas faire porter la réévaluation sur un seul élément de son choix. Si elle décide de réévaluer ses terrains par exemple, elle devra également réévaluer ses immeubles, son équipement ainsi que ses participations, entre autres. Cela signifie ensuite que les immobilisations incorporelles dont donc exclues de ce dispositif.

L'écart entre la valeur actuelle et la valeur nette comptable constatée lors d'une opération de réévaluation doit être inscrit directement dans les capitaux propres dans un compte **1052. Écart de réévaluation libre**. Cet écart est imposable.
L'écart de réévaluation peut ensuite être incorporé en tout ou en partie au capital mais ne peut pas compenser des pertes sauf s'il a été préalablement incorporé au capital. Il ne peut pas non plus être distribué. En effet, tant que l'écart de réévaluation n'est pas réalisé (c'est le cas en partie si certaines immobilisations relatives à l'ensemble réévalué sont vendues par exemple), une telle distribution s'apparenterait à une distribution de dividendes fictifs.
Lorsque l'entreprise réévalue les immobilisations, elle leur substitue une valeur actuelle censée être supérieure à la valeur nette comptable inscrite au bilan. Cette valeur actuelle représente la valeur la plus élevée entre la valeur vénale et la valeur d'usage (PCG Art. 214-6.3). Cette opération n'a pas d'impact sur les amortissements précédemment effectués. La réévaluation n'a donc aucun impact sur le résultat de la période (sauf en cas d'amortissements dérogatoires qui doivent être repris).

Exemple

Au 31/12/N, une société procède à la réévaluation de l'ensemble de ses immobilisations.
On s'intéresse à une construction acquise début N-6 pour 100 000 € amortissable sur 10 ans.
Sa valeur réévaluée s'élève à 45 000 €.

	Valeur avant réevaluation	**Écart de réevaluation**	**Après réevaluation**
Construction	100 000		115 000
- Amortissements	7 × 100 000/10 = 70 000		70 000 (inchangé)
Valeur nette comptable	30 000	15 000	45 000

L'enregistrement comptable est le suivant :

		31/12/N		
21		Immobilisations corporelles	15 000	
	1052	Écart de réévaluation libre		15 000
		Enregistrement du complément de valeur au bilan		

C Traitement comptable de l'actif réévalué - Amortissements ultérieurs

En revanche, les amortissements futurs seront calculés sur la base de la valeur réévaluée et impacteront ainsi les comptes de résultat futurs. En cas d'exercice bénéficiaire, ce supplément d'amortissement relatif à la partie réévaluée de l'immobilisation constaté réévaluation est transféré à un compte de réserves distribuables lors de la cession de l'immobilisation (avis CNC 2003-10, PCG Art. 214-27).

Exemple

(suite de l'exemple précédent)
Fin N, la construction figure au bilan pour une valeur nette comptable de 45 000 €. Cette valeur sert de base aux futurs amortissements. La durée de vie restante est de 3 ans si l'on suit le plan d'amortissement initial, soit une annuité de 45 000/3 = 15 000.

>>>

>>>

		31/12/N+1		
681		Dotations aux amortissements-charges d'exploitation	15 000	
	281	Amortissement des immobilisations incorporelles		15 000
		Enregistrement de la dotation aux amortissements		
		31/12/N+1		
1052		Écart de réévaluation libre	5 000	
	1068	Autres réserves *(15 000 – 10 000)*		5 000
		Transfert à un compte de réserves distribuables du supplément d'amortissement		

D Cession d'une immobilisation de l'ensemble réévalué

L'écart de réévaluation résiduel est transféré à un compte de réserves distribuables lors de la cession de l'immobilisation (avis CNC 2003-10, PCG Art. 214-27). La comptabilisation de la cession d'une immobilisation réévaluée se fait comme pour toute cession d'immobilisation. Il faut néanmoins veiller à calculer la plus-value à partir de la valeur réévaluée et non initiale pour que l'entreprise ne soit pas imposée deux fois.

Exemple

(suite de l'exemple précédent)
Supposons que la société revende son bien immobilier au 31/12/N+2 pour 30 000 €.
Les amortissements cumulés avant réévaluation (fin N–6 à fin N) étaient de 70 000 €
Les amortissements cumulés après réévaluation (fin N+1 et fin N+2) sont de 15 000 × 2 = 30 000 €. Soit un total de 100 000 €
La VNC de l'immobilisation est donc : 115 000 – 100 000 = 15 000
On a déjà passé fin N+1 un montant de 5 000 en « Autres réserves ». Le solde de l'écart de réévaluation s'élève donc à : 10 000 soit (15 000 – 5 000 = 10 000).
La plus-value est de : 30 000 – 15 000 = 15 000

		31/12/N+2		
681		Dotations aux amortissements – charges d'exploitation	15 000	
	281	Amortissement des immobilisations corporelles *(45 000/3)*		15 000
		Dotation sur la base de la valeur réévaluée		
		31/12/N+2		
512		Banque	30 000	
	775	Produit de cession des éléments d'actifs cédés		30 000
		Cession de l'immobilisation		
2813		Amortissement des constructions	100 000	
675		Valeur comptable des éléments d'actifs cédés	15 000	
	213	Constructions		115 000
		Sortie de l'immobilisation		
1052		Écart de réévaluation	10 000	
	1068	Autres réserves		10 000
		Transfert à un compte de réserves distribuables de l'écart de réévaluation résiduel		

E Informations à fournir en annexe

L'entreprise devra mentionner dans l'annexe les différentes informations relatives à l'opération de réévaluation (PCG Art. 831-2.5). En particulier les éléments suivants :

- variation en cours de l'exercice et ventilation de l'écart de réévaluation ;
- mention de la part de capital correspondant à une incorporation de l'écart ;
- rétablissement des informations en coûts historiques pour les immobilisations réévaluées ;
- par la mise en valeur des compléments de valeur et des amortissements supplémentaires qui s'y rapportent ;
- mention de la part des produits de cession des immobilisations réévaluées, transférée à un compte distribuable immobilisation par immobilisation.

FOCUS IFRS

La norme IAS 16 prévoit deux modèles d'évaluation pour les immobilisations corporelles : le modèle du coût et le modèle de la réévaluation dont les modalités sont proches de la réévaluation libre en normes françaises.

Immobilisations sinistrées	Réparables	NON réparables
	Sinistre = charge Indemnité = transfert de charges	Sortie de l'actif Indemnité = prix de cession

ACTIFS ACQUIS AU MOYEN D'UNE REDEVANCE ANNUELLE (fonds de commerce, brevets, marques, licences)

valeur d'entrée = valeur vénale
=> somme fixe prévue au contrat + valeur actualisée des redevances variables prévisionnelles

CLÔTURE

- Σ sommes payées > valeur d'entrée → Nouvelle valeur d'entrée ou charge exceptionnelle
- Σ sommes payées < valeur d'entrée → Dépréciation

Vente avec clause de réserve

Clause de réserve de propriété : garantie pour le vendeur

Transfert de propriété retardé

Transfert de propriété réel : après le paiement intégral

AUCUN IMPACT COMPTABLE

Mais date d'inscription à l'actif = date de livraison

Immobilisations réévaluées = uniquement possible sur décision légale	Conséquences
	• Changement de valeur de l'immobilisation • Écart de réévaluation (en capitaux propres) • Nouvelle base amortissable • Cession : écart de réévaluation résiduel => réserves distribuables

Provisions

Chapitre 11

COMPÉTENCES ATTENDUES

- **Caractériser les différentes catégories de passif.**
- **Exposer et appliquer les conditions d'inscription au passif.**
- **Évaluer et comptabiliser les opérations portant sur certains passifs à leur entrée et postérieurement à leur entrée.**
- **Analyser les conséquences d'un choix de comptabilisation, notamment sur la présentation des comptes annuels, dans une situation donnée.**
- **Présenter les informations à fournir en annexe.**

Différents événements peuvent se produire dans la vie d'une entreprise et se traduire par un risque élevé pour l'entreprise de devoir verser des indemnités à un tiers, en réparation d'un préjudice causé : litige avec un salarié, un fournisseur, l'État, garantie offerte aux clients...

En application de la convention de séparation des exercices, les charges correspondant à ces événements doivent être comptabilisées sur l'exercice qui les a vues naître, sans attendre leur dénouement.

PLAN DU CHAPITRE

SYNTHÈSE P. 193

APPLICATIONS P. 353

LES RÉFÉRENCES POUR COMPRENDRE LE CONTEXTE

Témoignage de Floriane L., dirigeante d'entreprise

« Je dirige un grand groupe spécialisé dans l'énergie nucléaire en Normandie. L'activité est assez profitable compte tenu de marges intéressantes. Toutefois, il m'est incontournable chaque année d'obérer mon bénéfice par une provision pour "remise en l'état". Lorsque nous prendrons la décision de quitter ce territoire, nous devrons avoir conservé les fonds nécessaires à la dépollution du site. »

La gestion des déchets

Le législateur s'intéresse particulièrement à la gestion des déchets radioactifs. Il devient primordial pour les entreprises de tenir compte de ce facteur. Les exploitants inscrivent des provisions pour leurs charges nucléaires au passif de leur bilan : toute charge future dont le paiement est certain (même si son montant ou sa date sont incertains, dans ce cas on parle d'une provision) doit être comptabilisée comme un passif. L'évaluation des charges nucléaires doit être prudente, par exemple par l'utilisation de marges pour couvrir les risques et incertitudes (site du ministère de la Transition écologique).

Logique comptable et financière des provisions

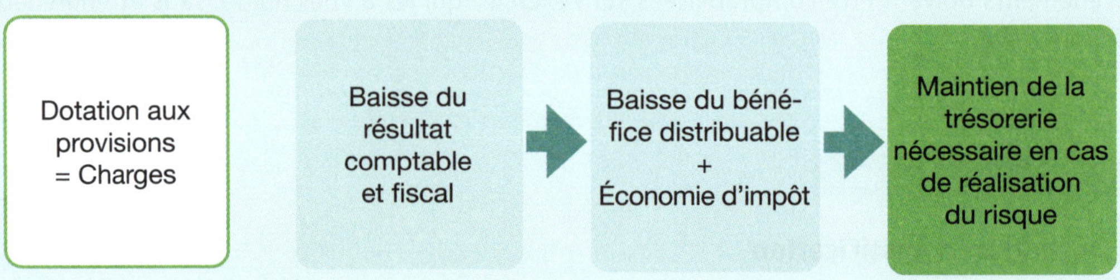

1 Définition et justification

A Justification de la comptabilisation d'une provision

La comptabilisation des provisions pose deux problèmes essentiels :
- l'identification des événements de l'exercice pour lesquels le risque de devoir effectuer une sortie de trésorerie sans contrepartie est élevé ;
- l'évaluation de la provision.

Les règles d'évaluation des provisions laissent une part importante au jugement et peuvent être utilisées par les entreprises pour faire du lissage de résultat : cette pratique consiste à baisser artificiellement le résultat comptable d'un exercice en exagérant le montant des provisions, par exemple parce que le résultat est déjà nettement supérieur aux attentes des investisseurs. Les reprises de provisions ultérieures permettront alors d'augmenter les résultats futurs. Cette pratique peut aussi être utilisée pour des raisons fiscales, mais l'Administration fiscale se montre beaucoup plus stricte que le PCG sur le sujet et un certain nombre de provisions constatées en comptabilité ne sont pas déductibles fiscalement.
Les provisions font ainsi l'objet d'une attention particulière de la part des commissaires aux comptes.

B Définitions

Un **passif** est un élément du patrimoine ayant une valeur économique négative pour l'entité, c'est-à-dire une obligation de l'entité à l'égard d'un tiers dont il est probable ou certain qu'elle provoquera une sortie de ressources au bénéfice de ce tiers, sans contrepartie au moins équivalente attendue de celui-ci (PCG. Art. 321-1).
Une **provision** est un passif dont l'échéance ou le montant n'est pas fixé de façon précise (PCG. Art 321-5).
Une provision se distingue donc d'une dette, d'une charge à payer et d'un passif éventuel.
Une **dette** est un passif dont l'échéance et le montant sont fixés de façon précise.
Une **charge à payer** est un passif certain dont il est parfois nécessaire d'estimer le montant ou l'échéance, mais pour lequel l'incertitude est moindre que pour une provision. Une facture fournisseur non parvenue est une charge à payer (*cf.* chapitre Rattachement des produits et charges).
Un **passif éventuel** est (PCG. Art. 321-6) :
- soit une obligation potentielle à l'égard d'un tiers résultant d'événements qui ne sont pas encore confirmés ;
- soit une obligation actuelle à l'égard d'un tiers dont il n'est pas certain qu'elle provoquera une sortie de ressources.

C Conditions de comptabilisation

Une provision doit être comptabilisée lorsque 4 conditions sont remplies : existence d'une obligation actuelle à l'égard d'un tiers, résultant d'événements passés, qui se traduira probablement par une sortie de ressources sans contrepartie et dont le montant peut être estimé de façon fiable.

1 Existence d'une obligation actuelle

L'obligation peut être :
- **juridique**, c'est-à-dire découler de dispositions légales ou réglementaires ;
- ou **implicite** c'est-à-dire liée au respect des usages ou à la volonté de conserver de bonnes relations d'affaires.

Il doit s'agir d'une obligation à l'égard d'un tiers, et non d'une obligation propre à l'entreprise.

Exemple

Un constructeur automobile a constaté un défaut sur les moteurs de l'un de ses véhicules en novembre N. Il n'a pas d'obligation de réparer l'ensemble des véhicules mais il l'a toujours fait dans des cas similaires. L'information est communiquée à la presse mi-décembre et un chiffrage des coûts de réparation a pu être réalisé.
Dans ce cas, même en l'absence d'obligation juridique, une provision sera constituée dans les comptes du constructeur automobile.

Exemple

Un incendie a détruit l'un des entrepôts de la société BOX le 15 décembre N. La valeur nette comptable de cet entrepôt était de 50 000 €. BOX n'ayant pas respecté certaines clauses du contrat d'assurance, elle ne recevra aucune indemnité de la part de son assureur. Elle envisage très fortement de reconstruite ce hangar en N+1 et le coût de la reconstruction est estimé à 300 000 €.
Dans le cas présent, BOX ne peut pas comptabiliser de provision pour la reconstruction de son entrepôt car elle n'a aucune obligation de le reconstruire à l'égard d'un tiers. Il en aurait été différemment si BOX était engagé au maintien de cet entrepôt vis-à-vis d'une collectivité territoriale par exemple. En revanche, BOX doit constater une dépréciation de l'entrepôt pour 50 000 € (*cf.* chapitre Immobilisations corporelles et incorporelles : règles générales).

2 Obligation résultant d'un événement passé

Une provision peut être comptabilisée uniquement si à la date de clôture le fait générateur entraînant l'obligation actuelle a eu lieu. Un événement futur, même très probable, ne peut pas entraîner la comptabilisation d'une provision.

Exemple

Une nouvelle réglementation environnementale est en cours de discussion au 31/12/N. Il est très probable que cette nouvelle réglementation sera adoptée en janvier N+1 et aboutira à des coûts de mise en conformité pour la société CLEAN. Même si ces coûts peuvent être estimés de façon fiable, aucune provision ne peut être constituée dans les comptes de CLEAN au 31/12/N car l'événement générant l'obligation, l'adoption de la nouvelle réglementation, n'a pas encore eu lieu.

3 Probabilité d'une sortie de ressources

L'obligation doit se traduire par une sortie de ressources probable, sans contrepartie au moins équivalente attendue du tiers concerné.

Exemple

La société ORI est en conflit avec l'un de ses concurrents qui l'accuse de pratiques commerciales déloyales. Le 2 décembre N, ce concurrent intente une action en justice à l'encontre d'ORI devant le Tribunal de commerce et demande le versement de 100 000 € pour réparation du préjudice subi. L'avocat de ORI estime que le risque de condamnation de ORI est peu probable (moins de 20 % de risque). Dans ce cas, aucune provision ne doit être constatée dans les comptes de ORI au 31/12/N. Il s'agit cependant d'un passif éventuel à mentionner en annexe.

4 Estimation fiable

Le PCG précise que dans les cas exceptionnels où une estimation fiable de l'obligation ne peut pas être effectuée, aucune provision ne doit être comptabilisée. Les informations suivantes doivent cependant être mentionnées en annexe :
- description de la nature de ce passif ;
- indication des incertitudes relatives au montant ou à l'échéance de toute sortie de ressources.

Exemple

Volkswagen et les moteurs truqués
Dans son rapport financier trimestriel au 30/9/2015, Volkswagen explique qu'aucune provision n'a été constituée concernant les probables poursuites aux États-Unis et au Canada dans l'affaire des moteurs truqués. En effet, à cette date, Volkswagen estime être dans l'impossibilité de chiffrer le montant des pénalités que le groupe sera amené à payer.

Dans le cas où plusieurs estimations sont faites, le montant à provisionner correspond à l'hypothèse la plus probable. Les incertitudes relatives aux autres hypothèses doivent être mentionnées en annexe.
Lorsqu'il existe un grand nombre d'obligations similaires, par exemple dans le cas de garanties accordées aux clients, le recours aux statistiques est possible pour obtenir une estimation fiable.
Les profits attendus de la cession d'actifs ne doivent pas être pris en compte dans l'estimation de la provision (PCG. Art. 323-7).

Exemple

La société WASH accorde une garantie pièces et main-d'œuvre de 2 ans sur les appareils électroménagers qu'elle vend. Au cours de l'année N, elle a vendu 1 million d'appareils, soit un chiffre d'affaires de 100 millions d'euros. Selon les données des années antérieures, 80 % des appareils vendus n'auront aucun défaut, 20 % présenteront un défaut pour lequel le coût de réparation est estimé à 10 €. 100 % des clients concernés demanderont une réparation. Au 31/12/N, aucun retour n'a encore été constaté sur les ventes de l'année N.
Le coût des réparations lié aux ventes de l'année N peut donc être estimé de façon fiable à :
1 million × 20 % × 10 € = 2 000 000 €
Au 31/12/N, WASH doit donc constater une provision pour garantie de 2 000 000 €.

Synthèse des conditions de comptabilisation d'une provision

	Provision	Passif éventuel Cas 1	Passif éventuel Cas 2	Information en annexe
Condition n° 1 : Existence d'une obligation actuelle à l'égard d'un tiers	OUI	OUI	NON (obligation potentielle)	OUI
Condition n° 2 : Obligation résultant d'un événement passé	OUI	OUI	OUI	OUI
Condition n° 3 : Sortie de ressources probable	OUI	NON	OUI	OUI
Condition n° 4 : Evaluation fiable de l'obligation	OUI	OUI	OUI	NON

2 Comptabilisation et classification des provisions

A Comptabilisation d'une provision

Les provisions dotées à la clôture d'un exercice doivent être ajustées à chaque clôture suivant tant que l'obligation provisionnée n'a pas été éteinte. Lorsque l'obligation n'existe plus, la provision doit être reprise.

Une obligation est éteinte lorsque :
- l'entreprise a effectué la sortie de ressources au profit du tiers concerné,
- ou l'entreprise n'a pas effectué de sortie de ressources au profit du tiers mais il est certain qu'elle n'a plus aucun risque de devoir le faire. C'est le cas par exemple lorsque le litige opposant l'entreprise et le tiers a été jugé par un tribunal au profit du tiers et qu'aucune partie ne fait appel ou qu'aucun appel n'est encore possible.

Constatation de la provision	Débit (selon la nature de la provision) 6815. **Dotations aux provisions d'exploitation** 6865. **Dotations aux provisions financières** 6875. **Dotations aux provisions exceptionnelles** Crédit 15. **Provisions** *Cf. infra les différents types de provisions prévues par le PCG*
Clôtures suivantes : ajustement de la provision	– *Si le montant à provisionner augmente* : même écriture que lors de la constatation de la provision – *Si le montant de la provision diminue* Débit 15. **Provisions** Crédit (selon la nature de la provision) 7815. **Reprises sur provision d'exploitation** 7865. **Reprises sur provision financière** 7875. **Reprises sur provision exceptionnelle**
Extinction de l'obligation	– *Si sortie de ressources au profit d'un tiers* : comptabilisation de la charge dans le compte approprié – Reprise intégrale de la provision selon les mêmes modalités que ci-dessus.

Exemple

La société CTV a licencié son directeur commercial en octobre N et il y a désaccord sur le montant de l'indemnité de licenciement. L'ancien salarié a engagé une procédure devant le Tribunal des Prud'hommes en novembre N et demande une indemnité supplémentaire de 50 000 €. Au 31/12/N, l'avocat de CTV estime que l'entreprise sera probablement condamnée à verser la somme de 40 000 €.

Le jugement des Prud'hommes et rendu le 15 juin N+1 et CTV est condamnée à verser 45 000 € à son ancien salarié. Aucune des parties ne fait appel. CTV verse la somme due à son ancien salarié le 30 juin N.

		31/12/N		
6817		Dotations aux provisions exceptionnelles	40 000	
	1511	Provisions pour litiges		40 000
		Constatation de la provision		

Le PCG n'est pas très précis quant à la classification en charges d'exploitation ou exceptionnelle de ce type de provision, c'est à l'entreprise de décider au cas par cas. Si une entreprise effectue régulièrement des licenciements, on pourrait considérer qu'il ne s'agit plus d'un événement

>>>

exceptionnel mais d'un événement lié à l'exploitation et comptabiliser la dotation en 6815. **Dotations aux provisions d'exploitation**. Dans tous les cas, le traitement comptable doit être cohérent : si la dotation a été comptabilisée en tant que charge exceptionnelle, la charge liée doit être considérée comme exceptionnelle lors du dénouement et la reprise de la provision doit être comptabilisée en produit exceptionnel.

		15/6/N+1		
6718		Autres charges exceptionnelles sur opérations de gestion	45 000	
	467	Autres comptes créditeurs		45 000
		Constatation du jugement des Prud'hommes		
		d°		
1511		Provisions pour litiges	40 000	
	7875	Reprises sur provision exceptionnelle		40 000
		Reprise de la provision		
		30/06/N		
467		Autres comptes créditeurs	45 000	
	512	Banque		45 000
		Versement à l'ancien salarié		

B Classification des provisions selon le PCG

Il n'est pas possible de prévoir tous les cas de provisions, le PCG prévoit cependant un compte spécifique pour un certain nombre de cas récurrents dans les entreprises.

Comptes du PCG	Nature du risque ou de la charge couverts
1511. Provisions pour litiges	Litiges avec un client, fournisseur, ancien salarié, l'État...
1512. Provisions pour garantie données aux clients	Ventes avec clause de garantie
1513. Provisions pour perte sur marché à terme	Risque de perte sur un marché à terme
1514. Provisions pour amendes et pénalités	Non-respect de clauses contractuelles entraînant le paiement probable de pénalités, amendes liées à contrôle fiscal par exemple.
1515. Provisions pour pertes de change	Risque de perte de change sur des opérations en devises (*cf.* chapitre Évaluation des actifs et passifs en devises)
1516. Provisions pour pertes sur contrats	Perte à terminaison sur contrats à long terme (*cf. chapitre rattachement des produits et charges*)
1518. Autres provisions pour risques	Tout autre risque
153. Provisions pour pensions et obligations similaires	Engagements de retraite vis-à-vis des salariés (*cf. infra*)
154. Provisions pour restructurations	Charges probables liées à l'arrêt d'une activité (*cf. infra*)
155. Provisions pour impôts	Charge d'impôt futur liée à la levée d'option d'un contrat de crédit-bail immobilier par exemple (cf. chapitres Les immobilisations corporelles et incorporelles : cas particuliers)
156. Provisions pour renouvellement des immobilisations	Concerne les entreprises concessionnaires

Comptes du PCG	Nature du risque ou de la charge couverts
1572. Provisions pour gros entretien ou grandes révisions	Charges liées à aux grandes révisions ou au gros entretien
158. Autres provisions pour charges	Autres cas
1581. Provisions pour remise en état	Charge liée au démantèlement et remise en état d'un site industriel

3 Provisions : cas particuliers

A Provision pour restructurations

La **provision pour restructuration** concerne l'arrêt, la vente ou la réorganisation d'une branche d'activité.
Pour faire l'objet d'une provision, la restructuration doit avoir été annoncée au tiers concerné avant la date de clôture (PCG. Art. 322-10) et doit faire l'objet d'un accord de vente irrévocable en cas de vente. La direction doit donc présenter aux représentants des salariés un plan de restructuration formalisé avant la date de clôture pour pouvoir constater une provision.
La provision inclut uniquement les dépenses entraînées par la restructuration et ne doit pas prendre en compte les dépenses liées aux activités futures.

Exemple

Le 15 décembre N, la société RENEW a annoncé à ses salariés l'arrêt de son activité de distribution en magasins en juin N+1, la distribution de ses produits s'effectuant dorénavant exclusivement via internet. Une partie du personnel actuellement employé en magasin sera formé pour occuper d'autres fonctions liées à la vente à distance. L'estimation des frais liés à cette restructuration est la suivante au 31/12/N :
- indemnités de licenciement pour le personnel non conservé : 600 000 € ;
- frais de formation du personnel en reconversion : 100 000 € ;
- frais de déménagement des matériels actuellement en magasin et qui seront conservés : 20 000 €.

Le montant de la provision pour restructuration à constituer au 31/12/N est de 600 000 €. En effet, les frais de formation du personnel et de déménagement concernent l'activité future de vente à distance et ne peuvent donc pas faire l'objet d'une provision.

B Provision pour engagements de retraite

1 Le contexte juridique

La France, contrairement à d'autres pays, applique actuellement un régime de retraite par répartition. Les employeurs et les salariés ou travailleurs indépendants versent des cotisations durant la période de travail. En contrepartie, salariés et travailleurs indépendants reçoivent une retraite versée par les organismes publics de retraite. Le paiement des cotisations décharge l'employeur de toute obligation de payer les retraites de ses salariés.
Cependant, le code du travail (Art. D1237-1) prévoit le versement par l'employeur, sous conditions, d'une indemnité de départ aux salariés qui prennent leur retraite. Cette indemnité, souvent appelée indemnité de fin de carrière, est versée au salarié lorsqu'il quitte l'entreprise pour prendre sa retraite et correspond au minimum à :
- 1/2 mois de salaire après 10 ans d'ancienneté,
- 1 mois de salaire après 15 ans d'ancienneté,

- 1 mois et demi de salaire après 20 ans d'ancienneté,
- 2 mois de salaire après 30 ans d'ancienneté.

Le salaire à prendre en compte est le salaire mensuel moyen des 12 derniers mois ou celui des 3 derniers mois s'il est plus élevé.
Ainsi pour bénéficier d'une indemnité de fin de carrière, un salarié qui part en retraite doit avoir une ancienneté d'au minimum 10 ans dans sa dernière entreprise.
La convention collective qui s'applique, ou l'entreprise elle-même, peuvent prévoir une indemnité supérieure à celle prévue par la loi.

2 La prise en compte en comptabilité

Le versement d'une indemnité de fin de carrière à un salarié et son montant dépendent de plusieurs facteurs :
- la probabilité qu'il soit toujours dans l'entreprise au moment de sa retraite ;
- la probabilité qu'il soit toujours en vie à l'âge de la retraite ;
- le salaire de base sur lequel sera calculée l'indemnité.

Ces facteurs peuvent être estimés en fonction de l'espérance de vie en France, du taux de *turnover* dans l'entreprise... En principe, toutes les conditions sont remplies pour qu'une provision soit comptabilisée au rythme du droit à indemnité de fin de carrière acquis par le salarié. Le PCG cependant laisse le choix entre la comptabilisation en provision ou la simple mention en annexe en engagements financiers donnés, la comptabilisation en provision étant considérée comme méthode préférentielle (Art. 324.1). De fait, de nombreuses entreprises de petite taille semblent préférer ne pas comptabiliser cette provision, peut-être parce qu'elle n'est pas déductible fiscalement.

Remarque. La détermination de la provision pour engagement de retraite étant spécifiquement exclue du programme du DCG 10, aucun exemple chiffré n'est présenté dans cet ouvrage.

C Provision pour bons de réduction et cartes de fidélité

Le traitement comptable des droits à réduction ou avantages en nature (produits ou services) accordés par les entreprises à leurs clients et liés à une vente initiale est prévu par l'avis n° 2004-E du Comité d'urgence du CNC du 13 octobre 2004. Lorsqu'une entreprise a mis en place un programme de fidélisation de la clientèle de ce type, elle doit estimer à la clôture le montant des droits à réduction ou avantages en nature acquis par les clients du fait des ventes de l'année. Deux modes de comptabilisation sont alors prévus :
- Diminution des ventes du montant des avantages acquis par le client en contrepartie d'un produit constaté d'avance.
- Constatation d'une provision.

Dans ce dernier cas, l'évaluation de la provision dépend de la nature des avantages accordés au client :
- Si la réduction monétaire est remboursable en espèces, le montant de la provision correspond à la valeur faciale des avantages accordés aux clients.
- Si la réduction n'est pas remboursable en espèces mais sert uniquement à diminuer le prix de futurs achats, la provision est évaluée sur la base du coût de revient des avantages accordés.

Exemple

La société Esprit est distributeur de produits cosmétiques. Au cours de l'année N, Esprit a mis en place une carte de fidélité pour ses clients. Cette carte leur permet de cumuler des points à chaque achat effectué. Les points obtenus permettent d'obtenir des bons de réduction à utiliser dans un délai de 24 mois. Au 31/12/N, le montant des réductions acquises par les clients s'élève à 100 000 € pour un chiffre d'affaires total de 4 millions d'euros, mais Esprit estime

>>>

>>>

que seulement 60 % des droits à réduction seront utilisés dans le délai de 24 mois (cartes non remplies, perdues...). Les bons ne sont pas remboursables en espèces, ils peuvent seulement servir à diminuer le montant à payer lors d'une vente ultérieure. Aucun droit à réduction acquis en N n'a encore été utilisé au 31/12/N. Le coût de revient moyen des produits vendus par Esprit représente 30 % du prix de vente.
Au 31/12/N+1, 45 000 € de bons de réduction ont été utilisés en magasin par les clients. Au 31/12/N+2, aucun autre bon en N n'a été utilisé et ils sont tous périmés.

Solution 1 : Diminution des ventes

		31/12/N		
707		Ventes de marchandises (100 000 × 60 %)	60 000	
	487	Produits constatés d'avance		60 000
		31/12/N+1		
487		Produits constatés d'avance	45 000	
	707	Ventes		45 000
		Constatation de l'utilisation des bons		
		31/12/N+2		
707		Ventes de marchandises	15 000	
	487	Produits constatés d'avance		15 000
		Annulation des bons de réduction non utilisés		
		31/12/N+1		

Extrait des comptes de résultat N, N+1 et N+2

	31/12/N	31/12/N+1 (*)	31/12/N+2	Cumul
Ventes de marchandises	3 940 000	45 000	15 000	4 000 000
– Coût des marchandises vendues (30 %)	– 1 200 000 *(4 000 0000 × 30 %)*	– 13 500 *(45 000 × 30 %)*	0	– 1 213 500
Impact résultat	2 740 000	31 500	15 000	2 786 500

(*) Pour simplifier on ne prend en compte pour N+1 et N+2 que les opérations générées par l'utilisation ou la péremption des bons de réduction.

Solution 2 : Constatation d'une provision

La provision doit correspondre au coût estimé pour l'entreprise, c'est-à-dire le coût de revient des produits qui seront achetés avec les bons de réduction, soit : 60 000 × 30 % = 18 000 €.
Au 31/12/N+1, la provision nécessaire s'élève à : (60 000 – 45 000) × 30 % = 4 500 €, une reprise doit donc être effectuée. Au 31/12/N+2, le solde de la provision est intégralement repris.

		31/12/N		
681		Dotation aux provisions d'exploitation	18 000	
	158	Autres provisions pour charges		18 000
		31/12/N+1		
158		Autres provisions pour charges *(18 000 – 4 500)*	13 500	
	781	Reprises sur provisions d'exploitation		13 500
		Ajustement de la provision		
		31/12/N+2		
158		Autres provisions pour charges	4 500	
	781	Reprises sur provisions d'exploitation		4 500
		Reprise du solde de la provision		

>>>

>>>

Extrait des comptes de résultat N et N+1

	31/12/N	31/12/N+1	31/12/N+2	Impact cumulé
Ventes de marchandises	4 000 000	0	0	4 000 000
– Coût des marchandises vendues (30 %)	- 1 200 000	- 13 500 *(45 000 × 30 %)*	0	- 1 213 500
Dotations/Reprises sur provision	- 18 000	+ 13 500	+ 4 500	0
Impact résultat	2 782 000	0	+ 4 500	2 786 500

L'impact cumulé sur les résultats N, N+1 et N+2 est donc le même quelle que soit la solution utilisée mais pour chaque année l'impact sur le résultat diffère.

D Provision et remboursement attendu

Dans certains cas, l'obligation provisionnée fera l'objet d'une indemnisation par l'assurance de l'entreprise par exemple. Lorsque le remboursement attendu est certain et peut-être estimé de façon fiable il doit être comptabilisé. En application de la convention de non-compensation, il ne doit pas cependant minorer le montant de la provision et doit être comptabilisé à l'actif (PCG. Art. 323-8). La doctrine comptable préconise de comptabiliser les indemnités attendues dans un compte « transfert de charges ».

Exemple

L'une des usines de la société POLO a occasionné un dommage à l'environnement courant N et POLO doit indemniser la collectivité. Le montant des indemnités à verser a été estimé à 300 000 € au 31/12/N. Cependant, POLO a contracté une assurance pour risques d'atteinte à l'environnement. D'après les termes du contrat signé avec la Compagnie d'assurance, POLO recevra une indemnité de 200 000 €, montant confirmé lors d'une conversation téléphonique intervenue fin décembre N.

		31/12/N		
687		Dotations aux provisions exceptionnelles	300 000	
	1518	Autres provisions pour risques		300 000
		d°		
478		Autres comptes transitoires	200 000	
	797	Transfert de charges exceptionnelles		200 000

4 Informations sur les provisions à fournir en annexe

- Pour chaque catégorie de provision, une information est fournie sur :
  - la valeur comptable à l'ouverture et à la clôture de l'exercice ;
  - les provisions constituées au cours de l'exercice ;
  - les montants utilisés au cours de l'exercice ; et
  - les montants non utilisés repris au cours de l'exercice.
- Pour les risques et charges provisionnés pour des montants individuellement significatifs :
  - nature de l'obligation et échéance attendue ;
  - incertitudes liées au montant provisionné et à l'échéance ;
  - montant de tout remboursement attendu en précisant la partie éventuellement comptabilisée à l'actif.

- Pour les passifs éventuels :
  - description de la nature de ces passifs éventuels et estimation de leurs effets financiers ;
  - indication des incertitudes relatives au montant ou à l'échéance de toute sortie de ressources ;
  - possibilité pour l'entité d'obtenir remboursement.

FOCUS IFRS

Le traitement des provisions selon le PCG est très proche du traitement en IFRS. En effet, le règlement CRC 2000-06 sur les passifs intégré au PCG en 2014 avait pour objectif de faire converger les règles françaises avec la norme IAS 37 sur les provisions.

Il existe quelques différences mineures :

– IAS 37 prévoit l'actualisation des provisions dont le dénouement attendu excède 12 mois et que l'effet de l'actualisation est significatif tandis que le PCG ne fait pas référence à l'actualisation des provisions ;

– la constatation d'une provision pour bons de réduction et cartes de fidélité est interdite en IFRS : les ventes doivent être réduites des avantages acquis estimés.

5 Principes généraux des provisions réglementées

A Définition

L'État utilise régulièrement le levier fiscal afin d'inciter les entreprises à investir dans certaines activités ou dans certains équipements. Ainsi les entreprises qui réalisent ces investissements bénéficient d'une réduction de leur résultat fiscal. Par exemple, les sites internet acquis peuvent être amortis fiscalement sur 12 mois.

Le CGI impose que pour être déductible, toute charge doit être comptabilisée. Ces charges déductibles fiscalement, mais qui ne constituent pas de véritables charges économiques, sont dénommées **Provisions réglementées**. Les entreprises qui établissent des comptes consolidés doivent ainsi éliminer les provisions réglementées lors du processus de consolidation puisqu'elles ne sont pas justifiées économiquement.

Les provisions réglementées figurent au passif du bilan en capitaux propres car elles ont en quelque sorte diminué artificiellement le résultat. En général, les provisions réglementées doivent être reprises en résultat au-delà d'un certain délai.

La comptabilisation d'une provision réglementée n'est pas obligatoire : l'entreprise peut en effet choisir de ne pas bénéficier de la déduction fiscale et dans ce cas elle ne comptabilisera pas de provision réglementée.

La nature des provisions réglementées varie avec le temps, en fonction des objectifs de l'État.

B Comptabilisation des provisions réglementées

La constitution de la provision et sa reprise sont comptabilisées en résultat exceptionnel puisqu'elles ne sont pas liées à l'activité normale de l'entreprise.

À la constitution de la provision	Débit : 687. **Dotation aux amortissements, dépréciations et provisions – charges exceptionnelles** Crédit : 145. **Provisions réglementées**
À la reprise de la provision	Débit : 145. **Provisions réglementées** Crédit : 787. **Reprise sur provisions et dépréciations – Produits exceptionnels**

C Les différents types de provisions réglementées

Il faut distinguer les provisions réglementées qui peuvent toujours faire l'objet d'une dotation à la date de rédaction de cet ouvrage, de celles qui ne peuvent plus être dotées mais qui peuvent toujours figurer en capitaux propres car elles n'ont pas encore été reprises.

Provisions réglementées pouvant être dotées

Provisions réglementées liées aux immobilisations	Amortissements dérogatoires
Provisions réglementées liées aux autres actifs	Provision pour hausse des prix
	Provision pour prêts d'installation consentis aux salariés

Provisions réglementées ne pouvant plus être dotées mais pouvant encore apparaître au passif du bilan

Provisions réglementées liées aux immobilisations	Provision spéciale de réévaluation (1976)
	Provision pour reconstitution des gisements miniers (supprimée en 2014)
Autres provisions réglementées	Provision pour investissement (supprimée en 2012) Provision pour crédits à l'étranger (supprimée en 2013)

6 Les provisions réglementées liées aux immobilisations

A Les amortissements dérogatoires

Certaines immobilisations corporelles peuvent être fiscalement amorties sur une durée nettement plus courte que leur durée d'utilité. L'État cherche ainsi à stimuler les investissements des entreprises dans certains biens. Rappelons cependant qu'il ne s'agit pas d'un véritable cadeau fiscal mais d'une anticipation d'économie d'impôt.
Les **amortissements dérogatoires** ne sont pas à proprement parler des provisions réglementées mais le PCG considère qu'ils sont assimilés à des provisions réglementées du point de vue du fonctionnement comptable (Art. 941-14).

1 Les biens éligibles

Biens pouvant bénéficier d'un amortissement exceptionnel sur 12 mois*	- les sites internet acquis - les biens acquis ou fabriqués avant le 1er janvier 2011 et bénéficiant de mesures de protection de l'environnement - les véhicules permettant de générer des économies d'énergie acquis avant le 1er janvier 2010 : véhicules électriques... - les matériels destinés à économiser l'énergie, ceux destinés à réduire le niveau acoustique, les investissements dans les énergies renouvelables, acquis avant le 1er janvier 2011
Immeubles pouvant bénéficier d'un amortissement exceptionnel la 1re année	Immeubles industriels et commerciaux qu'ont construit ou fait construire des PME pour leur propre usage, dans des zones de revitalisation rurale (ZRR) ou de redynamisation urbaine (ZRU). Amortissement exceptionnel de 25 % de la valeur de l'immeuble la 1re année + amortissement de la valeur résiduelle sur la durée d'utilité
Biens pouvant bénéficier d'un amortissement sur 24 mois	Robots industriels acquis par des PME entre le 1/10/2013 et le 31/12/2015

* La loi de finances pour 2017 a supprimé la possibilité d'amortir les logiciels acquis sur 12 mois.

2 La comptabilisation des amortissements dérogatoires

L'amortissement dérogatoire est égal à la différence entre l'amortissement fiscal et l'amortissement comptable ou économique.

Amortissement fiscal > amortissement économique	Amortissement fiscal < amortissement économique
Comptabilisation de la dotation économique en 681. **Dotation aux amortissements** *Comptabilisation d'un amortissement dérogatoire* en 687. **Dotation aux amortissements, dépréciations et provisions – charges exceptionnelles**	*Comptabilisation de la dotation économique* en 681. **Dotation aux amortissements** *Comptabilisation d'une reprise sur amortissement dérogatoire* en 787. **Reprise sur dépréciations et provisions – produits exceptionnels**.

Exemple

Le 1/7/N, la PME INNOV a acquis un robot industriel d'une valeur de 200 000 HT et pouvant bénéficier de l'amortissement exceptionnel sur 24 mois. La durée d'utilité de ce matériel est estimée à 5 ans.

Exercices comptables	Amortissement fiscal (1)	Amortissement économique (2)	Amortissement dérogatoire = (1) – (2)
31/12/N	200 000 × 6 mois/24 mois = 50 000	200 000 × 1/5 × 6 mois/12 mois = 20 000	+ 30 000
31/12/N+1	200 000 × 12 mois/12 mois = 100 000	200 000 × 1/5 = 40 000	+ 60 000
31/12/N+2	50 000	40 000	+ 10 000
31/12/N+3	0	40 000	– 40 000
31/12/N+4	0	40 000	– 40 000
31/12/N+5	0	20 000	– 20 000
Total	200 000	200 000	0

		31/12/N		
68112		Dotations aux amortissements sur immobilisations corporelles	20 000	
	687	Dotation aux amortissements, dépréciations et provisions – charges exceptionnelles	30 000	
	281	Amortissements des immobilisations corporelles		20 000
	145	Amortissements dérogatoires		30 000

B La provision spéciale de réévaluation

Cette provision est liée à la réévaluation légale de 1976 (*cf.* chapitre Les immobilisations corporelles et incorporelles. Cas particuliers).

La très forte inflation des années 1970 poussa l'État à autoriser une réévaluation légale des immobilisations au 1976 sans impact fiscal puisque l'écart de réévaluation n'était pas imposable. Cependant, en contrepartie, pour les immobilisations amortissables, les amortissements fiscalement déductibles devaient toujours être calculés sur la valeur avant réévaluation. Pour éviter une réintégration extra-comptable des amortissements calculés sur base réévaluée, l'écart de réévaluation a été comptabilisé au crédit du compte 146. **Provision spéciale de réévaluation**. Cette provision est ensuite reprise en produit au compte de résultat au rythme des amortissements. En conséquence, à ce jour il est toujours possible de voir au bilan de certaines entreprises une provision spéciale de réévaluation, correspondant à des constructions réévaluées en 1976 et non encore complètement amorties.

Exemple

La société REVA avait acquis un bâtiment d'une valeur de 50 000 € le 1er janvier 1974 et amortissable sur 50 ans. Le 31/12/1976, ce bâtiment a été réévalué à 60 000 €. Un écart de réévaluation de 13 000 € (60 000 – 50 000 x 47 ans/50 ans) a été comptabilisé au crédit du compte 146. Provision spéciale de réévaluation, en date du 31/12/1976.
Les écritures à comptabiliser 41 ans plus tard, au 31/12/2017 sont les suivantes :

		31/12/2016		
6811		Dotations aux amortissements sur immobilisations corporelles *(60 000/47 ans)*	1 276	
	2813	Amortissements des constructions		1 276
		d°		
146		Réserve spéciale de réévaluation (13 000/47 ans)	276	
	78726	Reprise sur provision spéciale de réévaluation		276

Au 31/12/2017, le solde de la provision spéciale de réévaluation au bilan s'élève à : 1 660 soit 13 000 × 6 ans/47 ans.

7 Les provisions réglementées liées aux autres actifs

A La provision pour hausse des prix

1 Justification de la provision pour hausse des prix

La **provision pour hausse des prix** concerne les stocks de matières premières dont les cours fluctuent fortement. Une provision pour hausse des prix est en effet constituée lorsque le cours des matières premières, marchandises ou produits finis en stock a significativement augmenté, entraînant une hausse de la valeur du stock et donc du résultat. La dotation de la provision permet ainsi de diminuer le résultat fiscal de l'année.

2 Calcul de la provision et comptabilisation

La provision doit être calculée séparément pour chaque type de stocks.
Une provision peut être comptabilisée lorsqu'une hausse des prix de plus de 10 % est constatée au cours d'une période ne pouvant pas excéder deux exercices consécutifs.

Hausse des prix entre N et N-1 > 10 %	Hausse des prix entre N et N-1 ≤ 10 %	
	Hausse des prix entre N-2 et N > 10 %	Hausse des prix entre N-2 et N ≤ 10 %
Dotation N = (Prix N – 1,10 × Prix N-1) × QN (QN = quantités en stocks au 31/12/N)	Dotation N = (Prix N – 1,10 × Prix N-2) × QN – dotation N-1	Dotation N = 0

Si la hausse des prix entre N et N-1 et la hausse des prix entre N et N-2 sont toutes les deux supérieures à 10 %, l'entreprise comptabilise la provision la plus élevée.
La provision doit être reprise au plus tard à la clôture du 6e exercice suivant celui de la dotation. Il ne s'agit donc pas d'une diminution d'impôt définitive.

Exemple

La société fabrique des produits transformés à base de blé. Elle comptabilise systématiquement les provisions pour hausse des prix dont elle peut bénéficier. La provision pour hausse des prix n'a pas été dotée au 31/12/N-2. Les quantités en stocks et le cours du blé ont évolué comme suit entre N-2 et N :

	31/12/N-2	31/12/N-1	31/12/N
Quantités en stocks (tonnes)	200	300	250
Prix à la tonne	130 €	160 €	165 €

>>>

>>>

Hausse des prix entre N-1 et N-2 : + 23 %
Dotation comptabilisée au 31/12/N-1 = (160 – 1,10 × 130) × 300 = 5 100
Hausse des prix entre N et N-1 < 10 % (+ 3,13 %) mais hausse des prix entre N et N-2 > 10 % (+ 27 %)
Donc dotation N = (165 – 1,10 × 130) × 250 – 5 100 = 400

		31/12/N		
6873		Dotation aux provisions réglementées (stocks)	400	
	1431	Provision pour hausse des prix		400

B La provision pour prêts d'installation consentis aux salariés

Pour inciter les entreprises à aider leurs salariés qui créent une entreprise, le Code général des impôts autorise la constitution d'une provision réglementée, aussi appelée provision pour essaimage pour les entreprises qui accordent un prêt à taux privilégié ou qui souscrivent au capital de l'entreprise nouvelle créée par l'un de leurs salariés.
Les conditions à respecter pour pouvoir constituer cette provision sont nombreuses (Art 39 quinquies H du Code Général des impôts).
La dotation globale pour un même salarié ne peut excéder :
- 46 000 € ;
- 75 % de l'apport en capital ;
- la moitié du montant du prêt.

8 Informations relatives aux provisions réglementées à publier en annexe

Le détail des provisions réglementées (dont les amortissements dérogatoires) doit être présenté en annexe en faisant apparaître :
- montant de la provision au début de l'exercice ;
- dotation de l'exercice ;
- reprise de l'exercice ;
- montant de la provision à la fin de l'exercice.

Les provisions

Conditions

- **Existence d'une obligation actuelle**
- **Obligation résultat d'un événement passé**
- **Probabilité d'une sortie de ressources**
- **Estimation fiable**

INTÉRÊTS : Provisions = Charges → Baisse de l'impôt dû → Baisse du bénéfice distribuable

Maintient de la trésorerie nécessaire en cas de réalisation de la probabilité

Les provisions réglementées

Provision liée aux immobilisations

- Amortissements dérogatoires

Provisions liées aux autres actifs

- Provision pour prêts d'installation consentis aux salariés
- Provision pour hausse de prix

INTÉRÊTS : Provisions réglementées = Charges → Baisse plus rapide du résultat imposable → Économie d'IS pour améliorer la situation de l'entreprise → Reprise de la provision réglementée

Imposition de la reprise. La provision est donc neutre fiscalement à long terme mais a permis de réduire l'IS à court terme

Dettes financières

Chapitre 12

COMPÉTENCES ATTENDUES

- **Caractériser les différentes catégories de passif.**
- **Exposer et appliquer les conditions d'inscription au passif.**
- **Évaluer et comptabiliser les opérations portant sur certains passifs à leur entrée et postérieurement à leur entrée.**
- **Analyser les conséquences de l'option choisie, notamment sur la présentation des comptes annuels, et proposer éventuellement un choix, dans une situation donnée.**
- **Présenter les informations à fournir en annexe.**

Selon le PCG (art 321-1), un passif est « une obligation de l'entité à l'égard d'un tiers dont il est probable ou certain qu'elle provoquera une sortie de ressources au bénéfice de ce tiers, sans contrepartie au moins équivalente attendue de celui-ci… Cette obligation peut être d'ordre légal, réglementaire ou contractuel ».

Les dettes financières sont des passifs liés aux modes de financement de l'entreprise :
- des emprunts contractés auprès des banques ;
- des emprunts contractés auprès de différents investisseurs : les emprunts obligataires ;
- des emprunts contractés auprès des associés : les comptes courants d'associés.

L'entreprise peut être exposée à des engagements financiers qui ne sont pas comptabilisés au bilan : ce sont les engagements hors bilan. Il s'agit par exemple des cautionnements accordés ou des engagements en matière de crédit-bail. La plupart d'entre eux font l'objet d'une information en annexe selon des dispositions spécifiques du PCG.

PLAN DU CHAPITRE

SYNTHÈSE P. 210

APPLICATIONS P. 357

LES RÉFÉRENCES POUR COMPRENDRE LE CONTEXTE

Témoignage de Morgane M., entrepreneuse

« Je dirige une startup dans la création de logiciels et de capteurs pour les véhicules autonomes. Les besoins en trésorerie sont colossaux. La R&D est très coûteuse mais, sans elle, je ne pourrais pas faire avancer mes projets. Je suis donc à la recherche constante de fonds. »

La BPI lève des fonds

Même les grandes entreprises ont besoin de financement. La BPI ne fait pas exception à cette règle pour développer son activité.

Le financement participatif

Les entreprises peuvent certes obtenir des financements grâce aux institutions bancaires, mais elles ont également la possibilité d'avoir recours à la foule (site du ministère de l'Économie).

1 Les emprunts obligataires

A Principes généraux

Un **emprunt obligataire** est un emprunt à moyen ou long terme divisé en obligations. Les obligations sont des titres de créances négociables qui, dans une même émission, confèrent les mêmes droits de créance pour une même valeur nominale (Code monétaire et financier, Art. L. 213.5). Les obligations peuvent s'échanger sur un marché réglementé (on dit alors qu'elles sont « cotées en bourse ») ou de gré à gré.

Les emprunts obligataires sont le plus souvent émis par des sociétés faisant appel public à l'épargne, c'est-à-dire dont les actions et les obligations se négocient sur un marché réglementé. Ces sociétés ont recours au marché obligataire car cela leur permet d'emprunter à moindre coût par rapport à un emprunt contracté auprès d'une banque. Cela permet aussi d'emprunter des montants plus élevés.

Il existe cependant des emprunts obligataires émis par des sociétés ne faisant pas appel public à l'épargne, notamment dans le secteur du capital-risque. Des sociétés jeunes et innovantes détenues par des fonds de capital-risque émettent ainsi des obligations convertibles en actions.

1 Conditions d'émission

En principe, seules les sociétés (SA, SAS, SCA) ayant au moins deux années d'existence, deux bilans régulièrement approuvés par les actionnaires et un capital social intégralement libéré peuvent émettre un emprunt obligataire.

Si la société ne dispose pas d'au moins deux bilans régulièrement approuvés par les actionnaires, l'émission d'obligations est possible après vérification de l'actif et du passif par un commissaire aux apports. Il est interdit d'émettre des obligations si le capital social n'est pas intégralement libéré sauf si les actions non libérées concernent uniquement les salariés.

Les SARL qui sont tenues de désigner un commissaire aux comptes (car elles dépassent les seuils) et dont les états financiers des trois dernières années ont été approuvés par les actionnaires peuvent émettre des obligations nominatives.

Le représentant légal (conseil d'administration pour les SA, président pour les SAS, gérants pour les SARL) a qualité pour décider ou autoriser l'émission d'obligations ordinaires sauf si les statuts prévoient que la décision d'émission appartient à l'assemblée générale.

Les emprunts obligataires convertibles en actions, remboursables en actions ou avec bons de souscription d'action (*cf. infra*) sont émis après accord de l'assemblée générale extraordinaire qui se prononce après lecture du rapport spécial du commissaire aux comptes. Ces émissions obligataires étant susceptibles de donner lieu à une augmentation de capital, les actionnaires disposent d'un droit préférentiel de souscription, comme en cas d'augmentation de capital.

2 Caractéristiques financières de l'emprunt obligataire

a. Valeur nominale, prix d'émission et prix de remboursement

L'emprunt obligataire est une dette portant intérêt. Les intérêts payés aux détenteurs, le plus souvent annuellement mais parfois semestriellement ou trimestriellement, aussi appelés « **coupon** » sont calculés sur la **valeur nominale** de l'obligation, aussi dénommée « **le pair** ».

Le prix d'émission des obligations peut être inférieur ou égale à la valeur nominale. Très rarement, il peut arriver que le prix d'émission soit supérieur à la valeur nominale. Lorsqu'il est inférieur à la valeur nominale (en dessous du pair), il existe une **prime d'émission** correspondant à la différence entre la valeur nominale et le prix d'émission.

Le remboursement des obligations peut s'effectuer à la valeur nominale ou à une valeur supérieure (au-dessus de pair). Lorsque le prix de remboursement excède la valeur nominale, il existe

donc une **prime de remboursement** égale à la différence entre prix de remboursement et valeur nominale.
En pratique, le prix d'émission et le prix de remboursement sont souvent exprimés en pourcentage de la valeur nominale.
Lorsqu'il existe une prime d'émission et/ou de remboursement et un coupon, le souscripteur des obligations a deux sources de rémunération : les intérêts annuels, aussi appelés le « coupon », et la prime. De même, le coût total de l'emprunt pour l'émetteur est composé des intérêts payés annuellement et de l'éventuelle prime d'émission/de remboursement.
Comptablement, on ne parle que de prime de remboursement pour toute différence entre le prix de remboursement et le prix d'émission.

Exemple

Le 2/1/N, la société BOND émet un emprunt obligataire dans les conditions suivantes :

Nombre d'obligations émises	100 000
Valeur nominale	100 €
Taux d'intérêt nominal (coupon)	4 %
Règlement du coupon	Chaque année le 31/12
Prix d'émission	98 € (ou 98 %)
Prix de remboursement	103 € (ou 103 %)
Échéance	31/12/N+4
Frais d'émission de l'emprunt	50 000 HT (TVA 20 %) *payés le 2/1/N à l'intermédiaire financier ayant assuré le placement de l'emprunt.*

Prime d'émission = 100 – 98 = 2 € par obligation
Prime de remboursement : 103 – 100 = 3 € par obligation
Coupon annuel : 4 % × 100 = 4 € par obligation, soit 20 € sur la durée totale de l'emprunt
Coût total de l'emprunt pour BOND : (2 + 3 + 20) × 100 000 = 2 500 000 €
La prime de remboursement comptable s'élève à 5 € × 100 000 = 500 000 € (voir *infra*)

b. Taux d'intérêt

Le taux d'intérêt est appliqué à la valeur nominale de l'obligation pour déterminer le coupon à verser. Il peut être fixe ou variable. Un taux variable permet à l'entreprise émettrice de bénéficier d'une éventuelle baisse des taux d'intérêt intervenue sur les marchés financiers. Ce taux variable est déterminé par référence à des taux observés sur les marchés financiers ou monétaires : EONIA (*Euro Over Night Index Average*, c'est-à-dire le taux de l'argent au jour le jour), EURIBOR (*Euro Inter Bank Offered Rate*, c'est-à-dire le taux interbancaire en euros d'1 semaine à 12 mois), Taux d'une obligation du Trésor à n années (TECn)...
Il existe aussi des obligations dites « à coupon zéro », c'est-à-dire à taux d'intérêt nominal nul, la rémunération pour le souscripteur étant uniquement assurée par l'existence d'une prime d'émission/de remboursement (*cf. infra*).

c. Modalités de remboursement de l'emprunt obligataire

Comme pour les emprunts bancaires, il existe en théorie 3 modalités de remboursement des emprunts obligataires : *in fine*, par amortissements constants, par annuités constantes.
Le remboursement par annuités constantes qui consiste à payer chaque année une somme identique correspondant au total des intérêts et des obligations remboursées n'est pas utilisé en pratique car il conduirait à rembourser un nombre d'obligations qui ne serait pas un nombre entier...

Exemple

(suite exemple précédent)
La société BOND (*voir supra*) envisage 2 modalités de remboursement de son emprunt obligataire émis le 2/1/N

Remboursement *in fine*	Durant la période de l'emprunt (du 31/12/N au 31/12/N+4) : paiement des intérêts annuels = 4 € × 100 000 = 400 000 € Au 31/12/N+4 : remboursement de la totalité de l'emprunt au prix de remboursement = 103 € × 100 000 = 10 300 000 €
Remboursement par amortissements constants	Chaque année (au 31/12) : remboursement de 20 000 obligations à 103 € (2 060 000 €). Sur le plan pratique, les obligations remboursées sont tirées au sort chaque année. Chaque année (au 31/12) : paiement des intérêts calculés sur les obligations vivantes (c'est-à-dire non remboursées) au 1er janvier de l'année : 31/12/N : 4 € × 100 000 = 400 000 € 31/12/N+1 : 4 € × 80 000 = 320 000 €...

B Comptabilisation chez l'émetteur

L'emprunt obligataire doit être comptabilisé au passif du bilan à sa valeur de remboursement (**163. Autres Emprunts Obligataires**).
Lorsqu'il existe une prime d'émission et/ou de remboursement, elle est enregistrée à l'actif du bilan (**169. Prime de remboursement des obligations**) et doit ensuite être amortie sur la durée de l'emprunt. Le PCG ne précise pas comment amortir la prime de remboursement et précise simplement que les primes afférentes à la fraction d'emprunt sont toujours amorties (Art. 212-10). Cependant, le CGI (Code Général des impôts) laisse le choix entre deux méthodes :
- par fractions égales sur la durée de l'emprunt ;
- ou au prorata des intérêts courus.

Les frais d'émission de l'emprunt sont comptabilisés en charges (**6272. Commissions et frais d'émission sur emprunts**) mais peuvent être étalés sur la durée de l'emprunt.

Exemple

(suite exemple précédent)
On suppose maintenant que l'emprunt obligataire émis par la société BOND (*cf. supra*) est remboursable par amortissements constants (le 31/12 de chaque année) et que BOND souhaite étaler les frais d'émission de l'emprunt. On envisagera deux options pour l'amortissement de la prime de remboursement.

		2/1/N		
512		Banque (*100 000 × 98 €*)	9 800 000	
169		Prime de remboursement des obligations (*100 000 × 5 €*)	500 000	
	163	Autres emprunts obligataires		10 300 000
		d°		
6272		Commissions et frais d'émission sur emprunts	50 000	
44566		TVA déductible sur autres biens et services	10 000	
	512	Banque		60 000
		31/12/N		
163		Emprunts Obligataires (*20 000 × 103 €*)	2 060 000	
6611		Intérêts des emprunts et des dettes	400 000	
	512	Banque		2 460 000
		1re échéance de l'emprunt		

>>>

>>>

		31/12/N		
6861		Dotations aux amortissements des primes de remboursement *(500 000/5 ans)*	100 000	
	169	Prime de remboursement		100 000
		Amortissement de la prime de remboursement : option n° 1 (par fractions égales)		
		d°		
6861		Dotations aux amortissements des primes de remboursement *(500 000 × 400 000/1 200 000(*))*	133 333	
	169	Prime de remboursement		133 333
		Amortissement de la prime de remboursement : option n° 2 (au prorata des intérêts courus)		

(*) Total des intérêts de l'emprunt : (4 € × 100 000) + (4 € × 80 000) + ... + (4 € × 20 000) = 4 € × 20 000 × (1 + 2 + 3 + 4 + 5) = 1 200 000

Remarque : quelle que soit l'option choisie, l'amortissement de la prime est supérieur ou égal à la prime correspondante aux obligations remboursées, soit 5 € × 20 000 = 100 000 €.

		31/12/N		
4816		Frais d'émission des emprunts	50 000	
	791	Transfert de charges		50 000
		d°		
6812		Dotations aux amortissements des charges à répartir *(50 000/5 ans)*	10 000	
	4816	Frais d'émission des emprunts		10 000
		Étalement des frais d'émission sur la durée de l'emprunt		

C Rachat d'obligations propres

Une société peut avoir intérêt à racheter ses propres obligations sur les marchés financiers :
- parce que les taux d'intérêt ont baissé et elle souhaite pouvoir se refinancer à un coût inférieur ;
- parce que le cours de l'obligation est inférieur au prix de remboursement.

Lorsqu'une société procède au rachat de ses propres obligations, elle doit dans un second temps les annuler en contrepartie d'une diminution de sa dette obligataire. La différence entre le prix normal de remboursement et le prix de rachat des obligations est enregistré en **7783. Bonis provenant du rachat par l'entreprise d'actions ou d'obligations émises par elle-même** si elle est positive ou en **6783. Malis provenant du rachat par l'entreprise d'actions ou d'obligations émises par elle-même** si elle est négative.

Exemple

(suite exemple précédent)
On suppose maintenant que la société BOND procède au rachat de 10 000 obligations propres au cours de 101 € le 2/1/N+1, et que la prime de remboursement est amortie par fractions égales (option n° 1).

		2/1/N+1		
505		Obligations émises par la société et rachetées par elle *(101 € × 10 000)*	1 010 000	
	512	Banque		1 010 000
		Rachat des obligations		

>>>

		d°		
163		Autres emprunts obligataires (*103 € × 10 000*)	1 030 000	
	505	Obligations émises par la société et rachetées par elle		1 010 000
	7783	Bonis provenant du rachat par l'entreprise d'actions ou d'obligations émises par elle-même		20 000
		Annulation des obligations		
		d°		
686		Dotations aux amortissements des primes de remboursement	50 000	
	169	Primes de remboursement (*5 € × 10 000*)		50 000
		Amortissement de la fraction de la prime correspondante aux obligations annulées		

D Le cas particulier des obligations à coupon zéro

Les obligations à coupon zéro proposent en contrepartie d'une prime d'émission et/ou de remboursement plus élevée, puisque c'est la seule source de rémunération pour le souscripteur. La doctrine comptable admet 2 solutions pour la comptabilisation chez l'émetteur :

- Comptabilisation de l'emprunt au prix de remboursement, puis amortissement de la prime de remboursement par fractions égales, comme pour les emprunts avec coupon et prime.
- Comptabilisation de l'emprunt au prix d'émission, puis comptabilisation des intérêts courus au taux actuariel de l'emprunt.

Exemple

La société LIABY émet un emprunt obligataire le 31/12/N dans les conditions suivantes :

Nombre d'obligations émises	200 000
Valeur nominale	50 €
Taux d'intérêt nominal (coupon)	0 %
Prix d'émission	Au pair
Prix de remboursement	62 € (ou 124 %)
Échéance	31/12/N+4, remboursement *in fine*
Taux d'intérêt actuariel (*)	4,4%

(*) Le taux d'intérêt actuariel de l'emprunt est le taux d'intérêt i pour lequel la valeur actuelle nette de la séquence de flux monétaires générés par l'emprunt est nulle soit i tel que : $50 = 62 \times (1+i)^{-5}$

Comptabilisation de l'emprunt selon la méthode du taux actuariel en N, N+1 et N+2

		31/12/N		
512		Banque (*50 € × 200 000*)	10 000 000	
	163	Autres emprunts obligataires		10 000 000
		Émission des obligations		
		31/12/N+1		
6611		Intérêts des emprunts et des dettes (*10 000 000 × 4,4 %*)	440 000	
	163	Autres emprunts obligataires		440 000
		Comptabilisations des intérêts courus		
		31/12/N+2		
6611		Intérêts des emprunts et des dettes (*10 440 000 × 4,4 %*)	459 360	
	163	Autres emprunts obligataires		459 360
		Comptabilisations des intérêts courus		

Au 31/12/N+5, après la comptabilisation des intérêts courus, le solde du compte 163. **Autres emprunts** sera de 12 400 000, soit le montant à rembourser aux souscripteurs (200 000 × 62 €)

FOCUS IFRS

La méthode du taux actuariel est la seule autorisée en IFRS pour tous les emprunts obligataires pour lesquels il existe une prime d'émission et/ou de remboursement.

C'est aussi la seule méthode admise par l'administration fiscale pour les emprunts obligataires pour lesquels la prime d'émission et/ou de remboursement excède 10 % du prix d'émission.

2 Les emprunts obligataires convertibles en actions

A Fondements financiers

Les **obligations convertibles en actions (OCA)** permettent aux détenteurs de convertir à tout moment sur une période donnée ses obligations contre des actions, selon une parité fixée lors de l'émission (en général une action pour une obligation). Pour le souscripteur l'intérêt est de faire une éventuelle plus-value si le cours de l'action évolue favorablement, sans prendre les mêmes risques en achetant directement des actions.

Pour l'entreprise émettrice, l'objectif principal est de s'endetter à un taux d'intérêt moins élevé, le souscripteur acceptant une rémunération plus faible puisqu'il dispose d'une option de conversion.

Lorsque les souscripteurs demandent à convertir les obligations en actions, la société peut soit leur donner des actions propres qu'elle détient, soit réaliser une augmentation de capital réservée aux détenteurs d'obligations, en fonction de ce qui a été prévu lors de l'émission de l'emprunt. Afin de se laisser la liberté de choisir au dernier moment entre ces deux possibilités, les sociétés émettent en général des **OCEANE (Obligations convertibles en actions nouvelles ou existantes)**.

B Comptabilisation

Le PCG ne mentionne pas de modalités particulières pour la comptabilisation des emprunts obligataires convertibles qui semblent donc devoir être traités comme des emprunts obligataires classiques. Cependant, leur comptabilisation peut poser problème lorsqu'il existe une prime d'émission et/ou de remboursement puisque le paiement de cette prime n'est pas sûr et certain. La doctrine comptable admet donc deux méthodes (selon les recommandations de l'AMF, *rapport COB 1994* et de la CNCC, *Bull n° 100, 1995*) :

- comptabilisation identique à celle d'un emprunt obligataire classique : l'emprunt est comptabilisé en dettes à sa valeur de remboursement et la prime de remboursement est constatée en intégralité à l'actif du bilan, puis amortie par fractions égales ou au prorata des intérêts courus ;
- comptabilisation de l'emprunt au prix d'émission. Une provision pour risque de remboursement de la prime devrait en principe être comptabilisée. Si le cours de l'action à la clôture est inférieur à la valeur actualisée de remboursement de l'obligation, une provision doit obligatoirement être comptabilisée.

Exemple

(d'après un cas réel)
Le 7 décembre N, la société MF avait émis un emprunt obligataire convertible dans les conditions suivantes :

Nombre d'obligations émises	1 284 000
Valeur nominale	12,50 €
Taux d'intérêt nominal (coupon)	4,30 %
Prix d'émission	12,50 €
Prix de remboursement	14,70 *in fine*
Échéance	29/11/N+5
Conversion en actions possible pendant toute la durée de l'emprunt	1 obligation = 1 action

À l'émission, l'emprunt obligataire a été comptabilisé à son prix d'émission.
Dans son rapport annuel au 31/09/N+3, MF précise :
« Le groupe MF ayant d'ores et déjà engagé des restructurations profondes, qui auront des conséquences significatives sur l'organisation et la profitabilité du groupe, l'étude d'une provision relative à la prime de non-conversion des obligations convertibles apparaît comme prématurée. Ainsi, aucune provision n'a été constatée dans les comptes sociaux de la société ».
Or, au 30/09/N+3, le cours de l'action MF s'établit à 6,22 €. Une provision aurait donc sans doute dû être comptabilisée, comme le soulignent les commissaires aux comptes dans leur rapport sur les comptes annuels N+3 :
«Au 30/09/N+3, la prime de remboursement, en cas de remboursement à l'échéance le 29/11/N+5, s'élève à une somme maximale de 2 682 000 €. Aucune provision pour risques n'a été constatée dans les comptes. Le niveau du cours de l'action MF aurait justifié à notre avis la constitution d'une provision... Sous ces réserves, nous certifions que les comptes annuels... »

Exemple

La société CONVERT émet des obligations convertibles en actions le 1/1/N dans les conditions suivantes :

Nombre d'obligations émises	300 000
Valeur nominale	20 €
Taux d'intérêt nominal (coupon)	2 % payé chaque année le 31/12
Prix d'émission	20 €
Prix de remboursement	23 €
Échéance	31/12/N+4
Remboursement	*In fine*
Conversion en actions possible pendant toute la durée de l'emprunt	1 obligation = 1 action

Le cours de l'action CONVERT est de 15 € au 1/1/N, sa valeur nominale est de 5 €. CONVERT a choisi de comptabiliser les OCA au prix d'émission. Le 1/1/N+1, le cours de l'action CONVERT est de 25 € et 50 000 obligations sont converties à cette date. Aucune autre obligation n'est convertie entre le 1/1/et le 31/12/N+1.

>>>

>>>

		1/1/N		
512		Banque (*300 000 × 20 €*)	6 000 000	
	161	Emprunts obligataires convertibles		6 000 000
		Émission des OCA		
		31/12/N		
686		Dotations aux provisions-charges financières	180 000	
	158	Autres provisions pour charges (300 000 × 3 €)/5 ans		180 000
		Provision pour charge de remboursement de 3 € par obligation (23 € - 20 €) étalée sur la durée de l'emprunt (*)		
		d°		
6611		Intérêts des emprunts et des dettes	120 000	
	512	Banque (*300 000 × 20 € × 2 %*)		120 000
		Paiement du coupon N		

(*) Il semble assez logique d'étaler la provision sur la durée de l'emprunt comme le préconise le Mémento Comptable Francis Lefebvre, puisque la prime si elle est payée, le sera à l'échéance de l'emprunt.

		1/1/N+1		
161		Emprunts obligataires convertibles (*50 000 × 20 €*)	1 000 000	
	101	Capital social (*50 000 × 5 €*)		250 000
	1044	Primes de conversion d'obligations en actions		750 000
		Conversion des 50 000 obligations		
		31/12/N+1		
6611		Intérêts des emprunts et des dettes	100 000	
	512	Banque (*250 000 × 20 € × 2 %*)		100 000
		Paiement du coupon N+1 pour les obligations non converties		
		d°		
686		Dotations aux provisions-charges financières	120 000	
	158	Autres provisions pour charges (*250 000 × 3 € × 2 ans/5 ans - 180 000*)		120 000
		Provision pour charge de remboursement sur les 250 000 obligations non converties, étalée sur 5 ans		

FOCUS IFRS

Les emprunts obligataires convertibles en actions ou avec options de souscription d'actions doivent être comptabilisés à la valeur d'émission en distinguant la composante « dette » (enregistrée en dette au passif) et la « composante capitaux propres » (enregistrée en capitaux propres). En effet, si les souscripteurs sont prêts à accepter un taux d'intérêt moins élevé par rapport à un emprunt ordinaire, c'est bien parce qu'ils bénéficient d'une option de conversion ou d'achat d'action, qu'ils paient donc en quelque sorte. La composante « dette » correspondant à la valeur actuarielle des décaissements à effectuer par l'emprunt actualisé au taux d'intérêt qu'aurait dû proposer l'émetteur pour un emprunt obligataire ordinaire, comme le recommande le PCG pour la comptabilisation des OBSO (*voir infra*). La composante « capitaux propres » est obtenue par différence entre la valeur d'émission et la composante dette ainsi déterminée.

Pour les OBSA, cette comptabilisation permet d'obtenir un traitement comptable conforme à celui des BSA autonomes.

3 Les emprunts obligataires avec options de souscription d'obligations ou d'actions

A Fondements financiers

Les obligations avec **options de souscription d'obligations (OBSO)** ou d'actions (OBSA) permettent aux souscripteurs de détenir une obligation plus un bon de souscription qui lui permettra d'acquérir s'il le souhaite des obligations ou des actions selon des conditions fixées lors de l'émission.

Pour la société émettrice, le but est en général comme pour les OCA de pouvoir s'endetter à un coût moins élevé en offrant une sorte de compensation aux souscripteurs. L'émission d'OBSA peut de plus permettre à l'entreprise de mieux planifier ses ressources en fonds propres et peut être aussi utilisée comme moyen de contrer une éventuelle future OPA (Offre Publique d'Achat) hostile.

Il existe aussi des ABSA, Actions à Bons de Souscription d'Actions, moins fréquentes que les OBSA, qui confèrent le droit aux détenteurs d'acheter une action dans le futur à un prix déterminé.

B Comptabilisation des OBSA

La comptabilisation des **obligations à bons de souscription d'actions (OBSA)** ne pose pas de difficulté particulière pour l'émetteur (*cf. chapitre Les actifs financiers* pour la comptabilisation chez le souscripteur), les BSA n'étant pas comptabilisés distinctement.

Exemple

La société HYBRIDE émet des OBSA le 31/12/N aux caractéristiques suivantes :

Nombre d'obligations émises	20 000
Valeur nominale	100 €
Taux d'intérêt nominal (coupon)	2 %
Règlement du coupon	Chaque année le 31/12
Prix d'émission	Au pair
Prix de remboursement	Au pair
Échéance	31/12/N+5
Modalités de remboursement	*In fine*

À chaque obligation est attaché un BSA qui permettra de souscrire une action HYBRIDE au prix de 90 € pour une valeur nominale de 10 € entre le 2/1/N+1 et le 31/12/N+5.

		31/12/N		
512		Banque (*20 000 × 100 €*)	2 000 000	
	163	Autres emprunts obligataires		2 000 000
		Émission des OBSA		

>>>

>>>

Supposons maintenant que le cours de l'action HYBRIDE s'établit à 120 € en moyenne en N+2 et que l'intégralité des BSA sont exercés au 31/12/N+2 :

		31/12/N+2		
512		Banque (*20 000 × 90 €*)	1 800 000	
	4563	Associés - Versements reçus sur augmentation de capital		1 800 000
		d°		
4563		Associés - Versements reçus sur augmentation de capital	1 800 000	
	1013	Capital souscrit - appelé, versé (*20 000 × 10 €*)		200 000
	1041	Primes d'émission		1 600 000
		Souscription des nouvelles actions		

Si le cours de l'action ne dépasse jamais 90 € entre le 2/1/N+1 et le 31/12/N+5, les BSA ne seront pas exercés et aucune écriture ne sera donc comptabilisée chez HYBRIDE suite à la péremption des BSA.

C Comptabilisation des BSO autonomes

La comptabilisation des **bons de souscription d'obligations (BSO)** diffère de celle des BSA (*cf. chapitre constitution de sociétés et variations du capital social*). Lors de l'émission les BSO sont enregistrés en produits constatés d'avance. S'ils sont exercés, ils sont ensuite rapportés au résultat sur la durée de l'emprunt obligataire. Les BSO non exercés sont intégralement rapportés au résultat de l'exercice au cours duquel ils sont périmés.

Exemple

La société ENDY a émis 10 000 BSO au prix unitaire de 20 € le 2 janvier N. Chaque BSO permettra d'acquérir une obligation émise et remboursable *in fine* au pair 10 ans après l'émission, soit 500 € entre le 3 janvier N et le 30/12/N+1. Le 30/12/N+1, 7 000 BSO ont été utilisés pour souscrire les obligations.

		2/1/N		
512		Banque (*10 000 × 20 €*)	200 000	
	487	Produits constatés d'avance		200 000
		Ventes des BSO		
		30/12/N+1		
487		Produits constatés d'avance	60 000	
	768	Autres produits financiers (3 000 × 20 €)		60 000
		Reprise en résultat des BSO non utilisés		
		30/12/N+1		
487		Produits constatés d'avance	14 000	
	768	Autres produits financiers (7 000 × 20 €)/ 10 ans		14 000
		Étalement de la reprise en résultat des BSO utilisés		

Dans la pratique, l'émission de BSO autonomes est assez rare, ils sont en général couplés à une émission obligataire qui prend ainsi la forme d'OBSO.

D Comptabilisation des OBSO

Lors de l'émission des OBSO, le prix d'émission doit être décomposé en :
- Le prix d'émission de l'obligation à proprement parler.
- Le prix des BSO inclus dans l'émission, les BSO devant être comptabilisés de la même façon que des BSO autonomes.

La même distinction doit être effectuée chez le souscripteur (*cf. chapitre Actifs financiers*).
Selon le PCG (Art. 941-16), cette décomposition devrait être obtenue en calculant la valeur actuarielle de l'obligation, le prix des BSO correspondant alors à la différence entre le prix d'émission de l'OBSO et cette valeur actuarielle. La valeur actuarielle est obtenue en actualisant les flux de trésorerie décaissés du fait de l'emprunt (paiement des intérêts + remboursement) au taux d'intérêt qu'aurait dû proposer l'émetteur pour une émission ordinaire (sans BSO). Ce taux est déterminé par référence au taux du marché et au profil de l'émetteur en termes de risque de défaillance.
Cependant, la doctrine comptable admet que la 1re cotation des BSO puisse être utilisée pour obtenir le prix des BSO.

Exemple

La société OBLI émet des OBSO le 31 décembre N dans les conditions suivantes :

Nombre d'OBSO émises	50 000
Valeur nominale d'une obligation	100 €
Taux d'intérêt nominal (coupon)	2 %
Règlement du coupon	Chaque année 31/12
Prix d'émission	Au pair
Prix de remboursement	Au pair
Durée de l'emprunt	5 ans
Modalités de remboursement	*In fine*
Nombre de BSO attaché à chaque obligation	2 BSO
Taux d'intérêt proposé par OBLI pour un emprunt obligataire sans BSO	4 %

Montant encaissé : 100 € × 50 000 = 5 000 000 €
Coupon annuel : 100 × 2 % × 50 000 = 100 000 €
Valeur actuarielle de l'emprunt obligataire = $100\,000 \times (1 + 4\,\%)^{-1} + 100\,000 \times (1 + 4\,\%)^{-2} + \ldots$
$100\,000 \times (1 + 4\,\%)^{-5} + 5\,000\,000 \times (1 + 4\,\%)^{-5} = 4\,554\,000$ €

		31/12/N		
512		Banque	5 000 000	
	487	Produits constatés d'avance		446 000
	163	Autres emprunts obligataires		4 554 000
		Émission des OBSO		

E Informations en annexe

Des informations détaillées doivent être fournies en annexe lorsque la société a émis des BSO, BSA, OBSO ou OBSA (PCG. Art 831.2- 22).
En résumé, doivent être publiées : les modalités d'émission des bons de souscription et les mouvements intervenus durant l'exercice sur les bons et sur les obligations : bons exercés, annulés, rachetés...

4 Les autres emprunts

A Emprunts assimilés à des autres fonds propres

Certains titres de créance émis par l'entreprise revêtent certaines des caractéristiques de titres de capitaux. Les fonds reçus lors de l'émission de ces titres ne constituent donc pas véritablement des dettes et sont donc comptabilisés au passif dans la catégorie « Autres fonds propres », entre les capitaux propres et les provisions pour risques et charges.

Le PCG ne donne pas une liste exhaustive des emprunts devant être considérés comme des autres fonds propres. La doctrine comptable admet que soient considérés comme tels :

- les titres participatifs ;
- les titres subordonnés à durée indéterminée ;
- les emprunts obligataires remboursables en actions (ORA) ;
- les avances conditionnées, c'est-à-dire des emprunts octroyés par l'État dont le remboursement est conditionné par l'achèvement d'un projet ou la fin d'un contrat de concession ;
- les comptes courants bloqués d'associés devant être incorporés au capital (*cf. infra*).

1 Les titres subordonnés à durée indéterminée (TSDI)

Ces titres, parfois appelés obligations perpétuelles, sont des obligations dont la date de remboursement n'est pas fixée, elle se fait au gré de l'émetteur, et dont le paiement des intérêts est conditionné à la réalisation d'événements fixés (par exemple : le paiement d'un dividende aux actionnaires, l'existence d'un bénéfice suffisant...). En cas de liquidation de la société, les TSDI sont remboursés après les autres créanciers.

Les TSDI proposent un taux d'intérêt supérieur à celui d'un emprunt obligataire simple, afin de compenser le risque nettement plus élevé pour le souscripteur. En général, ces emprunts finissent par être remboursés par l'émetteur, leur coût s'avérant souvent très élevé. Auparavant, essentiellement utilisés par les banques et compagnies d'assurance, les TSDI sont depuis une dizaine d'années utilisés par des sociétés non financières, sans doute car ils sont considérés comme des capitaux propres et non comme une dette financière en norme IFRS. L'utilisation de TSDI permet alors de ne pas dégrader les ratios d'endettement. EDF a ainsi émis plusieurs emprunts de ce type au cours des dernières années.

2 Les obligations remboursables en actions (ORA)

Il s'agit d'obligations qui seront forcément remboursées en actions à l'échéance si le détenteur n'a pas demandé la conversion avant. Leur taux d'intérêt étant en général inférieur à celui d'un emprunt obligataire ordinaire, elles permettent à l'émetteur d'obtenir des fonds à moindre coût et de ne pas avoir à disposer de la trésorerie au moment du remboursement. Cependant, les ORA ne sont pas très courantes car difficiles à placer auprès des investisseurs.

3 Les titres participatifs

Les **titres participatifs** ont été créés en 1983, lorsque l'État français cherchait à financer les sociétés nationalisées sans en perdre le contrôle. En effet, ces titres ne donnent pas de droit de vote, sont remboursables en théorie à la dissolution de la société et donnent droit à une rémunération en partie fixe et en partie variable. Les titres participatifs peuvent être émis uniquement par les sociétés du secteur public, les coopératives et les mutuelles d'assurance. Ils ont aujourd'hui quasiment disparu et les émetteurs proposent le plus souvent aux souscripteurs de les échanger contre des actions ordinaires.

4 Les avances conditionnées

Ce sont des avances accordés par l'État, souvent par l'intermédiaire d'OSEO-BPI France, pour financer un projet innovant et qui seront remboursé si le projet s'avère être un succès. Lors de

l'obtention de l'avance, le compte 1674. **Avances conditionnées de l'État** est crédité en contrepartie du compte 512. **Banque**. L'écriture inverse est comptabilisée au moment du remboursement, en cas de succès du projet.
En cas d'échec, elles sont définitivement acquises et doivent être alors comptabilisées en produits, au crédit du compte 74. **Subventions d'exploitation** ou du compte 778. **Autres produits exceptionnels.**

Exemple

Extrait de l'annexe aux comptes sociaux au 31/12/16 de la société ADOCIA
3.1.2 Contrat Bpifrance Financement (ex OSEO Innovation) en date du 25 avril 2012
Dans le cadre du projet Insuline, la Société a conclu un contrat avec Bpifrance Financement en date 25 avril 2012 en vertu duquel la Société a bénéficié d'une avance remboursable d'un montant total de 0,8 million d'euros pour le développement d'une formulation d'insuline « humaine » à action rapide et l'étude clinique de Phase 2a. L'ensemble des conditions techniques et financières ayant été réalisées la Société a perçu l'intégralité de cette aide remboursable le 30 avril 2012.
En 2017, la société a remboursé 0,1 million d'euros, tout ou partie du solde étant à rembourser jusqu'à 2020.

B Comptes courants d'associés

Les comptes courants d'associés correspondent à des fonds prêtés par les associés, personnes physiques ou morales, pour une durée déterminée ou non. Comptablement les fonds perçus sont enregistrés au crédit du compte 455. **Associés-compte courants**. Cependant, lorsque la convention signée entre la société et l'associé prévoit que le compte courant est bloqué (les fonds ne peuvent pas être récupérés par l'associé) et qu'il sera incorporé au capital social dans un délai déterminé, les fonds perçus sont enregistrés au débit du compte 167. **Emprunts et dettes assorties de conditions particulières** et sont donc considérés comme des « Autres Fonds Propres ».
Les comptes courants d'associés sont rémunérés par des intérêts normalement comptabilisés en charges financières au débit du compte 6615. **Intérêts des comptes courants**.

5 Les engagements financiers hors bilan

Une information relative aux engagements financiers doit être fournie en annexe, dès lors qu'ils sont significatifs et que leur connaissance est nécessaire à l'appréciation de la situation financière de l'entité (PCG. art. 833-18). Il s'agit des engagements donnés et des engagements reçus qui constituent des opérations hors-bilan (c'est-à-dire qu'ils n'apparaissent pas au bilan). Le PCG propose une liste non exhaustive des engagements financiers parmi lesquels :
- les avals, cautionnements et garanties,
- les engagements assortis de sûretés réelles (hypothèque, nantissement et gage),
- les créances cédées non échues (dont les effets escomptés non échus),
- les garanties d'actif et de passif,
- les abandons de créances avec clauses de retour à meilleure fortune,
- les engagements de retraite et avantages similaires,
- les engagements en matière de crédit-bail.

Emprunts obligataires

Conditions

- **Forme juridique :** SA, SAS, SCA
  Exception : SARL
- **Durée :** au moins 2 ans d'existence ET deux bilans approuvés
- **Capital :** entièrement libéré

Caractéristiques

- Valeur nominale (VN) : Base de calcul des intérêts
- Valeur d'émission (VE) : Prix auquel est achetée l'obligation
- Prime d'émission (si VE < VN) : VE - VN
- Valeur de remboursement : Prix auquel est remboursée l'obligation
- Prime de remboursement (si VR > VN)

Cas particuliers

Emprunt obligataire à coupon zéro	Le prêteur ne perçoit pas de rémunération durant l'emprunt	L'intérêt pour l'emprunteur est de percevoir une rémunération généralement supérieure grâce à une prime intéressante	L'intérêt pour le prêteur est de limiter ses sorties de trésorerie jusqu'à l'échéance	L'emprunteur ne verse pas de coupon durant l'emprunt
OBSO / OBSA	Le prêteur perçoit une rémunération en contrepartie de l'obligation et pour exercer une option pour souscrire à la prochaine émission	L'intérêt pour l'emprunteur est de percevoir une rémunération (coupon) et d'être sûr de pouvoir bénéficier de la future émission voire de rentrer au capital en cas d'émission de BSA	L'intérêt pour le prêteur est de limiter ses sorties de trésorerie (seulement le coupon) et de fidéliser ses prêteurs à moindre coût en leur offrant la primauté de la prochaine émission d'actions ou d'obligations. C'est aussi un outil anti-OPA	L'emprunteur verse un coupon mais l'option ne lui coûte rien

L'abonnement des charges et produits

Chapitre 13

COMPÉTENCES ATTENDUES

- **Exposer et appliquer les traitements comptables relatifs au rattachement des charges et des produits.**
- **Évaluer et comptabiliser les opérations citées et plus particulièrement celles se déroulant sur plusieurs exercices.**
- **Analyser les conséquences de l'option choisie, notamment sur la présentation des comptes annuels, et proposer éventuellement un choix, dans une situation donnée.**
- **Présenter les informations à fournir en annexe.**

Le compte de résultat récapitule les produits et les charges de l'exercice sans qu'il soit tenu compte de leur date d'encaissement ou de paiement (art. L 123-13 du Code de commerce). Or, en vertu du principe d'indépendance des exercices, les charges et les produits doivent être rattachés à l'exercice qui les concerne et ceux-là seulement (PCG Art. 434-1).

Pour appliquer ce principe, on utilise donc des comptes de régularisation. Parmi ces rattachements, certains sont obligatoires (charges à payer, produits à recevoir, charges et produits constatés d'avance), tandis que d'autres sont facultatifs (abonnement des charges et des produits, contrats à long terme).

PLAN DU CHAPITRE

1 Les rattachements obligatoires

A Charges à payer
B Produits à recevoir
C Charges constatées d'avance
D Produits constatés d'avance

2 Les rattachements facultatifs

SYNTHÈSE P. 218

APPLICATIONS P. 362

LES RÉFÉRENCES POUR COMPRENDRE LE CONTEXTE

Témoignage de Benoît M., entrepreneur

« Je viens de démarrer mon activité dans le bâtiment. Le suivi des charges est très important car les investissements sont nombreux et les contrats avec les fournisseurs sont souvent annualisés. Mon comptable m'a conseillé d'élaborer un tableau de bord mensuel en y rattachant la quote-part de charges et produits correspondante pour y voir plus clair. »

Le tableau de bord, l'outil pour piloter votre entreprise

L'utilisation d'un tableau de bord est essentielle au bon pilotage de l'entreprise. BPI propose un exemple concret pouvant être mis en œuvre.

L'indépendance des exercices

Sans rentrer en conflit avec l'article 512-4 du PCG « Pour calculer le résultat par différence entre les produits et les charges de l'exercice, sont rattachés à l'exercice, les produits acquis à cet exercice [...] », le rattachement des charges aux produits permet de découper l'exercice en périodes plus propices à l'analyse de l'exploitation.

1 Les rattachements obligatoires

Il est courant que certains produits ou certaines charges ne soient pas encore comptabilisés à la clôture de l'exercice. Il faut dans ce cas les régulariser en utilisant un compte d'actif (produits à recevoir) ou de passif (charge à payer).

A Charges à payer

Les **charges à payer** correspondent à un passif certain. Le montant est connu à l'inventaire mais la pièce de base, permettant l'enregistrement comptable, n'est pas encore parvenue. Ces charges ne seront donc enregistrées qu'au cours de l'exercice suivant mais sont imputables, en totalité ou en partie, à l'exercice N en cours.
Plusieurs comptes précis enregistrent des charges à payer dans le PCG.

- Les charges à payer relatives au financement de l'entreprise (emprunt, intérêts bancaires) sont enregistrées dans les comptes de capitaux et de trésorerie :
  1688. Intérêts courus ;
  5181. Intérêts courus à payer ;
  5198. Intérêts courus sur concours bancaires courants.
- Les charges à payer relatives aux dettes fournisseurs sont enregistrées dans des comptes de tiers :
  4081. Fournisseurs – factures non parvenues ;
  4084. Fournisseurs d'immobilisations – factures non parvenues ;
  4088. Fournisseurs – intérêts courus ;
- Les charges à payer relatives à une dette fiscale ou sociale sont enregistrées dans les comptes correspondants (personnel, organismes sociaux, État) :
  4282. Personnel – dettes provisionnées pour congés à payer ;
  4284. Personnel – dettes provisionnées pour participation des salariés aux résultats ;
  4286. Personnel – autres charges à payer ;
  4382. Organismes sociaux – charges sociales sur congés à payer ;
  4386. Organismes sociaux – autres charges à payer ;
  4482. État – charges fiscales sur congés à payer ;
  4486. État – charges à payer.
- Enfin, si les charges à payer concernent des dettes ne figurant pas dans les catégories précédentes, il est possible d'utiliser le compte
  4686. Créditeurs divers – charges à payer.

Exemple

Une entreprise a fait réaliser une publicité diffusée dans la presse au mois de décembre N. Au 31/12/N, la facture du fournisseur n'est pas encore parvenue mais son montant est estimé à 500 € HT. La facture de 500 € HT est finalement reçue et payée le 10/1/N+1.
Attention : s'agissant d'une prestation de service, la TVA n'est déductible qu'au moment du paiement de la facture si le fournisseur n'a pas opté pour la TVA sur les débits.

	31/12/N		
623	Publicité	500	
44586	TVA à régulariser sur factures non parvenues (500 × 20 %)	100	
4081	Fournisseurs-factures non parvenues		600
	Ajustement de fin d'exercice.		

>>>

>>>

		01/01/N+1		
4081		Fournisseurs-factures non parvenues	600	
	623	Publicité		500
	44586	TVA à régulariser sur factures non parvenues		100
		Contrepassation de l'écriture		
		10/1/N+1		
623		Publicité	500	
44566		TVA déductible sur autres biens et services	100	
	401	Fournisseurs		600
		Enregistrement de la facture		

En N+1, les comptes de charges (623) se neutralisent. La charge de publicité est donc bien rattachée à l'exercice N.
Par ailleurs, les comptes de régularisation 44586 et 4081 sont soldés.

B Produits à recevoir

Les **produits à recevoir** correspondent à un produit certain mais non enregistré dans les comptes car il reste une légère incertitude sur le montant. Il faut dans ce cas utiliser un compte d'actifs de régularisation pour les rattacher à l'exercice en cours.
Plusieurs comptes précis enregistrent des charges à payer dans le PCG.

- Les produits à recevoir revêtant un caractère financier sont enregistrés dans des comptes d'actifs financiers ou de trésorerie :
  2768. Autres créances immobilisées – intérêts courus ;
  5088. Intérêts courus sur obligations, bons et valeurs assimilées ;
  5188. Banque – intérêts courus à recevoir.
- Les produits à recevoir concernant des créances clients sont enregistrés dans les comptes de tiers :
  4181. Clients – factures à établir ;
  4188. Clients – intérêts courus.
- Les produits à recevoir à caractère social ou fiscal sont enregistrés dans les comptes correspondants (personnel, organismes sociaux, État) :
  4287. Personnel – produits à recevoir ;
  4387. Organismes sociaux – produits à recevoir ;
  4487. État – produits à recevoir.
- Enfin, si les produits à recevoir concernent des créances ne figurant pas dans les catégories précédentes, il est possible d'utiliser le compte
  4687. Débiteurs divers – produits à recevoir.

Exemple

Une entreprise a effectué une mission le 27/12/N pour laquelle la facture d'honoraires n'a pas encore été envoyée. La facture sera envoyée au client le 15/01/N+1. Elle devrait s'élever à 1 000 € HT. La facture de 1200 € HT est effectivement envoyée au client le 15/01/N+1. Celle-ci la réglera le même jour.
Attention : s'agissant d'une prestation de service, la TVA n'est exigible qu'au moment de l'encaissement de la facture si l'entreprise prestataire n'a pas opté pour les débits.

>>>

>>>

		27/12/N		
4181		Clients – factures à établir	1 200	
	7082	Commissions et courtages		1 000
	44587	TVA à régulariser sur factures à établir		200
		Ajustement de fin d'exercice.		
		01/01/N+1		
7082		Commissions et courtages	1 000	
44587		TVA à régulariser sur factures à établir	200	
	4181	Clients – factures à établir		1 200
		Contrepassation de l'écriture		
		15/1/N+1		
411		Clients	1 200	
	7082	Commissions et courtages		1 000
	44571	TVA collectée		200
		Enregistrement de la facture		

En N+1, les produits (7082) se neutralisent. Le produit des commissions est bien rattaché à l'exercice N. Par ailleurs, les comptes de régularisation 44587 et 4181 sont soldés.

C Charges constatées d'avance

Les **charges constatées d'avance** sont des charges qui, bien qu'enregistrées au cours de l'exercice, sont imputables en totalité ou en partie, à l'exercice suivant.

Exemple

Une entreprise a souscrit un contrat d'assurance d'un montant de 1 000 € (pas de TVA). Ce contrat couvre la période du 01/04/N au 31/3/N+1.
Il faut donc distinguer dans cette charge, celle qui se rattache à l'exercice N (du 1er avril à 31 décembre N soit 9 mois) et celle qui concerne l'exercice N+1 (de 1er janvier N+1 au 31 mars N+1 soit 3 mois).

		01/04/N		
616		Primes d'assurances	1 000	
	512	Banque		1 000
		Paiement de la prime		
		31/12/N+1		
486		Charges constatées d'avance (1 000 × 3/12)	250	
	616	Primes d'assurances		250
		Régularisation de fin d'exercice		
		01/01/N+1		
616		Primes d'assurances	250	
	486	Charges constatées d'avance		250
		Contrepassation de l'écriture		

Le compte de résultat de l'année N fait bien apparaître une charge de (1 000 – 250) = 750 soit 1 000 × 9/12 c'est-à-dire à la prime d'assurance ne concernant que les mois d'avril à décembre. Le compte de résultat de l'année N+1 enregistre bien la partie de la prime correspondant à janvier à mars.

D Produits constatés d'avance

Les **produits constatés d'avance** sont des produits qui, bien qu'enregistrés au cours de l'exercice, sont imputables en totalité ou en partie, à l'exercice suivant.

Exemple

Le 01/10/N, une entreprise a encaissé la redevance d'un brevet pour un montant de 4 000 € HT.
La période de concession s'étend du 01/10/N au 30/09/N+1.
Il faut donc distinguer dans ce produit, celui qui se rattache à l'exercice N (du 1er octobre au 31 décembre N soit 3 mois) et celui qui concerne l'exercice N+1 (de 1er janvier N+1 au 30 septembre N+1 soit 9 mois).

		01/10/N		
512		Banque	4 800	
	7511	Redevances pour brevet		4 000
	44571	TVA collectée		800
		Paiement de la prime		
		31/12/N		
7511		Redevances pour brevet	3 000	
	487	Produits constatés d'avance		3 000
		Régularisation de fin d'exercice		
		01/01/N+1		
487		Produits constatés d'avance	3 000	
	7511	Redevance pour brevet		3 000
		Contrepassation de l'écriture		

Le compte de résultat de l'année N fait bien apparaître un produit de (4 000 – 3 000) = 1 000 soit 4 000 × 3/12 ne concernant que les mois d'octobre à décembre.
Le compte de résultat de l'année N+1 enregistre bien la partie de la redevance correspondant de janvier à septembre, soit 4 000 × 9/12 = 3 000.

2 Le rattachement facultatif : l'abonnement des charges et des produits

Contrairement à l'ajustement obligatoire des charges et des produits vu précédemment, la technique de l'abonnement est une mesure d'ajustement facultative.
Une entreprise peut décider de répartir par fractions égales entre les périodes comptables de l'exercice, les charges et produits dont le montant peut être connu ou fixé d'avance avec une précision suffisante (PCG - art. 944-48).
L'intérêt est en général d'ordre interne puisque cela facilite le calcul des coûts périodiques calculés sur des périodes mensuelles ou trimestrielles.
La technique de l'abonnement aura un impact sur les résultats des différentes périodes comptables intermédiaires.
Deux sous-comptes du compte **488. Compte de répartition périodique des charges et produits** sont utilisés :
- **4886. Charges** (à ne pas confondre avec le compte 486 CCA, noter le 8 en 3e position)
- **4887. Produits** (à ne pas confondre avec le compte 487 PCA, noter le 8 en 3e position)

La technique est couramment utilisée pour « lisser » les redevances, loyers ou encore primes d'assurance. Elle peut également être utilisée pour les charges et produits d'intérêt.

Exemple

Une entreprise utilise la technique de l'abonnement pour ses charges d'intérêt au cours de l'exercice N. Le 1er septembre N, elle contracte un emprunt de 150 000 € sur 5 ans au taux d'intérêt annuel de 5 %. Remboursement par annuités constantes et paiement des intérêts chaque 31 août (soit 31 août N+1, N+2, etc.).

		01/09/N		
512		Banque	150 000	
	164	Emprunt		150 000
		Encaissement de l'emprunt		

L'entreprise va comptabiliser 4 fois la même écriture de fin septembre à fin décembre N : 150 000 × 5 % × 1/12 = 625.

6611		Intérêts des emprunts et des dettes	625	
	4886	Charges		625
		Abonnement des charges d'intérêt		

À l'inventaire, l'entreprise comptabilise les intérêts courus et non échus de septembre à décembre N (150 000 × 5 % × 4 /12 ou 625 × 4 = 2 500). On les enregistre dans un compte de charges à payer.

		31/12/N		
4886		Charges	2 500	
	1688	Intérêts courus sur emprunts auprès des établissements de crédit		2 500
		Régularisation des charges		

Exemple

Une entreprise, utilise la technique de l'abonnement pour ses produits d'intérêt au cours de l'exercice N. Le 1er avril N, elle accorde un prêt de 120 000 € sur 5 ans au taux d'intérêt annuel de 4 %. Le remboursement de l'emprunt se fait in fine. Les intérêts sont encaissés chaque 31 mars (soit 31 mars N+1, N+2, etc.).

		01/04/N		
274		Prêts	120 000	
	512	Banque		120 000
		Décaissement du prêt		

L'entreprise va comptabiliser 9 fois la même écriture d'avril à décembre N : 120 000 × 4 % × 1/12.

4887		Produits	400	
	7626	Revenus des prêts		400
		Abonnement des produits d'intérêt		

À l'inventaire, l'entreprise comptabilise les intérêts courus et non échus de fin avril à fin décembre N (120 000 × 4 % × 9 /12 ou 400 × 9 = 3 600). On les enregistre dans un compte de produits à recevoir.

		31/12/N		
27684		Intérêts courus sur prêts	3 600	
	4887	Produits		3 600
		Régularisation des charges		

Les rattachements obligatoires

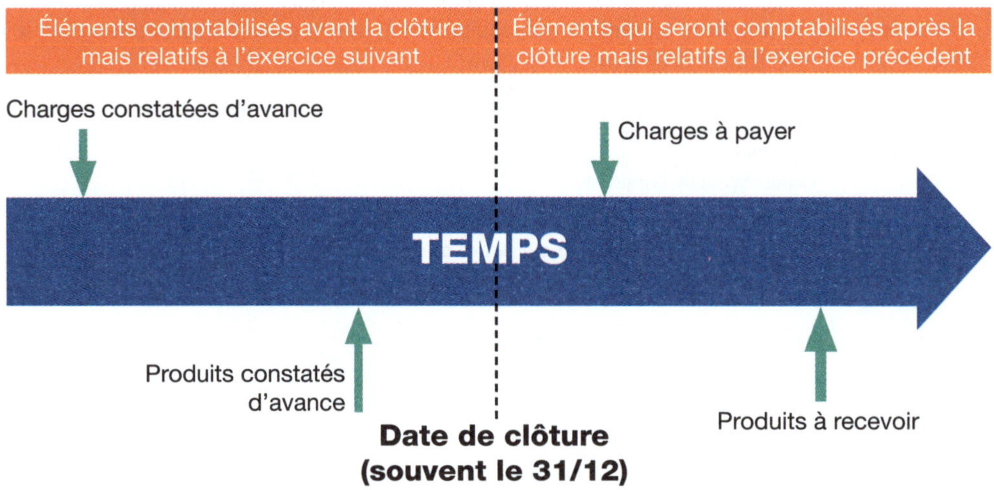

Les rattachements facultatifs

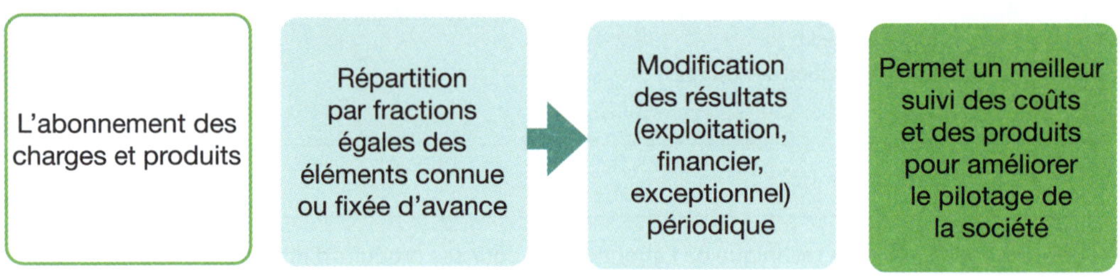

Événements postérieurs à la clôture et changements comptables

Chapitre 14

COMPÉTENCES ATTENDUES

- **Exposer et appliquer les traitements comptables relatifs au rattachement des charges et des produits.**
- **Évaluer et comptabiliser les opérations citées et plus particulièrement celles se déroulant sur plusieurs exercices.**
- **Analyser les conséquences de l'option choisie, notamment sur la présentation des comptes annuels, et proposer éventuellement un choix, dans une situation donnée.**
- **Présenter les informations à fournir en annexe.**

Différents événements peuvent se produire dans la vie d'une entreprise et se traduire par un risque élevé pour l'entreprise de devoir verser des indemnités à un tiers, en réparation d'un préjudice causé : litige avec un salarié, un fournisseur, l'État, garantie offerte aux clients...

En application de la convention de séparation des exercices, les charges correspondant à ces événements doivent être comptabilisées sur l'exercice qui les a vues naître, sans attendre leur dénouement.

PLAN DU CHAPITRE

SYNTHÈSE P. 226

APPLICATIONS P. 363

LES RÉFÉRENCES POUR COMPRENDRE LE CONTEXTE

Témoignage de Micheline M., associée d'une entreprise

« J'étais contente, le compte de résultat de mon entreprise indiquait un bénéfice me permettant de percevoir un dividende. Toutefois, avec la crise sanitaire, mon comptable a dû enregistrer une provision minorant largement ma rémunération. Un changement de méthode d'enregistrement aurait été le bienvenu ! »

Principe d'indépendance des exercices

Les événements postérieurs à la clôture rentrent en contradiction avec l'article 512-4 du PCG rappelant que « pour calculer le résultat par différence entre les produits et les charges de l'exercice, sont rattachés à l'exercice, les produits acquis à cet exercice [...] ». Toutefois, lorsqu'un événement a pris son origine durant l'exercice, mais ne s'est matérialisé que postérieurement à celui-ci et dont l'entreprise a connaissance avant l'établissement des comptes, il doit faire l'objet d'un enregistrement.

Point de vue de l'Autorité des normes comptables

L'ANC pose des recommandations pour le traitement comptable des événements postérieurs à la clôture à la suite de la crise sanitaire de 2020.

La permanence des méthodes

L'article 121-5 du PCG pose un principe clair de permanence des méthodes. En effet, la cohérence et la comparabilité des informations comptables doivent nécessairement passer par une stabilité des méthodes de construction de l'information financière.

Les méthodes comptables sont les principes, règles et pratiques spécifiques appliqués par une entité lors de l'établissement de ses comptes annuels.

Les termes « méthode comptable » s'appliquent :

- aux méthodes d'évaluation et de comptabilisation ;
- aux méthodes de présentation des comptes.

1 Les événements postérieurs à la clôture

A Définition

Les **événements postérieurs à la clôture** sont les événements qui se sont déroulés entre la date de clôture de l'exercice et la date d'établissement des comptes. Des écritures peuvent être en effet passées jusqu'à la date d'établissement des comptes. Il n'y a pas de date limite à l'établissement des comptes, autre que celle découlant de la date limite de l'AGO qui se tient au plus tard 6 mois après la clôture. Mais en pratique les comptes doivent être établis à la date limite imposée par l'Administration fiscale pour le dépôt de la liasse fiscale : dans un délai 3 mois après la clôture pour les sociétés ne clôturant pas le 31/12 et au plus tard le 2e jour ouvré suivant le 1er mai pour celles clôturant le 31/12.
Les événements post-clôture sont susceptibles d'être comptabilisés sur l'exercice clos ou communiqué en annexe, selon les cas.

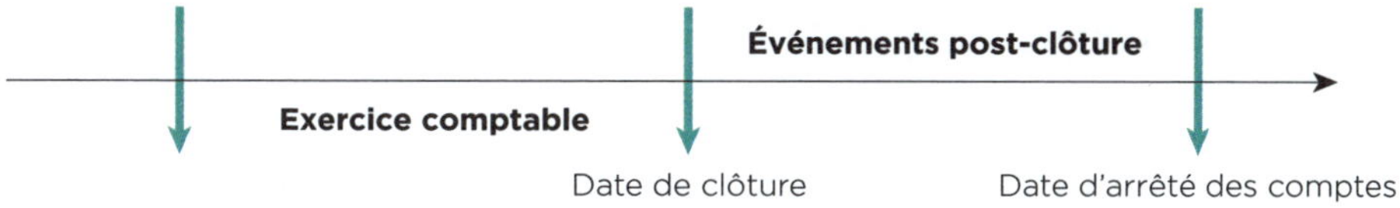

B Evénements post-clôture liés à une situation existant à la date de clôture

En application de la convention de prudence et de la convention de séparation des exercices, le PCG précise que le résultat tient compte des risques et des pertes qui ont pris naissance au cours de l'exercice ou d'un exercice antérieur même s'ils sont connus entre la date de clôture de l'exercice et celle de l'établissement des comptes annuels (Art. 513-4).
Un événement post-clôture de ce type peut se traduire par :
- un ajustement de la provision qui avait estimée sur la base des informations connues en date du 31/12/N ;
- la comptabilisation d'une provision liée à une obligation actuelle à la date du 31/12/N mais dont on est informé après le 31/12/N ;
- la comptabilisation ou l'ajustement d'une dépréciation sur un actif ;
- un ajustement des charges à payer estimées en date du 31/12/N.

Exemple

La société FIRE clôture ses comptes au 31/12/N et la date d'arrêté des comptes est fixée au 15/3/N+1. Elle est en litige avec un salarié qu'elle a licencié en juin N. Sur la base des informations connues en date du 31/12/N, une provision de 20 000 € a été constituée. Cependant, l'avocat de FIRE l'informe le 14 mars N+1 que l'ancien salarié a accepté de retirer sa plainte aux Prud'hommes en échange du versement immédiat d'une indemnité de 10 000 €. FIRE décide d'accepter ce compromis.
Dans ce cas, la provision à constater au bilan au 31/12/N est ajustée à 10 000 €.

C Événements post-clôture sans lien avec une situation existant à la clôture

Ces événements ne doivent pas être comptabilisés puisque aucun fait générateur n'existait à la date de clôture. Cependant, si ces événements sont de nature à remettre en cause la continuité de l'exploitation ils doivent être systématiquement mentionnés en annexe (PCG. Art. 831-2-4). Si tel n'est pas le cas, l'entreprise doit mentionner en annexe les événements dont l'importance est significative.

2 Changement de méthodes

Le **principe de permanence des méthodes** d'évaluation et de présentation des comptes permet d'assurer la comparabilité des comptes. Il n'y a donc que dans certains cas exceptionnels que ces comptes peuvent être modifiés et notamment si le contexte économique, industriel ou financier de l'entreprise a évolué. Le changement de méthode ne doit jamais être discrétionnaire mais doit alors permettre de fournir une meilleure information financière compte tenu des évolutions intervenues (PCG Art. 122-1). Toutes les informations permettant la compréhension des changements effectués doivent être fournies en annexe. (PCG Art. 831-1)

Quatre situations sont prévues :
- Changement de méthode comptable
- Changement d'estimation
- Changement d'options fiscales
- Correction d'erreurs

A Changement de méthode comptable

1 Principe

Les changements relatifs à la méthode comptable avaient été précisés dans l'avis n° 97-06 du CNC. Celui-ci précise que le terme « Changement de méthode comptable » s'applique :
- aux méthodes et règles d'évaluation ;
- aux méthodes et règles de présentation des comptes.

a. Remplacement d'une méthode comptable par une autre

Ce changement est possible lorsqu'une option existe qu'elle soit implicite (absence de texte) ou explicite. Néanmoins sachant que certaines méthodes peuvent être considérées comme préférentielles, car elles conduisent à une information manifestement meilleure, un changement inverse ultérieur peut être considéré comme impossible.

Sont ainsi considérées comme des changements de méthodes comptables admis les situations suivantes :
- Comptabilisation en charges ou activation des coûts d'emprunt dans le coût d'acquisition ou de production des immobilisations incorporelles, corporelles et stocks.
- Comptabilisation en charges ou activation des frais d'acquisition des immobilisations corporelles et incorporelles, des titres immobilisés et des titres de placement.
- Méthode d'évaluation des stocks CMP ou FIFO.
- Choix pour la constatation des programmes pluriannuels de gros entretien ou de grandes révisions entre la comptabilisation d'un composant de l'immobilisation dès l'origine ou la constatation d'une provision pour gros entretien ou grande révision.
- Comptabilisation des contrats à long terme selon la méthode de l'avancement ou la méthode de l'achèvement. La méthode préférentielle est la méthode de l'avancement. Le choix de revenir ultérieurement à la méthode de l'achèvement ne pourrait être justifié par l'entité comme une méthode plus apte à conduire à une meilleure information.
- Comptabilisation à l'actif des frais de R&D ou passage en charges. L'activation est la méthode préférentielle.

En revanche, ne constituent pas des changements de méthodes comptables :
- l'adoption d'une méthode comptable pour des événements ou opérations qui diffèrent sur le fond d'événements ou opérations survenus précédemment ;
- l'adoption d'une nouvelle méthode comptable pour des événements ou opérations qui étaient jusqu'alors sans importance significative. (PCG Art. 122-1).

b. Changement de réglementation

À la différence des changements de méthodes qui sont opérés à l'initiative de l'entreprise, les changements de réglementation lui sont imposés. Un changement de réglementation est décidé par une autorité compétente en la matière ; il n'a donc pas dans ce cas à être justifié par l'entreprise.
Ainsi, les sociétés dont les titres sont admis à la négociation sur un marché réglementé pour la première fois peuvent procéder à des changements de méthodes en vue, par exemple, d'adopter les règles les plus généralement acceptées dans le secteur d'activité concerné.
De même, les sociétés entrant dans un groupe peuvent modifier leurs méthodes comptables pour adopter celles de leur nouvel actionnaire en situation de les contrôler à condition que cela ne les conduise pas à abandonner des méthodes améliorant l'information (d'après Avis CNC 97-06).

2 Impact sur les états financiers

a. Traitement de l'exercice en cours

Lors de changements de méthodes comptables, l'effet, après impôt, de la nouvelle méthode est calculé de façon rétrospective, comme si celle-ci avait toujours été appliquée. Dans les cas où l'estimation de l'effet à l'ouverture ne peut être faite de façon objective, en particulier lorsque la nouvelle méthode est caractérisée par la prise en compte d'hypothèses, le calcul de l'effet du changement sera fait de manière prospective (PCG Art. 122-2).
L'impact du changement déterminé à l'ouverture, après effet d'impôt, est imputé en « report à nouveau » dès l'ouverture de l'exercice sauf si, en raison de l'application de règles fiscales, l'entreprise est amenée à comptabiliser l'impact du changement dans le compte de résultat.
Lorsque les changements de méthodes comptables ont conduit à comptabiliser des provisions sans passer par le compte de résultat, la reprise de ces provisions s'effectue directement par les capitaux propres pour la partie qui n'a pas trouvé sa justification.

Exemple

Une entité a pratiqué un changement de méthode qui a une incidence sur la provision pour risques déductible fiscalement.
Il convient de déterminer si le montant des charges et/ou produits résultant de la modification doit affecter le compte de résultat ou les capitaux propres à l'ouverture de l'exercice.
Deux cas sont envisagés :
- 1er cas : la nouvelle méthode conduit à une diminution de la provision pour 6 000.
- 2e cas : la nouvelle méthode conduit à une augmentation de la provision pour 6 000.

1er cas : Ajustement des capitaux propres

La provision étant une charge, si elle diminue cela vient augmenter le résultat net. On crédite donc le compte report à nouveau. Cet impact doit être net d'impôt. On retraite donc le RAN du montant de l'IS constaté sur la provision.

		Début N		
151		Provision pour risques	6 000	
	444	État, impôt sur les sociétés (6 000 × 25 %)		1 500
	110	Report à nouveau		4 500
		Retraitement des capitaux propres		

2e cas : Comptabilisation en résultat

L'augmentation de la provision doit être enregistrée comme une charge de l'exercice et non comme une diminution du RAN si l'entité veut pouvoir bénéficier fiscalement de sa déduction. On passe donc une écriture classique de constatation de provision pour risques.

		Début N		
6815		Dotations aux provisions	6 000	
	151	Provisions pour risques		6 000
		Retraitement des capitaux propres		

b. Traitement lors des exercices ultérieurs

Lorsque les changements ont conduit à comptabiliser des provisions sans passer par le compte de résultat, la reprise de ces provisions se fait directement par les capitaux propres pour la partie de la reprise de ces provisions qui n'a pas trouvé sa justification.

Des informations pro-forma des exercices antérieurs présentés sont établies suivant la nouvelle méthode afin d'assurer la comparabilité.

3 Changement d'estimations comptables

En raison des incertitudes inhérentes à la vie des affaires, de nombreux éléments des états financiers ne peuvent être évalués avec précision ; ils ne peuvent faire l'objet que d'une estimation. La procédure d'estimation dépend de jugements fondés sur les dernières informations disponibles. Le recours à des estimations raisonnables est une part essentielle de la préparation des comptes. Une estimation est révisée si les circonstances sur lesquelles elle était fondée sont modifiées par suite de nouvelles informations ou d'une meilleure expérience. Par exemple, une entité peut avoir à réestimer la durée de vie d'une immobilisation ce qui la conduit à revoir le plan d'amortissement futur. Dans ce cas le traitement comptable est prospectif : les comptes antérieurs ne sont pas modifiés (pas d'impact capitaux propres) et seuls l'exercice en cours et les exercices futurs seront impactés.

Exemple

La compagnie aérienne EasyFly a acheté un avion de transport de passagers pour un montant de 60 000 K€ le 2 janvier N. EasyFly amortit ces avions sur une durée de 30 ans. Cependant, le 31/12/N+4, EasyFly décide que sa flotte d'avions sera renouvelée plus rapidement et que ces avions seront désormais utilisés et amortis sur une durée de 25 ans (y compris les avions déjà en cours d'amortissement).

Au 31/12/N, la VNC de l'avion s'élève à : $60\,000 \times 25/30 = 50\,000$ K€ (après prise en compte de la dotation aux amortissements de l'année N).

A compter de l'exercice N+1, la dotation aux amortissements sera calculée ainsi :

50 000 / 20 ans (durée d'utilité résiduelle) = 2 500 K€, alors qu'auparavant la dotation aux amortissements annuelle était de 2 000 K€ (60 000/30 ans). Ce changement de méthodes comptables impacte donc les résultats à compter de N+1.

Le fait de réviser une estimation ne confère pas nécessairement à l'ajustement correspondant la qualité d'élément exceptionnel ni le caractère de correction d'erreur. Il est parfois difficile de faire la distinction entre un changement de méthode comptable et un changement dans les estimations. La modification est alors assimilée à un changement dans les estimations comptables et fait l'objet d'une information spécifique.

Exemple

Une décision de gestion peut conduire l'entreprise à modifier certaines évaluations. Par exemple, un actif précédemment comptabilisé à sa valeur d'utilité sera déprécié s'il y a lieu, à sa valeur de marché si l'entreprise a décidé de le vendre : le bien en question a changé de destination. Ce changement ne s'analyse pas comme un changement de méthode mais comme un changement d'intention.

B Changements d'options fiscales

Les changements d'options fiscales n'ont un effet que sur l'exercice en cours et les exercices futurs. L'incidence des changements d'options fiscales correspondant à l'exercice en cours est constatée dans le résultat de l'exercice (PCG Art. 122-4).

Constituent par exemple des changements d'options fiscales (Avis CNC 97-06) :

- la constatation ou la reprise d'amortissements dérogatoires lorsqu'une entreprise applique le système dégressif prévu par le CGI, tout en estimant nécessaire de conserver comptablement un mode d'amortissement linéaire ;
- la constitution ou la reprise de provisions réglementées.

C Corrections d'erreurs

Les corrections d'erreurs résultent d'erreurs, d'omissions matérielles ou d'interprétations erronées. Constitue également une erreur, l'adoption par l'entreprise d'une méthode comptable non admise. (PCG Art. 122-5).
A contrario, les changements d'estimations et de modalités d'application ne constituent pas des corrections d'erreur sauf si les estimations ou modalités antérieures étaient fondées sur des données elles-mêmes manifestement erronées, sur la base des informations disponibles à l'époque.
Les corrections d'erreurs sont comptabilisées dans le résultat de l'exercice au cours duquel elles sont constatées.
L'incidence, après impôt, des corrections d'erreurs significatives est présentée sur une ligne séparée du compte de résultat, sauf lorsqu'il s'agit de corriger une écriture ayant été directement imputée sur les capitaux propres.

Exemple

Fin N+1, une entreprise découvre que la dotation aux amortissements d'un matériel industriel pour l'exercice N n'a pas été comptabilisée. Ce matériel a été acquis 120 000 € le 2 janvier N et s'amortit en linéaire sur 4 ans. La dotation aux amortissements N+1 a été normalement comptabilisée.

Extrait du compte de résultat N+1 (avant correction d'erreurs)

Ventes	**3 800 000**
Dotation aux amortissements	(420 000)
Résultat avant impôt	300 000
Impôt	(75 000)
Résultat net	225 000

Le compte de résultat de l'année N+1 doit donc être modifié pour prendre un compte un supplément de dotation aux amortissements de : 120 000/4 = 30 000 €, soit un impact sur le résultat net de 22 500 € (après prise en compte de l'économie d'impôt = 30 000 € × 25 %)

Extrait du compte de résultat N+1 (après correction d'erreurs)

Ventes	**3 800 000**
Dotation aux amortissements	(420 000)
Résultat avant impôt	300 000
Impôt sur les bénéfices	(75 000)
Correction d'erreurs sur exercices antérieurs	(22 500)
Résultat net	202 500

Traitement comptable des changements de méthodes, d'estimations et corrections d'erreurs : synthèse

	Changement de méthodes comptables	**Changements d'estimation**	**Corrections d'erreurs**
Application	rétrospective	prospective	Impact sur le résultat de l'année où l'erreur est découverte
Impact résultat de l'année	Non	Non	Oui
Impact capitaux propres d'ouverture	Oui	Non	Non

Événements postérieurs à la clôture

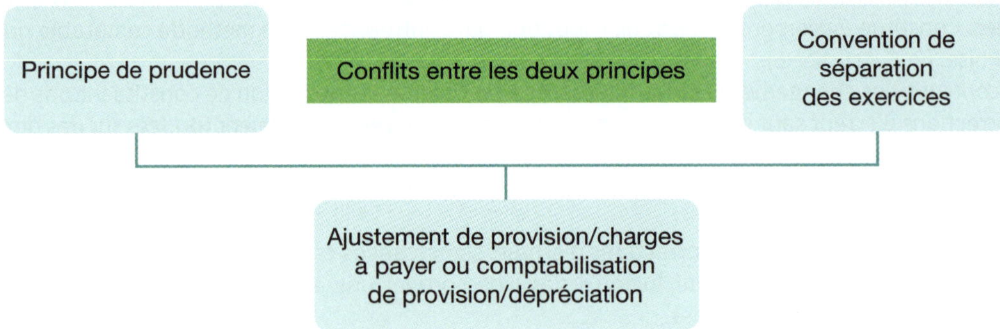

Changement de méthode comptable

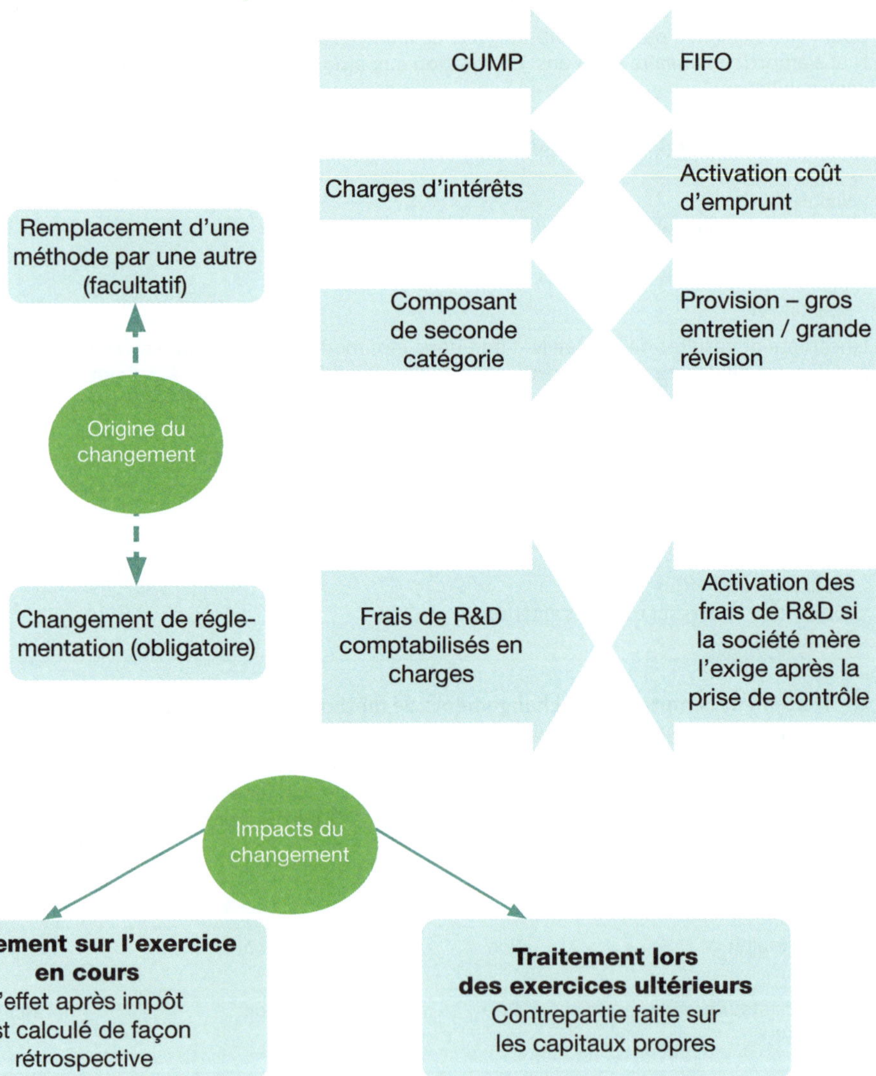

Les contrats à long terme

Chapitre 15

COMPÉTENCES ATTENDUES

- **Exposer et appliquer les traitements comptables relatifs au rattachement des charges et des produits.**
- **Évaluer et comptabiliser les opérations citées et plus particulièrement celles se déroulant sur plusieurs exercices.**
- **Analyser les conséquences de l'option choisie, notamment sur la présentation des comptes annuels, et proposer éventuellement un choix, dans une situation donnée.**
- **Présenter les informations à fournir en annexe.**

PLAN DU CHAPITRE

SYNTHÈSE P. 235

APPLICATIONS P. 364

LES RÉFÉRENCES POUR COMPRENDRE LE CONTEXTE

Témoignage de Maurice M., chef d'entreprise

« Artisan soudeur depuis 40 ans, je travaille sur l'EPR de Flamanville depuis 1987. Ce contrat aura son terme lors de la mise en service du réacteur... Je commence à désespérer de le voir avant mon départ prochain en retraite. Heureusement, mon comptable enregistre des produits alors même que le chantier n'est pas fini : je dois avouer ne pas comprendre comment il fait. »

Programmation pluriannuelle de l'énergie 2019-2028

Beaucoup de contrats sont liés à des prestations s'étalant sur plusieurs exercices. C'est le cas notamment des contrats conclus dans le cadre de la programmation PPE.

Les JO 2024 : des infrastructures à long terme

Les jeux olympiques sont un autre exemple de chantier engageant à long terme des entreprises. La construction des infrastructures ne peut se faire qu'avec une relation juridique durable.

1 Définition

« Le **contrat à long terme** est un contrat d'une durée généralement longue, spécifiquement négocié dans le cadre d'un projet unique portant sur la construction ou la réalisation d'un bien ou d'un service ou d'un ensemble complexe de biens ou de services dont l'exécution s'étend sur au moins deux exercices comptables. » (PCG Art. 622-1)

L'avis du CNC (1999) rappelle que les contrats à long terme sont fréquemment utilisés dans les secteurs du bâtiment, des travaux publics, de l'ingénierie informatique mais aussi de l'industrie aéronautique et spatiale ou encore de la construction navale. En revanche, les productions en série sont exclues du champ d'application des contrats à long terme.

L'entité percevra des revenus en conformité avec le contrat négocié.

La question qui se pose est donc tout naturellement, le rattachement de ces produits à l'exercice concerné. Or, on se retrouve alors à nouveau en contradiction, suivant que l'on respecte le principe de prudence ou l'objectif d'image fidèle.

Doit-on comptabiliser les revenus liés à ce contrat seulement à la fin de ce contrat ?

Ou au contraire au fur et à mesure dans le résultat de chaque exercice ? C'est une exception au principe de prudence qui est acceptée par le PCG.

Deux méthodes sont alors proposées :
- La méthode de l'achèvement.
- La méthode de l'avancement.

2 Principe de comptabilisation

La prise en compte, pour le calcul du résultat d'un exercice, du chiffre d'affaires correspondant à une opération partiellement exécutée peut se faire selon l'une des deux méthodes :
- *La méthode de l'achèvement* consiste à ne comptabiliser le chiffre d'affaires et le résultat qu'au terme de l'opération (PCG 622-2). En cours d'exercice, les travaux en cours sont constatés à la clôture de l'exercice à hauteur des charges qui ont été enregistrées. Autrement dit, les coûts s'accumulent mais aucun profit n'est enregistré.
- *La méthode à l'avancement* consiste à comptabiliser un chiffre d'affaires et un résultat au fur et à mesure de l'avancement du contrat. (PCG 622-2). Cette dernière méthode, conduisant à une meilleure information, est considérée comme préférentielle. La décision d'adopter la méthode à l'avancement porte sur tous les contrats en cours à cette date (PCG 622-7).

En cas d'adoption de la méthode à l'avancement, un changement inverse ne pourrait être justifié que par la réunion des deux événements suivants : changement exceptionnel dans la situation de l'entité et recherche d'une meilleure information financière (PCG 121-5 et 122-1 *cf.* justification habituelle en cas de changement de méthode comptable).

Nous allons donc examiner ces deux méthodes en détail, sachant qu'il faut systématiquement considérer deux cas : celui où le contrat est bénéficiaire, celui où le contrat est déficitaire.

3 La méthode de l'achèvement

A Contrat bénéficiaire

Il s'agit d'un contrat pour lequel un bénéfice est attendu à la fin de la réalisation.

À chaque fin d'exercice, il faut neutraliser les charges de l'exercice en cours, par la constatation d'une production stockée du même montant.

Exemple

On considère une société de BTP qui a lancé en juillet N un chantier de travaux qui doit se terminer en N+1. Les dépenses effectuées pour ce chantier en N s'élèvent à 100 000 €.
Par ailleurs, on estime de manière précise à 200 000 € le montant de charges prévues pour N+1.
On considère un prix de livraison du chantier de 330 000 € HT.
Un bénéfice de 30 000 € est donc attendu à la livraison du chantier 330 000 – (100 000 + 200 000).

		Fin N		
335		Travaux en cours	100 000	
	71355	Variation de stocks. Travaux en cours		100 000
		Enregistrement de la production stockée de fin d'exercice		

Dans le compte de résultat de l'année N :

Charges	Produits
100 000	100 000

On a donc un produit dans le compte « 71335 » qui compense les charges comptabilisées au cours de l'exercice, donc aucune incidence sur le résultat de la période N.
Fin N+1 lorsque le contrat est achevé, on enregistre la vente et on annule le stock.

		Fin N+1		
411		Clients	396 000	
	44571	TVA collectée		66 000
	704	Travaux		330 000
		Constatation de la vente		
		Fin N+1		
71335		Variation de stocks	100 000	
	335	Travaux en cours		100 000
		Annulation du stock		

Dans le compte de résultat de l'année N+1 on a donc :

Charges	Produits
200 000	330 000 – 100 000 = 230 000

On a bien un bénéfice de 230 000 – 200 000 = 30 000

B Contrat déficitaire

Il s'agit d'un contrat pour lequel une perte est attendue à la fin de la réalisation.
Il faut tenir compte de la perte latente en fin d'exercice N. Sachant que cette perte est un passif pour l'entreprise (PCG art. 321-1), elle doit être intégralement comptabilisée dans les comptes de l'exercice ayant fait apparaitre cette perte.
Cette perte doit être décomposée en deux parties (recommandation OEC 1-11) :
- une dépréciation de stock d'en-cours, à hauteur de la perte subie sur les travaux déjà réalisées ;
- une provision pour perte à terminaison pour le complément.

Exemple

On reprend le cas précédent en considérant cette fois un prix de livraison du chantier de 240 000 € HT
On a une perte attendue à la fin du contrat de 240 000 – (100 000 + 200 000) = – 60 000 €
La perte est répartie en fonction des travaux comptabilisés en stock (N : 100 000) et ceux à venir (N+1 : 200 000).
Soit pour N : (60 000 × 100 000)/300 000 = 20 000 € (dépréciation du stock)

>>>

>>> Et pour N+1 : (60 000 × 200 000)/300 000 = 40 000 € (provision pour pertes)
On enregistre les écritures suivantes :

		Fin N		
6817		Dotations aux dépréciations de l'actif circulant	20 000	
	3935	Dépréciation des travaux en cours		20 000
		Enregistrement de la dépréciation du stock		
		Fin N		
6815		Dotations aux provisions d'exploitation	40 000	
	1516	Provisions pour pertes sur contrats		40 000
		Enregistrement de la provision pour perte à terminaison		

4 La méthode de l'avancement

L'application de cette méthode sera différente selon la possibilité d'estimer de manière fiable ou non le résultat à terminaison.
Les trois critères qui permettent d'estimer le résultat de manière fiable sont (PCG, art. 622-5) :
- « la possibilité d'identifier clairement le montant total des produits du contrat ;
- la possibilité d'identifier clairement le montant total des coûts imputables au contrat ;
- l'existence d'outils de gestion, de comptabilité analytique et de contrôle interne permettant de valider le pourcentage d'avancement et de réviser, au fur et à mesure de l'avancement, les estimations de charges ; de produits et de résultat. »

Dans le cas où il est possible d'estimer ce résultat de manière fiable, des produits intermédiaires sont constatés au fur et à mesure du degré d'avancement du projet.
Bien que ces produits ne soient pas réalisés, le code de commerce admet cette dérogation au principe de prudence : « Peut-être inscrit, après inventaire, le bénéfice réalisé sur une opération partiellement exécutée et acceptée par le cocontractant lorsque sa réalisation est **certaine** et qu'il est possible, au moyen de documents comptables prévisionnels, d'évaluer avec une **sécurité suffisante** le bénéfice global de l'opération » (Code de commerce Art. L123-21 »

Remarque. Si le résultat à terminaison ne peut-être déterminé de manière fiable, alors on considère qu'aucun résultat n'est dégagé en cours de contrat. On se retrouve donc dans le même cas que dans la méthode de l'achèvement.

On se placera dans le cas où l'on peut déterminer le résultat de manière fiable en examinant deux cas de figure successivement, celui des contrats bénéficiaires puis déficitaires.

A Contrat bénéficiaire

Deux méthodes peuvent être retenues (PCG 622-3):
- le rapport entre le coût des travaux et services exécutés à la date de clôture et le total prévisionnel des coûts d'exécution du contrat ;
- les mesures physiques ou études permettant d'évaluer le volume des travaux ou services exécutés.

Les travaux exécutés sont ceux qui sont considérés être raisonnablement acceptées car ils respectent les termes du contrat signé.
L'entreprise enregistre donc les produits qui découlent de ce contrat à long terme en chiffre d'affaires. Ces chiffres d'affaires seront régularisés si besoin afin de dégager le résultat à l'avancement.

Exemple

On reprend l'exemple précédent de la société BTP en considérant un prix de livraison à 330 000 € et un résultat bénéficiaire de 30 000 €. Le degré d'achèvement est estimé par les coûts.
A fin N, il est donc estimé à 100 000/300 000 = 33,33 %.
Il est donc possible de comptabiliser un CA de 1/3 × 330 000 € = 110 000€.
L'écriture à comptabiliser doit tenir compte d'un produit à recevoir :

		Fin N		
4181		Client factures à établir	132 000	
	704	Travaux		110 000
	4458	TVA à régulariser		22 000
		Enregistrement des travaux à l'avancement		

Donc pas d'écriture de constatation de stock comme pour la méthode de l'achèvement.
Dans le compte de résultat de l'année N on a donc :

Charges	Produits
100 000	110 000

On a un bénéfice de 110 000 - 100 000 = 10 000€ pour N
On retrouve ce bénéfice par le calcul suivant : 30 000 × 33,33 %
Début janvier, on contrepasse l'écriture et on enregistre définitivement le produit du contrat achevé.

		Début N+1		
707		Travaux	110 000	
4458		TVA à régulariser	22 000	
	4181	Clients, factures à établir		132 000
		Contrepassation de l'écriture		

Au moment de la facturation du contrat :

		Fin N+1		
411		Clients	396 000	
	44571	TVA collectée		66 000
	704	Travaux		330 000
		Constatation de la vente		

Dans le compte de résultat de l'année N+1 on a donc :

Charges	Produits
200 000	330 000 - 110 000 = 220 000

On a un bénéfice de 220 000 - 200 000 = 20 000 € pour N
On retrouve ce bénéfice en faisant le calcul suivant : 30 000 × 66,66 %
Au total le bénéfice est de 10 000 en N et 20 000 en N+1 soit 30 000.

B Contrat déficitaire

Comme pour la méthode à l'avancement, il faut comptabiliser une provision pour la perte à terminaison.

Exemple

Reprenons l'exemple de la société BTP en considérant un prix de livraison de 240 000 € et un résultat déficitaire de 60 000 €. On tient compte du taux d'avancement précédemment déterminée de 33,33 %.
Le CA à constater est donc de 33,33 % × 240 000 € = 80 000€
Au 31/12/N on enregistre un produit à recevoir.

		Fin N		
4181		Client factures à établir	96 000	
	704	Travaux		80 000
	4458	TVA à régulariser		16 000
		Enregistrement des travaux à l'avancement		

On a une perte de 20 000 € pour N.
On retrouve cette perte par le calcul suivant : 60 000 × 33,33 %.
On doit donc encore comptabiliser une provision pour la perte restante soit :
60 000 – 20 000 = 40 000

		Fin N		
6815		Dotations aux provisions d'exploitation	40 000	
	1516	Provisions pour pertes sur contrats		40 000
		Enregistrement d'une provision pour perte à terminaison		

Extrait du compte de résultat N :

Charges	Produits
100 000 + 40 000 = 140 000	80 000

Début janvier, on contrepasse l'écriture et on enregistre définitivement le produit du contrat achevé.

		Début N+1		
704		Travaux	80 000	
4458		TVA à régulariser	16 000	
	4181	Clients, factures à établir		96 000
		Contrepassation de l'écriture		

Au moment de la facturation du contrat :

		Fin N+1		
411		Clients	288 000	
	44571	TVA collectée		48 000
	704	Travaux		240 000
		Constatation de la vente		

Il faut aussi reprendre la provision pour pertes :

1516		Provisions pour pertes sur contrats	40 000	
	7815	Reprises sur provisions d'exploitation		40 000

>>>

>>>

Dans le compte de résultat de l'année N+1 on a donc :

Charges	Produits
200 000	200 000 = (240 000 - 80 000 + 40 000)

L'impact sur le résultat N+1 est donc nul puisque l'intégralité de la perte a été comptabilisée en N.

5 Informations en annexe sur les contrats à long terme

Les modalités d'application des principes comptables relatifs aux contrats à long terme doivent être décrits en annexe en précisant notamment (PCG Art.831-2 §24) :
- l'inclusion éventuelle, dans les charges imputables, de charges financières ;
- le montant des provisions pour pertes à terminaison ainsi que leur variation au cours de l'exercice ;
- dans le cas où l'entreprise n'est pas en mesure de déterminer la provision correspondant à l'hypothèse de perte la plus probable, la description du risque additionnel mesuré par rapport à l'hypothèse de perte la plus faible ;
- dans le cas où l'entité n'est pas en mesure d'estimer de façon raisonnable le montant d'une quelconque provision pour perte à terminaison, l'existence et la nature de l'incertitude ;
- la méthode de calcul du pourcentage d'avancement lorsque l'entité applique la méthode à l'avancement ;
- la prise en compte éventuelle, pour la détermination de l'effet du changement de méthode, de l'estimation du résultat à terminaison à la clôture de l'exercice du changement.

Les contrats bénéficiaires

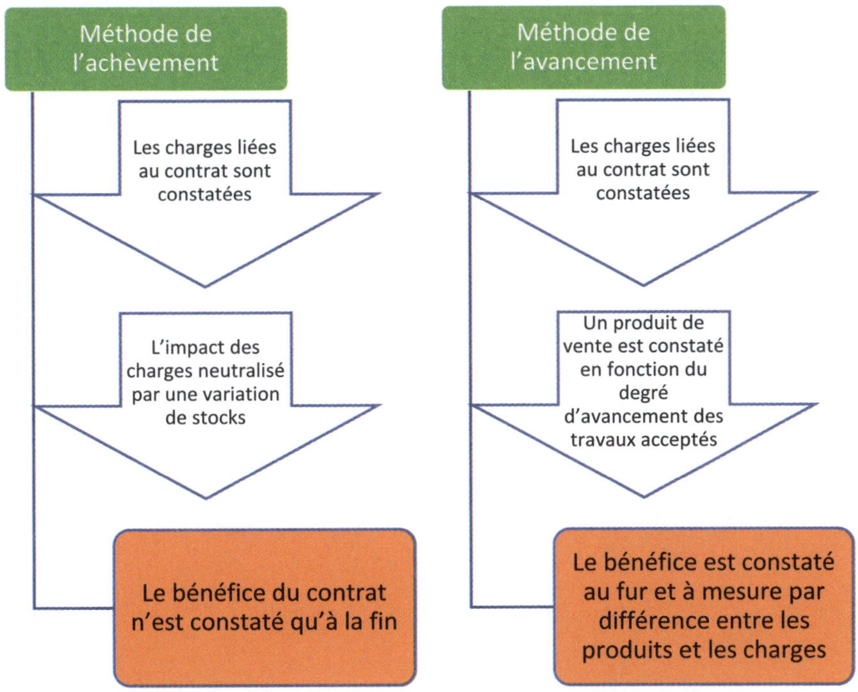

Les contrats déficitaires

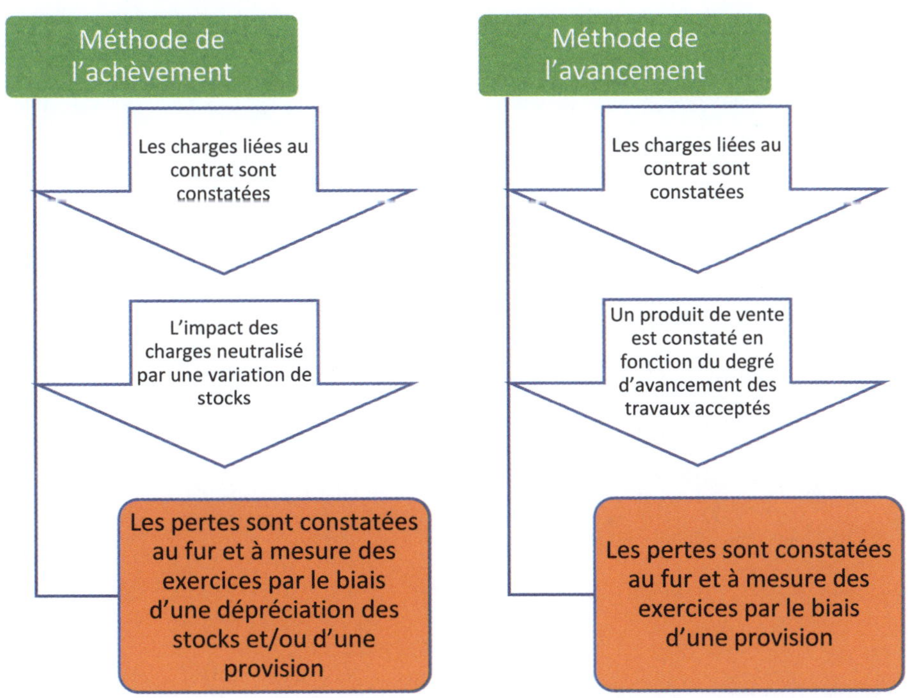

La participation des salariés et l'intéressement

Chapitre 16

COMPÉTENCES ATTENDUES

- **Exposer et appliquer les traitements comptables relatifs au rattachement des charges et des produits.**
- **Évaluer et comptabiliser les opérations citées et plus particulièrement celles se déroulant sur plusieurs exercices.**
- **Analyser les conséquences de l'option choisie, notamment sur la présentation des comptes annuels, et proposer éventuellement un choix, dans une situation donnée.**
- **Présenter les informations à fournir en annexe.**

PLAN DU CHAPITRE

SYNTHÈSE P. 243
APPLICATIONS P. 366

LES RÉFÉRENCES POUR COMPRENDRE LE CONTEXTE

Témoignage de Alexis P., dirigeant d'entreprise engagée dans l'ESS

« Mes salariés sont extraordinaires et je leur dois de les bichonner. Ils me sont fidèles depuis des années et je sais pouvoir compter sur leur confiance. C'est une des raisons pour lesquels je me suis engagé dans l'économie sociale et solidaire. Ma problématique reste malgré tout celle de tous les dirigeants : comment les rétribuer correctement sans subir le poids de l'impôt et des charges sociales ? Si leur rémunération décroche face à l'inflation, ils iront voir ailleurs si l'herbe est plus verte... »

La loi PACTE encourage les accords de participation

Focus sur la participation sur le site du ministère du Travail

Stellantis reverse 4 000 € aux salariés ayant la plus faible rémunération

L'ex Peugeot a voulu remercier ses salariés pour son exercice 2021. Ayant parfaitement conscience de leur valeur, la « marque au lion » a souhaité les remercier en les associant au partage du bénéfice.

Vers un accord d'intéressement par décision unilatérale dans les TPE ?

Le Sénat étudie la possibilité pour les TPE de permettre une procédure accélérée pour la mise en place d'un accord d'intéressement. (bpifrance)

Les entreprises d'au moins de 50 salariés, quelle que soit leur forme juridique, doivent attribuer aux salariés une fraction des bénéfices distribués, appelée « **participation des salariés** aux résultats ». Cette disposition du Code du travail (Art. L. 3322-2) a été rendue obligatoire en 1967, en pleine période des Trente Glorieuses. L'objectif était alors de faire profiter les salariés des fruits de la croissance des entreprises et d'instaurer une culture de l'épargne salariale en France, les sommes attribués aux salariés étant placées pendant 5 ans avant de leur être versées (*cf. infra*).

1 Détermination de la réserve spéciale de participation

La **réserve spéciale de participation** correspond au montant qui doit être allouée chaque année aux salariés.
Les entreprises concernées doivent porter à la réserve spéciale de participation un montant au moins égal à celui obtenu en appliquant la formule suivante :

$$R = 1/2\ (B - 5\ \%\ C) \times S/VA$$

Bénéfice net (B)	Résultat fiscal imposable au taux de droit commun de l'IS (33 1/3 % ou 15 %) ou à l'IR + bénéfices exonérés de l'IS – déficits reportables dans la limite de 1 M€ majoré de 50 % du bénéfice excédant 1 M€ – IS au taux de droit commun
Capitaux propres (C)	Capital social appelé + réserves (sauf réserve de réévaluation) + report à nouveau + provisions réglementées (sauf amortissements dérogatoires et sauf provision spéciale de réévaluation) + provisions non déductibles (moins les dotations de l'année)
Salaires (S)	Salaires bruts soumis à cotisations sociales
Valeur Ajoutée (VA) (définition différente de celle donnée par le PCG)	Résultat courant avant impôt + Charges de personnel + impôts et taxes + dotations aux amortissements + dotations aux dépréciations et aux provisions d'exploitation + charges financières

Selon cette formule, les salariés ont droit à une participation uniquement si le bénéfice de l'année excède la rémunération théorique des actionnaires au taux de 5 %.

2 Répartition de la réserve spéciale entre les salariés

La répartition de la réserve spéciale entre les salariés est déterminée selon l'accord de participation passée entre l'entreprise et les salariés. Elle peut être uniforme, proportionnelle au salaire ou à l'ancienneté. Deux plafonds doivent cependant être respectés :
- Les salaires individuels pris en compte pour la répartition doivent être inférieurs ou égaux à 4 fois le plafond annuel de la Sécurité sociale.
- Un même salarié ne peut pas se voir attribuer plus de 75 % le plafond de la Sécurité sociale.

Les entreprises ayant conclu un accord de participation peuvent décider ponctuellement d'affecter un supplément de participation au vu des bons résultats de l'entreprise. Le supplément ainsi versé ne doit pas excéder certains seuils afin de bénéficier des mêmes avantages fiscaux et sociaux pour les salariés.

3 Disponibilité des droits des salariés

Les salariés peuvent choisir entre :
- le versement immédiat de leur participation : dans ce cas les sommes perçues sont normalement soumises à l'IR et aux charges sociales comme un salaire ;
- le blocage de leur participation pendant 5 ans (8 ans si aucun accord de participation n'a été signé) : dans ce cas les sommes attribuées ne sont soumises ni à l'IR, ni aux charges sociales à l'exception de la CSG et du CRDS.

Pour les accords de participation signés depuis 2007, durant la période d'indisponibilité, les sommes sont :
- versées sur un plan d'épargne salariale (Plan Épargne Entreprise, Plan Épargne Interentreprises ou Plan d'Épargne pour la Retraite Collective) ;
- ou versées sur un compte courant bloqué que l'entreprise doit consacrer à des investissements.

Dans un certain nombre de cas cependant, les salariés peuvent cependant demander le déblocage anticipé sans perdre les avantages en termes d'exonération d'IR et de charges sociales (mariage, rupture du contrat de travail...).
Les entreprises ayant conclu un accord de participation peuvent décider ponctuellement d'affecter un supplément de participation au vu des bons résultats de l'entreprise. Le supplément ainsi versé bénéfice du même traitement fiscal et social que la participation dans la limite de 75 % du plafond annuel de la Sécurité sociale pour chaque salarié.

4 Traitement comptable de la participation

Lors de la comptabilisation de la réserve de participation, l'entreprise doit s'acquitter du forfait social de 20 % du montant attribué.
La CSG et la CRDS (8 %) dues par les salariés sont prélevés au moment de la répartition de la réserve spéciale entre les salariés.

À la date de clôture année N	Comptabilisation de la réserve spéciale de participation	Débit : 691. Participation des salariés aux résultats de l'entreprise (R) Crédit : 4284 Dettes provisionnées pour participation des salariés aux résultats (R)
	Comptabilisation du forfait social	Débit : 645. Charges de Sécurité sociale et de prévoyance (20 % R) Crédit : 431. Sécurité sociale
À la date d'approbation des comptes de l'année N	Transfert de la réserve de participation	Débit : 4284. Dettes provisionnées pour participation des salariés aux résultats (R) Crédit : 4246. Réserve spéciale de Participation (R – 8 %) Crédit : 431. Sécurité sociale (8 % R)
À la date d'utilisation des fonds en N+1	Cas n° 1 : affectation à un compte bloqué de l'entreprise	Débit : 4246. Réserve spéciale de Participation Crédit : 1662. Fonds de Participation
	Cas n° 2 : affectation à un plan d'épargne	Débit : 4246. Réserve spéciale de Participation Crédit : 512 Banque
À la date du déblocage des fonds	Uniquement dans le cas n° 1	Débit : 1662. Fonds de participation Crédit : 512. Banque

La participation des salariés constitue une charge déductible fiscalement l'année d'affectation des fonds, donc l'année suivant celle de la comptabilisation de la charge en comptabilité.

Jusqu'en 2012, les entreprises pouvaient constituer en franchise d'impôt une provision pour investissement égale à 50 % de la réserve spéciale de réévaluation (sauf pour les sociétés coopératives ouvrières de production, SCOP). La reprise de cette provision était non imposable à condition que l'entreprise ait effectué des investissements dans un délai maximum de 5 ans.

Exemple

La SA PARTICIP a mis en place un accord de participation avec ses salariés prévoyant que les sommes attribuées au titre de la participation sont bloquées sur un PEE géré à l'extérieur de l'entreprise pendant 5 ans. L'AG se tient le 15 mai N+1 et les fonds sont versés sur le PEE le 30 mai N+1.

Extrait du bilan au 31/12/N	
Capital social	40 000
Réserve légale	4 000
Autres réserves	26 000
Report à nouveau	- 20 000
Résultat net	25 000
Provisions pour hausse des prix	10 000
Total Capitaux propres	85 000
...	
Provisions (*)	40 000

(*) dont 25 000 non déductibles fiscalement

Extrait du compte de résultat N	
Impôts et taxes	- 4 000
Charges de personnel	- 120 000
Dotations aux amortissements	- 40 000
Dotations aux provisions (*)	- 20 000
Résultat d'exploitation	39 000
Produits financiers	1 000
Charges financières	- 10 000
Résultat courant avant impôt	30 000
Impôt sur les bénéfices	- 5 000
Résultat net	**25 000**

(*) dont 5 000 non déductibles fiscalement

Le résultat fiscal de l'année N s'élève à 35 000 € mais PARTICIP bénéficie d'un déficit fiscal reportable de 20 000 €.
Calcul de la réserve spéciale de participation :
B = 35 000 – 20 000 – 5 000 (impôt sur les bénéfices) = 10 000
C = 40 000 + 4 000 + 26 000 -20 000 + 10 000 + 25 000 – 5 000 = 80 000
S = 120 000
VA = 30 000 + 4 000 + 120 000 + 40 000 + 20 000 + 10 000 = 224 000
R = 1/2 × (10 000 – 5 % 80 000) × 120 000/224 000 = 2 903

		31/12/N		
691		Participation des salariés aux résultats de l'entreprise	2 903	
	4284	Dettes provisionnées pour participation des salariés aux résultats		2 903
		Charge de participation		
		d°		
645		Charges de Sécurité sociale et de prévoyance (20 % 2 903)	580	
	431	Sécurité sociale		580
		Forfait social de 20 %		
		15/5/N+1		
4284		Dettes provisionnées pour participation des salariés aux résultats	2 903	
	4246	Réserve spéciale de Participation		2 671
	431	Sécurité sociale (8 % 2 903)		232
		Attribution des fonds		
		31/5/N+1		
4246		Réserve spéciale de Participation	2 671	
	512	Banque		2 671
		Affectation des fonds au PEE		

5 L'intéressement

Un accord d'intéressement peut être mis en place de façon facultative. Il a pour objectif d'intéresser financièrement les salariés à l'atteinte d'objectifs. L'**intéressement** doit être collectif (il ne peut pas concerner un seul salarié mais doit concerner l'ensemble des salariés ou une catégorie de salariés) et aléatoire : il ne peut pas s'agir par exemple d'un 13e mois payé de façon sûre et certaine aux salariés ; son paiement doit dépendre de la réalisation d'objectifs fixés dans l'accord d'intéressement négocié entre la direction et les partenaires sociaux.

Les charges sociales pour l'employeur et le salarié bénéficiaire sont calculées selon les mêmes modalités que pour la participation des salariés (*cf. supra*). Si les sommes dues au salarié sont versées sur son Plan Épargne Entreprise et bloquées cinq ans, elles ne sont pas soumises à l'IRPP pour le salarié, dans la limite d'un montant revu chaque année. Si le salarié demande le versement immédiat de l'intéressement, les sommes perçues sont imposées comme un salaire.

Base de calcul

- Bénéfice net (B)
- Capitaux propres (CP)
- Salaires (S)
- Valeur ajoutée - définition spéciale (VA)

Réserve spéciale de participation = ½ x (B – 5% C) x S/CA

Répartition

- De manière uniforme
- Proportionnelle au salaire
- En fonction de l'ancienneté

Versement

- Immédiat (Imposition à l'IRPP + CSG & CRDS)
- Blocage des fonds sur 5 ou 8 ans (Imposition à la CSG & CRDS)

Impôt sur les sociétés et aides aux entreprises

Chapitre 17

COMPÉTENCES ATTENDUES

- **Exposer et appliquer les traitements comptables relatifs au rattachement des charges et des produits.**
- **Évaluer et comptabiliser les opérations citées et plus particulièrement celles se déroulant sur plusieurs exercices.**
- **Analyser les conséquences de l'option choisie, notamment sur la présentation des comptes annuels, et proposer éventuellement un choix, dans une situation donnée.**
- **Présenter les informations à fournir en annexe.**

PLAN DU CHAPITRE

SYNTHÈSE P. 257

APPLICATIONS P. 367

LES RÉFÉRENCES POUR COMPRENDRE LE CONTEXTE

Témoignage de Axel M., fiscaliste émérite

« Dans la vie, il n'y a que deux choses auxquelles on ne peut pas échapper : la mort... et les impôts ! »

Le taux d'IS et ses évolutions actuelles

Pour rester dans la course à la compétitivité des entreprises, l'État français a décidé de baisser son taux normal d'IS afin de le maintenir dans la moyenne européenne.

Aides et crédits d'impôt

L'impôt est un prélèvement sur le bénéfice peu agréable, mais il peut être adouci par des allégements en fonction de situations particulières. (ministère de l'Économie)

La fin du CICE au profit d'un allégement de charges sociales

Le crédit d'impôt pour la compétitivité et l'emploi avait pour objectif de maintenir la compétitivité des entreprises grâce à une ristourne fiscale assise sur la masse salariale.

Sa transformation en allégement de charges sociales permet de rendre plus lisible le coût réel du travail supporté par l'employeur. (ministère des Finances)

1 L'imposition des bénéfices réalisés par la société

A Sociétés de personnes et sociétés de capitaux

Les bénéfices réalisés par une société commerciale sont soumis à l'impôt. Cependant, le régime fiscal diffère selon le statut juridique de la société :

Sociétés de capitaux	Sociétés de personnes (*)
- Impôt sur les bénéfices payé par la société (Impôt sur les sociétés) - Comptabilisation en charges - Affectation du résultat net après impôt	- Les associés sont personnellement imposés sur leur quote-part dans le résultat imposable de la société (donc Impôt sur le revenu s'il s'agit de personnes physiques) - L'impôt sur les bénéfices n'est pas comptabilisé en charges - Affectation du résultat avant impôt

(*) Et SA, SARL et SAS ayant opté pour l'Impôt sur le Revenu (IR), option possible sous conditions.

B Détermination de l'impôt sur les sociétés (IS)

1 Base de calcul de l'IS

L'**impôt sur les sociétés (IS)** est déterminé à partir du **résultat fiscal** avec :

Résultat fiscal = Résultat comptable avant impôt + Réintégrations – Déductions

Les **réintégrations** correspondent à :
- des charges non déductibles, c'est-à-dire non admises par l'Administration fiscale (par exemple les dépenses somptuaires, les provisions pour perte à terminaison...) ;
- des charges dont la déduction fiscale est reportée ultérieurement (par exemple la participation des salariés) ;
- des produits non comptabilisés mais imposables (par exemple la quote-part de résultat dans une société de personnes).

Les **déductions** correspondent à :
- des produits non imposables (par exemple les dividendes perçus en application du régime des sociétés mères et filiales) ;
- des produits dont l'imposition est étalée (par exemple des indemnités d'assurance-vie) ;
- des charges antérieurement comptabilisées et devenues déductibles cette année (par exemple la participation des salariés).

2 Le calcul de l'IS

Pour les exercices du 1er janvier au 31 décembre 2022, le taux normal de l'IS est de 25 %. Il existe en réalité cinq taux de l'IS :

Taux normal	Taux réduit à 0 %	Taux réduit à 15 %	Taux réduit à 19 %
s'applique pour tous les cas où aucun taux réduit ne s'applique	Plus-value nette à long terme réalisée sur les cessions de titres de participation	15 % pour la partie du bénéfice ≤ 38 120 € sous conditions : - CA annuel < 7,63 millions d'euros - capital libéré et détenue à 75 % au moins par des personnes physiques	Cession de titres de participation émis par les sociétés cotées à prépondérance immobilière

Les sociétés dont le chiffre d'affaires excède 7,63 millions doivent en plus s'acquitter de la contribution sociale sur les bénéfices = 3,3 % de l'IS après abattement de 763 000 € sur la base d'IS.

C Comptabilisation et paiement de l'IS

Le paiement de l'IS se fait par le versement de quatre acomptes trimestriels. Le règlement du solide de l'impôt s'effectue en principe au plus tard le 15 du 4e mois suivant la clôture de l'exercice mais pour les sociétés clôturant au 31 décembre cette date limite est repoussée au 15 mai.

1 Comptabilisation des acomptes d'IS

Les acomptes sont versés trimestriellement au cours de l'année de réalisations des bénéfices. Pour une société qui clôture au 31 décembre, les dates limites de paiement sont les suivantes :

Acompte du 15/3/N	Acompte du 15/6/N	Acompte du 15/9/N	Acompte du 15/12/N
1/4(*) de l'IS N-2 (si l'IS N-1 n'est pas encore connu)	1/4 de l'IS N-1 + ajustement du 1er acompte si nécessaire	1/4 de l'IS N-1	1/4 de l'IS N-1

(*) ou 6,25 % du résultat fiscal au taux normal, ce qui revient au même.

Les sociétés concernées doivent aussi verser des acomptes au titre de la contribution additionnelle et de la contribution exceptionnelle.

Les acomptes sont comptabilisés au crédit du compte **512. Banque** et au débit du compte **444. État – Impôt sur les bénéfices**.

Exemple

Les informations concernant l'impôt sur les sociétés de la société TAXY qui clôture ses comptes au 31/12 sont les suivantes :

Année N-2	Année N-1
Résultat fiscal : 120 000	Résultat fiscal : 180 000 (connu le 20/3/N)
IS : 30 000	IS : 45 000

Comptabilisation des acomptes d'IS versés en N (aux dates limite)

		15/3/N		
444		État – Impôt sur les bénéfices (*30 000/4*)	7 500	
	512	Banque		7 500
		Paiement du 1er acompte calculé sur la base de l'IS N-2		
		15/6/N		
444		État – Impôt sur les bénéfices (*45 000 × 2/4 – 7 500*)	15 000	
	512	Banque		15 000
		Paiement du 2e acompte et régularisation du 1er acompte		
		15/9/N		
444		État – Impôt sur les bénéfices (*45 000 × 1/4*)	11 250	
	512	Banque		11 250
		15/12/N		
444		État – Impôt sur les bénéfices (*45 000 × 1/4*)	11 250	
	512	Banque		11 250

2 Enregistrement de la charge d'IS

a. Impôt exigible et impôt différé

La charge d'impôt enregistrée au compte de résultat correspond généralement à l'**impôt exigible**, c'est-à-dire dû à l'Administration fiscale. Ce mode de comptabilisation n'est pas explicitement prescrit par le PCG, mais la plupart des entreprises françaises comptabilisent la charge d'impôt selon cette méthode.

Il serait cependant possible de comptabiliser la charge d'impôt en prenant en compte les décalages temporaires entre le résultat comptable et le résultat fiscal et faisant ainsi apparaître des impôts différés au bilan, à l'instar de ce qui est exigé pour les comptes consolidés ou par les normes IFRS.

Illustration : extrait du rapport annuel 2015 de Société Générale SA (p. 478)

Société Générale utilise la faculté d'enregistrer des impôts différés dans ses comptes annuels. Les impôts différés sont comptabilisés dès lors qu'une différence temporaire est identifiée entre les valeurs comptables retraitées et les valeurs fiscales des éléments de bilan.

Lorsque la société utilise la méthode de l'impôt exigible, des informations sur les impôts différés doivent être communiquées en annexe (*cf. infra*).

b. Résultat fiscal bénéficiaire

Après comptabilisation de la charge d'impôt selon la méthode de l'impôt exigible, deux cas de figure peuvent apparaître :

- premier cas : la charge d'impôt est supérieure aux acomptes versés : la société doit donc s'acquitter du solde de l'IS ;
- deuxième cas : la charge d'impôt est inférieure aux acomptes versés : la société dispose donc d'une créance sur l'État, imputable sur le paiement d'un acompte ou remboursable dans les 30 jours de la liquidation de l'IS.

Exemple

(suite exemple précédent)

On suppose que le résultat fiscal N de TAXY est de 150 000 €. L'impôt exigible s'élève donc à 37 500 €. Or TAXY a déjà versé 45 000 € d'acomptes.

		31/12/N		
695		Impôt sur les bénéfices	37 500	
	444	État – Impôts sur les bénéfices		37 500

Le compte 444. **État – Impôts sur les bénéfices** présente donc un solde débiteur de 7 500 €. TAXY pourra au choix demander le remboursement ou l'imputer sur le paiement du 2e acompte du 15 juin N+1.

Si certains produits bénéficient d'une imposition étalée sur plusieurs années (plus-value à court terme résultat d'une indemnité d'assurance en cas de sinistre ou indemnité d'expropriation), une provision pour impôt doit être constituée.

Exemple

La société BENEF réalise un résultat comptable de 300 000 € en N. Elle a perçu une indemnité d'expropriation de 100 000 € qui peut faire l'objet d'une imposition étalée sur 10 ans.

Résultat fiscal N = 300 000 – 100 000 × 9/10 = 210 000

IS à payer = 210 000 × 25 % = 52 500

Une provision pour impôt de 90 000 × 25 % = 22 500 doit être constituée, correspondant à la charge d'impôt future liée à l'étalement de l'indemnité d'expropriations. Chaque année la provision sera reprise à hauteur de 22 500/9 = 2 500

		31/12/N		
681		Dotation aux provisions pour impôt	22 500	
	155	Provisions pour impôt		22 500

c. Résultat fiscal déficitaire

Lorsque le résultat fiscal est déficitaire, la société ne paie pas d'IS et son résultat déficitaire est **reporté en avant** (régime de droit commun). Dans ce cas, aucune écriture n'est à comptabiliser selon la méthode de l'impôt exigible.

Sous conditions, la société peut effectuer un **report en arrière** de son déficit fiscal. Le report en arrière fait naître une créance sur l'État. Cette créance peut être utilisée pendant 5 ans pour s'acquitter de tous les paiements à effectuer au titre de l'IS (mais pas ceux dus au titre des contributions). Au-delà de 5 ans, la fraction de la créance non utilisée est remboursée. S'agissant d'une véritable créance sur l'État, elle doit être comptabilisée en contrepartie d'un produit l'année de réalisation du déficit fiscal.

Exemple

La société DEFISC soumise à l'IS a réalisé un résultat fiscal de – 300 000 € au 31/12/N. L'ensemble de cette perte fiscale peut-être reportée en arrière, générant ainsi une créance sur l'État de 75 000 € € (*300 000 × 25 %).*

		31/12/N		
444		État - Impôts sur les bénéfices	75 000 €	
	699	Produits - Report en arrière des déficits		75 000 €

D Comptabilisation des crédits d'impôts

Les entreprises bénéficient actuellement de divers crédit d'impôts lorsqu'elles investissent dans certaines activités ou effectuent certaines dépenses tels que :
- le **crédit d'impôt recherche** ;
- le **crédit d'impôt innovation** ;
- le **crédit d'impôt pour la création de jeux vidéos**...

Ces crédits d'impôts sont imputables sur l'IS (ou sur l'IR pour une société non soumise à l'IS) donne lieu à remboursement s'ils excèdent l'impôt exigible (sauf exceptions). Pour la comptabilisation 2 cas de figure sont donc à envisager :

Crédit d'impôt < Impôt exigible	Crédit d'impôt > impôt exigible
Le crédit d'impôt est directement imputé sur l'impôt exigible de l'année. Il vient donc diminuer la charge d'impôt normale	Le crédit d'impôt non imputé génère une créance remboursable par l'État et un produit au compte de résultat
695. **Impôts sur les bénéfices** 444. **État - Impôt sur les bénéfices**	699. **Produits-crédits d'impôts** 444. **État - Impôt sur les bénéfices**

E Informations à fournir en annexe

Les informations suivantes doivent être fournies en annexe concernant l'impôt sur les bénéfices (PCG Art. 831-2) :
- Répartition du montant global des impôts sur le bénéfice entre le résultat courant et le résultat exceptionnel en précisant notamment les bases et taux d'imposition ainsi que les crédits d'impôts et imputations diverses.
- Détail et justification des corrections exceptionnelles de valeurs liées à la législation fiscale et concernant les immobilisations et les actifs circulants.
- Indication, même approximative, de la mesure dans laquelle le résultat a été affecté par des évaluations dérogatoires en vue d'obtenir des allégements fiscaux.

- Montant des dettes et créances d'impôts différées provenant des décalages dans le temps entre le régime fiscal et le traitement comptable de produits ou de charges.
- Précisions sur le montant, la nature et le traitement des créances résultant du report en arrière des déficits.

2 Aides aux entreprises

A Les subventions

Les subventions sont des aides financières versées à l'entreprise par une institution publique, comme la BPI (Banque Publique d'Investissement) par exemple, ou privée, soit ponctuellement pour compenser à court terme certaines pertes ou faire face à certaines charges, soit à plus long terme pour financer un projet.

En général, ces subventions vont donc permettre de soutenir des secteurs en difficulté (ex. : agriculture, pêche) ou jugés stratégiques par l'État (ex. : transport en commun). Elles vont également permettre de soutenir des activités qui ne sont pas considérées comme rentables à court terme mais jugées indispensable sur le long terme.

En fonction de leur nature, l'enregistrement comptable sera différent. La particularité de ces aides est leur caractère non remboursable. Elles sont acquises à l'entreprise qui ne devra généralement pas les rembourser (sauf clause stipulant le remboursement au donateur en cas de succès du projet). C'est la raison pour laquelle on enregistre les subventions de fonctionnement en produit, ou en capitaux propres si elle concerne le long terme.

1 Définitions

Il existe trois types de subventions selon la nature de l'aide apportée.

a. Les subventions d'exploitation

Les subventions d'exploitation permettent de compenser l'insuffisance de certains produits d'exploitation ou à faire face à certaines charges d'exploitation.

Cela peut prendre la forme de primes à l'emploi et ainsi concerner des entreprises du secteur marchand qui embauchent des chômeurs de longue durée par exemple mais également des organismes à but non lucratif, comme des associations, qui ne font pas suffisamment de produits. Dans certains secteurs, comme dans la restauration scolaire, les tarifs pratiqués peuvent être bas pour les usagers car ils sont subventionnés.

b. Les subventions d'équilibre

Elles permettent de compenser une perte globale qu'une entreprise aurait constatée si la subvention ne lui avait pas été accordée. Cela peut concerner notamment des entreprises engagées dans des activités jugées prometteuses mais qui ne sont pas forcément rentables à court terme. Il peut par exemple s'agir d'activités qui participent à des programmes de dépollution et plus généralement au développement durable.

c. Les subventions d'investissement

Les subventions d'investissement (ou d'équipement) permettent de financer un projet à long terme. Ces projets peuvent être divers : concevoir un nouveau produit ou une nouvelle technologie (R&D, innovation), acquérir des équipements spécifiques, recruter de manière significative (investissements), s'implanter dans un nouveau pays ou prospecter une nouvelle zone géographique (développement à l'international).

Les subventions sont traitées différemment, sur le plan comptable, selon la nature de la subvention accordée. On distinguera les subventions de fonctionnement des subventions d'investissement.

2 Traitement comptable des subventions d'exploitation et d'équilibre

Les subventions d'exploitation correspondent à des produits d'exploitation. Elles sont enregistrées dans un compte 74. **Subvention d'exploitation**

Les subventions d'équilibre correspondent à des produits exceptionnels. Elles sont enregistrées dans un compte 7715. **Subvention d'équilibre**.

Les subventions d'exploitation et d'équilibre, qualifiées de subventions de fonctionnement par l'administration fiscale sont soumises à TVA dans deux cas précis : si elles correspondent à une contrepartie d'un service rendu ou à un complément de prix d'une opération imposable à TVA.

Exemple

La gazette de Montpellier reçoit le 15 septembre une notification de la mairie d'une subvention de 15 000 €. Celle-ci sera versée fin octobre. Le journal s'engage à insérer un encart sur les manifestations de la mairie en contrepartie. L'opération est assujettie à TVA.

		15/09/N		
441		État - subventions à recevoir	15 000	
	74	Subventions d'exploitation (*15 000/1,2*)		12 500
	4457	État - TVA collectée		2 500

3 Traitement comptable des subventions d'investissement

La subvention d'investissement est enregistrée au passif dans un compte de capitaux propres de classe 13 (131. **Subventions d'équipement** ou 138. **Autres subventions d'investissement**). La subvention d'investissement n'est généralement pas soumise à TVA.

Il s'agit en quelque sorte d'un produit étalé. On doit donc ultérieurement amortir ce montant sur la durée de vie du projet qu'elle finance. On dit que la subvention est « rapportée au résultat ». Le compte utilisé est un compte de produit 777 Quote-part de subvention virée au résultat : c'est un produit exceptionnel.

On doit distinguer différente étapes : la notification de la subvention d'investissement, son attribution, son imputation au résultat de l'exercice. Enfin, l'immobilisation ayant fait l'objet d'une subvention peut par la suite être cédée.

a. Notification et attribution de la subvention d'investissement

Exemple

Une société va être subventionnée à hauteur de 30 % par la mairie pour un matériel industriel d'un montant de 150 000€ HT. La notification de l'attribution de la subvention est reçue le 15 septembre N et encaissée le 15 octobre N. L'installation technique sera acquise le 1er octobre N et amortie fiscalement sur une durée de 5 ans.

		15/9/N		
441		État - Subvention à recevoir	45 000	
	131	Subvention d'équipement		45 000
		Notification de la subvention [(30 % × (150 000)]		
		1/10/N		
215		Installations techniques	150 000	
44562		État - TVA déductible sur immobilisations (150 000 x 0,2)	30 000	
	404	Fournisseurs d'immobilisations		180 000
		Acquisition des immobilisations		
		15/10/N		
512		Banque	45 000	
	441	État - Subvention à recevoir		45 000
		Encaissement de la subvention		

b. Imputation au résultat de l'exercice

Selon le PCG (Art. 312-1), deux cas sont à prévoir selon que la subvention d'investissement finance une immobilisation amortissable ou non. Mais dans tous les cas, le montant de la subvention repris en résultat dépend du taux de subvention déterminé par le rapport subvention/immobilisation.

Premier cas

La reprise de la subvention d'investissement qui finance une immobilisation amortissable s'effectue sur la même durée et au même rythme que l'amortissement de la valeur de l'immobilisation acquise ou créée au moyen de la subvention.

Fiscalement, le rythme de réintégration de la subvention est déterminé, pour chaque exercice, par le rapport existant entre la dotation annuelle aux amortissements pratiqués à la clôture de l'exercice concerné sur le prix de revient de cette immobilisation et ce même prix de revient. En d'autres termes, un taux identique doit être utilisé à la fois pour le calcul des annuités d'amortissement et la détermination de la part de la subvention à inclure chaque année dans les résultats. La réintégration s'effectue dès l'exercice au cours duquel est pratiquée la première annuité d'amortissement, indépendamment de la perception effective de la subvention.

S'il s'agit d'une immobilisation amortissable décomposable, alors les subventions doivent être ventilées proportionnellement entre les différents composants (Avis 2004-11 du CNC *cf*. CAS n° 4).

Exemple

(suite de l'exemple précédent)

Il faut à présent enregistrer les dotations aux amortissements du matériel technique sachant que la réintégration de la subvention d'investissement se fait au *prorata* des amortissements fiscaux.

Rappel : taux d'amortissement dégressif (2-4 ans = 1,25 ; 5-6 ans = 1,75 ; > 6 ans = 2,25)

Pour les installations techniques d'une durée de 5 ans, on a donc 1/5 × 1,75 = 35 %.

		31/12/N		
681		Dotations aux amortissements-charges d'exploitation	7 500	
	2815	Amortissements des installations techniques (150 000 × (1/5) × 3/12)		7 500
		Comptabilisation de l'amortissement linéaire :		
687		Dotations aux amortissements - charges exceptionnelles	5 625	
	145	Amortissements dérogatoires *(150 000 × 35 % × 3/12) - 7 500*		5 625
		Comptabilisation de l'amortissement dérogatoire :		
139		Subventions d'investissement inscrites au compte de résultat	3 937,5	
	777	Quote-part de subventions d'investissement *(13 125 × 30 %)*		3 937,5
		Réintégration de la subvention d'investissement		

Deuxième cas

La reprise de la subvention d'investissement qui finance une immobilisation non amortissable est étalée sur le nombre d'années pendant lequel l'immobilisation est inaliénable aux termes du contrat. À défaut de la clause d'inaliénabilité, le montant de la reprise est égal au dixième du montant de la subvention. Autrement dit, la subvention d'investissement est amortie sur 10 ans.

c. Cession de l'immobilisation

En cas de cession d'une immobilisation acquise à l'aide d'une subvention, le solde de la subvention doit être rapporté au résultat de l'exercice de cession.

Exemple

(suite de l'exemple précédent)
La société cède le matériel industriel fin mars N+3 au prix de 30 000 € HT.
Le tableau d'amortissement du matériel jusqu'à la cession se présente de la manière suivante :

Année	Valeur début de période	Amortissement dégressif	Amortissement linéaire	Amortissement dérogatoire
N (octobre à décembre)	150 000	150 000 × 35 % × 3/12 = 13 125	150 000 × 20 % × 3/12 = 7 500	5 625
N+1 (année complète)	136 875	136 875 × 35 % = 47 906	150 000 × 20 % = 30 000	17 906
N+2 (année complète)	88 969	88 969 × 35 % = 31 139	150 000 × 20 % = 30 000	1 139
N+3 (janvier à mars)	57 830	57 830 × 50 % × 3/12 = 7 229	150 000 × 20 % × 3/12 = 7 500	- 271
		99 399	75 000	24 399

Rappel : fiscalement l'année d'acquisition compte pour une année complète même lorsqu'il y a application de la règle du prorata. On a donc un plan d'amortissement sur 5 exercices. L'année N+3 il reste donc deux années d'amortissement : le taux d'amortissement linéaire devient supérieur au taux d'amortissement dégressif.
Les soldes sont donc les suivants : VNC du matériel industriel (sur la base d'un amortissement linéaire) : 150 000 - (7 500 + 30 000 + 30 000 + 7 500) = 75 000
En cas de cession, il faut reprendre les amortissements dérogatoires.
Les amortissements dérogatoires ont un solde créditeur de : 5 625 + 17 906 + 1 139 - 271 =24 399
Par ailleurs, une fois la subvention d'investissement entièrement rapportée au compte de résultat, il faut solder les comptes correspondants.
Le compte subvention d'investissement a un solde débiteur de : 45 000 - 29 820 = 15 188
avec 29 820 = 99 399 × 30 % puisque la subvention est reprise sur la base des amortissements dégressifs mais en tenant compte d'un taux de subvention de 30 %.
Les enregistrements sont les suivants :

Débit	Crédit	31/3/N+3	Montant débit	Montant crédit
512		Banque	36 000	
	775	Produit de cession des éléments d'actifs		30 000
	4457	État TVA collectée		6 000
		Cession du matériel		
675		Valeur comptable des éléments d'actifs cédés	75 000	
2815		Amortissements des installations techniques	75 000	
	215	Installations techniques		150 000
		Sortie de l'immobilisation		
145		Amortissements dérogatoires	24 399	
	787	Reprises sur provisions - Produits exceptionnels		24 399
		Reprise des amortissements dérogatoires		
139		Subventions d'investissement inscrites au compte de résultat	15 188	
	777	Quote-part de subvention inscrite virée au compte de résultat		15 188
		Solde de la subvention d'investissement non rapportée au résultat		
131		Subvention d'équipement	45 000	
	139	Subventions d'investissement inscrites au compte de résultat		45 000
		Solde des comptes de subvention		

FOCUS IFRS

La norme IAS 20 « comptabilisation des subventions publiques et informations à fournir sur l'aide publique » ne reconnaît que deux types de subventions : celles liés aux actifs (qui s'apparentent aux subventions d'investissement) et celles liées au résultat (qui s'apparentent aux subventions d'équilibre et d'exploitation). Les subventions d'investissement ne figurent jamais en capitaux propres mais viennent généralement déduire la valeur comptable de l'actif enregistré au bilan.

B Les abandons de créance

L'abandon de créance est défini par la doctrine fiscale comme la renonciation volontaire par une entreprise à exercer les droits que lui confère l'existence d'une créance chez une autre entreprise. Les entreprises n'ont pas besoin de faire partie du même groupe. L'entreprise bénéficiaire enregistre alors un produit tandis que celle qui y consent comptabilise une charge.
L'abandon de créance nécessite une équivalence des comptabilités entre l'entreprise créancière (celle qui renonce) et l'entreprise débitrice (celle qui bénéficie). Ainsi, préalablement à l'abandon, doivent être enregistrées, d'une part, une créance pour un montant déterminé et, d'autre part, une dette d'égal montant. De même, après l'abandon, la perte constatée chez le créancier doit être équivalente au profit enregistré chez le débiteur.

1 Définitions

Le régime des abandons de créance est déterminé par leur nature commerciale ou financière.

a. Abandons de créance de nature commerciale

L'abandon de créance est considéré de nature commerciale si la créance concerne deux entreprises partenaires unis dans les relations d'affaires et que la décision est motivée par l'intérêt que présente la poursuite de la relation existante. Par exemple, l'une est cliente de l'autre. Il s'agit alors de préserver les débouchés ou les approvisionnements.

b. Abandons de créance de nature financière

L'abandon de créance est considéré de nature financière si aucun lien commercial ne lie les deux entreprises. Les motivations sont strictement financières. Il peut s'agir par exemple d'éteindre un prêt ou d'annuler une avance. Dans ce cas de figure, il s'agit d'aides au sein d'un même groupe, entre une société mère et sa filiale.
Il peut néanmoins être délicat de trancher sur la nature de la relation notamment lorsque des relations commerciales et financières existent entre les deux entreprises. Dans ce cas, c'est la motivation de l'entreprise qui consent à l'abandon qui sera déterminante. Si l'aspect commercial est prédominant, alors il sera nécessaire de qualifier l'abandon de commercial.

2 Traitement comptable

a. Créance de nature commerciale

Dans le cas des abandons de créance de nature commerciale, l'opération est considérée comme exceptionnelle. Fiscalement les abandons de créance n'ayant pas été conclus dans l'intérêt de l'exploitation sont considérés comme des actes de gestion anormaux et à ce titre ne sont pas soumis à TVA. Elles pourraient être soumises à TVA s'il y avait par exemple un service rendu en contrepartie de l'abandon de créance.

Exemple

Le 1er avril N, une entreprise X abandonne une créance commerciale d'une valeur de 100 000 € au profit de son client l'entreprise Y. Ce geste s'explique par le fait que l'entreprise Y pourrait être amenée à déposer le bilan et priverait ainsi X d'un débouché pour ses produits. L'opération est donc soumise à TVA.

		1er avril N		
6788		Charges exceptionnelles diverses (*100 000/1,2*)	83 333	
4456		État TVA collectée	16 667	
	411	Clients		100 000
		Enregistrement chez la société X qui consent à l'abandon		
		1er avril N		
401		Fournisseur	100 000	
	4457	État, TVA collectée		16 667
	7788	Produits exceptionnels divers		83 333
		Enregistrement chez la société Y qui bénéficie de cet abandon		

b. Créances de nature financière

Dans le cas des abandons de créance de nature financière, il faut constater un produit exceptionnel chez la société qui bénéficie de l'abandon et une charge financière chez la société qui consent à l'abandon.

Concernant les aspects fiscaux relatifs aux abandons de créance, les charges ne sont plus déductibles chez la société qui consent à l'abandon, sauf cas particulier (société en redressement judiciaire par exemple), se reporter au CAS n° 5 « Abandons de créance » dans la partie Applications.

Exemple

Une société mère X détient une participation dans une filiale Y à hauteur de 70 %. Après les pertes de sa filiale, la société mère décide de l'aider en abandonnant une créance (un prêt) d'une valeur de 200 000 € le 15/01/N.

		15/01/N		
664		Pertes sur créances liées à des participations	200 000	
	267	Créances rattachées à des participations		200 000
		Enregistrement chez la société X qui consent à l'abandon		
		15/01/N		
171		Dettes rattachées à des participations (groupe)	200 000	
	7788	Produits exceptionnels divers		200 000
		Enregistrement chez la société Y qui bénéficie de cet abandon		

Dans certains cas, les abandons de créances peuvent être assortis de certaines clauses, telle que la clause de « retour à meilleure fortune ». Celle-ci obligerait l'entreprise bénéficiaire à rembourser ultérieurement si sa situation s'améliore. Dans ce cas, les tiers doivent en être informés et l'information doit figurer en annexe.

L'impôt sur les **sociétés**

	Sociétés de capitaux	Sociétés de personnes
	Soumises à l'IS	Les associés seront imposés à l'IRPP
Base de calcul	Résultat fiscal = Résultat comptable avant impôt + Réintégrations – Déductions	Résultat fiscal = déterminé en fonction des règles relatives aux revenus catégoriels

Détermination de l'impôt

Principe	**Taux réduit 0%**	**Taux réduit 15%**	**Taux réduit 19%**
Taux normal si aucun autre taux ne s'applique (25% exercice ouvert à partir de 2022)	Plus-value nette à long terme sur cessions de titres de participation	Applicable sur la part du bénéfice <38210€ **si** : - CA < 7,63M - Capital libéré - Capital détenu à 75% par des personnes physiques	Applicable aux cessions de titres cotés à prépondérance immobilière

Impôt exigible / remboursement = Impôt calculé – crédit d'impôt

Les variations du capital social

Chapitre 18

COMPÉTENCES ATTENDUES

- **Exposer et appliquer les règles relatives aux opérations de variation des capitaux propres des sociétés selon leur forme juridique.**
- **Analyser les opportunités et les risques d'une modalité d'augmentation de capital**
- **Évaluer et comptabiliser les variations de capitaux propres dans les comptes individuels.**
- **Analyser les conséquences d'un choix de comptabilisation, notamment sur la présentation des comptes annuels, dans une situation donnée.**
- **Présenter les informations à fournir en annexe.**

PLAN DU CHAPITRE

SYNTHÈSE P. 272

APPLICATIONS P. 370

LES RÉFÉRENCES POUR COMPRENDRE LE CONTEXTE

Témoignage de Samet BEN KASSIM, associé unique d'une SASU dans le secteur de la restauration rapide

« À la création de ma société en 2018, j'avais cru bon de ne prévoir qu'un capital de 1 € comme la loi le permet. Il me semblait que c'était plus simple et flexible car je pouvais apporter les 12 000 € dont je disposais en compte courant et ne pas les bloquer. Mais quand, en 2020, j'ai dû, pour faire face à la crise sanitaire, faire un emprunt bancaire, j'ai eu des surprises. Mon conseiller bancaire m'a signifié qu'il fallait d'abord que j'apporte des fonds en capital pour pouvoir prétendre à un prêt... »

Témoignage d'Alice PANEL, experte-comptable

« Il faut parfois être pédagogue. Certains clients, petits commerçants ou créateurs de PME, ne comprennent pas les enjeux liés au capital social. Leur société n'a pas besoin que de disposer de trésorerie sur un compte bancaire, les fonds propres sont les premières ressources d'une entreprise et un gage pour les prêteurs. Les associés doivent prendre des risques s'ils veulent avoir le contrôle de leur activité. »

Principaux aspects développés dans ce chapitre

Capital social
- Apports initiaux à la constitution
- Augmentation, réduction et amortissement du capital

Frais
- Traitement des frais liés aux opérations sur le capital

Cas particuliers
- Versements anticipés et défaillance
- Bon de souscription d'actions et droits d'attribution

1 Constitution de la société

A Les formalités juridiques

La création d'une société commerciale nécessite en premier lieu la rédaction des statuts qui doivent ensuite être signés par les différents associés. Les statuts sont ensuite déposés au greffe du tribunal de commerce pour permettre l'immatriculation au ***Registre du commerce et des sociétés* (RCS)**. La société est considérée comme constituée à compter de la date de signature des statuts par les associés mais elle est dotée d'une personnalité morale seulement à la date de son immatriculation au RCS.
Les statuts correspondent aux règles de fonctionnement de la société et comprennent un certain nombre d'informations obligatoires, parmi lesquelles le montant et la nature des apports réalisés par les actionnaires ainsi que le montant du capital social.

B Nature et libération des apports effectués par les associés

Les associés peuvent effectuer différents types d'apports :
- ***apports en numéraire***, c'est-à-dire des liquidités ;
- ***apports en nature***, c'est-à-dire des immeubles, des biens mobiliers, des fonds de commerce, des titres d'une autre société... Les apports en nature effectués à des sociétés par actions doivent être obligatoirement validés par un commissaire aux apports nommé par le tribunal de commerce. Cette formalité n'est pas obligatoire dans les SARL et les SAS à condition qu'aucun bien n'ait une valeur excédant 30 000 € et que la valeur l'ensemble des biens apportés en nature n'excède pas la moitié du capital social ;
- ***apports en industrie*** : il s'agit d'apports en savoir-faire, possibles uniquement dans les SARL, SA et SNC. Ces apports ne sont pas pris en compte dans la formation du capital social car ils ne peuvent être saisis par les créanciers et ne confèrent que des droits financiers. Ils ne se traduisent par aucune écriture comptable.

Les modalités de libération diffèrent en fonction du type de sociétés et d'apports. En échange de leurs apports, les associés reçoivent des actions ou des parts sociales.

Type de sociétés	**Sociétés de personnes** (SNC et sociétés en commandite simple)	**Sociétés à responsabilité limitée** (SARL et EURL)	**Sociétés de capitaux** (SA, SCA, SAS, SASU)
Type de droits sociaux émis	Parts sociales	Parts sociales	Actions
Capital minimum	Aucun	1 €	SAS et SASU : 1 € SCA et SA : 37 000 €
Libération des apports en numéraire	Fixée librement par les statuts	20 % minimum à la souscription, le solde dans les 5 ans	50 % minimum à la souscription, le solde dans les 5 ans
Libération des apports en nature	100 % à la souscription	100 % à la souscription	100 % à la souscription

C Le traitement comptable des opérations de constitution

L'enregistrement des apports suit différentes étapes illustrées par l'exemple suivant

Exemple

Trois associés, Henri, Paul et John créent la SARL JAVA le 2/1/N (date d'immatriculation au RCS). Les promesses d'apports des trois associés sont les suivantes :
Henri effectuera un apport de 5 000 € en numéraire, John apportera 15 000 € en numéraire et John apportera du mobilier de bureau d'une valeur de 14 000 € et un apport en numéraire de 16 000 €. Les apports en numéraire seront libérés du minimum légal à la souscription. Le solde des apports en numéraire est appelé le 23/12/N+1 et les associés effectuent les versements le 30/12/N+1. La valeur nominale attribuée à chaque part sociale est de 10 €.

Étape 1 : Les promesses d'apport

		2/1/N		
45611		Associés – Apports en nature	14 000	
45615		Associés-Apports en numéraire 20 % (5 000 + 15 000 + 16 000)	7 200	
	1012	Capital souscrit, appelé, non versé		21 200
		2/1/N		
109		Actionnaires-capital souscrit non appelé 80 % × 36 000	28 800	
	1011	Capital souscrit, non appelé		28 800

Étape 2 : la réalisation des apports

		2/1/N		
218		Autres immobilisations corporelles	14 000	
512		Banque	7 200	
	45611	Associés – Apports en nature		14 000
	45615	Associés – Apports en numéraire		7 200

Extrait du bilan de la société après la réalisation des apports

ACTIF		PASSIF	
Actionnaires – Capital non appelé	28 800	Capital social (*dont versé : 21 200*)	50 000

Étape 3 : les appels ultérieurs des apports en numéraire

		23/12/N+1		
45621		Actionnaires-Capital souscrit et appelé, non versé	28 800	
	109	Actionnaires-Capital souscrit, non appelé		28 800
		23/12/N+1		
1011		Capital souscrit, non appelé	28 800	
	1012	Capital souscrit, appelé, non versé		28 800

		30/12/N+1		
512		Banque	28 800	
	45621	Actionnaires-Capital souscrit et appelé, non versé		28 800
		Associés-Apports en numéraire		
1012		Capital souscrit, appelé, non versé	28 800	
	1013	Capital souscrit, appelé, versé		28 800

D Cas particuliers : versements anticipés et actionnaires défaillants

1 Versement anticipés

Si les statuts le prévoient, les associés peuvent libérer leurs apports en numéraire par anticipation. Dans ce cas, le compte 4564. **Associés-Versements anticipés** est crédité en contrepartie du compte Banque, puis débité au fur et à mesure des appels.

Exemple

(d'après DECF 2007)
La SA « BOUTICYCLE » a été constituée le 2 janvier N.
Le capital de 100 000 € est composé de 5 000 actions de 20 € de valeur nominale. Les apports seront effectués en numéraire. Le capital est libéré du minimum légal par versements chez Maître PAUL, notaire, le 5 janvier N.
À cette date, un actionnaire possédant 200 actions libère la totalité de son apport.

	2/1/N		
109	Actionnaires-Capital souscrit, non appelé	50 000	
45615	Actionnaires-apports en numéraire (*100 000 € × 50 %*)	50 000	
1011	Capital souscrit non appelé		50 000
1012	Capital souscrit, appelé, non versé		50 000
	5/1/N		
467	Notaire, Maître Paul (4 800 actions × 10 € + 200 actions × 20 €)	52 000	
45615	Actionnaires-apports en numéraire		50 000
4564	Associés-versements anticipés (200 actions × 10 €)		2 000

2 Actionnaires défaillants

Lorsqu'un actionnaire ne verse pas à la date fixée les sommes appelées, la société doit lui adresser une mise en demeure de payer par lettre recommandée. Sans réponse au bout d'un mois, l'actionnaire est qualifié de défaillant, ce qui autorise la société à vendre ses actions. La société peut imputer à l'actionnaire défaillant des intérêts de retard et des frais de vente. Le produit de la vente des actions revient à la société à concurrence de ce qui lui est dû par l'actionnaire défaillant.

Exemple

(d'après DECF 2007, suite)
Le 1er juin N, la SA « BOUTICYCLE » demande à ses actionnaires de libérer le solde du capital. Les actionnaires se libèrent le 5 juin N sauf un actionnaire, monsieur Alain qui possède 100 actions. Après une mise en demeure restée sans réponse, la SA « BOUTICYCLE » vend, le 20 juillet N, les 100 actions de l'actionnaire Alain à un nouvel actionnaire monsieur Pierre pour un prix global de 2 200 €.
Les frais à la charge de monsieur Alain comprennent :
- **des intérêts de retard pour 10 € ;**
- **des frais divers pour 7 €.**

Le 25 juillet N, le solde du compte de l'actionnaire Alain lui est remboursé par chèque bancaire.

	1/6/N		
45621	Actionnaires-capital souscrit, appelé non versé	50 000	
109	Actionnaires-Capital souscrit, non appelé		50 000
1011	Capital souscrit, non appelé	50 000	
1012	Capital souscrit, appelé, non versé		50 000

>>>

>>>

	5/6/N		
512	Banque	47 000	
4564	Associés-versements anticipés	2 000	
45621	Actionnaires-capital souscrit, appelé, non versé		49 000
4566	Actionnaires défaillants	1 000	
45621	Actionnaires-capital souscrit, appelé, non versé		1 000
1012	Capital souscrit, appelé, non versé	49 000	
1013	Capital souscrit, appelé, versé		49 000
	20/7/N		
512	Banque	2 200	
4566	Actionnaires défaillants		2 200
	25/7/N		
4566	Actionnaires défaillants	1 200	
763	Revenus des autres créances		10
791	Transfert de charges		7
512	Banque (*paiement du solde à Alain*)		1 183

E Traitement comptable des frais de constitution

Les **frais de constitution** comprennent l'ensemble des frais légaux (honoraires du notaire et du commissaire aux apports, droits d'enregistrement, publicité dans un journal d'annonces légales et les éventuelles commissions versées aux banques ayant assuré le placement des actions dans le public. Ces frais sont comptabilisés en charges selon la méthode de référence du PCG mais peuvent sur option être comptabilisés en frais d'établissement (**2011. Frais de constitution**). Ils sont alors amortis sur cinq ans maximum et aucun dividende ne pourra être distribué tant qu'ils ne seront pas complètement amortis.

2 Les augmentations de capital

Sur le plan économique, une augmentation de capital peut avoir deux objectifs :
- Financer le développement de l'entreprise (nouveaux investissements...). L'apport en capital est l'une des sources de financement possible avec l'endettement (bancaire, obligataire ou par l'utilisation de contrats de location).
- Restructurer ou consolider la capital sans faire appel à de nouveaux apports : augmentation de capital par incorporation de réserves, par conversion de créances.

A Augmentation de capital par apports nouveaux

1 Modalités

Une augmentation de capital peut être réalisée, après accord de l'assemblée générale extraordinaire et à condition que le capital social existant soit entièrement libéré (sauf en cas d'apports en nature), selon deux modalités :
- par émission d'actions nouvelles (cas le plus fréquent) ;
- par élévation de la valeur nominale.

Pour une émission d'actions nouvelles, il faut donc fixer le **prix d'émission** : il est égal à la valeur nominale majorée d'une éventuelle **prime d'émission**. Il est donc impossible d'émettre des actions en dessous de la valeur nominale. D'un point de vue économique, le prix d'émission ne peut pas excéder la valeur réelle de l'action (qui correspond à son cours de bourse si la société est cotée ou à une valorisation effectuée selon les méthodes financières d'évaluation utilisées par les experts si la société n'est pas cotée).
Comme lors de la constitution, les apports peuvent être effectués en numéraire ou en nature. Les modalités de libération des apports diffèrent cependant pour les sociétés de capitaux et la SARL.

Type de sociétés	SNC, SCS	SA, SCA, SAS, SASU	SARL, EURL
Augmentation de capital : libération des apports en numéraire	Fixée librement par les statuts	25 % minimum de la valeur nominale + 100 % de la prime d'émission à la souscription, le solde dans les 5 ans	25 % minimum de la valeur nominale. Le solde est à verser dans les 5 ans. Les associés peuvent prévoir de façon libre un échelonnement du versement de la prime d'émission
Augmentation de capital : libération des apports en nature	100 % à la souscription	100 % à la souscription	100 % à la souscription

2 Le droit préférentiel de souscription

a. Raison d'être du DPS

Lors d'une augmentation de capital par émission d'actions nouvelles dans une société par actions, un **droit préférentiel de souscription (DPS)** est attaché à chaque action ancienne. Ce DPS permet à l'actionnaire de souscrire en priorité les actions nouvelles et de maintenir ainsi son taux de détention. L'actionnaire peut aussi décider de vendre son DPS s'il ne souhaite pas souscrire, ce qui lui permettra de compenser l'éventuelle perte de valeur subie par l'action du fait de l'augmentation de capital (systématique si le prix d'émission des actions nouvelles est inférieur à la valeur réelle de l'action). Le DPS permet donc à l'actionnaire de ne pas être lésé en cas d'augmentation de capital. Il peut cependant être supprimé dans certains cas particuliers, avec l'accord des actionnaires. Il n'existe pas obligatoirement dans les SARL et les SNC mais les statuts peuvent le prévoir.
Lorsqu'un investisseur souscrit des actions nouvelles en disposant du nombre de DPS nécessaires, la souscription est dite à **titre irréductible**, c'est-à-dire que la société émettrice est obligée de lui vendre les actions.
S'il ne dispose pas du nombre de DPS nécessaires (car certains actionnaires ne les ont pas vendus) et si l'AGE l'a prévu, il peut demander tout de même à acheter des actions et dans ce cas la souscription est dite à **titre réductible** car il ne pourra obtenir que les actions disponibles.

b. Valeur théorique de négociation du DPS

Le prix de vente du DPS doit en principe permettre à un actionnaire ne souhaitant pas participer à une augmentation de capital de ne pas subir de perte de valeur sur son patrimoine actions du fait de l'émission d'actions à un prix inférieur à la valeur économique de l'action avant l'augmentation de capital.

Exemple

La société DOP est une SA cotée en bourse, au capital social de 1 000 000 actions, de valeur nominale 5 €. La valeur économique de l'action à fin janvier N est estimée à 60 €. Fin janvier N, DOP procède à une augmentation de capital en numéraire par émission de 250 000 actions nouvelles, émises à 50 €.
M. Richard détient 10 % des actions de DOP avant l'augmentation de capital et ne souhaite pas acheter d'actions nouvelles et il vend ses DPS à leur valeur théorique.
La valeur théorique de DPS permet de compenser la perte de valeur subie par l'action du fait de l'émission d'actions à un prix inférieur à sa valeur économique.
Valeur économique de l'action après augmentation de capital :
(1 000 000 × 60 €) + (250 000 × 50 €)]/1 250 000 = 58 €
Le DPS devrait donc se négocier à 60 € - 58 € = 2 €
Autre raisonnement : 1 000 000 DPS (1 DPS par action ancienne) permettent de souscrire 250 000 actions nouvelles, il faut donc 4 DPS pour acquérir une nouvelle action à 50 €.
On peut donc écrire : 4 DPS + 50 € = 58 €, un DPS devrait donc se négocier à 2 €.

Patrimoine de M. Richard

Avant l'augmentation de capital	Après l'augmentation de capital
Actions DOP : 100 000 actions à 60 €	Actions DOP : 100 000 à 58 € + Vente DPS : 100 000 à 2 €
Total : 6 000 000 €, Taux de détention : 10 %	Total : 6 000 000 € Taux de détention : 8 %

3 La comptabilisation de l'augmentation de capital par apports nouveaux

Le traitement comptable est très proche des opérations de constitution.
La prime d'émission, cependant doit être enregistrée dans un compte distinct du capital social.
Les frais d'augmentation de capital peuvent être comptabilisés selon trois méthodes :
- Imputation sur la prime d'émission pour leur montant net d'impôt (méthode préférentielle). Si la prime d'émission est insuffisante, les frais sont enregistrés en charges. Cette méthode est la seule autorisée dans les comptes consolidés en normes françaises et en normes IFRS.
- Enregistrement en charges.
- Inscription à l'actif en frais d'établissement (**2013. Frais d'augmentation de capital**) et amortissement par fractions égales sur une durée maximum de cinq ans.

Exemple

(suite exemple précédent)
L'augmentation de capital initiée par DOP est intégralement souscrite le 31 janvier N. Les frais d'augmentation de capital s'élèvent à 210 000 €. Les apports sont intégralement appelés et libérés à la souscription. Les fonds sont récoltés par la banque S entre le 1er février et le 1er mars N. Les frais d'augmentation de capital sont prélevés par la banque le 2 mars N. Le taux d'IS s'élève à 33 1/3 %

		Du 1/2/N au 1/3/N		
512		Banque (*250 000 × 50 €*)	12 500 000	
	4563	Associés-Versements reçus sur augmentation de capital		12 500 000
		1/3/N		
4563		Associés-Versements reçus sur augmentation de capital	12 500 000	
1013		Capital souscrit, appelé, versé (*250 000 × 5 €*)	1 250 000	
	1041	Primes d'émission (*250 000 × 45 €*)		11 250 000

>>>

>>>

Hypothèse 1 : les frais d'augmentation de capital sont imputés nets d'impôt sur la prime d'émission

	2/3/N		
1041	Primes d'émission (210 000 × 66 2/3 %)	140 000	
695	Impôts sur les bénéfices	70 000	
512	Banque		210 000

Hypothèse 2 : les frais d'augmentation de capital sont comptabilisés en charges

	2/3/N		
622	Rémunérations d'intermédiaires et honoraires	210 000	
512	Banque		210 000

Hypothèse 3 : les frais d'augmentation de capital sont enregistrés en frais d'augmentation de capital et amortis par fractions égales sur 5 ans (durée maximum).

	2/3/N		
2013	Frais d'augmentation de capital	210 000	
512	Banque		210 000
	31/12/N		
6811	Dotations aux amortissements des immobilisations incorporelles et corporelles (210 000/5 ans)	42 000	
28013	Amortissement des frais d'augmentation de capital		42 000

Il serait aussi possible d'enregistrer les frais d'augmentation de capital en charges dans un 1er temps, puis au 31/12 de les constater en compte 2013. **Frais d'augmentation de capital** *en contrepartie du compte 72.* **Production immobilisée.**

4 L'augmentation de capital avec émission de bons de souscription d'actions

a. Définition

Les **bons de souscription d'actions (BSA)** sont des instruments financiers émis à titre onéreux par une société qui permettent aux détenteurs d'acheter des actions de la société émettrice à un prix fixé sur une période donnée. Si la société est cotée en bourse, les BSA sont des valeurs mobilières également négociables sur un marché réglementé. Pour la société émettrice, l'émission de BSA permet de réaliser une augmentation de capital en deux temps, si les bons sont exercés. Il est aussi fréquent qu'une société cotée émette des BSA au profit de certains salariés ou mandataires sociaux. Lorsque les BSA sont émis conjointement avec des obligations (on parle alors d'**obligations à bons de souscription d'actions, OBSA**), l'intérêt pour l'émetteur est aussi de pouvoir emprunter à moindre coût (cf. chapitre Les dettes financières).

Pour les souscripteurs, c'est une valeur mobilière qui permet de spéculer sur l'action avec un effet de levier (cf. chapitre Les actifs financiers).

b. Comptabilisation des BSA

Lors de l'émission, les BSA sont comptabilisés en prime d'émission. Cette comptabilisation est maintenue que les BSA soient exercés ou non.

Exemple

La société SAB émet 10 000 BSA au prix unitaire de 5 € le 15/1/N. Chaque BSA permettra de souscrire une nouvelle action SAB au prix de 35 € et de valeur nominale 1 € entre le 1/6/N et le 31/12/N+1. Le 31/12/N+1, l'intégralité des BSA est exercée (par simplification on suppose qu'il n'y a aucun frais d'augmentation de capital et que les actions sont intégralement libérées le 31/12/N+1).

>>>

>>>

		15/1/N		
512		Banque (*10 000 × 5 €*)	50 000	
	1045	Prime d'émission - Bons de souscription d'actions		50 000
		d°		
512		Banque (*10 000 × 35 €*)	350 000	
	101	Capital (*10 000 × 1 €*)		10 000
	104	Capital souscrit appelé non versé		340 000

B Les augmentations de capital sans apports nouveaux

Il s'agit des augmentations de capital par incorporation de réserves, par conversion de créances ou par paiement du dividende en actions.

1 Augmentation de capital par incorporation de réserves

a. Pourquoi réaliser une augmentation de capital par incorporation de réserves ?

Elle ne permet pas en effet à la société d'obtenir de nouvelles ressources. Elle est en général effectuée pour l'une des deux raisons suivantes :

- Renforcer la crédibilité financière de la société vis-à-vis des tiers : une fois incorporées au capital, les réserves ne pourront plus jamais être distribuées aux actionnaires.
- Pour les sociétés cotées elle permet surtout d'augmenter le nombre de titres en circulation, c'est-à-dire les achats et ventes réalisées sur le marché (liquidité). Elle est aussi utilisée par les sociétés pour remercier les investisseurs fidèles sans réaliser une distribution de dividendes qui se traduirait par une sortie de trésorerie à l'instar de la société Interparfums :

Exemple

Interparfums
Pour la 16e année consécutive, Interparfums va procéder à une attribution gratuite d'actions nouvelles au profit de ses actionnaires pour les remercier de leur fidélité et de leur engagement sur le long terme. Le conseil d'Administration du 22 mai N a décidé d'augmenter le capital social par incorporation réserves en émettant 2 915 998 actions nouvelles qui seront attribuées gratuitement aux actionnaires à raison d'UNE action nouvelle pour DIX actions détenues. Ces actions nouvelles seront admises à la date du 22 juin N aux négociations sur le marché Euronext Paris.

Source : www.interparfums.fr

b. Les conditions juridiques

La décision d'augmenter le capital social par incorporation de réserves est prise à la majorité simple. L'augmentation de capital de capital peut être effectuée par :

- attribution d'actions gratuites (cas le plus fréquent) ;
- augmentation de la valeur nominale.

En cas d'émission d'actions gratuites, **un** droit d'attribution (DA) est attaché à chaque action ancienne. S'il est exercé, il permet à l'actionnaire de recevoir des actions gratuites à concurrence de son taux de détention. Il peut aussi être vendu, tout comme le DPS.

Toutes les réserves peuvent être incorporées au capital social, y compris la réserve légale et les primes d'émission. En cas d'attributions gratuites, les actions sont émises à la valeur nominale

c. La comptabilisation

En cas d'attribution gratuite, les actions peuvent être en théorie émises à la valeur nominale majorée d'une prime d'émission. Cependant, en pratique, les actions sont souvent émises à la valeur nominale afin de ne pas reconstituer une prime d'émission qui serait distribuable. Le montant des réserves incorporées est débité du ou des comptes correspondant puis porté au crédit du compte capital social.

Exemple

(suite exemple précédent)
Au 21 juin N, le capital social d'Interparfums est de 2 915 998 actions d'une valeur nominale de 3 €. L'augmentation de capital est réalisée par incorporation d'autres réserves.

		22 juin N		
1068		Autres réserves (2 915 998 × 3 €)	8 747 994	
	101	Capital social		8 747 994

2 Augmentation de capital par conversion de créances

L'objectif pour la société d'une telle opération est de se désendetter sans effectuer de sortie de trésorerie. Le créancier à l'origine de cette conversion est souvent le banquier qui préfère devenir actionnaire, du moins temporairement, plutôt que de mettre la société en cessation de paiement en exigeant le remboursement de sa créance.
La conversion de créances est possible à condition que la créance soit liquide et exigible et que le capital social soit intégralement libéré. Les actionnaires actuels ne bénéficient pas de DPS.

3 Réduction et amortissement du capital

L'AGE peut décider de réduire la capital soit pour apurer des pertes soit parce que le capital social est jugé trop élevé par rapport aux besoins de la société. Dans tous les cas, le commissaire aux comptes doit vérifier les causes et conditions de la réduction.

A Réduction de capital par apurement des pertes

1 Les raisons de la réduction de capital

Lorsque les capitaux propres d'une société par actions sont devenus inférieurs à la moitié du capital social du fait de pertes cumulées, la société dispose d'un délai de 2 ans à compter de l'AGE ayant décidé de la poursuite de l'activité, pour ramener les capitaux propres à leur minimum légal. La solution la plus simple est alors d'imputer les pertes non imputables aux réserves sur le capital social.
Lorsque la valeur réelle/mathématique de l'action est devenue inférieure à sa valeur nominale du fait de pertes cumulées, il est nécessaire de réduire le capital par apurement de pertes avant l'entrée au capital d'un tiers qui effectue de nouveaux apports. Cette opération est généralement appelée « **coup d'accordéon** »: une réduction du capital immédiatement suivie d'une augmentation.

2 La comptabilisation

La réduction de capital peut être réalisée par diminution de la valeur nominale ou par annulation d'actions.

Exemple

Les capitaux propres de la société RÉDUC au 31/12/N sont les suivants :

Capital social	100 000 (10 000 actions à 10 €)
Report à Nouveau	(40 000)
Total Capitaux Propres	**60 000**

>>>

>>> Au 1/1/N+1, M. Bruno est prêt à entrer au capital de RÉDUC en apportant 84 000 € en numéraire, sur la base de la valeur réelle de l'action RÉDUC qui est de 6 €. L'apport de M. Bruno est intégralement libéré à la souscription.
Même si les capitaux propres sont supérieurs à la moitié du capital social ici, une réduction de capital est nécessaire préalablement à l'augmentation de capital, afin que M. Bruno obtienne le taux de détention souhaité (il apporte 84 000 € à une société qui en vaut 60 000 €, il devrait donc détenir après l'opération : 84 000/(84 000 + 60 000) = 58,33 %). Il s'agit donc d'un coup d'accordéon.

Étape 1 : réduction de capital de 40 000 €

La valeur nominale de chaque action est réduite de 40 000 €/ 10 000 actions = 4 €.
Le capital social passe donc à 60 000 €, soit 10 000 actions à 6 €. *Nous aurions pu aussi choisir d'annuler 4 000 actions (40 000 €/10), obtenant ainsi un capital de 6 000 actions à 10 €.*

		1/1/N+1		
101		Capital social	40 000	
	119	Report à nouveau débiteur		40 000

Pour les actionnaires actuels, cette opération n'a pas d'incidence financière car la valeur réelle de l'action était déjà de 6 €. Simplement tout se passe maintenant comme si leur apport initial n'avait été que de 6 €, ce qui va contribuer à les diluer plus fortement lors de l'entrée au capital de M. Bruno.

Étape 2 : augmentation de capital réservée à M. Bruno

En rémunération de son apport, M. Bruno reçoit : 84 000/6 € = 14 000 actions. On comptabilise normalement l'augmentation de capital chez REDUC.
Après ce « coup d'accordéon », les capitaux propres de RÉDUC sont les suivants :

Capital social :	144 000 (24 000 actions à 6 €)
Total Capitaux Propres	**144 000**

M. Bruno détient 14 000 actions sur 24 000, soit 58,33 %
Soit un actionnaire X qui détenait 20 % du capital avant l'opération, il détient maintenant 8,33 % du capital (2 000 actions/24 000 actions).

B Réduction de capital non motivée par des pertes

1 Les raisons

Lorsque l'activité d'une société se réduit (cession d'une activité...), le capital social apparaître trop élevé par rapport aux besoins de la société et il peut alors être opportun d'en restituer une partie aux actionnaires.

Dans les sociétés cotées, les réductions de capital sont généralement réalisées dans le cadre d'opérations relutives : suite à l'annulation d'actions, les indicateurs par action tels que le cours de bourse, le bénéfice par action ou le dividende par action devraient mécaniquement augmenter. L'annulation d'actions permet aussi d'augmenter le taux de détention des actionnaires qui conservent leurs actions. Légalement, une société ne peut détenir plus de 10% de ses propres titres.

Le cas se présente également dans les fusions-acquisitions, lorsque la cible détient des titres de l'initiatrice. À la réalisation des apports, l'initiatrice reçoit ses propres actions qu'elle peut (ou doit si le seuil de 10% est atteint) annuler.

2 Comptabilisation

La réduction de capital peut être réalisée :

- Soit par remboursement direct aux associés, on débite alors le compte 101. **Capital social** par le crédit du compte 4567. **Associés-capital à rembourser**. Cette opération est relativement rare dans la pratique.

– Soit par rachat d'actions propres puis annulation. Cette opération est limitée à 10 % du capital, compte tenu du seuil légal. Pour pouvoir racheter ses propres actions la société doit d'autre part disposer de réserves (y compris les primes d'émission) autres que la réserve légale, d'un montant au moins égal à la valeur des actions propres qu'elle détient.

Exemple

Au 31/12/N, les capitaux propres de la SA RAP (cotée en bourse) se présentent ainsi en milliers d'euros :
Capital social : 100 000 (10 000 actions, de valeur nominale 10 €)
Réserve légale : 10 000
Autres réserves : 800 000
Résultat N : 50 000
Total Capitaux Propres : 960 000
Le 10 janvier N+1, RAP acquiert 200 000 actions au cours de 70 €. Ces actions sont ensuite annulées (réduction de capital).

		10 janvier N+1		
277		Actions propres (200 000 × 70 €)	14 000 000	
	512	Banque		14 000 000
101		Capital social (200 000 × 10 €)	2 000 000	
1068		Autres réserves	12 000 000	
	277	Actions propres		14 000 000

Si le prix de rachat avait été inférieur à la valeur nominale, la différence aurait été portée au crédit d'une prime d'émission.

C Amortissement du capital

Cette opération consiste à rembourser aux actionnaires tout ou partie de la valeur nominale des actions mais sans réduire le capital, les remboursements étant prélevés sur les résultats ou réserves distribuables. À l'issue de cette opération, le capital social, resté inchangé, est composé d'actions amorties dénommées **actions de jouissance** et d'**actions de capital**. L'amortissement du capital est très rarement pratiqué, sauf dans les sociétés concessionnaires de service public.

4 Informations en annexe

Les informations suivantes concernant le capital social doivent être publiées si elles sont **significatives** (PCG. Art. 831-3) :
– Tableau des divergences constatées entre la variation des capitaux propres au cours de l'exercice et le résultat dudit exercice. Il s'agit en fait d'un tableau de variation des capitaux propres permettant de réconcilier les capitaux propres au début de l'exercice et les capitaux propres à la clôture de l'exercice.
– Nombre et valeur nominale des actions et parts sociales :
  - composant le capital social ;
  - émises pendant l'exercice.
– État des réserves affectées à la contrepartie de la valeur comptable des actions détenues par la société elle-même ou par une personne morale agissant pour son compte.

Le capital social se constitue grâce aux apports des associés

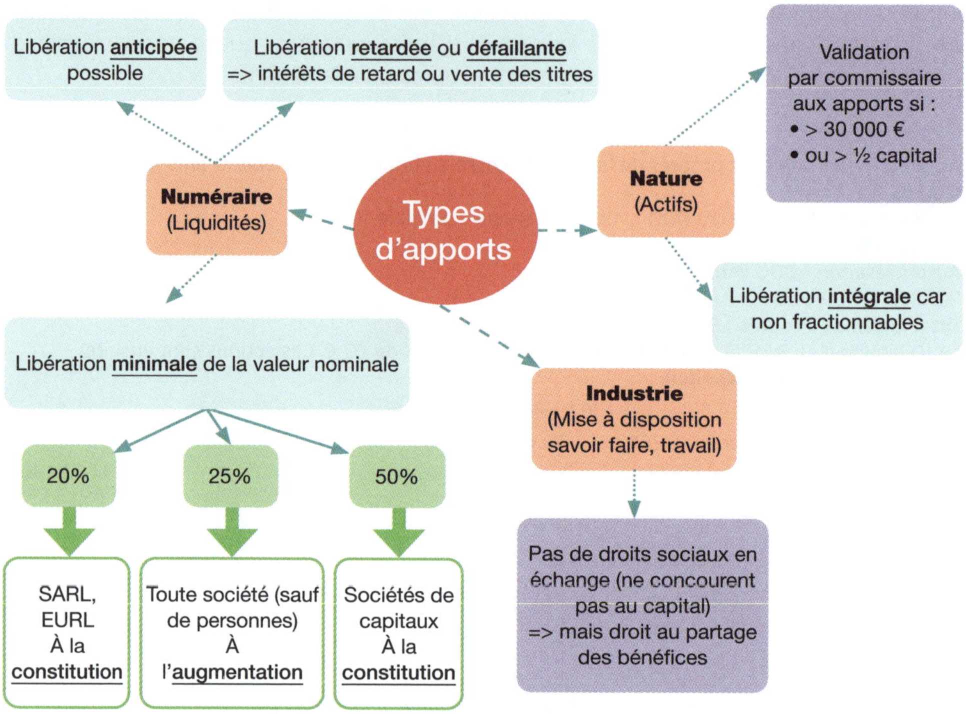

Le capital social varie pour différentes raisons

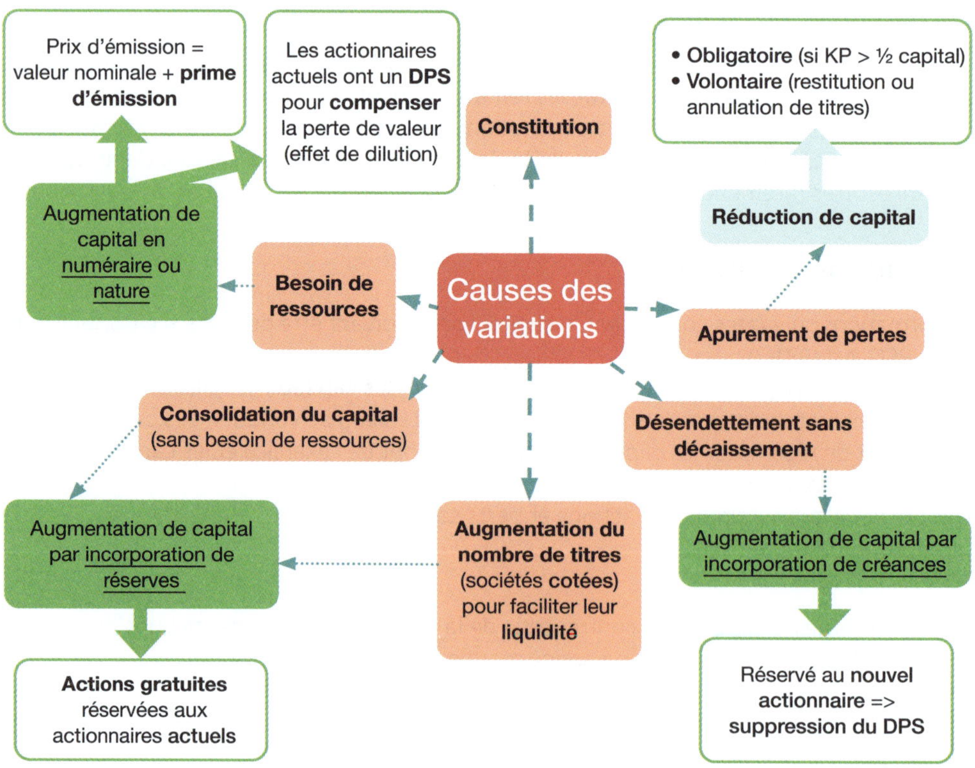

L'affectation du résultat

Chapitre 19

COMPÉTENCES ATTENDUES

- **Analyser les opportunités et les risques d'une modalité d'affectation du résultat.**
- **Exposer et appliquer les traitements comptables relatifs au rattachement des charges et des produits.**

PLAN DU CHAPITRE

SYNTHÈSE P. 283

APPLICATIONS P. 378

LES RÉFÉRENCES POUR COMPRENDRE LE CONTEXTE

La distribution de dividendes

Plus qu'une politique, la distribution de dividendes – et donc l'affectation des résultats – est un élément de stratégie générale pour toutes les sociétés.

PISCINES DESJOYAUX SA
SOCIÉTÉ ANOMYME AU CAPITAL DE 6.940.520 EUROS
SIÈGE SOCIAL : LA GOUYONNIÈRE (42480) LA FOUILLOUSE
351 914 379 RCS SAINT ETIENNE

Troisième résolution – L'Assemblée Générale approuve la proposition du Conseil d'Administration et décide de procéder à la distribution aux actionnaires de l'intégralité du bénéfice de l'exercice soit 680 054,78 euros majorés d'une somme de 3 902 036,14 euros prélevée sur le compte « Autres réserves » pour permettre la distribution d'une somme globale de 4 582 090,92 euros.
Le dividende par action s'élèvera ainsi à 0,51 euro et sera mis en paiement à compter du 15 mars 2018.
Les sommes attribuées aux actionnaires, personnes physiques, à titre de dividendes seront éligibles à l'abattement prévu par les dispositions de l'article 158-3-2° du Code Général des Impôts.
Conformément aux dispositions de l'article 243 bis du Code Général des Impôts, l'Assemblée Générale prend acte que les dividendes distribués au titre des trois exercices précédents ont été les suivants :

Exercice	Dividendes
2015-2016	4 582 090,92
2014-2015	4 582 090,92
2013-2014	4 582 090,92

https://www.desjoyaux.com/wp-content/uploads/assemblee-generale/2018%2002%2028%20-%20Brochure%20convocation.pdf

1 L'impact de l'imposition sur les bénéfices affectables de la société

Les bénéfices réalisés par une société commerciale sont soumis à l'impôt. Cependant, le régime fiscal diffère selon le statut juridique de la société.

	RÉGIME FISCAL DE PLEIN DROIT[1]	
	Impôt sur les sociétés (IS)	**Impôt sur le revenu (IR)**
Principales structures concernées	Sociétés de capitaux (SA, SAS, SCA) SARL EURL (associé unique personne **morale**)	Sociétés de personnes EIRL EURL (associé unique personne **physique**)
Contribuable	La société, elle-même qui est redevable de l'IS	Les associés sont personnellement imposés sur leur quote-part dans le résultat imposable de la société
Conséquences comptables	Impôt sur les bénéfices comptabilisé en **charges**	Impôt sur les bénéfices **NON** comptabilisé dans l'entreprise
Résultat affectable	Résultat comptable NET d'IS	Résultat comptable

1. Certaines structures peuvent opter pour un régime fiscal différent, sous conditions, et pendant une période définie (ex. : une SARL dite de famille peut opter pour le régime fiscal de l'IR)

2 Affectation du résultat : règles communes

A La décision d'affectation du résultat

Lors de l'Assemblée générale ordinaire (AGO) qui doit se tenir dans les 6 mois de la clôture de l'exercice, les associés décident de l'affectation du résultat.
En fonction des objectifs de la société et de ses associés, le résultat sera :
- porté en réserves ou en report à nouveau pour partie ou en totalité : l'objectif est de limiter les sorties de trésorerie vers les associés afin de pouvoir utiliser la trésorerie dans de nouveaux investissements ;
- distribué tout ou partie du résultat distribuable aux associés, en fonction de leurs besoins, de leurs attentes. On parle de dividendes dans les sociétés par actions et de revenus de parts sociales dans les autres. Pour les sociétés cotées, les investisseurs ont en général des attentes de dividendes minimum par action et il est difficilement concevable qu'elles ne distribuent pas de dividendes.

Mais si le résultat est une chose, la trésorerie en est une autre : il faut suffisamment de liquidités pour une distribution.

B La mise en réserves

Certaines réserves doivent obligatoirement être constituées tandis que d'autres sont constituées librement.

1 Les réserves statutaires ou contractuelles

Les statuts peuvent prévoir la mise en réserves systématique d'une fraction du résultat, de façon à éviter une distribution intégrale des bénéfices générés. De même, certains contrats, un contrat de prêt signé avec un banquier par exemple, peuvent prévoir la constitution temporaire d'une réserve destinée à limiter les sorties de trésorerie vers les associés.

Réserves statutaires et **contractuelles** sont indisponibles, c'est-à-dire non distribuables. Elles peuvent cependant être utilisées pour absorber des pertes ou pour être incorporées au capital (voir chapitre 18 Les variations du capital social). Ces réserves sont relativement rares en pratique.

2 La réserve légale dans les sociétés par actions et les SARL

a. Objet de la réserve légale

Les sociétés pour lesquelles les associés ont une responsabilité limitée aux apports doivent constituer une réserve légale par prélèvement sur les bénéfices. À l'origine, cette obligation a la même raison d'être que le capital social minimum : il s'agit de garantir aux tiers l'existence d'un montant minimum d'actifs en cas de liquidation de la société. Cette obligation n'existe donc pas dans les sociétés de personnes puisque les associés sont responsables du paiement des dettes en cas de cessation de paiements. L'obligation de constitution d'une réserve légale existe toujours (Code de commerce Art. L. 232-10) mais a quelque peu perdu de sa pertinence depuis l'introduction de la possibilité de créer une SARL ou une SAS sans capital minimum.

b. Affectation à la réserve légale

Code de commerce Article L232-10

À peine de nullité de toute délibération contraire, dans les sociétés à responsabilité limitée et les sociétés par actions, il est fait sur le bénéfice de l'exercice, diminué, le cas échéant, des pertes antérieures, un prélèvement d'un vingtième au moins affecté à la formation d'un fonds de réserve dit « réserve légale ».

Ce prélèvement cesse d'être obligatoire, lorsque la réserve atteint le dixième du capital social.

Chaque année doit être affecté à la réserve légale (au crédit du compte 1061. Réserve légale) **au minimum 5 % (1/20e) du résultat net diminué des éventuelles pertes antérieures** figurant au débit du compte 119. Report à nouveau (solde débiteur).

L'obligation **cesse** lorsque la réserve légale **atteint 10 % du capital social**.

La réserve légale est indisponible mais peut être utilisée pour absorber des pertes ou être incorporée au capital social.

Exemple

Les capitaux propres avant affectation du résultat de la société DIVI sont les suivants au 31/12/N :

- Capital social : 100 000
- Réserve légale : 9 000
- Report à nouveau débiteur : (1 000)
- Résultat net : 3 000
- Total capitaux propres : 111 000

La réserve légale doit être dotée car elle n'atteint pas encore 10 % du capital social.

Le montant minium à affecter est calculé ainsi : 5 % × (3 000 – 1 000) = 100 €.

La société DIVI peut aussi décider de doter la réserve légale d'un montant supérieur à 100 €.

3 Les réserves réglementées

Il s'agit de réserves à constituer en **contrepartie d'avantages fiscaux**, sur prescription du Code Général des impôts : réserve liée à l'acquisition d'œuvres d'art d'artistes vivants, liée à des subventions d'investissements, réserve spéciale de participation...

4 Les autres réserves

Il s'agit des réserves librement constituées et qui pourront être distribuées ultérieurement aux associés. En principe, les bénéfices devraient être affectés au report à nouveau lorsqu'on s'attend à des pertes futures ou lorsqu'on envisage leur distribution l'année suivante et en autres réserves (1068. Autres réserves) dans les autres cas.

Cependant, de nombreuses entreprises semblent utiliser systématiquement le compte 110. Report à nouveau (solde créditeur) pour tout bénéfice non distribué, quelles que soient leurs intentions pour le futur.

Fondamentalement, il n'existe pas de véritable différence entre le report à nouveau et les autres réserves. Cependant, pour distribuer des sommes inscrites en « autres réserves », il faut une résolution spécifique de l'AGO tandis que les sommes inscrites en report à nouveau entrent systématiquement dans l'assiette annuelle du résultat à répartir, ce qui expliquerait pourquoi de nombreuses entreprises utilisent systématiquement le compte « report à nouveau », qui leur semble moins définitif que le compte « autres réserves ». Mais la doctrine comptable préconise de ne pas utiliser systématiquement le compte « report à nouveau ».

C L'affectation des pertes

La perte réalisée au cours d'un exercice peut être :
- inscrite en report à nouveau débiteur ;
- imputée sur des réserves : en priorité sur les autres réserves ou les primes d'émission, puis sur les réserves statutaires, contractuelles et légales. En revanche, les pertes ne peuvent pas être imputées sur l'écart de réévaluation ;
- imputée sur le capital social par le biais d'une réduction de capital (chapitre 18 Les variations du capital social).

3 La distribution du résultat dans les sociétés de capitaux et les SARL

A Bénéfice ou réserves distribuables

Un dividende (ou revenu de parts sociales) peut être distribué lorsqu'il existe un bénéfice distribuable et/ou des réserves distribuables.

Bénéfice distribuable =	Résultat net de l'exercice - affectation à la réserve légale - affectation aux réserves statutaires ou contractuelles + report à nouveau (débiteur ou créditeur)

Les réserves distribuables sont constituées des « Autres réserves » et des « Primes d'émission et de fusion » (chapitre 18 Les variations du capital social).

Remarque. Sur le plan fiscal, les dividendes issus d'un prélèvement sur les primes d'émission ne seront pas imposables pour les actionnaires car il s'agit d'une restitution d'apport.

Il est donc tout à fait possible de distribuer un dividende supérieur au résultat net. Cela arrive dans les sociétés cotées qui doivent répondre aux attentes de leurs actionnaires en termes de distribution de dividendes.

Illustration : affectation du résultat 2016 de Schneider Electric SA

Lors de l'AG du 25 avril 2017, le Conseil d'Administration a proposé aux actionnaires de Schneider Electric la résolution d'affectation du résultat suivante :
- Imputation du report à nouveau négatif de 18 692 € et de la perte de 99 729 913 € réalisée en 2016 sur les primes d'émission.
- Distribution d'un dividende de 2,04 € par action, soit 1 208 697 468 € par prélèvement sur les primes d'émission.

(Le dividende par action s'élevait à 2 € au titre de 2015).

https://www.se.com/ww/fr/Images/2016-rapport-annuel_tcm342-23721.pdf

Il n'est cependant pas possible de distribuer un dividende tant que les frais de constitution ne sont pas complètement amortis.
S'il existe des frais d'établissement non amortis autres que des frais de constitution et/ou des frais de développement non amortis, une distribution de dividendes est possible à condition que les réserves libres (autres réserves) soient au moins égales à ces frais non amortis.

B Les différents types d'actions et de dividendes

Toute distribution de dividendes doit normalement respecter le **principe d'égalité** entre les actionnaires. Il est ainsi impossible de distribuer un dividende à certains actionnaires et pas à d'autres. Les droits financiers attachés aux actions sont relatifs au type d'action concerné.

Actions ordinaires	Actions de préférence
Actions conférant des droits égaux : 1 action = 1 droit non pécuniaire (d'information, de vote) ET 1 droit pécuniaire (dividende, DPS)	Confèrent des droits particuliers de toute nature par rapport aux autres actions. *Ex.* : Droit de vote double : pas de droit à dividende mais 2 droits de vote À dividende prioritaire, cumulatif, à attribution augmentée d'actions gratuites…

Certaines actions peuvent donc recevoir un dividende prioritaire ou un dividende majoré :

Dividende versé aux actions ordinaires	Dividende versé aux actions de préférence	Dividende majoré
– 1er dividende (ou dividende ordinaire) lorsque les statuts le prévoient – « superdividende » : dividende versé en plus de l'éventuel, 1er dividende	Dividende versé aux éventuelles actions de préférence qui le prévoient.	– attribuable aux actionnaires détenant des actions nominatives depuis au moins 2 ans – maximum 10 % du dividende versé aux actions ordinaires – dans des sociétés cotées, les bénéficiaires ne doivent pas détenir plus de 0,5 % du capital

Exemple

(D'après DCG 2008)
Le capital de la SA YPREMIUM est divisé en 15 000 actions de nominal 200 € entièrement libérées, dont 3 000 actions de préférence.
M. Peltre vous demande de préparer la répartition du résultat de l'exercice N qui sera présentée lors de l'AGO du 15 mai N+1.
Extrait du bilan au 31 décembre N :

Capital	3 000 000 € (entièrement libéré)
Réserve légale	295 300 €
Report à nouveau créditeur	500 €
Réserve statutaire	150 000 €
Autres réserves	75 000 €
Résultat N	294 000 €

Les statuts de la société YPREMIUM prévoient qu'après une dotation à la réserve légale, on portera en réserve statutaire un montant égal à 3 fois celui de la dotation à la réserve légale.
Le taux de l'intérêt statutaire est fixé à 6 % pour les actions ordinaires et à 12 % pour les actions de préférence.

>>>

>>> Le dividende attribué aux actions ordinaires sera de 3 €.
Il est prévu de doter la réserve facultative de 10 000 € au minimum.
Si le report à nouveau est créditeur, il ne devra l'être que d'un montant de 1 000 € au plus, le reste sera attribué en complément à la réserve facultative.
Présenter le projet de répartition du bénéfice de la société YPREMIUM au titre de l'exercice N et passer l'écriture de répartition du bénéfice après adoption du projet de répartition par l'AGO du 15 mai N+1.

Affectation du résultat N

Résultat de l'exercice	**294 000**
Réserve légale : 5 % × 294 000 = 14 700 Limité à 10 % du capital soit : 300 000 – 295 300 déjà constitué = 4 700	(4 700)
RAN créditeur	500
Reste	289 800
Réserve statutaire (3 × 4 700)	(14100)
Bénéfice distribuable	**275 700**
Premier dividende aux actions de préférence : 3 000 × 200 × 12 %	(72 000)
Premier dividende aux actions ordinaires : 12 000 × 200 × 6 %	(144 000)
Reste	59 700
Superdividende : 3 × 15 000	(45 000)
Réserve facultative	13 700
RAN créditeur	1 000

Débit	Crédit	31/12/N	Débit	Crédit
120		Résultat de l'exercice	294 000	
110		RAN créditeur	500	
	1061	Réserve légale		4 700
	1063	Réserve statutaire		14 100
	1068	Autres réserves		13 700
	4571	Associés dividende à payer – actions ordinaires		180 000
	4572	Associés dividende à payer – actions de préférence		81 000
	110	RAN créditeur		1 000
		Affectation résultat N selon AGO du 15/05/N+1		

Remarque. Il n'a pas été tenu compte ici des retenues à la source sur dividendes à effectuer en 2021 par les sociétés lors de la distribution : prélèvements sociaux de 17,8 % et prélèvement fiscal forfaitaire de 12,8 % au titre d'acompte d'IR (le total de 30 % est appelé « Flat Tax »), restituable si trop perçu. Les annales du DCG faisant abstraction de ces prélèvements, il ne nous a pas semblé utile de les prendre en compte.

C Acompte sur dividendes

1 Conditions

Un acompte sur dividende peut être distribué avant la tenue de l'AG et même avant la clôture de l'exercice si les conditions suivantes sont respectées (Code de commerce Art. L. 232-12) :

- un **bilan** provisoire et **certifié par un commissaire aux comptes** a été établi et fait apparaître que la société a réalisé un bénéfice depuis la clôture de l'exercice précédent après constitution des amortissements, dépréciations et provisions, déduction faite, s'il y a lieu des pertes antérieures ainsi que des sommes à porter en réserve en application de la loi ou des statuts et compte tenu du report bénéficiaire ;
- les acomptes à verser avant l'approbation des comptes de l'exercice **n'excèdent pas** le montant du bénéfice distribuable.

2 Comptabilisation

Un acompte sur dividende est **définitif**. La société ne peut pas en effet demander aux actionnaires de le restituer. Sa comptabilisation se traduit donc par une **diminution du résultat distribuable** et non par une créance sur les actionnaires.

Exemple

Le 15 novembre N, la société ADV décide de verser un acompte sur dividende à ses actionnaires d'un montant total de 90 000 €. L'acompte est effectivement versé le 20 novembre N.

		15/11/N		
1209		Résultat de l'exercice - Acomptes/dividendes	90 000	
	457	Associés dividende à payer		90 000
		Acompte sur dividende N		
		20/11/N		
457		Associés dividende à payer	90 000	
	512	Banque		90 000
		Versement acompte sur dividende N		

D Distribution de dividendes en actions

1 Modalités juridiques

Lorsque les statuts le prévoient, lors de l'AG, une société peut proposer aux actionnaires de recevoir tout ou partie du dividende en actions. L'actionnaire dispose d'un délai de 3 mois à compter de la date de l'AG pour accepter ce paiement en actions. Dans le cas inverse, il recevra son dividende en numéraire. Cette modalité, quand elle est acceptée par les actionnaires, permet à la société de **maintenir une distribution** de dividendes **sans effectuer de sorties** de **trésorerie**. En effet, pour une société cotée, la distribution de dividendes est souvent interprétée comme un signal positif et une diminution du dividende par action pourrait être mal perçue par les marchés financiers.

Exemple

Saint-Gobain : modalités du paiement du dividende en actions
Les actionnaires de la Compagnie de Saint-Gobain ont approuvé, lors de l'Assemblée Générale du 4 juin N, la distribution d'un dividende de 1,24 euro par action, ainsi que l'option pour le paiement d'une quote-part de 50 % du montant du dividende en actions ou en numéraire.
Le prix d'émission des actions nouvelles pour le paiement en actions ressort à 36,62 € par action après application de la décote de 10 % à la moyenne des premiers cours aux 20 séances de Bourse précédant la date de l'Assemblée Générale du 4 juin N et après avoir diminué cette valeur moyenne du montant du dividende (1,24 €), ce prix étant arrondi au centime d'euro immédiatement supérieur.
Les actionnaires de Saint-Gobain peuvent donc opter pour le paiement du dividende en actions à hauteur de 0,62 € par action. Supposons que M. Simon détienne 100 actions Saint-Gobain. Il a donc droit à un dividende de 124 € et peut choisir de recevoir ce dividende sous forme d'action pour un montant maximum de 124 × 50 % = 62 €, ce qui représente 1 action au maximum (2 actions valent 2 × 36,62 €).
S'il accepte l'option, il recevra donc 1 action + 62 € (50 % du dividende) + 25,38 (62 – 36,62) en numéraire.
Saint-Gobain étant une société cotée en Bourse, le prix d'émission des actions ne peut pas être inférieur à 90 % de la moyenne des 20 dernières cotations boursières, diminué du montant du dividende. Pour les sociétés non cotées, le prix d'émission est libre mais sous le contrôle des commissaires aux comptes lorsqu'il y en a.

2 Comptabilisation

La comptabilisation est similaire à celle d'une augmentation de capital intégralement libérée à la souscription, mais au lieu de débiter le compte **512. Banque**, on débite le compte **457. Associés-Dividendes à payer**.

4 La distribution du résultat dans les sociétés de personnes

Dans les sociétés de personnes, le traitement comptable de la rémunération des associés **dépend de la fiscalisation** des bénéfices : impôt sur le revenu ou impôt sur les sociétés.

A Sociétés de personnes non soumises à l'IS

C'est le régime de droit commun des sociétés de personnes. La rémunération versée au gérant non salarié est considérée comme une affectation du résultat.
Le montant du résultat à répartir ensuite entre l'ensemble des associés est égal à :

Résultat net – prélèvement sur les réserves – quote-part attribuée au gérant non salarié

Exemple

La SNC VAP est détenue à 50 % par Mme Saft et à 50 % par Mme Vira. Mme Saft est gérante non salariée de la SNC. Elle perçoit à ce titre une rémunération mensuelle de 4 000 €. Le résultat N s'élève à 80 000 €. L'AG a lieu le 15/5/N+1 et les sommes disponibles seront intégralement distribuées aux 2 associés le 25/5/N+1

		Chaque mois		
4552		Associés compte courant – Mme Saft	4 000	
	512	Banque		4 000
		Rémunération mensuelle gérante		

>>>

>>>

Au bout de 12 mois, Mme Saft a encaissé 48 000 € (12 × 4 000), qui constituent une affectation du résultat.

	15/05/N+1		
120	Résultat de l'exercice	80 000	
4553	Associés compte courant - Mme Vira (80 K€ - 48 K€) × 50 %		16 000
4552	Associés compte courant - Mme Saft (12 × 4 K€) + (80 K€ - 48 K€) × 50 %		64 000
	Affectation résultat N		

	25/05/N+1		
4552	Associés compte courant - Mme Saft	64 000	
4553	Associés compte courant - Mme Vira	16 000	
512	Banque		80 000
	Paiement des revenus de parts sociales		

B Sociétés de personnes ayant opté pour l'IS

Dans ce cas, la rémunération du gérant est comptabilisée au débit du compte **64. Charges de personnel**, bien qu'elle ne soit pas un salaire. Elle vient donc en **déduction** du résultat comptable à affecter ensuite entre les associés.

Le résultat affectable est impacté par le régime fiscal de la société

	Résultat comptable		Résultat net à affecter
Société à l'IS	Résultat comptable	≠	Résultat NET comptable IS
Société à l'IR	Résultat comptable	=	Résultat NET comptable

AGOA (clôture + 6 mois maximum)

- date de clôture + 6 mois maximum
- affectation ≠ décision de gestion => du ressort des associés

Résolution d'affectation

!
La rémunération d'un gérant non salarié d'une société à l'IR = affectation du résultat

RÉSERVES ET / OU **DISTRIBUTION** ET / OU **REPORT À NOUVEAU**

RÉSERVES

NON DISTRIBUABLES :

- **STATUTAIRES**
- **LÉGALE** (minimum 5%/an, maximum 10% du capital)
- **RÉGLEMENTÉES**

DISTRIBUABLES :

- **AUTRES** (facultatives)

\+

primes d'émission et de fusion

DISTRIBUTION

- **1er dividende** (en % du nominal libéré)
- **Superdividende**

=> est fonction de la **catégorie** d'actions

Paiement :
- **Si acomptes** Intervention CAC
- En **numéraire**
- En **actions**

REPORT À NOUVEAU

- **PERTES** (RAN débiteur) => à incorporer **en priorité** au bénéfice N+1 à affecter
- SOLDE BÉNÉFICE NON affecté (RAN créditeur) => à incorporer éventuellement au bénéfice affectable N+1

Les provisions réglementées

Chapitre 20

COMPÉTENCES ATTENDUES

- **Évaluer et comptabiliser les variations de capitaux propres dans les comptes individuels.**
- **Analyser les conséquences d'un choix de comptabilisation, notamment sur la présentation des comptes annuels, dans une situation donnée.**
- **Présenter les informations à fournir en annexe.**

PLAN DU CHAPITRE

SYNTHÈSE P. 292

APPLICATIONS P. 382

LES RÉFÉRENCES POUR COMPRENDRE LE CONTEXTE

Provisions réglementées et PCG

Selon le PCG (art. 313-1), les provisions réglementées sont des « provisions » ne correspondant pas à l'objet normal d'une provision.
En France, les provisions réglementées constituent une « anomalie » comptable puisqu'elles sont imposées par la Loi pour bénéficier d'une déduction fiscale, l'avantage fiscal étant subordonné à la comptabilisation d'un passif (provisions pour hausse de prix, amortissements dérogatoires…).
Ce type d'avantage est toujours temporaire. Il consiste à permettre de ne pas sortir de la trésorerie (moins d'impôt = plus de trésorerie) immédiatement, mais plus tard. Dans une logique fiscale, il ne faudrait pas que ce cadeau temporaire serve aux associés (par le biais de dividendes plus importants), d'où l'obligation de le comptabiliser pour diminuer le résultat distribuable.

Provisions réglementées et consolidation

La comptabilité anglo-saxonne (et donc en consolidation) considère que l'image du patrimoine est faussée par cette approche fiscale. Le règlement ANC n° 2020-01 (référentiel des comptes consolidés en France) énonce dans son article 272-1 que « l'incidence des écritures passées pour la seule application des législations fiscales est éliminée ».

Le rattachement de ces provisions aux capitaux propres (mais pas dans la situation nette) s'explique par le fait qu'elles ont comme contrepartie une charge comptabilisée au compte de résultat.

1 Principes généraux

A Définition

L'État utilise régulièrement le levier fiscal afin d'inciter les entreprises à investir dans certaines activités ou dans certains équipements. Ainsi les entreprises qui réalisent ces investissements bénéficient d'une réduction de leur résultat fiscal. Par exemple, les sites internet acquis peuvent être amortis fiscalement sur 12 mois.
Le CGI impose que pour être déductible, toute charge doit être comptabilisée. Ces charges déductibles fiscalement, mais qui ne constituent pas de véritables charges économiques, sont dénommées **Provisions réglementées**. Les entreprises qui établissent des comptes consolidés doivent ainsi éliminer les provisions réglementées lors du processus de consolidation puisqu'elles ne sont pas justifiées économiquement.
Les provisions réglementées figurent au passif du bilan en capitaux propres car elles ont en quelque sorte diminué artificiellement le résultat. En général, les provisions réglementées doivent être reprises en résultat au-delà d'un certain délai.

> On peut considérer que l'avantage fiscal constitue, indirectement, une subvention de l'État. Il offre la possibilité de diminuer temporairement l'impôt, et donc d'augmenter la trésorerie. La « restitution » a lieu, souvent, plusieurs années après.

La comptabilisation d'une provision réglementée n'est pas obligatoire : l'entreprise peut en effet choisir de ne pas bénéficier de la déduction fiscale et dans ce cas elle ne comptabilisera pas de provision réglementée. De même, l'entreprise peut tout à fait choisir de reprendre la provision avant le délai légal, si elle souhaite s'acquitter plus tôt de l'impôt.
La nature des provisions réglementées varie avec le temps, en fonction des objectifs de l'État.

B Comptabilisation des provisions réglementées

La constitution de la provision et sa reprise sont comptabilisées en résultat exceptionnel puisqu'elles ne sont pas liées à l'activité normale de l'entreprise.

À la constitution de la provision	Débit : 687. **Dotation aux amortissements, dépréciations et provisions – charges exceptionnelles** Crédit : 145. **Provisions réglementées**
À la reprise de la provision	Débit : 145. **Provisions réglementées** Crédit : 787. **Reprise sur provisions et dépréciations – Produits exceptionnels**

C Les différents types de provisions réglementées

Il faut distinguer les provisions réglementées qui peuvent toujours faire l'objet d'une dotation à la date de rédaction de cet ouvrage, de celles qui ne peuvent plus être dotées mais qui peuvent toujours figurer en capitaux propres car elles n'ont pas encore été reprises.

Provisions réglementées pouvant être dotées

Provisions réglementées liées aux immobilisations	Amortissements dérogatoires
Provisions réglementées liées aux autres actifs	Provision pour hausse des prix
	Provision pour prêts d'installation consentis aux salariés

Provisions réglementées ne pouvant plus être dotées mais pouvant encore apparaître au passif du bilan

Provisions réglementées liées aux immobilisations	Provision spéciale de réévaluation (1976)
	Provision pour reconstitution des gisements miniers (supprimée en 2014)
Autres provisions réglementées	Provision pour investissement (supprimée en 2012) Provision pour crédits à l'étranger (supprimée en 2013)

2 Les provisions réglementées liées aux immobilisations

A Les amortissements dérogatoires

Certaines immobilisations corporelles peuvent être fiscalement amorties sur une durée nettement plus courte que leur durée d'utilité. L'État cherche ainsi à stimuler les investissements des entreprises dans certains biens. Rappelons cependant qu'il ne s'agit pas d'un véritable cadeau fiscal mais d'une anticipation d'économie d'impôt.

Les **amortissements dérogatoires** ne sont pas à proprement parler des provisions réglementées mais le PCG considère qu'ils sont assimilés à des provisions réglementées du point de vue du fonctionnement comptable (Art. 941-14).

1 La comptabilisation des amortissements dérogatoires

L'amortissement dérogatoire est égal à la différence entre l'amortissement fiscal et l'amortissement comptable ou économique.

Amortissement fiscal > amortissement économique	Amortissement fiscal < amortissement économique
Comptabilisation de la dotation économique en 681. **Dotation aux amortissements** *Comptabilisation d'un amortissement dérogatoire* en 687. **Dotation aux amortissements, dépréciations et provisions – charges exceptionnelles**	*Comptabilisation de la dotation économique* en 681. **Dotation aux amortissements** *Comptabilisation d'une reprise sur amortissement dérogatoire* en 787. **Reprise sur dépréciations et provisions – produits exceptionnels**.

Exemple

Le 1/7/N, la PME INNOV a acquis un robot industriel d'une valeur de 200 000 HT et pouvant bénéficier de l'amortissement exceptionnel sur 24 mois. La durée d'utilité de ce matériel est estimée à 5 ans.

Exercices comptables	Amortissement fiscal (1)	Amortissement économique (2)	Amortissement dérogatoire = (1) – (2)
31/12/N	200 000 × 6 mois/24 mois = 50 000	200 000 × 1/5 × 6 mois/12 mois = 20 000	+ 30 000
31/12/N+1	200 000 × 12 mois/12 mois = 100 000	200 000 × 1/5 = 40 000	+ 60 000
31/12/N+2	50 000	40 000	+ 10 000
31/12/N+3	0	40 000	– 40 000
31/12/N+4	0	40 000	– 40 000
31/12/N+5	0	20 000	– 20 000
Total	200 000	200 000	0

>>>

>>>

	31/12/N		
68112	Dotations aux amortissements sur immobilisations corporelles	20 000	
687	Dotation aux amortissements, dépréciations et provisions – charges exceptionnelles	30 000	
281	Amortissements des immobilisations corporelles		20 000
145	Amortissements dérogatoires		30 000

B La provision spéciale de réévaluation

Cette provision est liée à la réévaluation légale de 1976 (*cf.* chapitre Les immobilisations corporelles et incorporelles. Cas particuliers).

La très forte inflation des années 1970 poussa l'État à autoriser une réévaluation légale des immobilisations au 1976 sans impact fiscal puisque l'écart de réévaluation n'était pas imposable. Cependant, en contrepartie, pour les immobilisations amortissables, les amortissements fiscalement déductibles devaient toujours être calculés sur la valeur avant réévaluation. Pour éviter une réintégration extra-comptable des amortissements calculés sur base réévaluée, l'écart de réévaluation a été comptabilisé au crédit du compte **146. Provision spéciale de réévaluation**. Cette provision est ensuite reprise en produit au compte de résultat au rythme des amortissements. En conséquence, à ce jour il est toujours possible de voir au bilan de certaines entreprises une provision spéciale de réévaluation, correspondant à des constructions réévaluées en 1976 et non encore complètement amorties.

Exemple

La société REVA avait acquis un bâtiment d'une valeur de 50 000 € le 1er janvier 1974 et amortissable sur 50 ans. Le 31/12/1976, ce bâtiment a été réévalué à 60 000 €. Un écart de réévaluation de 13 000 € (60 000 – 50 000 x 47 ans/50 ans) a été comptabilisé au crédit du compte 146. Provision spéciale de réévaluation, en date du 31/12/1976.
Les écritures à comptabiliser 41 ans plus tard, au 31/12/2017 sont les suivantes :

	31/12/2016		
6811	Dotations aux amortissements sur immobilisations corporelles *(60 000/47 ans)*	1 276	
2813	Amortissements des constructions		1 276
	d°		
146	Réserve spéciale de réévaluation (13 000/47 ans)	276	
78726	Reprise sur provision spéciale de réévaluation		276

Au 31/12/2017, le solde de la provision spéciale de réévaluation au bilan s'élève à : 1 660 soit 13 000 × 6 ans/47 ans.

3 Les provisions réglementées liées aux autres actifs

A La provision pour hausse des prix

1 Justification de la provision pour hausse des prix

La **provision pour hausse des prix** concerne les stocks de matières premières dont les cours fluctuent fortement. Une provision pour hausse des prix est en effet constituée lorsque le cours des matières premières, marchandises ou produits finis en stock a significativement augmenté, entraînant une hausse de la valeur du stock et donc du résultat. La dotation de la provision permet ainsi de diminuer le résultat fiscal de l'année.

2 Calcul de la provision et comptabilisation

La provision doit être calculée séparément pour chaque type de stocks.
Une provision peut être comptabilisée lorsqu'une hausse des prix de plus de 10 % est constatée au cours d'une période ne pouvant pas excéder deux exercices consécutifs.

Hausse des prix entre N et N-1 > 10 %	Hausse des prix entre N et N-1 ≤ 10%	
	Hausse des prix entre N-2 et N > 10 %	Hausse des prix entre N-2 et N ≤ 10%
Dotation N = (Prix N - 1,10 × Prix N-1) × QN (QN = quantités en stocks au 31/12/N)	Dotation N = (Prix N - 1,10 × Prix N-2) × QN - dotation N-1	Dotation N = 0

Si la hausse des prix entre N et N-1 et la hausse des prix entre N et N-2 sont toutes les deux supérieures à 10 %, l'entreprise comptabilise la provision la plus élevée.
La provision doit être reprise au plus tard à la clôture du 6e exercice suivant celui de la dotation. Il ne s'agit donc pas d'une diminution d'impôt définitive.

Exemple

La société fabrique des produits transformés à base de blé. Elle comptabilise systématiquement les provisions pour hausse des prix dont elle peut bénéficier. La provision pour hausse des prix n'a pas été dotée au 31/12/N-2. Les quantités en stocks et le cours du blé ont évolué comme suit entre N-2 et N :

	31/12/N-2	31/12/N-1	31/12/N
Quantités en stocks (tonnes)	200	300	250
Prix à la tonne	130 €	160 €	165 €

Hausse des prix entre N-1 et N-2 : + 23 %
Dotation comptabilisée au 31/12/N-1 = (160 - 1,10 × 130) × 300 = 5 100
Hausse des prix entre N et N-1 < 10 % (+ 3,13 %) mais hausse des prix entre N et N-2 > 10 % (+ 27 %)
Donc dotation N = (165 - 1,10 × 130) × 250 - 5 100 = 400

		31/12/N		
6873		Dotation aux provisions réglementées (stocks)	400	
	1431	Provision pour hausse des prix		400

B La provision pour prêts d'installation consentis aux salariés (abrogée en 2018)

Pour inciter les entreprises à aider leurs salariés qui créent une entreprise, le Code général des impôts autorisait la constitution d'une provision réglementée, aussi appelée provision pour essaimage pour les entreprises qui accordaient un prêt à taux privilégié ou qui souscrivaient au capital de l'entreprise nouvelle créée par l'un de leurs salariés.
Les conditions à respecter pour pouvoir constituer cette provision étaient nombreuses (Art 39 quinquies H du Code Général des impôts).
Non dotables désormais, les provisions constituées avant le 1er janvier 2019 doivent être reprises par 1/3 dans les résultats des 5e, 6e et 7e exercices suivant leur constitution (soit de 2023 à 2025).

4 Informations à publier en annexe

Le détail des provisions réglementées (dont les amortissements dérogatoires) doit être présenté en annexe en faisant apparaître :
- montant de la provision au début de l'exercice ;
- dotation de l'exercice ;
- reprise de l'exercice ;
- montant de la provision à la fin de l'exercice.

Pourquoi ?

Les dotations & reprises comptables (comptes 687 & 787 et 145) :
=> **diminuent** le **résultat distribuable** (l'avantage en trésorerie ne profite pas aux associés)
=> plus **faciles à suivre** dans le **temps** que les retraitements extra-comptables

N'ont pas de **réalité économique**. Mais **impactent** la comptabilité

Provisions réglementées

Sont **peu nombreuses**

Types

- **Supprimées mais encore dans certains bilans :**
  - Pour essaimage
  - Spéciale de réévaluation
  - Pour investissement
  - Pour crédits à l'étranger
- **Dotables actuellement :**
  - Amortissements dérogatoires
  - Pour hausse des prix (PPHP)

Déduction **accentuée** au **début** (grâce au coefficient dégressif ou à une durée d'usage < durée économique) **MAIS** charge fiscale **allégée à la fin**
=> **modification du rythme d'étalement fiscal**

Concerne les stocks à forte fluctuation de cours.

Impact des variations :

↗ cours => ↗ valeur du stock => ↗ résultat => ↗ impôt

Principe de calcul :

Début	Début	Début	Fin N
N-2 Fin N-2	N-1 Fin N-1	N	
		Δ+ 10% ?	

Δ+ 10% ? → Dotation N : prix N - prix N-1

Δ -10%?

Δ +10%? → Dotation N : prix N - prix N-1

Les entités spécifiques 21

Chapitre

COMPÉTENCES ATTENDUES

- **Exposer les spécificités propres aux associations et aux collectivités territoriales.**
- **Citer les principales particularités comptables des associations et des collectivités territoriales.**
- **Évaluer et comptabiliser les principales opérations.**

Ce chapitre expose les particularités comptables des entités spécifiques. Ces entités sont des associations ou des collectivités locales. Sont détaillés les cadres légaux et réglementaires relatifs à ces entités, ainsi que leur organisation comptable et budgétaire.

PLAN DU CHAPITRE

SYNTHÈSE P. 314

APPLICATIONS P. 384

LES RÉFÉRENCES POUR COMPRENDRE LE CONTEXTE

Témoignage de Monsieur LILOU, maire de Grainville-Les-Nouches

« J'ai suivi une formation bancaire dans laquelle il y avait un peu de comptabilité ordinaire. Depuis que je dirige la mairie, je suis confronté à des normes particulières. J'ai un copain expert-comptable qui m'a parlé de l'instruction budgétaire et comptable M14 mais je dois avouer ne pas tout comprendre. »

Les normes comptables pour les communes

Focus sur l'instruction M14

L'association des maires de France se prépare à la réforme de leur référentiel

Le nouveau référentiel, le M57, étend à toutes les collectivités les règles budgétaires assouplies dont bénéficient déjà les régions.

1 Les comptes des collectivités territoriales

Les comptes des **collectivités territoriales** sont régis par les instructions budgétaires et comptables M14 (communes), M52 (départements) et M71 (régions) du ministère de l'Économie et des finances. Elles traitent du cadre comptable, de la nomenclature des comptes et du cadre budgétaire. Elles recherchent l'alignement sur le PCG, tout en tenant compte des spécificités des collectivités locales (missions de service public, financement par l'impôt, budget présenté et équilibré en deux sections, caractère limitatif des autorisations budgétaires, séparation des fonctions d'ordonnateur et de comptable).

Même si la nomenclature des comptes ne diffère pas beaucoup de celle du PCG, l'organisation budgétaire et comptable est révélatrice de la différence de nature et d'objectifs entre une entreprise privée et une collectivité publique démocratique. Le système est organisé pour :
- réserver aux élus le pouvoir d'autoriser les dépenses ;
- contrôler que les dépenses sont bien conformes à ce que les élus ont décidé ;
- encadrer la liberté des élus en les empêchant d'employer des ressources à long terme (emprunts, cessions d'immobilisations, subventions) à des dépenses de fonctionnement à court terme.

A Contexte juridique

Les **collectivités territoriales** sont les régions, les départements et les communes.
Elles sont administrées par un **exécutif ordonnateur** des dépenses et une **assemblée délibérante** qui vote les budgets *a priori* et se prononce sur les comptes établis *a posteriori*.

1 L'exécutif

L'exécutif de la commune (maire), du département (président du conseil général) ou de la région (président du conseil régional) :
- prépare le budget annuel de la collectivité ;
- exécute les délibérations du conseil et est l'ordonnateur des dépenses ;
- gère le patrimoine de la collectivité ;
- signe les contrats en sa qualité d'ordonnateur des dépenses.

2 L'assemblée délibérante

Le conseil de la collectivité :
- élit le chef de l'exécutif et ses adjoints ;
- vote le budget annuel de la collectivité ;
- se prononce sur les comptes.

B Organisation budgétaire et comptable

1 Dualité des budgets et des comptes

a. Les budgets

Le budget est l'acte fondamental qui encadre les opérations financières de la collectivité. Il est établi *a priori* et l'ordonnateur (exécutif) n'a le droit d'ordonnancer une dépense que si elle est prévue au budget tant par sa nature que par son montant.
- Le **budget primitif**, voté avant le 1er janvier, autorise les dépenses et les recettes pour l'année à venir.
  Le budget doit être voté en équilibre. Les dépenses doivent être couvertes dès le début de l'exercice.
- Le **budget supplémentaire** corrige en cours d'année le budget primitif et intègre les résultats de l'année précédente. Il s'agit d'un budget d'ajustement.
- Les **décisions modificatives**, votées tout au long de l'année, permettent d'ajuster ponctuellement les crédits budgétaires votés, tant en recettes qu'en dépenses.

b. Les comptes

Ils enregistrent *a posteriori* les opérations effectuées. Ils comprennent :
- des comptes budgétaires qui correspondent aux articles du budget ;
- des comptes hors budget (comptes de tiers, comptes de trésorerie, comptes de stocks de fournitures).

Compte administratif

Il est tenu sous la responsabilité de l'ordonnateur qui y enregistre les dépenses et les recettes qu'il ordonnance. Ses comptes correspondent aux articles du budget ce qui permet de rapprocher les prévisions ou autorisations inscrites au budget des réalisations effectives en dépenses (mandats) et en recettes (titres de recettes).
Le compte administratif récapitule en fin d'année, les résultats comptables de l'exercice. L'ordonnateur soumet, pour approbation, le compte administratif à l'assemblée délibérante qui l'arrête définitivement par un vote avant le 30 juin de l'année qui suit la clôture de l'exercice.

Compte de gestion

Le compte de gestion est tenu par le comptable public qui effectue les paiements et encaisse les recettes, ordonnancés par l'ordonnateur.
C'est un document de synthèse qui rassemble tous les comptes mouvementés au cours de l'exercice, accompagnés des pièces justificatives correspondantes. Il répond à deux objectifs :
- justifier l'exécution du budget ;
- présenter l'évolution de la situation patrimoniale et financière de la commune.

Il comporte :
- une balance générale de tous les comptes (comptes budgétaires, comptes de tiers et comptes de trésorerie) ;
- le bilan qui décrit de façon synthétique l'actif et le passif de la collectivité.

Le compte de gestion est également soumis au vote de l'assemblée délibérante qui peut ainsi constater sa stricte concordance avec le compte administratif.

2 Dualité fonctionnement et investissement

Les articles du budget, tout comme les comptes, sont divisés en deux sections : section de fonctionnement et section d'investissement. La section de fonctionnement ressemble au compte de résultat d'une entreprise commerciale tandis que la section d'investissement est, en quelque sorte, la réunion des sections investissement et financement d'un tableau des flux de trésorerie.

a. Section de fonctionnement

La section de fonctionnement reprend les charges (dépenses) et les produits (recettes) pour les opérations de gestion courante.
Les dépenses de fonctionnement comprennent, entre autres et selon la collectivité concernée :
- le traitement du personnel,
- l'entretien des écoles, de la voirie...,
- les subventions accordées,
- les intérêts des emprunts,
- les dotations aux amortissements et aux provisions,
- etc.

Les recettes de fonctionnement comprennent notamment et selon la collectivité concernée :
- les impôts locaux (taxe d'habitation payée par les habitants propriétaires ou locataires, taxe foncière payée par les propriétaires habitants ou non, contribution économique territoriale payée par les entreprises),
- les impôts indirects (*exemple* : taxe de séjour payée par les touristes),

- les revenus du domaine (droit de stationnement, droit de places et marchés, produits du domaine forestier…),
- les produits de l'exploitation (recettes du camping, de la piscine, du restaurant scolaire…),
- les subventions de fonctionnement de l'État.

b. Section d'investissement

La section d'investissement reprend les dépenses et les recettes concernant les investissements et leur financement telles que :
- les acquisitions foncières,
- les constructions et travaux divers,
- les emprunts et leur remboursement,
- les dotations et subventions d'équipement de l'État,
- le produit des cessions d'immobilisations.

3 Dualité du classement des dépenses de fonctionnement des collectivités territoriales

Le budget de fonctionnement des collectivités territoriales peut être voté par nature ou par fonctions. Les comptes sont toujours tenus par nature.
L'instruction M14 (communes) privilégie le vote du budget par nature par souci de cohérence avec la comptabilité.
- Le législateur a cependant prévu la possibilité d'option entre le vote du budget par nature ou par fonctions dans les communes de plus de 10 000 habitants (Code général des collectivités territoriales, art. R 2312-3).
  Pour maintenir le même niveau d'information, une présentation croisée est alors exigée. Si le budget est voté par nature il comporte une présentation par fonctions. S'il est voté par fonctions il comporte une présentation par nature.
- Dans les communes de 3 500 à 10 000 habitants, l'instruction M14 autorise la présentation par fonctions tout en maintenant un vote du budget par nature.
  Les dix fonctions recouvrent les principaux secteurs d'intervention des communes :
  1. Services généraux des administrations publiques locales
  2. Sécurité et salubrité publique
  3. Enseignement et formation
  4. Culture
  5. Sports et jeunesse
  6. Interventions sociales et santé
  7. Famille
  8. Logement
  9. Aménagement et services urbains
  10. Action économique
- Dans les départements et les régions, « le budget (…) est voté soit par nature, soit par fonction. Si le budget est voté par nature, il comporte, en outre, une présentation croisée par fonction ; s'il est voté par fonction, il comporte une présentation croisée par nature. » (Code général des collectivités territoriales, art. L 3312-2 pour les départements et L 4312-2 pour les régions).

C Particularités comptables

1 Liens entre les sections de fonctionnement et d'investissement

a. Lien systématique

Les **dotations aux amortissements et aux provisions** constituent obligatoirement des charges de fonctionnement et des produits d'investissement. L'amortissement constitue ainsi un autofinancement minimal destiné au renouvellement des immobilisations.

Exemple

Une commune a acquis un équipement sportif amortissable en 12 ans (durée d'usage 10 à 15 ans) pour 24 000 €. L'annuité d'amortissement s'enregistre ainsi :

	31-12-N		
68	Dotations aux amortissements (section de fonctionnement)	2 000	
28	Amortissements des équipements (section d'investissement)		2 000

b. Lien circonstanciel

Il est possible d'effectuer un prélèvement sur les recettes de fonctionnement pour financer l'investissement.

Budget primitif

Un prélèvement sur le fonctionnement peut être inscrit en prévision sur une ligne budgétaire ne donnant pas lieu à dépense, et en « recettes » de la section d'investissement.

Bien qu'il s'agisse d'une prévision, cette « recette » est immédiatement utilisable pour financer les dépenses d'investissement.

Exemple

Autofinancement de 1 000 € prévu au budget primitif de l'année N

	1er janvier N		
023	Virement complémentaire *(fonctionnement)*	1 000	
021	Virement complémentaire *(investissement)*		1 000

Compte administratif

Premier cas : l'excédent de fonctionnement est conforme à la prévision budgétaire

Exemple

(suite exemple précédent)

Au compte administratif de l'année N, le résultat de fonctionnement est un excédent de 1 000 € et le résultat d'investissement est un déficit de 1 000 €.

Lors du vote du budget supplémentaire de l'année N+1, l'assemblée affecte cet excédent à la section d'investissement.

	Courant N+1		
001	Déficit reporté *(investissement)*	1 000	
1068	Excédents de fonctionnement capitalisés *(investissement)*		1 000

Il n'y a pas d'excédent de fonctionnement reporté puisqu'il a été totalement affecté.

L'assemblée a décidé d'affecter l'excédent de fonctionnement au comblement du déficit d'investissement

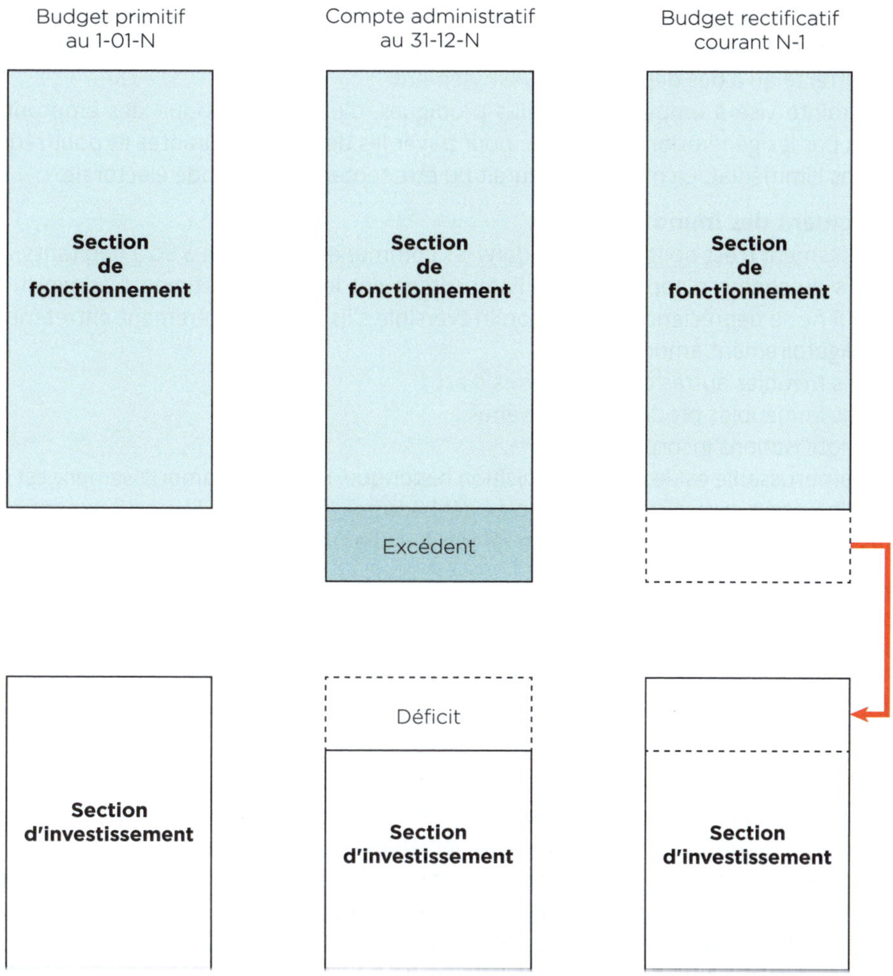

Deuxième cas : le résultat de fonctionnement est supérieur à la prévision budgétaire

En pratique, le compte administratif présente inévitablement des écarts par rapport au budget.

Exemple

(suite exemple précédent)

Au compte administratif de l'année N, le résultat de fonctionnement est un excédent de 1 200 € et le résultat d'investissement est un déficit de 1 000 €.

Lors du vote du budget supplémentaire de l'année N+1, l'assemblée affecte 1 000 € à la section d'investissement et 200 € en report de fonctionnement.

001		Déficit reporté *(investissement)*	1 000	
6..		Charges nouvelles *(fonctionnement)*	200	
	1068	Excédents de fonctionnement capitalisés *(investissement)*		1 000
	002	Excédent reporté *(fonctionnement)*		200

L'excédent de fonctionnement réalisé par rapport aux prévisions a servi à financer des dépenses de fonctionnement.

c. Interdiction d'employer un excédent de recettes d'investissement pour le fonctionnement

Si un excédent de recettes de fonctionnement peut servir à combler un déficit de la section d'investissement, l'inverse n'est pas vrai. Un éventuel excédent de la section d'investissement ne peut être affecté qu'à des dépenses d'investissement.

Cette contrainte vise à empêcher des élus prodigues, d'utiliser le produit des emprunts remboursables par les générations suivantes, pour payer les dépenses courantes et pour réduire les impôts dans l'immédiat. La manœuvre aurait pu être tentante en période électorale.

2 Amortissement des immobilisations

- L'amortissement n'est obligatoire que dans les communes de plus de 3 500 habitants.
- Sont hors du champ d'application de l'amortissement les actifs (bâtiments administratifs et voirie) qui ne se déprécient pas de façon irréversible s'ils sont régulièrement entretenus. Sont donc obligatoirement amortis :
  - les biens meubles autres que les œuvres d'art ;
  - les biens immeubles productifs de revenus ;
  - les immobilisations incorporelles.
- La base amortissable est le coût d'acquisition historique. Le mode d'amortissement est linéaire (sauf délibération contraire de l'assemblée délibérante). La durée de l'amortissement est fixée par l'assemblée délibérante qui peut se référer à un barème indicatif de l'instruction M14.

3 Provisions

- Les provisions sont obligatoires pour couvrir des risques réels et seulement dans ce cas. Les risques potentiels ne doivent pas être provisionnés.
- Il est possible d'étaler les provisions en amont du risque. Ceci évite de faire porter le poids budgétaire par exemple de travaux importants sur un seul exercice. En toute rigueur financière, ces provisions s'apparentent plutôt à des réserves.

4 Stocks

- Les comptes de stocks servent à retracer dans le compte de gestion :
  - les stocks de fournitures et de denrées immédiatement consommables ;
  - les stocks entrant dans un cycle de production (investissement). Ceci concerne des opérations de lotissement (315**. Terrains à aménager**, 355**. Terrains aménagés**).
- Seuls les stocks entrant dans un cycle de production doivent figurer au budget.

5 Indépendance des exercices

La règle de l'**annualité budgétaire** est le pendant, en comptabilité publique, de l'exercice annuel en comptabilité privée.

L'instruction M14 assure le respect de la règle de l'annualité en prescrivant le rattachement des charges et produits à l'année à laquelle ils se rapportent. Ceci ne fait qu'aligner la comptabilité publique sur la comptabilité commerciale et son postulat de séparation des exercices.

Toutefois, le rattachement obligatoire à l'exercice ne concerne que la seule section de fonctionnement.

Pour la section d'investissement, les crédits engagés non mandatés à la fin de l'exercice constituent des « restes à réaliser » et sont repris dans l'exercice suivant.

D Contrôle

1 Contrôle *a priori* de la régularité des opérations

Ce contrôle est assuré par une procédure de **contrôle interne** fondée sur la **séparation des fonctions,** en l'occurrence celle d'***ordonnateur*** (le maire, dans le cas d'une commune) et celle de ***comptable public*** (nommé par le ministre du budget et placé sous son autorité) chargé d'exécuter les paiements et les encaissements.

Il vérifie que les dépenses sont décomptées sur le bon chapitre budgétaire et que l'origine des recettes est légale. Dès lors que le comptable détecte une irrégularité, il rejette le paiement décidé par l'ordonnateur.
Les comptables publics engagent leur responsabilité pécuniaire et personnelle sur les paiements qu'ils effectuent.

2 Contrôle *a posteriori*

a. Contrôle du préfet

Après leur vote les budgets sont transmis au préfet qui exerce :
- un contrôle de légalité (conditions d'élaboration, d'adoption et de présentation des documents budgétaires et de leurs annexes) ;
- un contrôle budgétaire en liaison avec la chambre régionale et territoriale des comptes (CRTC) à laquelle il demande un avis (respect des règles de gestion : calendrier, équilibre budgétaire, inscription des dépenses obligatoires...).

b. Contrôles de la chambre régionale et territoriale des comptes

Les CRTC exercent trois missions : le jugement des comptes des comptables publics, le contrôle budgétaire, le contrôle de gestion.

Jugement des comptes des comptables publics

La CRTC juge, dans son ressort, l'ensemble des comptes des comptables publics des collectivités. Il s'agit d'un contrôle de régularité des opérations faites par les comptables publics, consistant à vérifier non seulement que les comptes sont réguliers, mais surtout que le comptable a bien exercé l'ensemble des contrôles qu'il est tenu d'effectuer.
La CRTC reconnaît les comptes exacts par des jugements, que des irrégularités aient été révélées ou non.

Contrôle budgétaire

La CRTC intervient dans quatre cas :
- lorsque le budget a été adopté en dehors des délais prévus (après le 31 mars) ;
- quand le budget a été voté en déséquilibre (les recettes ne correspondant pas aux dépenses) ;
- lorsque l'exécution du budget est en déficit ;
- en cas de défaut d'inscription d'une dépense obligatoire.

À chaque fois, la CRTC est saisie par le préfet et doit fournir des propositions.

Contrôle de gestion

Il vise à examiner la qualité de la gestion des collectivités locales. Il porte non seulement sur l'équilibre financier des opérations de gestion et le choix des moyens mis en œuvre, mais également sur les résultats obtenus par comparaison avec les moyens et les résultats des actions conduites.

2 Les associations

Le secteur associatif se caractérise par une grande diversité de situations allant de l'association de quartier gérée par des bénévoles avec un budget de quelques milliers d'euros et n'ayant aucune activité économique, à de véritables entreprises ayant plusieurs centaines de salariés. Les solutions comptables ne peuvent évidemment être les mêmes pour toutes.
Le principe de base du système associatif est la liberté, y compris dans le domaine comptable. Toutefois, certaines **associations** bénéficient d'avantages qui leur sont accordés par la collectivité. Elles ont de ce fait une responsabilité particulière qui se traduit par des obligations comptables. Cet équilibre entre liberté et responsabilité fera l'objet des deux parties qui suivent. Pour terminer, nous aborderons un problème spécifique au secteur associatif : celui de la comptabilisation du bénévolat.

A Contexte juridique

1 Définition des associations

Le mot « association » (comme le mot « société ») désigne à la fois un contrat et une personne morale.
L'association est la convention par laquelle deux ou plusieurs personnes mettent en commun d'une façon permanente leurs connaissances et leur activité dans un **but autre que de partager des bénéfices** (loi du 1er juillet 1901, art. 1er). L'association est aussi la **personne morale** à laquelle peut être affecté un patrimoine mis en commun.
C'est l'interdiction de partager des bénéfices qui distingue les associations des sociétés.

Remarque. À la dissolution de l'association, son patrimoine ne peut pas non plus être partagé. Les adhérents reprennent leurs apports en nature ou, à défaut, en argent. Le surplus (boni de liquidation) est dévolu à d'autres associations.

Les associations présentent des caractéristiques propres liées à leurs statuts :
- un **patrimoine** constituant un bien collectif sur lequel nul n'a de droits individuels, même lors de la liquidation ;
- une **mission** qui consiste à gérer le patrimoine et les ressources de l'association ou de la fondation sur des bases d'intérêts collectifs et dans la limite de leur objet statutairement défini ;
- une **action** qui est constamment dépendante des moyens mis à leur disposition (financiers ou humains, biens meubles ou immeubles, etc.) qui ne sont pas toujours quantifiables, ni évaluables.

2 Liberté d'association

La loi du 1er juillet 1901 a institué la liberté d'association. Les associations peuvent librement se constituer à condition que leur objet soit licite. Pour avoir la personnalité civile, les associations doivent être **déclarées** à la préfecture et publiées au Journal officiel.
Le champ d'application de la loi de 1901 est pratiquement sans limite. Une association peut notamment être créée dans les domaines social, économique, artistique, professionnel, sportif, politique, religieux, pédagogique, etc.
Il existe également d'autres personnes morales à but non lucratif qui relèvent d'une législation particulière :
- les syndicats professionnels (Code du travail, art. L 411-1),
- les syndicats de copropriétaires (loi du 10 juillet 1965, art. 14),
- les coopératives (loi du 10 septembre 1947),
- les mutuelles (Code de la mutualité, art. L 111-1),
- les groupements d'intérêt économique (Code com. art. L 251-1).

3 Associations bénéficiant d'un régime particulier

À côté de la grande masse des associations simplement « déclarées », il existe des associations agréées, des associations reconnues d'utilité publique et des fondations.

a. Associations agréées

Certaines associations ont besoin d'une autorisation administrative (l'agrément) pour pouvoir remplir leur objet ou pour bénéficier d'avantages.

Exemple

Les associations de gestion et de comptabilité (AGC), qui sont obligatoirement membres de l'ordre des experts-comptables, assurent les mêmes missions que les experts-comptables uniquement pour leurs membres (près de 600 000 entreprises). Elles ne peuvent pas faire de commissariat aux comptes.
Les centres de gestion agréés (CGA) sont des associations assurant une assistance en matière de gestion et de comptabilité et permettant à leurs membres (environ 400 000 TPE), à titre d'incitation, de bénéficier d'un avantage fiscal.

>>>

>>>

Les associations agréées par le ministère de l'Éducation nationale sont autorisées à exercer des actions dans le milieu scolaire.
Les associations agréées par le ministère de l'Environnement sont, par exemple, habilitées à surveiller la qualité de l'air.
Les associations agréées par la Direction de la concurrence, de la consommation et de la répression des fraudes, peuvent agir en justice pour défendre l'intérêt collectif des consommateurs.

b. Associations reconnues d'utilité publique

Un petit nombre d'associations poursuivant un but d'intérêt général sont « reconnues d'utilité publique » par décret du ministre de l'intérieur après avis du Conseil d'État.
La reconnaissance d'utilité publique confère à ces associations le privilège de pouvoir accepter des *dons et legs*. En contrepartie de ce privilège, les associations reconnues d'utilité publique doivent adopter des statuts types comportant les dispositions suivantes :
- Nécessité d'une autorisation de l'administration pour effectuer des emprunts et des cessions de biens mobiliers et immobiliers, pour acquérir des valeurs mobilières autres que les emprunts d'État.
- Obligation de constituer une dotation, c'est-à-dire une réserve qui ne peut être utilisée qu'avec l'autorisation de l'administration.
- Fourniture d'un rapport annuel avec les comptes de l'exercice (y compris ceux des comités locaux) au préfet et au ministre.

Remarque. Les associations déclarées qui ont pour but exclusif l'assistance ou la bienfaisance, ont la capacité de recevoir des dons et legs comme les associations reconnues d'utilité publique. Par ailleurs, toutes les associations déclarées peuvent recevoir des dons manuels et de petites libéralités.

c. Fondations et fonds de dotation

La fondation est l'acte par lequel une ou plusieurs personnes décident l'**affectation irrévocable** de biens, droits ou ressources à la réalisation d'œuvres d'intérêt général et à but non lucratif (loi 87-571 du 23.07.1987, art. 18, al. 1).
Les fondations peuvent être classées en deux catégories : les fondations de patrimoine avec dotation et les fondations de flux (CNC, avis 2009-01).

Fondations de patrimoine avec dotation

Les fondations de patrimoine avec dotation sont créées par l'affectation irrévocable d'un patrimoine dont les revenus permettront de réaliser une mission sociale.
Certaines fondations sont légalement attributaires d'une dotation ; il s'agit des :
- **fondations reconnues d'utilité publique** (loi 87-571 du 23.07.1987, art. 18, al. 2) ;
- **fondations de coopération scientifique** (Code de la recherche, art. L 344-11) ;
- **fondations universitaires** (Code de l'éducation, art. L 719-12) ;
- **fonds de dotation** (loi 2008-776 de modernisation de l'économie du 4.08.2008, art. 140).

Selon les dispositions légales particulières et les dispositions statutaires, les dotations peuvent être pérennes ou consomptibles.
- La **pérennité** implique que la fondation n'ait pas la libre disposition des biens constituant la dotation pour l'accomplissement de son objet. Elle ne dispose que des revenus de la dotation.
- L'échéancier de consommation de la **dotation consomptible** est régi par des dispositions différentes selon la catégorie de fondation. Par exemple, les fondations reconnues d'utilité publique ne doivent pas consommer la part consomptible de leur dotation en moins de 5 ans ; les statuts des fondations de coopération scientifiques et des fondations universitaires prévoient que la fraction consomptible de la dotation ne peut pas excéder chaque année 20 % de la part consomptible de la dotation.

Fondations de flux

Les fondations de flux bénéficient seulement d'un engagement irrévocable de donner à la fondation les moyens de remplir sa mission pendant une certaine durée. Il s'agit des :

- **fondations d'entreprise** créées par des entreprises (sociétés civiles et commerciales, établissements publics, coopératives, mutuelles, etc. ; loi 87-571 du 23.07.1987, art. 19) **;**
- **fondations partenariales** créées par des établissements publics à caractère scientifique, culturel ou professionnel (Code de l'éducation, art. L 719-13) **;**
- **fondations abritées (ou sous égide)** sans dotation ; elles sont abritées par une fondation dite « abritante » (ex. : fondation sous égide de la Fondation de France ou sous égide d'une université ; loi 87-571 du 23.07.1987, art. 20 modifié par la loi 90-559 du 4.07.1990).

B Liberté comptable des associations

1 Principe de liberté

Les associations déclarées ne sont pas légalement astreintes à la tenue d'une comptabilité. Ce principe souffre cependant d'importantes exceptions.

L'absence de réglementation laisse toute liberté aux responsables de l'association quant à l'organisation de la comptabilité. Comme dans les sociétés civiles, une comptabilité est nécessaire mais la forme en est libre. Le choix des dirigeants peut cependant être limité par les statuts qui peuvent prévoir certaines obligations comptables. Une comptabilité de trésorerie en partie simple est parfois largement suffisante alors que dans d'autres cas, il sera utile d'avoir une véritable comptabilité commerciale et même une comptabilité de gestion.

2 Solutions techniques

Les différents niveaux de comptabilité possibles sont schématiquement au nombre de quatre. Les trois premiers niveaux ne permettent pas de déterminer un résultat, ce qui ne pose pas de problème dans la mesure où les associations n'ont pas de but lucratif.

- **Comptabilité de trésorerie en partie simple.** Elle peut se révéler tout à fait suffisante en l'absence de dettes et lorsque les transactions se font au comptant. Elle permet de contrôler la situation de la trésorerie ; elle offre une bonne sécurité dans la mesure où la plupart des opérations se font par la banque et peuvent être recoupées avec les relevés de compte grâce à un état de rapprochement ; elle peut être complétée, si nécessaire, par un inventaire physique annuel des éléments du patrimoine.
- **Comptabilité de trésorerie en partie double.** Si une analyse plus fine des dépenses et recettes s'avère nécessaire, on peut passer à une comptabilité de trésorerie en partie double. On obtient alors un « compte de résultat »[1] faisant apparaître un excédent ou un déficit de trésorerie de l'exercice et un « bilan » qui se résume à plusieurs comptes de trésorerie. Le solde du « compte de résultat » n'est aucunement un bénéfice ou une perte car les passifs, les variations de stock et les dotations aux amortissements, dépréciations et provisions ne sont pas comptabilisés. Il ne mesure que la variation de trésorerie.
- **Comptabilité d'engagement.** Si les opérations à crédit deviennent nombreuses et importantes, il faut compléter la comptabilité de trésorerie pour passer à une comptabilité d'engagement ; le « bilan » s'enrichit alors de comptes de tiers mais ne retrace pas les immobilisations et les stocks ; le « compte de résultat » n'enregistre pas les variations de stock et les dotations aux amortissements, dépréciations et provisions. Il ne permet toujours pas de mesurer un résultat.
- **Comptabilité commerciale.** Enfin, dans le cas d'une association exerçant une activité économique, la tenue d'une comptabilité commerciale devient nécessaire et peut même devoir être complétée par une comptabilité de gestion.

1 Les guillemets indiquent que les mots « compte de résultat » et « bilan » ne sont pas employés ici avec le sens reconnu par les normes comptables.

C Obligations comptables de certaines associations

Nombreuses sont les associations qui ont des activités économiques même si elles ne conduisent pas au partage des bénéfices. Par ailleurs, beaucoup d'associations d'intérêt général, notamment les associations de bienfaisance, reçoivent des subventions publiques ou font appel à la générosité du public.
Le législateur a donc astreint ces associations à des obligations comptables.

1 Associations tenues d'établir des comptes annuels

Les associations soumises à l'obligation d'établir des comptes annuels sont :
- les associations qui ont une **activité économique** et dont la **taille** dépasse deux des trois critères suivants : 50 salariés, 3 100 000 € de chiffre d'affaires ou de ressources (cotisations, subventions, etc.), 1 550 000 € pour le total du bilan ; rappelons que cette règle s'applique à toutes les personnes morales non commerçantes (Code com. art. L 612-1 et R. 612-1) ;
- les associations recevant annuellement de l'État, des établissements publics, des collectivités territoriales ou des organismes de sécurité sociale, une **subvention** de plus de 153 000 € (Code com. art. L 612-4) ;
- les associations recevant des **dons** ouvrant droit, au profit du donateur, à un avantage en impôt d'un montant global supérieur à 153 000 € (loi du 23 juillet 1987, art. 4-1) ;
- les associations faisant appel à la **générosité publique** dans le cadre d'une campagne menée à l'échelle nationale ou sur Internet (loi du 7 août 1991, art. 4) ;
- les associations **reconnues d'utilité publique** et les fondations (loi du 23 juillet 1987, art. 5) ;
- les **fonds de dotation** (loi 2008-776 du 4 août 2008, art. 140-VI) ;
- les associations qui émettent des obligations (Code mon. et fin. art. L 213-15) ;
- les organismes de **formation** (Code trav. art. L 6352-6).

2 Obligations comptables supplémentaires

Certaines associations ont des obligations supplémentaires :
- les associations de plus de 300 salariés ou 18 millions d'euros de chiffre d'affaires ou de ressources, doivent communiquer les documents financiers liés à la prévention des difficultés des entreprises (situation semestrielle de l'actif réalisable et disponible et du passif exigible, tableau de financement, plan de financement et compte de résultat prévisionnel analysés dans un rapport écrit sur l'évolution de l'association). (Code com. art. L 612-2) ;
- les associations faisant appel à la générosité du public doivent établir un compte d'emploi annuel des ressources ainsi collectées ;
- les associations ayant reçu une subvention d'une personne physique doivent publier un compte rendu financier des subventions.

3 Contrôle et publicité des comptes

Les associations obligées d'établir des comptes annuels conformes au PCG sont, par ailleurs, tenues de faire certifier ces comptes par un commissaire aux comptes.
En revanche, il n'existe aucune obligation *générale* de publicité des comptes annuels. Cependant sont tenues de publier leurs comptes annuels et le rapport du commissaire aux comptes au Journal officiel, les association recevant une subvention publique de 153 000 € ou des dons ouvrant droit à un avantage fiscal supérieur à 153 000 € en faisant appel à la générosité publique par une campagne nationale.

4 Normalisation des comptes annuels quand ils sont obligatoires

Les associations soumises à l'obligation légale ou réglementaire d'établir des comptes annuels sont tenues de se conformer à des normes comptables (PCG et plan comptable des associations).
Le PCG est applicable, sous réserve des adaptations expressément prévues ci-après.

Règlement n° 2018-06 du 5 décembre 2018 relatif aux comptes annuels des personnes morales de droit privé à but non lucratif, applicable aux états financiers des exercices ouverts à compter du 1er janvier 2020.

D Plan comptable des associations et fondations

Nous allons voir ci-après les principales particularités du plan comptable des associations.

1 Capitaux propres

a. Plan de comptes des capitaux propres

10. Fonds propres et réserves

- 102. Fonds propres sans droit de reprise
  - 1021. Première situation nette établie
  - 1022. Fonds statutaires (à subdiviser en fonction des statuts)
  - 1023. Dotations non consomptibles
    - 10231. Dotations non consomptibles initiales
    - 10232. Dotations non consomptibles complémentaires
  - 1024. Autres fonds propres sans droit de reprise
- 103. Fonds propres avec droit de reprise
    - 1032. Fonds statutaires (à subdiviser en fonction des statuts)
    - 1034. Autres fonds propres avec droit de reprise
- 105. Écarts de réévaluation
  - 1051. Écarts de réévaluation sur des biens sans droit de reprise
  - 1052. Écarts de réévaluation sur des biens avec droit de reprise
- 106. Réserves
  - 1068. Réserves pour projet de l'entité
- 108. Dotations consomptibles
  - 1081. Dotations consomptibles
  - 1089. Dotations consomptibles inscrites au compte de résultat

19. Fonds dédiés ou reportés

- 191. Fonds reportés liés aux legs ou donations
  - 1911. Legs ou donations
  - 1912. Donations temporaires d'usufruit
- 194. Fonds dédiés sur subventions d'exploitation
- 195. Fonds dédiés sur contributions financières d'autres organismes
- 196. Fonds dédiés sur ressources liées à la générosité du public

Remarque. 1. La fraction des dotations, consomptible au cours de l'exercice, est comptabilisée au crédit du compte 757. Quote-part de dotations consomptibles virée au compte de résultat par le débit du compte 1027.9.
2. Les fondations de flux n'ont pas de fonds propres, si ce n'est le report à nouveau. Le versement des ressources par les fondateurs est enregistré en produit au crédit du compte 752. Versements des fondateurs.

b. Apports

Les biens de l'association ne peuvent être attribués aux adhérents en dehors de la reprise de biens mis à la disposition provisoire de l'association (décret du 16 août 1901, art. 15). C'est ce qui différencie les fonds associatifs et le capital d'une société.

Apports sans droit de reprise

Les apports, les dons et les legs de biens mis à la disposition définitive de l'association sont inscrits au crédit d'une division du compte : **102. Fonds propres sans droit de reprise**. Ces fonds sont classés au passif à la rubrique des *Fonds propres*.

Au débit, les apports, dons et legs de biens sont classés dans les comptes d'actifs par nature tels que prévus par le PCG (terrains, constructions, créances) ou en dans le compte **Créances** reçues par legs ou donation s'ils sont destinés à être conservés ou dans le compte **24. Biens reçus par legs ou donations** destinés à être cédés s'il est prévu de les vendre ».

Les biens destinés à être cédés ne sont pas amortis.

Apports avec droit de reprise

Les apports, les dons et les legs de biens mis à la disposition provisoire de l'association sont inscrits au crédit d'une division du compte : **103. Fonds propres avec droit de reprise**. Ces fonds sont classés au passif à la rubrique des *Autres fonds propres*.

S'il s'agit de biens amortissables qu'il n'est pas prévu de renouveler à l'issue de leur durée d'utilisation, le compte **103** doit être débité, chaque année, d'un montant égal à l'annuité d'amortissement des biens considérés, par le crédit d'un compte de produits.

Exemple

Un donateur donne à une association humanitaire un immeuble d'une valeur de 1 000 000 €, amortissable en vingt ans, destiné à abriter un dispensaire. Le donateur se réserve le droit de reprendre l'immeuble si l'association ne l'utilisait pas conformément à cet objet. Il n'est pas prévu que l'association finance le renouvellement de l'immeuble à l'issue des vingt ans.

– *Constatation de la donation*

213		Constructions	1 000 000	
	103	Fonds propres avec droit de reprise		1 000 000

– *Écritures d'inventaire*

681		Dotations aux amortissements	50 000	
	2813	Amortissements des constructions *(1 000 000/20)*		50 000
103		Fonds propres avec droit de reprise	50 000	
	75	Autres produits de gestion courante		50 000

2 Fonds dédiés

Les associations sollicitent souvent les donateurs ou les collectivités publiques pour la réalisation d'un projet particulier. Les dons manuels, les legs et donations et les subventions de fonctionnement ainsi reçus constituent des produits affectés à un projet défini. En fin d'exercice, si le projet n'est pas complètement réalisé, les comptes doivent constater l'engagement de consacrer à l'achèvement du projet le reliquat des produits affectés.

La fraction non encore utilisée des ressources est inscrite :
- au débit du compte de charges 689. **Reports en fonds dédiés** ;
- au crédit du compte de passif 19. **Fonds dédiés**. Les fonds dédiés forment une rubrique spécifique placée entre les provisions et les dettes.

Une information est donnée dans l'annexe.
Les fonds dédiés sont réintégrés aux résultats des exercices suivants, au rythme de réalisation des engagements, par le crédit du compte 789. **Utilisation de fonds dédiés et de fonds reportés.**

Exemple

En mars N, une collectivité a attribué à une association une subvention de 3 000 000 € pour financer un travail de recherche médicale. À la clôture de l'exercice N, seul 1/3 de la subvention a été dépensé. Un an plus tard, à la clôture de l'exercice N+1, le total de dépenses des deux exercices s'élève à 2 500 000 € pour ce travail de recherche.
- *Attribution de la subvention*

		mars N		
512		Banque	3 000 000	
	74	Subventions d'exploitation		3 000 000

- *Écritures d'inventaire*

		31-12-N		
689		Reports en fonds dédiés	2 000 000	
	19	Fonds dédiés *(3 000 000 - 1 000 000)*		2 000 000
		31-12-N+1		
19		Fonds dédiés	1 500 000	
	789	Utilisation de fonds dédiés et de fonds reportés *(2 500 000 - 1 000 000)*		1 500 000

3 Contributions volontaires en nature

Une contribution volontaire consiste en l'apport à titre gratuit de travail, de biens ou de services. Il s'agit par exemple de bénévolat, mise à disposition de locaux ou de matériel, de prêt d'usage.
Ces contributions sont comptabilisées si elles peuvent être valorisées et si leur nature et leur importance sont essentielles à la compréhension de l'activité.
Elles sont comptabilisées au crédit du compte 87**. Contributions volontaires en nature** en contrepartie au débit du compte 86**. Emplois des contributions volontaires en nature**.
Elles sont présentées au pied du compte de résultat.

4 Résultat comptable

Le résultat comptable ne pouvant pas être attribué aux adhérents, les notions de bénéfice ou de perte ne sont pas pertinentes. Le résultat positif est appelé « *Excédent* » et le résultat négatif est qualifié de « *Déficit* ».
- Le résultat définitivement acquis est porté au crédit du compte 110. **Report à nouveau** avant d'être affecté aux réserves par l'assemblée générale.
- Pour certaines associations recevant des subventions (et pour les hôpitaux), le résultat comptable comprend aussi les excédents non utilisés qui doivent être restitués au subventionneur ou venir en déduction des subventions ultérieures. Ces excédents sont inscrits au crédit du compte 115. **Report à nouveau sous contrôle de tiers financeurs.**

Exemple

Une association a réalisé un excédent de 200 000 € pour l'exercice N. L'assemblée générale réunie en mars N+1 décide d'affecter cet excédent aux réserves.

- *Constatation de l'excédent (solde des comptes de charges et de produits)*

		31-12-N		
7...		Produits	...	
	6...	Charges		...
	110	Report à nouveau		200 000

- *Affectation de l'excédent*

		mars-N+1		
110		Report à nouveau	200 000	
	106	Réserves		200 000

Exemple

Les ressources annuelles d'une association de gestion d'un dispensaire sont constituées par une subvention globale de fonctionnement de 5 000 000 € versée par l'État. Au cas où les charges seraient inférieures au montant de la subvention, l'excédent viendrait en déduction de la subvention de l'année suivante. L'association a réalisé un excédent de 200 000 € pour l'exercice N.

- *Constatation de l'excédent (solde des comptes de charges et de produits)*

		31-12-N		
7...		Produits	...	
	6...	Charges		...
	115	Report à nouveau sous contrôle de tiers financeurs		200 000

- *Attribution de la subvention suivante :*

		31-12-N		
512		Banque	4 800 000	
115		Report à nouveau sous contrôle de tiers financeurs	200 000	
	74	Subventions d'exploitation		5 000 000

5 Présentation des comptes annuels

a. Bilan

Actif	Passif
Présentation suivant disposition du PCG avec cependant les postes particuliers suivants : - *Biens reçus par legs ou donations destinés à être cédés* - Créances clients, *usagers*, et comptes rattachés - *Créances reçues par legs ou donations*	***Fonds propres*** Fonds propres sans droit de reprise Fonds statutaires Fonds propres complémentaires Écarts de réévaluation Réserves Report à nouveau ***Fonds propres consomptibles*** Subventions d'investissement Provisions réglementées ***Fonds propres reportés et dédiés*** Fonds reportés liés aux legs ou donations Fonds dédiés ***Dettes et Provisions*** selon présentation du PCG

Engagements

Engagements reçus	Engagements donnés
Legs nets à réaliser[(a)] Dons en nature restant à vendre	

(a) Biens pour lesquels l'association a obtenu l'autorisation administrative de bénéficier du legs mais dont le montant n'a pas encore été encaissé.

b. Compte de résultat

Charges	Produits
Présentation selon disposition du PCG avec cependant les postes particuliers suivants en charges d'exploitation : - *Aides financières* - *Reports en fonds dédiés*	PRODUITS D'EXPLOITATION Cotisations Ventes de biens (dont ventes de dons en nature) Ventes de prestations de service (dont parrainages) Produits de tiers financeurs Concours publics et subventions d'exploitation Versements des fondateurs ou consommations de la dotation consomptible Ressources liées à la générosité du public Dons manuels Mécénats Legs, donations et assurances-vie Contributions financières Reprises sur amortissements, dépréciations, provisions et transferts de charges Utilisations des fonds dédiés Produits financiers et exceptionnels conformes aux dispositions du PCG
Excédent ou déficit	
Charges des contributions volontaires en nature	**Contributions volontaires en nature**
Secours en nature Mise à disposition gratuite de biens Prestation en nature Prestation bénévole	Dons en nature Prestations en nature Bénévolat

6 Comptabilisation du bénévolat

De très nombreuses associations ne pourraient fonctionner sans le concours de bénévoles.

Dans la mesure où l'on comptabilise les subventions en numéraire, il paraît logique de vouloir comptabiliser aussi les **subventions en nature** sous forme de travail non rémunéré. L'application de ce principe se heurte à la difficulté de l'évaluation du travail bénévole.

Le plan comptable des associations prévoit que :

- dès lors que les contributions volontaires présentent un *caractère significatif*, une information sur leur nature et leur importance est donnée dans **l'annexe** ; à défaut de renseignements quantitatifs fiables, des informations qualitatives sont apportées, notamment sur les difficultés rencontrées pour évaluer les contributions concernées ;
- si l'association dispose d'une *information quantifiable et valorisable* sur les contributions volontaires ainsi que de méthodes d'enregistrement fiables, elle peut opter pour leur inscription dans les comptes de la classe 8. **Comptes spéciaux** en les ventilant :
  - suivant la nature des ressources, au crédit des divisions du compte 87 ;

- suivant la nature des emplois, au débit des divisions du compte 86. Le plan de comptes des contributions volontaires est le suivant :

Répartition par nature des emplois	Répartition par nature des ressources
860. **Secours en nature (alimentaires, vestimentaires**, etc.)	870. **Bénévolat**
861. **Mise à disposition gratuite de biens** (locaux, matériels, etc.)	871. **Prestations en nature**
862. **Prestations**	875. **Dons en nature**
864. **Personnel bénévole**	

Les contributions volontaires sont ainsi sans incidence sur le résultat mais leur évaluation figure au pied du compte de résultat.
L'annexe indique les méthodes de quantification et de valorisation, retenues.

7 Compte d'emploi des ressources (CER)

a. Caractère obligatoire

Les associations et fondations qui font appel à la générosité du public dans le cadre d'une campagne menée à l'échelon national doivent établir un **compte annuel d'emplois des ressources collectées (CER)** qui précise notamment l'affectation des dons par type de dépenses. Ce CER est un élément de l'annexe des comptes annuels *(loi n° 91-772 du 7 août 1999, art. 4)*.

b. Rubriques devant figurer dans le CER

Ressources
- dons manuels (espèces, chèques, virements) ;
- legs, autres libéralités (comptabilisés à la valeur portée dans l'acte de libéralité) ;
- produits de la vente des dons en nature ;
- produits financiers ;
- autres produits liés à l'appel à la générosité publique ;
- report des ressources non utilisées des campagnes antérieures.

Emplois
- dépenses opérationnelles ou missions sociales (ventilation par type d'action ou par pays et ventilation entre achats de biens et services, distribution directe de secours et subventions...) ;
- coûts directs d'appel à la générosité publique (publicité, publication, frais postaux...), y compris les frais de traitement des dons ;
- frais de fonctionnement de l'organisme, y compris les frais financiers ;
- ressources restant à affecter.

Compléments d'information

Les quatre informations suivantes ne sont renseignées que s'il y a lieu.
1. Note présentant les modalités de répartition du financement des emplois entre les ressources collectées auprès du public et les autres produits de l'organisme, ou présentation du compte d'emploi intégrée dans la totalité des ressources et des emplois de l'organisme.
2. Nature et quantité des ressources en nature de l'organisme.
3. État des effectifs bénévoles.
4. Indication sur la valeur des immobilisations, des stocks de produits à distribuer et des titres de placement.

Les informations présentées sont établies sur la base des documents comptables de l'organisme. L'avis 2008-08 du CNC, §3, propose un modèle de CER.

Modèle de tableau de compte d'emploi annuel des ressources globalisé avec affection des ressources collectées auprès du public par type d'emplois

EMPLOIS	Emplois de N = compte de résultat (1)	Affectation par emplois des ressources collectées auprès du public utilisées sur N (3)	RESSOURCES	Ressources collectées sur N = compte de résultat (2)	Suivi des ressources collectées après du public et utilisés sur N (4)
			REPORT DES RESSOURCES COLLECTÉES AUPRÈS DU PUBLIC NON AFFECTÉES ET NON UTILISÉES EN DÉBUT D'EXERCICE		**T1**
1 - MISSIONS SOCIALES* **1.1. Réalisées en France** - Actions réalisées directement - Versements à d'autres organismes agissant en France		**S T1**	**1 - RESSOURCES COLLECTÉES AUPRÈS DU PUBLIC** **1.1. Dons et legs collectés** - Dons manuels non affectés - Dons manuels affectés - Legs et autres libéralités non affectés - Legs et autres libéralités affectés **1.2. Autres produits liés à l'appel à la générosité du public**		**T2**
1.2. Réalisées à l'étranger - Actions réalisées directement - Versements à un organisme central ou d'autres organismes		**S T2**			
2 - FRAIS DE RECHERCHE DE FONDS 2.1. Frais d'appel à la générosité du public 2.2. Frais de recherche des autres fonds privés 2.3. Charges liées à la recherche de subventions et autres concours publics			**2 - AUTRES FONDS PRIVÉS** **3 - SUBVENTION & AUTRES CONCOURS PUBLICS** **4 - AUTRES PRODUITS**		
3 - FRAIS DE FONCTIONNEMENT		**S T3**			
		T3 = ST1 + ST2 + ST3			
I - TOTAL DES EMPLOIS E L'EXERCICE INSCRITS AU COMPTE DE RÉSULTATS			**I - TOTAL DES RESSOURCES DE L'EXERCICE INSCRITE AU COMPTE DE RÉSULTAT**		
II - DOTATIONS AUX PROVISIONS			**II - REPRISES DES PROVISIONS**		
III - ENGAGEMENTS À RÉALISER SUR RESSOURCES AFFECTÉES			**III - REPORT DES RESSOURCES AFFECTÉES NON UTILISÉES DES EXERCICES ANTÉRIEURS**		
IV - EXCÉDENT DE RESSOURCES DE L'EXERCICE			**V - INSUFFISANCE DE RESSOURCES DE L'EXERCICE**		

EMPLOIS	Emplois de N = compte de résultat (1)	Affectation par emplois des ressources collectées auprès du public utilisées sur N (3)	RESSOURCES	Ressources collectées sur N = compte de résultat (2)	Suivi des ressources collectées après du public et utilisés sur N (4)
V - TOTAL GÉNÉRAL			**VI - TOTAL GÉNÉRAL**		**T2 + T4**
V - Part des acquisitions d'immobilisations brutes de l'exercice financées par les ressources collectées auprès du public		**T5**			
VI - Neutralisation des dotations aux amortissements des immobilisations financées à compter de la première application du règlement par les ressources collectées auprès du public		**T5 bis**			
VII - Total des emplois financés par les ressources collectées auprès du public		**T6 = T3 + T5 - T5 bis**	**VI - Total des emplois financés par les ressources collectées auprès du public**		**T6**
			SOLDE DES RESSOURCES COLLECTÉES AUPRÈS DU PUBLIC NON AFFECTÉES ET NON UTILISÉS EN FIN D'EXERCICE		**T7 = T1 + T2 + T4 - T6**
ÉVALUATION DES CONTRIBUTIONS VOLONTAIRES EN NATURE					
Missions sociales Frais de recherche de fonds Frais de fonctionnement et autres charges Total	....		Bénévolat Prestations en nature Dons en nature Total	....	

* ou dépenses opérationnels

Trois référentiels applicables en fonction du type de collectivité territoriale

Communes : Instruction budgétaire et comptable M14

Département : Instruction budgétaire et comptable M52

Régions : Instruction budgétaire et comptable M71

Ces collectivités sont tenues d'établir un **budget** qui peut être ajusté en cours d'année. Ces budgets se décomposent chacun en deux **sections**.

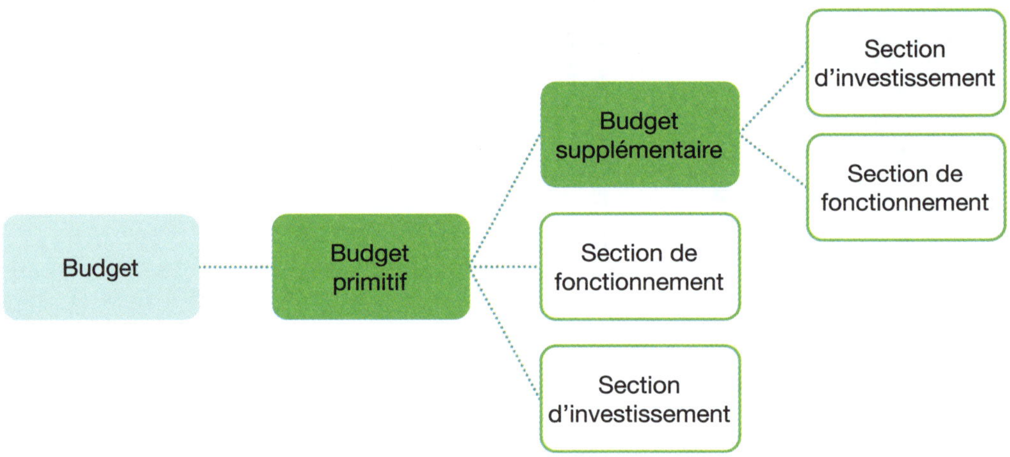

Les associations

Principe : les associations n'ont pas besoin de tenir une comptabilité mais peuvent opter pour une des méthodes suivantes afin d'avoir un suivi de leur gestion.

- Comptabilité de trésorerie simple
- Comptabilité de trésorerie en partie double
- Comptabilité d'engagement
- Comptabilité commerciale

Exceptions : les associations ayant les caractéristiques suivantes doivent établir des comptes annuels.

- Activité économique & taille importante
- Total de subventions publiques > 153 000 €
- Total de dons ouvrant droit au crédit d'impôt > 153 000 €
- Faisant appel à la générosité publique
- Reconnues d'utilité publique
- Fonds de dotation
- En cas d'émission d'obligations
- Organismes de formation

Applications

Les professionnels de la comptabilité et de l'audit légal en France

QCM 01.01

Une seule bonne réponse par question.

1. **M. Right est responsable comptable de la SASU False. Le dirigeant de la société et actionnaire à 100 % effectue régulièrement des prélèvements sur la caisse de la société pour effectuer des achats personnels et demande ensuite à M. Right d'ajuster la caisse en comptabilisant les différentes dépenses dans un compte « Autres charges ». Ces dépenses ne font pas l'objet d'une réintégration fiscale pour la détermination de l'IS. En acceptant la demande du dirigeant et en contribuant de fait à la falsification des comptes :**

   A. ☐ M. Right respecte le lien de subordination et engage sa responsabilité civile, pénale et fiscale.

   B. ☐ M. Right engage sa seule responsabilité pénale.

   C. ☐ M. Right engage sa responsabilité pénale et sa responsabilité fiscale.

2. **Un responsable comptable salarié d'une entreprise (autre qu'un cabinet d'expertise-comptable) :**

   A. ☐ Ne peut pas être membre de l'Ordre des experts comptables (OEC).

   B. ☐ Est obligatoirement expert-comptable diplômé et membre de l'OEC.

   C. ☐ Est obligatoirement expert-comptable diplômé mais ne peut pas être membre de l'OEC.

3. **Le H3C est un organisme qui dépend :**

   A. ☐ De la CNCC (Compagnie nationale des commissaires aux comptes)

   B. ☐ De l'OEC

   C. ☐ Du ministère de la Justice

4. **Lors de sa mission de certification des comptes annuels, le Commissaire aux comptes de la SAS ELLA constate que l'un des salariés effectue des détournements de marchandises depuis deux ans. Il doit :**

   A. ☐ Révéler ce fait délictueux aux dirigeants de la SAS, charge à eux de décider de poursuivre le salarié ou pas.

   B. ☐ Révéler ce fait délictueux aux dirigeants de la SAS, aux actionnaires (lors de l'AG) et au procureur de la République.

   C. ☐ Révéler ce fait délictueux aux dirigeants de la SAS et aux actionnaires (lors de l'AG).

5. **M. Arnaud a été nommé commissaires aux comptes de la SAS MERTO en mai N–2. Laquelle parmi ces raisons pourrait-il invoquer pour démission de son mandat lors de l'AG en mai N+1 ?**

   A. ☐ Plusieurs collaborateurs ont quitté le cabinet de M. Arnaud et il n'est plus en mesure d'assurer la totalité de ses mandats de commissariat aux comptes.

   B. ☐ Le client MERTO n'est plus suffisamment profitable pour M. Arnaud.

   C. ☐ M. Arnaud a un certifié avec réserves les comptes de l'année N et ne souhaite plus avoir de relations professionnelles avec le directeur financier de la SAS MERTO.

6. **La détection des éventuelles fraudes fait-elle partie de la mission légale du commissaire aux comptes ?**

A. ☐ Oui

B. ☐ Non

7. **Un expert-comptable peut réaliser :**

A. ☐ Des missions de conseil uniquement.

B. ☐ Des missions de conseil et des missions légales.

C. ☐ Des missions de conseil, des missions légales et des missions normalisées.

8. **Quand le commissaire aux comptes doit-il lancer une procédure l'alerte ?**

A. ☐ Lorsqu'il constate que la continuité de l'exploitation est rompue.

B. ☐ Lorsqu'il a constaté des faits délictueux.

C. ☐ Lorsqu'il a refusé de certifier les comptes.

9. **Lors d'une mission d'audit légal, si le commissaire aux comptes détecte des erreurs dans la comptabilité :**

A. ☐ Il doit exiger de l'entreprise de la correction de ses erreurs pour pouvoir certifier les comptes.

B. ☐ Il lui appartient d'estimer si ces erreurs sont significatives ou pas. S'il estime qu'elles ne le sont pas, il n'est pas tenu de les mentionner dans son rapport.

C. ☐ Si ces erreurs ne sont pas corrigées par l'entreprise, il doit les mentionner dans son rapport.

10. **Lors d'une mission d'audit légale ou contractuelle, pour auditer le compte 411. Clients :**

A. ☐ Il n'est pas nécessaire de vérifier l'ensemble des comptes clients : un sondage statistique ou non statistique peut être effectué.

B. ☐ Il n'est pas nécessaire de vérifier l'ensemble des comptes clients : un sondage statistique peut être effectué.

C. ☐ Il faut effectuer un contrôle sur tous les comptes clients.

CAS 01.02 Cas n° 1 – Déontologie de l'expert-comptable (d'après DCG 2008)

L'entreprise YPREMIUM est en croissance constante depuis plusieurs années et son dirigeant s'interroge sur la possibilité d'embaucher un comptable supplémentaire ou bien de faire appel à un expert-comptable auquel il pourrait confier une partie de sa comptabilité.

→ Travail à faire

1. **Rappeler les responsabilités qui incombent à un comptable salarié.**
2. **Expliquer les recommandations d'ordre général prévues par le code de déontologie de l'Ordre des experts comptables (O.E.C.) afin que l'expert-comptable exerce sa profession avec compétence, conscience professionnelle et indépendance d'esprit.**

CAS 01.03 Cas n° 2 – Relations avec l'expert-comptable (d'après DCG 2015)

La société par actions simplifiée (SAS) HALESCOURT est un traiteur qui a développé son activité dans le domaine de l'organisation d'événements : mariages, cocktails dînatoires, congrès... Sa clientèle est constituée d'organisations et de particuliers. La comptabilité de la SAS HALESCOURT est tenue par un salarié de l'entreprise qui comptabilise les opérations courantes et par le cabinet d'expertise-comptable Bouint qui enregistre les opérations d'in-

ventaire, établit les documents de synthèse et gère la paie. La date de clôture de l'exercice est fixée au 31 décembre.
Le cabinet d'expertise-comptable et de commissariat aux comptes Bouint est situé dans la même commune que la société Halescourt. Il s'agit d'un cabinet individuel, créé il y a une trentaine d'années par M. Bouint, expert-comptable et commissaire aux comptes, et qui emploie maintenant dix salariés. Il tient une comptabilité de trésorerie. Afin de préparer la transmission de son cabinet, M. Bouint projette de changer de structure juridique et de passer d'un exercice individuel de la profession à un exercice dans le cadre d'une SARL.

→ Travail à faire

1. **Préciser si la SAS Halescourt est obligée de recourir aux services d'un expert-comptable.**
2. **Qualifier la mission de l'expert-comptable et qualifier la mission du commissaire aux comptes de façon à mettre en évidence ce qui les distingue.**
3. **Indiquer l'utilité de la lettre de mission et citer deux éléments de son contenu.**
4. **Citer trois critères de l'éthique professionnelle des experts-comptables.**
5. **M. Bouint, actuel expert-comptable, peut-il cumuler sa fonction avec celle de commissaire aux comptes de la société ? Justifier.**
6. **Expliquer en quelques lignes quelles seraient les obligations comptables de l'entreprise d'expertise-comptable de M. Bouint après transformation en SARL. Justifier votre réponse.**

CAS 01.04 Cas n° 3 – Rôle du commissaire aux comptes (d'après DECF 2006)

Dans le cadre de la formation permanente interne à la société CEGEF, il vous est demandé de co-animer une intervention pour vos collègues du service comptable dont le thème est : « le commissaire aux comptes ».

→ Travail à faire

1. **Exposer en quelques lignes le contenu de la mission générale du commissaire aux comptes.**
2. **Préciser à quel moment et pour quelle durée le commissaire aux comptes est nommé.**
3. **Indiquer si un commissaire aux comptes peut ou doit donner des conseils ou des avis à ses clients.**

CAS 01.05 Cas n° 4 – Le contrôle de la comptabilité (d'après DCG 2011)

La poursuite de la politique de développement de la société Buenaventura nécessite des besoins de financement que les dirigeants ont de plus en plus de difficultés à assurer. Par ailleurs, la croissance des ventes a mis en évidence l'inadéquation de certaines procédures administratives.
Le commissaire aux comptes a ainsi observé dans son rapport certaines faiblesses dans le contrôle interne de la société. Ces éléments n'ont pas remis en cause son opinion sur les comptes annuels. Les dirigeants ont demandé au commissaire aux comptes de proposer des solutions pour pallier les faiblesses de certaines procédures administratives, comme celles des ventes et des clients par exemple. Il a été rappelé à l'occasion qu'un système de contrôle interne efficace devait entraîner le respect de principes tels que la séparation des tâches, la supervision et la conservation des actifs.

Dans le cadre de révision du cycle d'exploitation « ventes et clients » une procédure de circularisation et de rapprochement de documents a été mise en place.

→ Travail à faire

1. **Définir le contrôle interne.**
2. **Préciser si la mission du commissaire aux comptes dans l'entreprise Buenaventura est de nature légale ou contractuelle.**
3. **Le commissaire aux comptes peut-il proposer, comme le lui suggèrent les dirigeants de Buenaventura, des solutions pour remédier aux faiblesses observées de certaines procédures, comme celles des ventes et des clients par exemple ? Justifier votre réponse.**
4. **Expliquer la notion de rapprochement de documents. Donner un exemple.**

Normalisation comptable et cadre conceptuel

QCM 02.01

Une seule bonne réponse par question.

1. **Le normalisateur comptable français est :**

A. ☐ L'AMF (Autorité des marchés financiers).

B. ☐ L'ANC (Autorité des normes comptables).

C. ☐ Le CRC (Comité de réglementation comptable).

2. **En France, les normes IFRS :**

A. ☐ Doivent être obligatoirement utilisées pour les comptes consolidés des sociétés cotées, optionnellement pour les comptes consolidés des sociétés non cotées et ne peuvent pas être appliquées pour les comptes sociaux.

B. ☐ Doivent être obligatoirement utilisées pour les comptes consolidés des sociétés cotées et ne peuvent pas être utilisées dans les autres cas.

C. ☐ Doivent être obligatoirement utilisées pour les comptes consolidés des sociétés cotées et peuvent être utilisées optionnellement dans les autres cas.

3. **Un cadre conceptuel a pour objectif :**

A. ☐ D'aider le normalisateur comptable à produire des normes cohérentes.

B. ☐ D'aider le normalisateur comptable à produire des normes cohérentes et d'aider les préparateurs de comptes à établir les états financiers.

C. ☐ D'aider le normalisateur comptable à produire des normes cohérentes, d'aider les préparateurs de comptes à établir les états financiers et d'aider les utilisateurs à comprendre les états financiers.

4. **Selon le cadre conceptuel de l'IASB, l'objectif principal des états financiers est :**

A. ☐ De fournir une information utile à la prise de décision de l'ensemble des parties prenantes.

B. ☐ De fournir une information utile à la prise de décision des actionnaires.

C. ☐ De fournir une information utile à la prise de décision des fournisseurs de capitaux (actionnaires et créanciers).

5. **Pour être applicable en France, une norme IFRS doit :**

A. ☐ Être approuvée par l'Autorité des normes comptables.

B. ☐ Être approuvée par la Commission européenne après avis de l'EFRAG et de l'ARC.

C. ☐ Être approuvée par le Parlement européen.

6. **La juste valeur, convention d'évaluation acceptée par le référentiel IFRS correspond :**

A. ☐ En principe à une valeur de marché mais elle peut être déterminée à partir de modèles financiers lorsqu'il n'existe pas de marché actif.

B. ☐ Toujours à une valeur de marché.

7. **Le PCG et le Code de commerce :**

A. ☐ Imposent que les actifs soient évalués au coût historique.

B. ☐ Imposent que les actifs soient évalués au coût historique mais autorisent ponctuellement et sous conditions la réévaluation des actifs.

C. ☐ Laissent le choix entre l'utilisation du coût historique ou de la juste valeur pour l'évaluation des actifs.

8. Selon le Code de commerce :

A. ☐ Il est possible de déroger à une prescription comptable si son application se révèle impropre à donner une image fidèle.

B. ☐ Il n'est pas jamais possible de déroger à une prescription comptable.

C. ☐ Il est possible de déroger à une prescription comptable si le Code général des impôts requiert un autre traitement.

9. Le référentiel IFRS est aujourd'hui appliqué :

A. ☐ Au sein de l'Union européenne uniquement.

B. ☐ Dans de nombreux pays dont ceux de l'Union européenne, les États-Unis, et l'Australie.

C. ☐ Dans de nombreux pays dont ceux de l'Union européenne et l'Australie, mais pas aux États-Unis.

10. La convention de permanence des méthodes :

A. ☐ Interdit tout changement de méthode de comptable.

B. ☐ A pour objectif de permettre la comparabilité des états financiers.

CAS 02.02 Cas n° 1 (d'après DCG 2009)

Leader mondial sur le marché de la chirurgie ophtalmologique, la société Microchir effectue de nombreuses opérations à l'international. Elle s'interroge sur l'ampleur des choix comptables qui s'offrent à elle en la matière par rapport aux différents référentiels comptables dans l'optique d'une introduction sur les marchés financiers.
Un membre de l'I.A.S.B. a conclu un article de la Revue Française de Comptabilité (n° 414, novembre 2008) en écrivant : « Seule une normalisation indépendante et internationale, non assujettie à une région particulière du monde, peut garder l'objectivité nécessaire ; l'organisme existe : je l'ai rencontré ».

→ Travail à faire

1. **Expliciter le sigle IASB**
2. **Quel est le rôle de cet organisme ?**
3. **En quoi cet organisme répond-il aux critères de normalisation indépendante et internationale ?**
4. **Les normes internationales IAS-IFRS offrent peu d'options comptables. Selon vous, quelle en est la raison ? En est-il de même dans le Plan comptable général ?**

CAS 02.03 Cas n° 2 (d'après DCG 2014)

→ Travail à faire

1. **Qu'appelle-t-on une norme IFRS ? Les normes IFRS sont-elles applicables en France ?**
2. **Présenter les organismes intervenant dans le processus d'adoption d'une norme IFRS en Europe (U.E.) en précisant leur rôle.**

CAS 02.04 Cas n° 3 – Cadre conceptuel de l'IASB

Le directeur financier de la société HARDY vous interroge sur différents points concernant l'application des IFRS.

Pour chacun des points abordés, dites si vous êtes d'accord avec le directeur financier en justifiant votre réponse.

1. La société HARDY a réalisé une transaction financière très complexe dans l'année. Considérant que la majorité des utilisateurs ne seront pas capables de comprendre cette transaction et que selon le cadre conceptuel les états financiers doivent être compréhensibles, Le directeur financier a décidé de ne pas comptabiliser cette transaction.
2. La société Hardy connaît des difficultés d'écoulement de ses stocks et depuis plusieurs années une dépréciation d'environ 20 % de la valeur de stocks est constatée. Cette année, le directeur financier souhaite réduire cette dépréciation à 5 % afin de ne pas trop dégrader le résultat net.
3. La société HARDY détient une participation à hauteur de 10 % dans la société cotée ALTI. Selon la norme IFRS 9, cette participation doit être évaluée à la valeur de marché au 31/12/N. Le cadre conceptuel prévoyant plusieurs modalités d'évaluation dont le coût historique, le directeur financier envisage d'évaluer cette participation au coût historique.
4. La société Hardy détient plusieurs filiales à 100 % situées dans différents pays d'Amérique du Sud. Ensemble, ces filiales réalisent moins de 0,1 % du chiffre d'affaires du groupe et de son résultat net. La consolidation de ces filiales entraînerait des coûts jugés excessifs et le directeur financier a décidé de ne pas les consolider.

Définitions et règles générales d'évaluation des actifs

QCM 03.01

Une seule bonne réponse par question.

1. **Une immobilisation corporelle est actif physique détenu pour être utilisé ou loué par l'entreprise.**
   A ☐ Vrai
   B ☐ Faux
2. **Le personnel de l'entreprise peut figurer à l'actif du bilan à partir du moment où l'entité peut prouver qu'il génère des avantages économiques futurs dont elle va bénéficier.**
   A ☐ Vrai
   B ☐ Faux
3. **Le portefeuille-clients peut figurer à l'actif du bilan à partir du moment où l'entité peut prouver que les clients sont fidèles et qu'ils génèrent des avantages économiques futurs dont elle va bénéficier.**
   A ☐ Vrai
   B ☐ Faux
4. **Lors du test de dépréciation, la valeur actuelle est comparée à :**
   A ☐ La valeur vénale.
   B ☐ La valeur d'usage.
   C ☐ La valeur nette comptable.
5. **L'actualisation des flux se fait sur minimum dix ans, car plus on a d'années, plus fiable sera la valeur estimée.**
   A ☐ Vrai
   B ☐ Faux
6. **La valeur d'usage désigne :**
   A ☐ La valeur de revente sur un marché actif.
   B ☐ La valeur brute moins les amortissements pratiques.
   C ☐ La valeur que l'on obtient en actualisant des flux de trésorerie prévisionnels.
7. **La valeur vénale désigne :**
   A ☐ La valeur de revente sur un marché actif.
   B ☐ La valeur brute moins les amortissements pratiques.
   C ☐ La valeur que l'on obtient en actualisant des flux de trésorerie prévisionnels.
8. **Les coûts d'emprunt incorporables aux actifs sont :**
   A ☐ Ceux que l'on peut affecter à un actif.
   B ☐ Ceux qui concernent un actif avec une longue période de préparation.
   C ☐ Ceux qui sont liés à un emprunt spécifique.

Les immobilisations corporelles

QCM 04.01

Une seule bonne réponse par question.

1. **Une immobilisation corporelle doit :**
   - A ☐ Avoir une substance physique.
   - B ☐ Être utilisée ou louée par l'entreprise.
   - C ☐ Être utilisée sur une durée supérieure à 12 mois.
2. **Les immobilisations corporelles détenues en nue-propriété doivent être enregistrées à l'actif.**
   - A ☐ Vrai
   - B ☐ Faux
3. **Les frais de formation doivent être incorporés au coût d'acquisition.**
   - A ☐ Vrai
   - B ☐ Faux
4. **Les coûts administratifs peuvent être incorporés au coût d'acquisition s'ils concernent des structures dédiées.**
   - A ☐ Vrai
   - B ☐ Faux
5. **La provision pour coûts de démantèlement est ajustable à chaque clôture.**
   - A ☐ Vrai
   - B ☐ Faux
6. **La valeur vénale d'une immobilisation acquise à titre gratuit est :**
   - A ☐ Celle qui pourrait être obtenue de la vente d'un actif par une transaction conclue à des conditions normales de marché.
   - B ☐ Le prix de vente potentiel.
   - C ☐ Le prix de vente normal net des coûts de sortie.
7. **Dans le coût de production d'une immobilisation :**
   - A ☐ La suractivité doit être éliminée.
   - B ☐ La sous-activité doit être éliminée.
   - C ☐ La sous-activité, comme la suractivité sont implicitement prises en compte.
8. **Dès lors qu'un élément du bien a une durée d'utilisation différente de la structure, il convient de l'immobiliser en tant que composant.**
   - A ☐ Vrai
   - B ☐ Faux
9. **Les composants de seconde catégorie obligent la comptabilisation d'une provision pour grande révision.**
   - A ☐ Vrai
   - B ☐ Faux

CAS 04.02 Cas n° 1 – Immobilisation corporelle produite par l'entreprise et coûts d'emprunt (d'après DECF 2006)

La société CEGEF a décidé, au mois de janvier N de se construire un hangar pour le stockage de ses différentes machines.
Cette construction a été réalisée par les moyens propres de la CEGEF. Il n'a été fait appel à des entreprises extérieures que pour la réalisation des travaux d'électricité et de chauffage.
Les travaux de construction ont débuté le 1er juin N. La construction a été achevée le 31/12/N+1.
Pour réaliser ces travaux la CEGEF a demandé et obtenu un emprunt bancaire de 300 000 €, remboursable en cinq annuités constantes au taux de 4 %. Les fonds ont été débloqués le 1er juillet N+1.
Les coûts engagés (en €) en N sont les suivants :

Frais administratifs généraux	5 000
Frais d'architecte internes	14 000
Matériaux utilisés (HT)	80 000
Coût de la main-d'œuvre interne	6 000

Les coûts imputables à la construction ont été enregistrés dans un compte d'immobilisation en cours à la fin de l'exercice N.
Les coûts engagés (en €) en N+1 sont les suivants :

Matériaux utilisés (HT)	280 000
Coût de la main-d'œuvre interne	100 000
Chauffagiste (HT)	50 000
Électricien (HT)	30 000
Autres coûts internes imputables	34 000

→ Travail à faire

1. **Rappeler les conditions d'incorporation des coûts liés aux emprunts dans le coût d'entrée d'un actif.**
2. **Déterminer le coût d'entrée du hangar sachant qu'il a été décidé d'incorporer ces coûts d'emprunt à ce coût d'entrée.**
3. **Enregistrer l'écriture nécessaire à la date d'achèvement du hangar.**

CAS 04.03 Cas n° 2 – Amortissement et dépréciation d'une immobilisation décomposable (d'après DECF 2006)

Le 1er juillet N–2, la CEGEF a acquis un tracteur électrique à chenilles multi-usages pour une valeur de 60 000 € HT. Ce type de tracteur a une durée d'utilisation estimée à 8 ans. Son utilisation est régulière. Il est possible d'estimer qu'il procure des avantages économiques futurs à un rythme constant. Ce matériel n'est pas décomposable. À l'inventaire N, la valeur d'usage de ce bien avait été évaluée à 36 000 € alors que sa valeur vénale pouvait raisonnablement s'établir à 40 300 €. Cet engin a été très peu utilisé au cours de l'année N. Il a été constaté une forte augmentation du prix à neuf de ce type de tracteurs. De ce fait, la valeur vénale peut être estimée à 42 000 € au 31 décembre N.

→ Travail à faire

1. **Présenter le plan d'amortissement du tracteur jusqu'au 31 décembre à partir du modèle suivant.**

Années	Base	Amortissements	VNC avant dépréciation	Valeur actuelle	VNC normale prévue	Dépréciations : dotations ou reprises	VN après dépréciation

2. **Enregistrer les écritures nécessaires au 31 décembre N.**

Les immobilisations incorporelles

QCM 05.01

Une seule bonne réponse par question.

1. **Une immobilisation incorporelle est considérée comme identifiable si et seulement si on peut la vendre séparément de l'entreprise.**
   - A ☐ Vrai
   - B ☐ Faux
2. **Toutes les marques peuvent figurer en « immobilisations incorporelles » à l'actif du bilan.**
   - A ☐ Vrai
   - B ☐ Faux
3. **Le fonds commercial est réputé non amortissable.**
   - A ☐ Vrai
   - B ☐ Faux
4. **Le fonds commercial regroupe les brevets, marques, logiciels créés par l'entreprise.**
   - A ☐ Vrai
   - B ☐ Faux
5. **Les frais de recherche et développement doivent figurer au bilan lorsque les conditions sont remplies.**
   - A ☐ Vrai
   - B ☐ Faux
6. **Le coût de production d'un logiciel créé prend généralement en compte :**
   - A ☐ Uniquement les frais de la phase production.
   - B ☐ L'ensemble des frais, de l'étude préalable jusqu'au test.
   - C ☐ L'ensemble des frais, de l'étude préalable jusqu'au test sauf la formation du personnel.
   - D ☐ Les frais liés de la phase organique jusqu'aux frais de documentation inclus.

CAS 05.02 Cas n° 1 – Immobilisation incorporelle (d'après DCG 2010)

La société VULCAIN, dont l'exercice comptable correspond à l'année civile a décidé d'implanter une nouvelle usine sur un site situé au nord de Lyon et de l'exploiter pendant une période de 20 ans. À l'issue de cette période, elle devra remettre le site en l'état. La société VULCAIN va produire dans cette usine une substance chimique qui sera utilisée pour la production des batteries. Le nom de code retenu pour cette substance est : XU 3000. Le droit d'exploitation de cette substance a été acquis le 1er janvier N auprès du laboratoire GAMA. Le règlement européen REACH (*Registration, Evaluation and Autorisation of Chemicals substances*) prévoit, pour toute substance chimique, une procédure d'enregistrement et d'autorisation. Le collège du Conseil National de la Comptabilité, réuni le 1er octobre 2009 avait adopté un avis relatif au traitement comptable imposé par le règlement européen REACH actuellement repris dans le PCG.

ANNEXE 1

Les informations concernant l'usine sont les suivantes :
Le prix d'acquisition de l'usine est de 9 500 000 € HT (TVA : 1 900 000 €), payable à terme à un fournisseur.
Les frais d'acquisition : honoraires notariés, droits d'enregistrement et commissions d'intermédiaires se sont élevés à 500 000 € HT (TVA sur les honoraires et commissions : 20 000 €) réglés par chèque le même jour : le 1er janvier N.
Pour la société VULCAIN, l'ensemble de ces éléments est constitutif de la valeur d'entrée en immobilisation au prorata des composants. La mise en service a lieu le 1er janvier N.

Éléments	Prix d'acquisition HT	Frais d'acquisition HT	Coût d'acquisition	Durée d'utilisation prévisionnelle
Toiture	950 000	50 000	1 000 000	10 ans
Agencements intérieurs	1 900 000	100 000	2 000 000	5 ans
Structure	6 650 000	350 000	7 000 000	20 ans
Total	**9 500 000**	**500 000**	**10 000 000**	

Le coût de restauration du site prévu dans 20 ans est estimé au 1er janvier N (déconstruction, dépollution des sols...) à 800 000 €. Le rythme de consommation des avantages économiques attendus est linéaire. Le coût de démantèlement est enregistré comme un composant distinct.

ANNEXE 2

Les coûts engagés le 1er janvier N par la société VULCAIN dans le cadre de la réglementation « REACH » sont les suivants :

En euros	Substance XU 3000	
	HT	TVA
Facture adressée par le laboratoire GAMA : - Collecte des informations - Tests - Expertise - Formation des utilisateurs	 50 000 20 000 30 000 9 200	 10 0000 4 000 6 000 1 840
Coûts administratifs généraux liés au comité de pilotage des projets (frais internes du siège social)	5 800	-
Durée légale d'autorisation de la substance	12 ans	
Durée prévue d'exploitation de la substance	10 ans	

ANNEXE 3

Extrait de l'avis CNC n° 2009-13 relatif à REACH

Repris dans le PCG (version janvier 2016 chapitre 3 p. 277)

1.1 - Procédure d'enregistrement

Les fabricants et importateurs de substances chimiques, lorsqu'elles sont produites ou importées dans une quantité supérieure à 1 tonne par an, doivent les enregistrer auprès de l'Agence Européenne des Produits Chimiques (règlement REACH, art. 6). Cet enregistrement implique le dépôt d'un dossier technique (détaillant notamment les dangers que présente la substance, ainsi que ses usages et les mesures de gestion du risque à mettre en œuvre) et le paiement d'une redevance. À défaut d'enregistrement dans les délais, le producteur ou l'importateur n'est plus autorisé à produire la substance, à la mettre sur le marché ou à la transformer dans l'Union Européenne.

1.2 - Procédure d'autorisation

...En fonction du contenu des dossiers soumis par l'entreprise..., une autorisation d'utilisation est délivrée pour une **durée limitée**.

2 – Comptabilisation des coûts liés à l'enregistrement

2.1 – Identification d'un actif...

2.2 – Comptabilisation de l'actif

...le droit d'exploitation est considéré comme acquis lorsque la majorité des tests nécessaires à la constitution du dossier d'enregistrement est acquise auprès d'un autre tiers....

a. Lorsque le droit est acquis :

L'acquisition auprès d'un tiers entraîne la comptabilisation d'un droit d'exploitation dans une subdivision du compte 205 « *Concessions et droits similaires, brevets, licences, marques, procédés, logiciels et valeurs similaires* »...

3 – Évaluation

3.1 - Évaluation initiale

3.1.1 Rappel des textes concernant le coût d'entrée des immobilisations incorporelles...

3.1.2 Critères d'activation des coûts attribuables à l'actif...

3.1.3 Nature des coûts attribuables à l'actif...

Les coûts à immobiliser sont notamment les coûts nécessaires aux étapes :

- de constitution des dossiers techniques nécessaires à l'enregistrement (réalisation ou acquisition des tests...) ;
- d'enregistrement (redevances versées à l'enregistrement du dossier)...

3.2 - Évaluation postérieure

...3.2.1.1 Procédures d'autorisation (substances les plus dangereuses)

Dans le cas des procédures d'autorisation réservées aux substances les plus dangereuses, il existe une durée légale attachée au droit d'exploitation de la substance. Dans ce cas, la durée d'amortissement du droit est la durée la plus courte entre :

- la durée d'autorisation,
- la durée probable d'utilisation prévue par l'entreprise...

À l'aide des annexes 1, 2 et 3 :

→ Travail à faire

1. **Après avoir rappelé la définition d'un actif et d'une immobilisation incorporelle, préciser en quoi les coûts liés à l'enregistrement et à l'autorisation d'une substance chimique constituent un actif. Indiquer les conditions de la comptabilisation au bilan de cet actif.**
2. **Procéder à l'enregistrement comptable de la construction, du coût de démantèlement et des coûts d'enregistrement du XU 3000 au 1er janvier N.**
3. **Enregistrer les écritures d'inventaire au 31 décembre N.**

CAS 05.03 Cas n° 2 – Immobilisations incorporelles particulières (d'après DCG 2013)

L'entreprise SCIENCE effectue des activités de recherche afin de mettre au point des nouveaux produits ou procédés de fabrication ; cependant elle achète aussi des brevets auprès d'autres entreprises spécialisées dans la recherche. Afin d'effectuer ses activités de recherche, l'entreprise utilise plusieurs logiciels essentiellement scientifiques. Certains de ses produits sont commercialisés sous des marques reconnues par les professionnels du secteur. Dans son bilan, on trouve également des frais d'augmentation de capital qui ne sont pas encore totalement amortis.
Un projet de développement d'un procédé de fabrication novateur baptisé NOVAX a été lancé au début de l'année N.

ANNEXE 1 – Renseignements concernant les immobilisations incorporelles de la société SCIENCE

A) Informations concernant les frais de recherche et développements : projet NOVAX

L'entreprise SCIENCE applique la méthode préférentielle de comptabilisation des frais de recherche et développement à l'actif.
Au 30 juin N le projet est en état de fonctionner selon l'utilisation prévue par les instances dirigeantes de la SCIENCE. La durée d'utilisation prévue est de 4 ans.
L'analyse des dépenses comptabilisées dans les comptes de charges donne les informations suivantes :
Frais de recherche : 157 000 €
Frais de développement : 243 000 € (dont 6 600 d'amortissements dérogatoires).
Ce projet respecte les conditions d'inscription à l'actif depuis son origine.
Devant l'efficacité de ce nouveau procédé de fabrication, la direction a décidé de le protéger par le dépôt d'un brevet. La facture n° 17 du consultant qui a aidé l'entreprise dans ses démarches préparatoires est reçue le 17 octobre N ; montant HT 3 000 € (TVA au taux normal) ; la facture est payée dès réception par chèque bancaire.
Après différentes démarches préparatoires nécessaires, le brevet est déposé le 31 octobre N auprès de l'INPI ; les frais de dépôt s'élèvent à 600 € (non soumis à TVA) et sont réglés le jour même par chèque bancaire.
Le brevet doit assurer une protection sur 20 ans du procédé de fabrication.

B) Informations concernant les brevets : brevet GEVORAX

Le contrat prévoit un versement de redevances pendant 5 ans.
Ce brevet est entré dans le compte 205 pour une valeur d'origine de 100 000 €. Les redevances futures ont été calculées à partir de statistiques ajustées présentant un **degré important de fiabilité**.
Au grand livre au 1er janvier N, le compte 404.003 **Fournisseur d'immobilisation MAX** présente un solde créditeur de 19 000 €.
Pour l'année N–1, le montant définitif de la quatrième redevance (payable au 15 mars N) s'élève à 25 000 €.
Nota bene : on négligera la TVA sur l'ensemble des opérations affectant le projet GEVORAX

C) Informations concernant une marque figurant au bilan

Dans le bilan de l'entreprise, on trouve l'existence d'une marque acquise 20 ans auparavant pour une valeur de 30 000 €. Le service marketing juge cette marque complètement obsolète.
Il a été décidé, début janvier N, d'abandonner cette marque fin décembre N+2 afin de la remplacer par la nouvelle marque développée en interne qui correspondra beaucoup mieux à l'image de l'entreprise.

ANNEXE 2 – Extrait d'une documentation fournie par un consultant

[...] Avant le dépôt du brevet à l'INPI, l'ensemble des frais engagés sur cette période peut être comptabilisé dans le compte 203 **Frais de recherche et développement** si l'entreprise a opté pour la comptabilisation des coûts de développement en immobilisation [...].

ANNEXE 3 – Extrait d'une documentation comptable interne à l'entreprise

Lorsque les redevances versées excèdent le montant initialement comptabilisé à l'actif, le complément de redevances constitue :

- une charge exceptionnelle lorsque ce complément correspond à la création en interne d'éléments incorporels ; tel est le cas des efforts de l'acquéreur pour développer son activité et faire augmenter le chiffre d'affaires ;
- une augmentation de la valeur de l'immobilisation lorsque le complément est analysé comme un véritable complément de prix correspondant à un élément non pris en compte dans la détermination du prix à l'origine et notamment lorsque le montant des redevances n'a pu être évalué de manière fiable à l'origine.

→ Travail à faire

1. **Rappeler les conditions nécessaires pour que les coûts de développement d'un projet puissent être inscrits à l'actif.**
2. **Comptabiliser toutes les écritures liées à ce projet du 30 juin N au 31 décembre N (les écritures de comptabilisation en charges de l'ensemble des frais de recherche et développement ont été correctement enregistrées).**

Le brevet d'un nouveau produit appelé GEVORAX a été acquis fin N–5 auprès de l'entreprise MAX par le biais de redevances annuelles calculées sur le chiffre d'affaires généré par les ventes issues de la détention de ce brevet.

3. **Enregistrer dans le journal de l'entreprise SCIENCE le paiement de la redevance au 15 mars N.**

L'entreprise développe depuis le 3 février N une nouvelle marque pour certains de ses produits ; le budget publicitaire prévisionnel global est de 20 000 € dont environ un tiers devra être consacré à cette nouvelle marque en plus de toutes les actions habituelles de promotion de l'entreprise.

4. **Enregistrer chronologiquement au cours de l'exercice N et à l'inventaire au 31 décembre N, toutes les écritures que vous jugerez nécessaires concernant la création de cette nouvelle marque et l'abandon de l'ancienne marque présentée dans l'annexe 1 ; le cas échéant, vous justifierez explicitement l'absence d'écriture.**

L'entreprise SCIENCE développe également en interne des logiciels.

5. **Rappeler la différence de traitement comptable des dépenses de développement et des dépenses liées à la création de logiciels internes.**

CAS 05.04 Cas n° 3 – Logiciels (d'après DCG 2016)

Afin d'optimiser la gestion de ses entrepôts de stockage et d'assurer un meilleur service client, la société SHIVA a fait réaliser par son service informatique un logiciel de gestion d'entrepôt logistique. Ce logiciel lui permettra notamment d'optimiser les mouvements et

les flux logistiques, d'assurer une meilleure traçabilité des marchandises transportées et de communiquer par extranet avec ses clients et ses donneurs d'ordre. La phase préparatoire du projet informatique a débuté le 1er avril N-1. Le logiciel a été mis en service le 15 septembre N, à l'issue de la formation des utilisateurs.
Les dépenses engagées par l'entreprise SHIVA aux différentes phases de réalisation du projet vous sont données en annexe.
La durée de consommation des avantages économiques futurs procurés par le logiciel est fixée à 4 ans. Le mode d'amortissement retenu pour mesurer le rythme de consommation des avantages est le mode linéaire. La SA SHIVA souhaite bénéficier des dispositions fiscales les plus favorables.
Vous vous aiderez des annexes 1 et 2.

ANNEXE 1 – Calendrier des opérations de production du logiciel de gestion d'entrepôts

Au cours de l'année N-1

Phase	Description	Montants engagés HT	Date de début
Conception	Étude préalable	42 000	1er avril
	Analyse fonctionnelle (conception générale du logiciel)	36 000	2 mai
Développement	Analyse organique (conception détaillée du logiciel)	72 000	1er juillet
	Programmation et paramétrage	120 000	1er octobre

Au cours de l'année N

Phase	Description	Montants engagés HT
Développement	Tests et jeux d'essai	80 000
	Élaboration d'une documentation technique pour les utilisateurs	20 000
Déploiement	Reprise des données	7 500
	Réalisation de guides d'utilisation	3 000
Exploitation	Formation du personnel et assistance au démarrage	15 000

La phase de tests et jeux d'essai est achevée le 1er juin N. La documentation technique est prête le 1er juillet N.
La société SHIVA a emprunté le 1er janvier N-1, une somme de 200 000 €, avec remboursement « in fine », au taux d'intérêt annuel de 2 % sur 5 ans pour financer l'élaboration de son logiciel. Elle a décidé d'incorporer les charges de financement dans le coût d'entrée du logiciel ainsi qu'elle l'a fait dans le passé.
Les conditions posées par l'article 611-3 du PCG pour immobiliser les logiciels créés en interne sont remplies au 31 décembre N-1.

ANNEXE 2 – Documentation

PCG : art. 611-5
Les logiciels acquis sont amortis à compter de leur date d'acquisition et non de celle de leur mise en service, et les logiciels créés à compter de leur date d'achèvement.
Code général des impôts : art. 236-1
I. Pour l'établissement de l'impôt sur le revenu ou de l'impôt sur les sociétés, les dépenses de fonctionnement exposées dans les opérations de recherche scientifique ou technique

peuvent, au choix de l'entreprise, être immobilisées ou déduites des résultats de l'année ou de l'exercice au cours duquel elles ont été exposées.
Lorsqu'une entreprise a choisi de les déduire, ces dépenses ne peuvent pas être prises en compte dans l'évaluation du coût des stocks.
Ces dispositions sont applicables aux dépenses exposées dans les opérations de conception de logiciels

→ Travail à faire

1. **Rappeler les conditions d'inscription à l'actif des logiciels créés à usage interne posées par l'article 611-3 du PCG.**
2. **Déterminer la valeur d'entrée du logiciel dans le patrimoine de l'entreprise SHIVA en prenant soin d'indiquer les éléments de coût exclus du calcul.**
3. **Enregistrer au journal de l'entreprise SHIVA les écritures relatives au logiciel au 31 décembre N-1, au 1er juillet et au 31 décembre N.**

Les opérations de location-financement

QCM 06.01

Une seule bonne réponse par question.

1. **Une entreprise peut, sous certaines conditions, activer une immobilisation acquise en crédit-bail dans ses comptes sociaux puisqu'elle bénéficie des avantages qui lui sont liés.**

   A ☐ Vrai

   B ☐ Faux

2. **Même si l'entreprise n'active pas l'immobilisation acquise en crédit-bail, elle doit calculer les amortissements afférents à l'immobilisation durant la période d'utilisation.**

   A ☐ Vrai

   B ☐ Faux

3. **La différence entre le crédit-bail et la location-financement est l'existence d'une option d'achat pour le crédit-bail :**

   A ☐ Vrai

   B ☐ Faux

4. **En matière de crédit-bail immobilier, à la levée de l'option :**

   A ☐ La base amortissable est constituée de l'intégralité du prix d'option.

   B ☐ La base amortissable comptable est différente de la base fiscale.

   C ☐ La base amortissable comptable est reconstituée d'après la VNC qui existerait si l'entreprise en avait été propriétaire dès le début.

CAS 06.02 Cas n° 1 – Crédit-bail mobilier (d'après DCG 2012)

Afin de soutenir son développement, la société BLACK EIGHT souscrit deux contrats de crédit-bail : le premier porte sur un véhicule de tourisme et le second, sur un véhicule utilitaire. Vous trouverez tous les détails de ces contrats en annexes 1 et 2.

ANNEXE 1 – Renseignements généraux concernant la société Black Eight pour l'exercice N

Forme sociale	SARL
Chiffre d'affaires	6 950 000 €
Total du bilan	3 842 000 €
Effectif	58

ANNEXE 2 – Contrats de crédit-bail

	Véhicule de tourisme	Véhicule utilitaire
Date de début des contrats	01/03/N	
Valeur brute du bien	20 250 € HT	33 600 € HT
Durée d'utilisation	5 ans	4 ans
Mode d'amortissement	Linéaire	Linéaire
Nombre d'échéances	48	12
Type d'échéance	Mensuelle à terme échu	Trimestrielle payable d'avance
Mode de règlement	Virement bancaire	Virement bancaire
Montant de l'échéance	500 € HT	2 700 € HT
Dates d'échéance	Le 1er du mois	01/03, 01/06, 01/09, 01/12
Date de levée d'option	01/04/N+4	01/03/N+3
Valeur de levée d'option	3 000 € HT	9 000 € HT
Émission de CO_2	180 g/km de CO_2 Base fiscale : 18 300 €	

→ Travail à faire

1. **Définir la notion de charge énoncée par le Plan comptable général. Indiquer en quoi la redevance de crédit-bail est une charge.**
2. **Quel principe comptable en normes IFRS (International Financial Reporting Standards) permettrait d'inscrire les biens pris en crédit-bail au bilan ? Expliciter ce principe.**
3. **Procéder aux enregistrements des opérations du mois de décembre N dans le journal de la société BLACK EIGHT.**
4. **Après avoir précisé les conditions de la présentation d'une annexe simplifiée, présenter les renseignements concernant les contrats de crédit-bail qui devront figurer dans l'annexe développée au 31 décembre N+1.**
5. **Procéder aux enregistrements qui seraient nécessaires au 1er avril N+4 en cas de levée de l'option concernant le véhicule de tourisme.**

CAS 06.03 Cas n° 2 – Crédit-bail immobilier (d'après DECF 2007)

Une société a signé un contrat de crédit-bail immobilier relatif à un terrain et un bâtiment qui va servir de magasin. Les caractéristiques de ce contrat sont précisées en annexe.

ANNEXE 1 – Informations relatives au contrat de crédit-bail

Début du contrat : 1er février N
Valeur d'origine de l'ensemble immobilier : 260 000 € (dont terrain : 20 000 €)
Durée du contrat de bail : 10 ans
Durée d'utilisation du bien : 20 ans
Redevance semestrielle payable d'avance le 1er février et le 1er août : 18 000 € HT
Prix de levée d'option : 95 000 €

ANNEXE 2 – Informations fiscales relatives au crédit-bail immobilier

L'article 239 sexies I du CGI dispose :

Lorsque le prix de levée de l'option est inférieur à la différence existant entre la valeur de l'immeuble lors de la signature du contrat et le montant total des amortissements que le locataire aurait pu pratiquer s'il avait été propriétaire du bien depuis cette date, le crédit-preneur est tenu de réintégrer, dans les résultats de son entreprise afférents à l'exercice en cours au moment de la cession, la fraction des loyers versés pendant la période au cours de laquelle il a été titulaire du contrat et correspondant à cette différence, diminuée du prix de cession de l'immeuble.

En l'occurrence, dans le cadre du contrat du 1er février N, la société ayant l'intention de lever l'option d'achat, devra réintégrer à son résultat fiscal au titre de l'exercice N+10 un montant de 45 000 €.

Sur le plan comptable, le Conseil National de la Comptabilité préconise la constitution d'une provision pour impôt.

→ Travail à faire

1. **Enregistrer les écritures relatives au règlement des redevances de l'exercice N.**
2. **Enregistrer les écritures nécessaires au 31 décembre N.**
3. **Indiquer et expliquer brièvement les principes comptables à l'origine des écritures enregistrées dans la question 2.**
4. **Présenter les informations devant figurer en annexe au 31 décembre N.**
5. **Enregistrer l'écriture nécessaire lors de la levée d'option le 1er février N+10.**
6. **Retrouver le calcul du montant des loyers à intégrer à partir de la note de l'annexe 2 et enregistrer la provision pour impôt.**

Le portefeuille-titres

QCM 07.01

Une seule bonne réponse par question.

1. **Le 1/7/N, La SAS INVEST acquiert 1 000 actions de la société ILLIAD (société mère de FREE) pour placer de la trésorerie excédentaire. Ces actions doivent être classées :**

A. ☐ En Titres Immobilisés de l'Activité de Portefeuille (TIAP).

B. ☐ En Valeurs Mobilières de Placement (VMP).

C. ☐ En titres de participations.

D. ☐ En autres titres immobilisés.

2. **Pour effectuer cette acquisition, la SAS INVEST a payé des frais de transactions de 200 €. Ces frais sont :**

A. ☐ Obligatoirement comptabilisés en charges.

B. ☐ Comptabilisés au choix en charges ou en complément du coût d'acquisition.

C. ☐ Comptabilisés en charges ou en complément du coût d'acquisition en fonction de l'option retenue par la SAS INVEST pour cette catégorie de titres.

3. **La SAS INVEST détient 5 % des parts sociales de la SARL EXPERT dont le gérant majoritaire est le frère de l'actionnaire majoritaire de INVEST. Ces parts sociales doivent être classées en :**

A. ☐ Titres Immobilisés de l'Activité de Portefeuille (TIAP).

B. ☐ En Valeurs Mobilières de Placement (VMP).

C. ☐ En titres de participations.

D. ☐ En autres titres immobilisés.

4. **La SAS INVEST souhaite souscrire à l'augmentation de capital lancée par la société SHARE le 1/10/N. SHARE a émis 1 000 000 actions au prix d'émission unitaire de 50 €. 10 DPS sont nécessaires pour souscrire une action et le DPS se négocie au prix unitaire de 2 €. La SAS INVEST dispose déjà de 3 000 actions et elle souhaite acheter 400 actions à l'occasion de l'augmentation de capital. Quel sera le coût d'acquisition de ces 400 actions ?**

A. ☐ 22 000 €

B. ☐ 20 000 €

C. ☐ 28 000 €

5. **À la clôture, les titres de participation détenus dans une société cotée doivent être dépréciés si :**

A. ☐ Leur valeur boursière moyenne du mois de clôture est inférieure à leur coût d'acquisition.

B. ☐ Leur valeur boursière moyenne du mois de clôture est inférieure à leur coût d'acquisition sauf s'il s'agit d'une baisse anormale et momentanée.

C. ☐ Leur valeur d'utilité, déterminée à partir de plusieurs critères, est inférieure à leur coût d'acquisition.

6. Lors de la cession, la valeur nette comptable des titres de participation est déterminée (comptablement) :

A. ☐ Au choix selon la méthode PEPS ou la méthode CMP.

B. ☐ Selon la méthode PEPS.

C. ☐ Selon la méthode CMP.

CAS 07.02 Cas n° 1 – Opérations sur portefeuille-titres

La société FINA a réalisé plusieurs opérations sur son portefeuille-titres en N et il vous est demandé de comptabiliser toutes les écritures nécessaires de l'année N.

1. FINA avait acquis 20 % de la SAS EXPAND, soit 20 000 actions, en janvier N-1 pour 600 000 €. En juillet N, EXPAND a procédé à une attribution d'actions gratuites, à raison de 1 action gratuite pour 10 actions détenues. FINA a participé à cette attribution (elle n'a pas vendu ses droits d'attribution). Au 31/12/N, la valeur d'utilité de l'action EXPAND est estimée à 28 €.
2. FINA avait acquis 10 000 BSA BOURBON en octobre N-2 au prix unitaire de 4 €. Chaque BSA permettait de souscrire une action BOURBON au prix unitaire de 30 € entre le 1/1/N-1 et le 30/6/N. Le cours de l'action n'ayant jamais dépassé 30 € sur cette période, FINA n'a pas exercé ses BSA et n'est pas parvenue à les vendre.
3. Les informations concernant le portefeuille de VMP de la société FINA sont les suivantes :

Titres	Date d'acquisition	Quantités	Coût d'achat unitaire	Cession le 1/9/N	Cours de bourse moyen 12/N-1	Cours de bourse moyen 12/N
Actions Bonduelle	1/7/N-1 1/12/N-1	1 000 500	20 € 25 €	1 200 Actions à 21 €	19 €	22 €
Actions Michelin	1/2/N-1	300	80 €	/	82 €	85 €
Obligations Aéroport de Paris *	1/11/N	500	100 € hors coupon couru + 2 €de coupon couru	/	/	96 € (hors coupon couru)

* Taux d'intérêt nominal : 6 % versé chaque année le 1er juillet, valeur nominale de l'obligation : 100 €

Pour les cessions de VMP, FINA applique la méthode PEPS. Il ne peut pas être considéré que certaines VMP ont subi une baisse momentanée et anormale de leur cours de bourse en N-1 et en N.

→ Travail à faire

Comptabiliser les écritures nécessaires en N.

CAS 07.03 Cas n° 2 – Vente de titres à réméré (d'après DECF 2006)

La société CEGEF avait acquis, en juin N, 10 000 titres d'une société allemande au prix unitaire de 5,52 €. Elle a revendu ces titres à réméré le 1er novembre N pour un montant total

de 51 000 €. La période d'exercice du réméré se termine fin février N+1. En cas d'exercice du réméré, CEGEF devra verser une indemnité de résolution de 2 100 € à l'acheteur des titres.
Cours moyen des titres en décembre N : 5,30 €
Cours des titres au 31 décembre N : 5,35 €
La CEGEF anticipe une remontée spectaculaire du cours de ces titres en N+1. Fin N, elle envisage avec une grande certitude d'exercer son réméré.

→ **Travail à faire**

1. **Rappeler la définition de la vente de titres à réméré.**
2. **Enregistrer au 31 décembre N les écritures nécessaires dans les livres de la CEGEF.**

CAS 07.04 Cas n° 3 – Évaluation d'un portefeuille de VMP (d'après DECF 2004)

La société AGRO-ALIM prépare la clôture de son exercice comptable au 31 décembre 2003.
Au 31 décembre N, elle détient le portefeuille de valeurs mobilières de placement suivant :

	Nombre de titres	Prix d'achat unitaire	Cours moyen décembre N	Cours corrigé décembre N
S.A. Fixin	8 000	127,00	100,80	104,00
S.A. Clos-Vougeot	6 400	341,00	300,00	335,00
S.A. Pernand	4 800	101,00	130,00	140,50

Toutes les valeurs mobilières de placement sont des titres cotés. Une provision pour dépréciation de 187 500 € a été constatée à la clôture de l'exercice précédent.
Pour le titre S.A. FIXIN, l'évolution des cours sur le mois de décembre a été la suivante :

Jours	1	2	3	4	5	6	7	8	9	10	11	12	13	14	15	16	17	18	19	20
Cours	115	115	114	111	113	111	113	111	110	109	108	108	109	107	83	81	82	73	72	71

ANNEXE A

Extrait du PCG Plan comptable général article 221-7

Par exception à la règle d'évaluation élément par élément définie à l'article 214-21, en cas de baisse anormale et momentanée des titres immobilisés, cotés, autres que les titres de participation et des titres immobilisés de l'activité de portefeuille (TIAP), l'entité n'est pas obligée de constituer, à la date de clôture de l'exercice, de provision à concurrence des plus-values latentes normales constatées sur d'autres titres.
Il n'est pas constitué de provision pour dépréciation sur les titres qui font l'objet d'opérations de couverture.
L'article 221-7 s'applique également aux valeurs mobilières de placement.

Quelques précisions apportées par l'avis 2002-C du Comité d'urgence

Nature des titres concernés	– La compensation n'est applicable qu'aux titres (actions, obligations, OPCVM) cotés chaque jour. – La compensation ne peut avoir lieu qu'à l'intérieur de chacune des quatre catégories de titres cotés : VMP, Actions immobilisées, Obligations immobilisées, OPCVM immobilisées. – Les titres de participation et TIAP sont exclus de ce régime dérogatoire.

Baisse anormale et momentanée	C'est la différence entre le cours corrigé et le cours moyen du dernier mois lorsque ce dernier est inférieur au cours corrigé. Le cours corrigé est la moyenne des cours du mois en excluant du calcul les trois cours les plus hauts et les trois cours les plus bas. Pour être qualifiée d'anormale, la baisse doit être au moins égale à 10 % du cours moyen.
Hausse normale	C'est la différence entre le plus bas des deux cours (moyen ou corrigé) du dernier mois et la valeur d'entrée.

ANNEXE B

Tableau d'analyse des baisses anormales et momentanées des cours pour l'évaluation des titres cotés (selon les dispositions de l'avis 2002-C du Comité d'urgence du Conseil national de la comptabilité)

TITRES	Valeur d'achat	Cours moyen	Cours corrigé	Baisse constatée	Baisse anormale		Baisse normale	Hausse normale
					Valeur	% / cours moyen		
S.A. Fixin								
S.A. Clos-Vougeot								
S.A. Pernand								

→ Travail à faire

1. **Vérifier le cours corrigé fourni pour le titre S.A. FIXIN.**
2. **Remplir le tableau figurant en Annexe B**
3. **Déterminer le montant de la dépréciation à constater au 31 décembre N.**
4. **Comparer le montant de cette dépréciation au montant de celle qui aurait été calculée en application des règles générales d'évaluation des titres à la clôture de l'exercice (pas de compensation).**
5. **Présenter l'enregistrement comptable nécessaire au 31 décembre N dans l'hypothèse où la S.A. AGRO-ALIM décide d'appliquer les dispositions de l'article 221-7 du plan comptable général.**

Stocks et encours

QCM 08.01

Une seule bonne réponse par question.

1. **Le coût d'achat d'un stock de marchandises acquis à un fournisseur français correspond :**

A. ☐ Au prix d'achat HT, net de toute réduction.

B. ☐ Au prix d'achat HT, net de toute réduction + frais de transport + frais de stockage.

C. ☐ Au prix d'achat HT, net de toute réduction + frais de transport.

2. **Les frais suivants doivent être obligatoirement exclus du coût de production d'un stock de produits finis :**

A. ☐ Quote-part de frais fixes de production correspondant à la sous-activité, consommation anormale de matières premières, frais de distribution, frais de stockage sauf exceptions.

B. ☐ Quote-part de frais fixes de production correspondant à la sous-activité, consommation anormale de matières premières, frais de distribution, frais de stockage sauf exceptions, coûts d'emprunt.

C. ☐ Quote-part de frais fixes de production correspondant à la sous-activité, consommation anormale de matières premières, frais de stockage sauf exceptions, coûts d'emprunt.

3. **Le coût d'entrée à l'actif d'un stock peut-être déterminé :**

A. ☐ Systématiquement au coût de production ou d'achat réel.

B. ☐ Au coût de production ou d'achat réel, au coût standard sous conditions ou selon la méthode du prix de détail.

C. ☐ Au coût de production ou d'achat réel, au coût standard sous conditions.

4. **Au 31/12/N, La société INDUS possède un stock de produits finis (pièces détachées) dont le coût de production s'élève à 200 000 €. La valeur de marché de ce stock est estimée à 150 000 €. Cependant, le 15/12/N, INDUS a signé un contrat à l'export pour vendre ce stock au prix de vente ferme de 170 000 €. Les frais nécessaires à la réalisation de la vente sont estimés à 10 000 €. Au 31/12/N, INDUS doit constater une dépréciation du stock de produits finis d'un montant de :**

A. ☐ 50 000

B. ☐ 30 000

C. ☐ 40 000

D. ☐ 60 000

5. **Les sorties de stocks de bien fongibles sont évaluées :**

A. ☐ Selon la méthode PEPS (FIFO) ou la méthode CMP.

B. ☐ Selon la méthode PEPS (FIFO) ou la méthode DEPS (FIFO).

C. ☐ Selon la méthode PEPS (FIFO) ou la méthode CMP ou selon la méthode CMP après chaque entrée.

CAS 08.02 Cas n° 1 – Stocks de produits finis (d'après DCG 2011)

La société Buenaventura fabrique du prêt à porter haut de gamme qu'elle commercialise auprès de magasins spécialisés.
La balance avant inventaire présente, fin N, les soldes suivants :

N°	Intitulés	Soldes	
		Débiteurs	Créditeurs
35	Stock de produits finis	3 200 000	
395	Dépréciation du stock de produits finis		0

Afin de procéder à la valorisation des stocks, on dispose des informations suivantes concernant les produits finis.
Les articles présents en stock à la clôture de l'exercice doivent être valorisés sur la base des divers coûts suivants, coûts effectivement engagés sur la période d'activation tels que déterminés par le plan comptable :

Coût d'achat des matières premières consommées	600 000 €
Charges directes variables de production	2 000 000 €
Charges indirectes variables de production	400 000 €
Charges indirectes fixes de production	100 000 €

Il convient cependant de noter que l'entreprise a connu, au cours de l'exercice N, une baisse sensible d'activité. La capacité normale de production des divers ateliers n'a été utilisée qu'à 80 % environ.

→ Travail à faire

1. **Déterminer la valeur du stock final de produits finis.**
2. **Présenter les enregistrements comptables concernant l'ajustement des stocks de produits finis au 31 décembre N.**

CAS 08.03 Cas n° 2 – Valorisation à l'inventaire (d'après DECF 2007)

Le groupe MOTO SA, spécialisé dans la vente de motos, a décidé d'élargir son activité en N. Il crée avec d'autres actionnaires une société anonyme « BOUTICYCLE » dont l'activité s'oriente vers l'achat et la vente de bicyclettes, d'accessoires et de vêtements pour cyclistes. La SA « BOUTICYCLE » a effectué les premiers achats et ventes au cours du mois de février N. Elle souhaiterait mettre en place l'inventaire permanent en comptabilité générale.

→ Travail à faire

1. **Rappeler l'obligation légale en termes de périodicité d'inventaire physique.**
2. **Citer les deux méthodes d'inventaire des stocks applicables en comptabilité financière et donner les principales caractéristiques de chacune.**
3. **Indiquer les modalités de calcul du coût d'acquisition d'un stock en précisant les éléments à exclure.**
4. **Indiquer si le coût d'un emprunt contracté pour l'acquisition d'un stock peut être incorporé au coût d'entrée de ce stock. Justifier votre réponse.**

CAS 08.04 Cas n° 3 – Quotas d'émission GES (d'après DECF 2007)

La SA DOMIRON, implantée dans les Vosges, fabrique des emballages en carton à partir de copeaux de bois provenant des scieries de la région et d'éléments recyclés.
La SA DOMIRON est soumise aux obligations concernant les gaz à effet de serre qu'elle rejette.
Au 1er janvier N, tous ses comptes ayant trait aux quotas d'émission sont soldés.
Les opérations réalisées durant l'exercice N sont les suivantes :

- 2 janvier : attribution gratuite par l'État de 300 droits (un droit représente une émission d'une tonne de CO_2).
- 25 mars : acquisition de 50 droits supplémentaires.
- 17 octobre : cession de 60 droits ; l'entreprise DOMIRON a choisi d'évaluer la sortie de ses droits selon la méthode du « premier entré – premier sorti ».
- 31 décembre : l'émission réelle de l'entreprise DOMIRON a été de 260 tonnes de CO_2 pour l'année N. L'entreprise DOMIRON compte céder les droits excédentaires au début de l'exercice suivant.

L'évolution du cours des quotas de gaz à effet de serre a été la suivante en N :

2 janvier	25 mars	17 octobre	31 décembre
24 €	21 €	26 €	22 €

→ Travail à faire

1. **Présenter les écritures de l'exercice N relatives aux quotas d'émission :**
   – attribution gratuite des droits,
   – acquisition des droits,
   – cession des droits.
2. **Présenter les écritures d'inventaire au 31 décembre N relatives au traitement des quotas d'émission.**
3. **Indiquer si une dépréciation des droits est nécessaire à la clôture de l'exercice N.**

CAS 08.05 Cas n° 4 – Quotas d'émission de gaz à effet de serre (d'après DCG 2017)

La société DURALUTEC procède à l'achat de quotas d'émission pour couvrir ses besoins liés aux émissions de gaz à effet de serre. Elle vend occasionnellement des quotas afin d'optimiser ses coûts de production de profils d'aluminium. Les stocks sont valorisés selon la méthode Premier Entré – Premier Sorti (PEPS).

ANNEXE 1 – Informations sur les opérations de quotas d'émission de gaz à effet de serre de la société DURALUTEC

	Nombre de quotas	Valeur totale en €
Stock initial au 01/01/N	300	4 500
Opérations de l'exercice N : 01/01/N : attribution gratuite par l'État 31/03/N : achat de quotas 30/09/N : achat de quotas 08/12/N : vente occasionnelle de quotas	 200 1 850 2 100 100	 0 16 650 21 000 1 700
Émission de gaz effective au 31/12/N : Nombre de tonnes de CO^2 émises sur l'année N	4 600	
Cours du quota au 31/12/N		20

ANNEXE 2 - Extrait du Plan comptable de la société DURALUTEC

Numéros de compte	Intitulés des comptes
3216	Stock de matières consommables - quotas de gaz à effet de serre
449	État - Quotas d'émission à acquérir
6016	Achats stockés - Quotas de gaz à effet de serre
60316	Variation de stock de matières consommables - Quotas de gaz
7086	Produits des activités annexes - Ventes de quotas de gaz

→ Travail à faire

1. **Rappeler la définition d'un stock selon le règlement ANC 2014-03 (PCG).**
2. **Préciser pourquoi les quotas d'émission de gaz à effet de serre sont considérés comme un stock.**
3. **Selon quel modèle économique la société DURALUTEC doit-elle gérer ses quotas d'émission de gaz à effet de serre ? Justifiez votre réponse.**
4. **Procéder aux enregistrements comptables des opérations réalisées au cours de l'exercice N et préciser le traitement comptable relatif à l'attribution gratuite des quotas d'émission de gaz à effet de serre. Les écritures de clôture ne sont pas attendues.**
5. **Rappeler la définition d'un passif selon le règlement ANC 2014-03 (PCG) et vérifier que les éléments relatifs au coût des quotas à acquérir au titre des émissions de gaz à effet de serre réalisées remplissent les conditions de comptabilisation à titre de passif.**
6. **Procéder au suivi de la comptabilité matières pour les quotas d'émission de gaz à effet de serre en déterminant le stock final et effectuer les enregistrements nécessaires au 31/12/N.**

CAS 08.06 Cas n° 5 - Dépréciation des stocks

Au 31/12/N, la SAS PROBLEX possède un stock de 10 000 tee-shirts orange vif acquis au prix unitaire de 6 €HT et dont le prix de vente normal est de 20 € HT. Fin N, la couleur orange vif semble être passée de mode et le responsable commercial pense que ce stock pourra être écoulé à condition de proposer aux clients une réduction d'environ 60 % (par rapport au prix de vente normal).
PROBLEX possède aussi un lot de 1 000 maillots de l'équipe de France de football qu'elle avait fait confectionner pour la coupe d'Europe qui a eu lieu en juin N (il s'agit de maillots conformes à ceux utilisés pas l'équipe durant la coupe du monde). Le prix d'achat unitaire d'un maillot s'élève à 15 € HT. Le maillot officiel de l'équipe de France doit changer le 2 janvier N+1. Le responsable commercial estime donc qu'il sera très difficile d'écouler ce stock. Il a donc prévu de vendre le lot de maillots à un soldeur, début janvier pour un prix total de 1 200 €. Le 15/4/N+1, PROBLEX vend effectivement ce lot de maillots de l'équipe de France à un soldeur, mais le prix de vente total est finalement de 1 000 € HT. Le soldeur paie cette somme au comptant.

→ Travail à faire

Comptabiliser toutes les écritures nécessaires au 31/12/N et en N+1 concernant ces 2 lots de tee-shirts dans les comptes de PROBLEX (en prenant en compte une TVA au taux de 20 %).

Actifs et passifs en monnaie étrangère

QCM 09.01

Une seule bonne réponse par question.

1. **À la clôture, l'entreprise utilise le compte 476. Différence de conversion actif pour :**
   - A. ☐ Enregistrer la perte de change réalisée.
   - B. ☐ Enregistrer le gain de change réalisé.
   - C. ☐ Enregistre une perte de change potentielle.
   - D. ☐ Enregistrer un gain de change potentiel.
2. **À la clôture, l'entreprise utilise le compte 477. Différence de conversion passif pour :**
   - A. ☐ Enregistrer la perte de change réalisée.
   - B. ☐ Enregistrer le gain de change réalisé.
   - C. ☐ Enregistrer une perte de change potentielle.
   - D. ☐ Enregistrer un gain de change potentiel.
3. **Le résultat de change constaté lors du règlement d'une créance est enregistré :**
   - A. ☐ Dans un compte **476** ou **477**.
   - B. ☐ Dans un compte **666** ou **766**.
   - C. ☐ Dans un compte **512**.
4. **Une entreprise détient une créance libellée en Livres Sterlings (GBP). Elle est enregistrée à un cours de 1 GPB = 0,788 € à son entrée. À la clôture de l'exercice le cours est de 0,777 €. Que faut-il enregistrer ?**
   - A. ☐ Une différence de conversion actif.
   - B. ☐ Une différence de conversion passif.
   - C. ☐ Une différence de conversion actif et une provision pour risque.
   - D. ☐ On ne fait rien.
5. **Une entreprise détient une créance libellée en roubles russes (RUB). Elle est enregistrée à un cours de 1 RUB = 0,013 € à son entrée. À la clôture de l'exercice le cours est de 0,014 €. Que faut il enregistrer ?**
   - A. ☐ Une différence de conversion actif.
   - B. ☐ Une différence de conversion passif.
   - C. ☐ Une différence de conversion actif et une provision pour risque.
   - D. ☐ On ne fait rien.
6. **Une entreprise détient une dette libellée en dollars canadiens (CAD). Elle est enregistrée à un cours de 1 CAD = 0,677 € à son entrée. À la clôture de l'exercice le cours est de 0,675 €. Que faut-il enregistrer ?**
   - A. ☐ Une différence de conversion actif.
   - B. ☐ Une différence de conversion passif.
   - C. ☐ Une différence de conversion actif et une provision pour risque.
   - D. ☐ On ne fait rien.

7. Une entreprise détient une dette libellée en yen japonais (JPY). Elle est enregistrée à un cours de 1 JPY = 124,376 € à son entrée. À la clôture de l'exercice, le cours est de 124,4 €. Que faut-il enregistrer ?

A. ☐ Une différence de conversion actif.

B. ☐ Une différence de conversion passif.

C. ☐ Une différence de conversion actif et une provision pour risque.

D. ☐ On ne fait rien.

8. Les liquidités en devises sont converties au dernier cours de change au comptant. En cas de perte de change, on utilise le compte :

A. ☐ 476.

B. ☐ 477.

C. ☐ 666.

D. ☐ 766.

9. Une entité a emprunté une somme en livre sterling. Cette somme a permis d'acquérir une immobilisation à Londres. À la clôture, on constate une perte de change de 1 000 €. Que doit faire l'entité ?

A. ☐ Enregistrer une provision de la valeur de l'acquisition.

B. ☐ Enregistrer une provision de 1 000 €.

C. ☐ Ne pas passer de provision.

10. Si une partie du risque de perte est couvert, une entité :

A. ☐ N'a plus à passer de provision.

B. ☐ Doit ajuster la provision en conséquence.

C. ☐ Ne doit pas constater de perte de change.

CAS 09.02 Cas n° 1 – Suivi des opérations en devises (d'après DCG 2012)

La société BLACK EIGHT a acquis auprès de son fournisseur anglais, le 1er novembre N, 32 billards pour la revente, pour une valeur totale de 20 000 £, payable le 31 janvier N+1. Pour se couvrir du risque de change, elle s'est portée, le même jour, acheteuse à terme de 20 000 £ au cours ferme de 1 £ = 1,25 €, à échéance du 31 janvier N+1.
Les numéros de TVA intracommunautaire ont été échangés.
D'autre part, la société BLACK EIGHT a souscrit, en date du 1er janvier N, un emprunt indivis auprès de la banque Barclays à Londres. Cet emprunt, d'un montant de 80 000 £, au taux de 5 %, est remboursable in fine le 1er janvier N+2. En France, le taux aurait été de 8 %.

ANNEXE A – Cours de la livre sterling (£)

Date	Cours
01/01/N	1 £ = 1,25 €
01/11/N 10/11/N 01/12/N 31/12/N	1 £ = 1,20 € 1 £ = 1,23 € 1 £ = 1,25 € 1 £ = 1,30 €
Cours moyen décembre N	1 £ = 1,28 €
31/01/N+1	1 £ = 1,23 €

ANNEXE B – Extrait de l'article 342-6 du plan comptable général

Lorsque les circonstances suppriment en tout ou partie le risque de perte, les provisions sont ajustées en conséquence. Il en est ainsi dans les cas suivants.

(...)

Lorsque les charges financières liées à un emprunt en devises sont inférieures à ce qu'elles auraient été si l'emprunt avait été contracté en monnaie nationale, le montant de la dotation annuelle au compte de provision peut être limité à la différence entre ces charges calculées et les charges réellement supportées.

(...)

Extrait du Plan Comptable Général - art 342-6

→ Travail à faire

1. **Rappeler les règles comptables concernant l'évaluation des créances et dettes en monnaie étrangère à la date de clôture de l'exercice. Préciser les postes du bilan concernés par les différences de change et la signification de leur classement comptable.**
2. **Présenter l'enregistrement concernant l'acquisition des billards au cours de l'exercice N en justifiant vos calculs.**
3. **Présenter les enregistrements concernant l'acquisition des billards au cours de l'exercice N en supposant que l'opération de couverture n'ait pas été prise le jour même, mais le 1er décembre N.**
4. **Quelles sont les autres dérogations facultatives prévues par le Plan comptable général à l'article 342-6 en matière de limitation du montant de la provision pour perte de change ?**
5. **Calculer la différence de conversion et procéder à l'enregistrement de celle-ci.**
6. **Après avoir justifié la présence d'une provision pour perte de change, procéder à son enregistrement sachant que la société utilise les options prévues à l'article 342-6 du Plan comptable général.**

CAS 09.03 Cas n° 2 – Provision pour perte de change

Le 1er septembre N, une société emprunte une somme de 100 000 dollars auprès d'une banque située aux États-Unis. Le taux est alors de 3 %. Elle aurait dû supporter un taux de 4 % en France. Le cours du dollar varie de la façon suivante :

- au 1er septembre N : 1 USD = 0,80 €
- au 31 décembre N : 1 USD = 0,85 €

→ Travail à faire

1. **Rappeler le principe selon lequel la société a la possibilité de limiter la provision pour perte de change.**
2. **Passer les écritures au 31 décembre N.**
3. **Démontrer que le compte de résultat N enregistre finalement la charge théorique de l'emprunt contracté en Euros.**

Les cas spécifiques relatifs aux actifs

QCM 10.01

Une seule bonne réponse par question.

1. **Lorsqu'un actif est acquis avec une clause de réserve de propriété, il ne pourra être inscrit à l'actif du bilan que :**
   - A ☐ Au moment du transfert de propriété.
   - B ☐ À la livraison du bien.
   - C ☐ À la clôture de l'exercice.
2. **Une entreprise peut décider de réévaluer ses immeubles et son fonds commercial afin de présenter une image plus fidèle de son bilan.**
   - A ☐ Vrai
   - B ☐ Faux
3. **Lors de la cession d'un actif réévalué, la plus-value se calcule à partir :**
   - A ☐ De la valeur initiale.
   - B ☐ De la valeur réévaluée.
4. **L'écart de réévaluation est :**
   - A ☐ Un compte d'actif.
   - B ☐ Un compte de passif.

Provisions

QCM 11.01

Une seule bonne réponse par question.

1. **Un incendie a détruit l'une des usines de la société PROD en novembre N. PROD avait bénéficié d'une subvention de la Région pour implanter cette usine et s'est engagée à maintenir l'usine jusqu'en N+10. Si elle ne maintenait pas cet engagement, PROD devrait rembourser le montant de la subvention et payer des pénalités, soit un montant de 2 000 000 €. Le coût de reconstruction de l'usine est estimé à 3 000 000 € mais PROD recevra une indemnité de son assureur d'un montant de 1 800 000 € (d'après les clauses du contrat). PROD a prévu de reconstruire l'usine. Au 31/12/N :**

A. ☐ Aucune provision ne doit être comptabilisée car il n'existe pas d'obligation actuelle vis-à-vis d'un tiers.

B. ☐ Une provision pour un montant de 1 200 000 € doit être comptabilisée au passif du bilan de PROD.

C. ☐ Une provision pour un montant de 3 000 000 € doit être comptabilisée au passif du bilan de PROD et un actif (Autres créditeurs) d'un montant de 1 800 000 € doit être comptabilisé.

2. **La société INNOV a développé un nouveau produit qu'elle commercialisera en N+1. Au 31/12/N, les prévisions font état de pertes d'exploitation d'un montant de 200 000 € pour cette 1re année de commercialisation. Au 31/12/N :**

A. ☐ Aucune provision ne doit être comptabilisée.

B. ☐ Une provision pour autres charges de 200 000 € doit être comptabilisée.

3. **L'un des pétroliers de la société OIL a sombré en mer en juillet N, causant de sérieux dommages à l'environnement. Bien que la réglementation du pays concerné par les dégâts n'impose pas le versement d'indemnités, OIL a pour habitude de verser des indemnités à titre de réparation du préjudice subi dans de telles situations. Le montant des indemnités peut être estimé à 10 millions d'euros. Au 31/12/N :**

A. ☐ Une provision de 10 millions doit être constituée.

B. ☐ Aucune provision ne peut être comptabilisée.

4. **La société EVOLIS a licencié l'un de ses cadres en décembre N pour faute grave. À la date d'arrêté des comptes (15 mars N+1), le salarié licencié n'a intenté aucune action devant le Tribunal des Prud'hommes. Cependant, sur la base d'événements précédents similaires, EVOLIS estime qu'il y a une forte probabilité qu'il le fasse et obtienne une indemnité de 4 mois de salaires, soit 20 000 €. Au 31/12/N :**

A. ☐ Une provision de 20 000 € doit être constituée.

B. ☐ Une provision de 10 000 € (20 000 × 50 %) doit être constituée.

C. ☐ Aucune provision ne doit être constituée.

5. **La société CARY est en litige avec l'un de ses clients qui l'a assignée en justice pour non-respect de clauses contractuelles et demande le paiement d'une indemnité de 300 000 €. Le conseil juridique de CARY estime qu'il est peu probable que CARY soit condamnée à verser une indemnité au 31/12/N. Au 31/12/N :**

A. ☐ Une provision de 300 000 € doit être comptabilisée.

B. ☐ Un passif éventuel de 300 000 € doit être mentionné en annexe.

C. ☐ Il ne s'agit ni d'une provision, ni d'un passif éventuel donc cette information ne doit pas nécessairement être prise en compte dans les états financiers.

6. Le Code du travail imposant le versement d'indemnité de départ en retraite, le PCG :

A. ☐ Impose la comptabilisation systématique d'une provision pour indemnité de départ en retraite.

B. ☐ Recommande la comptabilisation d'une provision pour indemnité de départ en retraite mais autorise la simple mention en annexe de cet engagement financier vis-à-vis des salariés.

C. ☐ Laisse le choix entre la comptabilisation d'une provision pour indemnité de départ en retraite et la simple mention en annexe de cet engagement financier vis-à-vis des salariés.

7. Au 31/12/N–1, la société PEST avait constitué une provision de 50 000 € concernant un litige avec un concurrent. Au 31/12/N, le litige est en cours mais compte tenu d'événements récents, l'avocat de PEST estime que le risque pour la société devrait finalement être réduit à 30 000 € :

A. ☐ Une reprise sur provision de 20 000 € doit être effectuée.

B. ☐ La provision ne doit pas être ajustée, en application de la convention de prudence.

C. ☐ Il faut constituer une nouvelle provision d'un montant de 30 000 €.

8. En octobre N, la société JAVA est informée d'une nouvelle réglementation fiscale complexe qui entrera en vigueur à compter du 1er janvier N+1. En conséquence, il est prévu d'envoyer en formation plusieurs personnes de la direction financière courant N+1 afin de pouvoir bien appliquer cette nouvelle réglementation. Le coût de la formation est estimé à 30 000 € et en date du 31/12/N, aucune formation n'a encore eu lieu. Au 31/12/N :

A. ☐ Aucune provision ne doit être constituée.

B. ☐ Une provision de 30 000 € doit être constituée.

C. ☐ Une facture fournisseur non parvenue doit être comptabilisée.

9. Une fuite d'un produit toxique en provenance de l'un des usines de la société INDUS, en fin d'année N, a créé des dommages à l'environnement. La société INDUS est tenue d'indemniser l'État pour les dommages subis. À la date de clôture, le coût est difficile à évaluer précisément, mais la société INDUS l'estime entre 500 000 € et 1 000 000 €. L'évaluation la plus probable est 1 000 000 €. Au 31/12/N, dans la comptabilité de la société INDUS :

A. ☐ Une provision de 1 000 000 € doit être constatée.

B. ☐ Une provision de 750 000 € doit être constatée.

C. ☐ Aucune provision ne doit être constatée mais un passif éventuel de 750 000 € doit être mentionné en annexe.

10. La société LOSSY vient de perdre un contrat important (début décembre N). Suite à cette perte de contrat, elle va devoir restructurer son activité et licencier une partie de son personnel. Les coûts de licenciement sont estimés à 300 000 € mais aucune annonce n'a été faite aux représentants du personnel en date du 31/12/N. Au 31/12/N dans les comptes de LOSSY :

A. ☐ Une provision de 300 000 € doit être constatée.

B. ☐ Aucune provision ne doit être constatée.

C. ☐ Aucune provision ne doit être constatée mais un passif éventuel de 300 000 € doit être mentionné en annexe.

CAS 11.02 Cas n° 1 (d'après DCG 2011)

La société Buenaventura a connu, en octobre N, divers problèmes avec un prestataire de services, la SA Graphnet, qui l'ont conduite à rompre unilatéralement le contrat signé avec cette entreprise.
En juillet N, la société est entrée en contact avec la société Graphnet pour la réalisation d'un site Internet. Suite à une série de retards et d'erreurs jugés inacceptables, la société Buenaventura a rompu unilatéralement le contrat signé avec la société Graphnet, en octobre N, après avoir réglé le montant des factures partielles adressées par cette dernière. En novembre N, la société Graphnet a porté l'affaire devant le tribunal de commerce pour rupture abusive de contrat et demande le paiement de dommages et intérêts.
Le cabinet d'avocats « Ravel et associés », conseils juridiques de la société Buenaventura, estime que la société devrait très certainement être condamnée à des dommages et intérêts pour rupture abusive. Les dirigeants de la société Buenaventura considèrent ces éventuels dommages et intérêts comme des éléments exceptionnels. Ce litige devrait normalement être jugé en N.
À la clôture de l'exercice N, le cabinet « Ravel et associés » a apporté une première estimation des dommages et intérêts auxquels la société Buenaventura sera très certainement condamnée. Le montant des dommages et intérêts devrait s'établir dans une fourchette comprise entre 10 000 € et 16 000 €. Le rapport présenté estime que les probabilités sont les suivantes :

10 000 €	30 %
12 000 €	60 %
16 000 €	10 %

Les dirigeants de la société Buenaventura entendent suivre les conclusions de ce rapport pour reconnaître et évaluer le passif dont l'estimation est jugée fiable.
Par ailleurs, le cabinet « Ravel et associés » a fourni une première estimation du montant de ses honoraires, 1 500 € hors taxes, pour assurer la défense de la société Buenaventura lors du procès à venir devant le tribunal de commerce.

→ Travail à faire

1. **Rappeler la définition d'un passif.**
2. **Vérifier que les éléments relatifs au conflit avec la SA Graphnet remplissent les conditions de comptabilisation à titre de passif énoncées par le PCG.**
3. **Préciser le classement comptable de ce passif au sens du PCG et procéder à son enregistrement à la clôture de l'exercice N.**
4. **Indiquer si la société Buenaventura pourrait reconnaître comme un passif le montant estimé des honoraires (1 500 € HT) du cabinet d'avocats pour les frais de défense devant le tribunal de commerce. Justifier votre réponse.**

CAS 11.03 Cas n° 2 – Provision pour garantie

La société IBIZA vend des appareils électroniques pour lesquels elle offre une garantie pièces et main-d'œuvre de 1 an. Une analyse statistique des années antérieures fait apparaître que 15 % des appareils vendus présentent un défaut mineur qui nécessite une réparation d'un coût moyen de 5 €. 5 % des appareils vendus présentent un défaut majeur et le coût de réparation moyen s'élève à 15 € par appareil. Cependant 25 % des appareils présentant un défaut mineur ne sont jamais retournés au service après-vente de IBIZA, les clients ne jugeant pas nécessaire d'entreprendre une telle démarche.

Au cours de l'année N, IBIZA a vendu 500 000 appareils au prix unitaire HT de 160 €. Au 31/12/N IBIZA avait déjà réparé 30 000 appareils présentant un défaut mineur et 10 000 appareils présentant un défaut majeur.

→ **Travail à faire**

Déterminer le montant de la provision pour garantie à constituer au 31/12/N et comptabiliser l'écriture nécessaire au 31/12/N.

CAS 11.04 Cas n° 3 – Société La Générale du Béton (d'après DCG 2018)

La société LA GÉNÉRALE DU BÉTON est une société anonyme à conseil d'administration. L'activité de la société a pour objet la construction et la réparation de bâtiments. Début mars 2018, à l'occasion de la prochaine réunion du conseil d'administration du 30 mars 2018 qui arrêtera les comptes, les dirigeants de la société sont préoccupés par des évènements importants survenus depuis le dernier exercice clos le 31 décembre 2017.

Avant de finaliser l'établissement des comptes annuels, madame GALLOIS vous demande d'analyser le cadre comptable lié aux événements postérieurs à la clôture :

1. Un salarié de la société a été licencié début décembre 2017 pour faute lourde. Il lui est reproché d'avoir proféré des injures à l'encontre de l'un des dirigeants de la société. Début février 2018, le salarié a intenté un procès devant le conseil des prud'hommes pour licenciement abusif et réclame des dommages et intérêts pour réparer son préjudice professionnel, matériel et moral de 30 000 €. Les avocats de la société pensent que le salarié a de grandes chances d'obtenir gain de cause. Ils estiment toutefois que le montant des dommages et intérêts réclamé est exagéré et ne devrait pas dépasser 15 000 €.
2. Une grève a débuté courant janvier 2018 par des salariés pour obtenir des augmentations de salaires. La direction de la société a refusé tout compromis lors des trois jours de négociation. La grève s'est durcie et poursuivie pendant une semaine. Une des manifestations s'est d'ailleurs terminée par un affrontement entre les grévistes et les gardiens de sécurité employés par la société. La direction a été contrainte de faire des concessions. Les salariés grévistes, réunis en assemblée générale, ont voté la reprise du travail à la suite du compte rendu de négociation effectué par les représentants syndicaux de la société. La direction estime que la grève, d'une durée brève, ne met pas en péril la pérennité de la société. Toutefois, la perte consécutive à la grève est importante et se chiffre à 200 000 €.

→ **Travail à faire**

1. **Rappeler ce qu'on appelle « événements postérieurs à la clôture de l'exercice ».**
2. **Indiquer, en justifiant votre réponse, de quelle façon les événements décrits dans devront être traités dans les comptes annuels de l'exercice clos le 31 décembre 2017 de la société LA GÉNÉRALE DU BÉTON. Comptabiliser la ou les écriture(s) nécessaire(s).**

Dettes financières

QCM 12.01

Une seule bonne réponse par question.

1. **Le prix d'émission d'une obligation :**

A. ☐ Est forcément égal à la valeur nominale de l'obligation.

B. ☐ Est forcément inférieur ou égal à la valeur nominale.

C. ☐ Peut être inférieur, supérieur ou égal à la valeur nominale.

2. **Soit une obligation émise à 48 €, dont la valeur nominale est de 50 €, le prix de remboursement de 52 € et qui génère des intérêts au taux annuel de 3 %. Les intérêts (le coupon) versés chaque année s'élèvent à :**

A. ☐ 1,50 €

B. ☐ 1,44 €

C. ☐ 1,56 €

3. **Lorsqu'un emprunt obligataire est émis à une valeur inférieure à sa valeur de remboursement, à l'émission :**

A. ☐ Il doit être comptabilisé au prix d'émission.

B. ☐ Il doit être comptabilisé au prix de remboursement et la prime de remboursement doit être amortie par fractions égales.

C. ☐ Il doit être comptabilisé au prix de remboursement et la prime de remboursement doit être amortie par fractions égales ou au *prorata* des intérêts courus.

4. **Lors de l'émission d'un emprunt obligataire, les frais d'émission de l'emprunt doivent être :**

A. ☐ Obligatoirement comptabilisés en charges de l'exercice.

B. ☐ Au choix en charges de l'exercice ou en charges à répartir à l'actif du bilan.

C. ☐ Obligatoirement en charges à répartir à l'actif du bilan.

5. **Un emprunt obligataire :**

A. ☐ Peut être remboursé *in fine*, par amortissements constants ou par échéances constantes.

B. ☐ Est forcément remboursé *in fine*.

C. ☐ Est forcément remboursé *in fine* ou par annuités constantes.

6. **Lors de l'émission d'OBSA, il faut (chez l'émetteur) :**

A. ☐ Comptabiliser l'emprunt obligataire à la valeur de remboursement, sans attribuer de valeur au BSA.

B. ☐ Comptabiliser au crédit du compte 104. **Prime d'émission** la valeur des BSA (déterminée par référence à la 1re cotation des BSA le plus souvent) en au crédit du compte 163. **Autres emprunts obligataires** la différence entre la valeur de remboursement et la valeur attribuée aux BSA.

7. **Le 31/12/N, la société LEVA a émis 100 000 BSO autonomes au prix de 5 € et qui permettront de souscrire des obligations jusqu'au 31/12/N+2. Au 31/12/N, LEVA doit comptabiliser en contrepartie du montant encaissé :**

A. ☐ Un produit financier (768. **Autres produits financiers**) de 500 000 €.

B. ☐ Un produit constaté d'avance de 500 000 € (487. **Produits constatés d'avance**).

C. ☐ Un emprunt obligataire de 500 000 € (163. **Autres emprunts obligataires**).

8. Un emprunt obligataire convertible avec prime de remboursement en actions est comptabilisé chez l'émetteur lors de l'émission :

A. ☐ À sa valeur de remboursement et la prime de remboursement est amortie sur la durée de l'emprunt.

B. ☐ Au prix d'émission avec une provision s'il s'avère que la conversion est peu probable.

C. ☐ Au choix, selon la méthode explicitée en proposition A ou celle explicitée en proposition B.

9. Les Titres Subordonnés à Durée Indéterminée (TSDI) :

A. ☐ Permettent à l'émetteur de s'endetter à moindre coût.

B. ☐ Proposent en général un taux d'intérêt plus élevé qu'une obligation ordinaire car ils sont plus risqués pour le souscripteur.

C. ☐ Sont remboursables à tout moment au choix du souscripteur.

10. Les fonds prêtés par les associés sont comptabilisés :

A. ☐ Au choix au crédit du compte 455. **Associés-comptes courants** ou au crédit du compte 167. **Emprunts et dettes assorties de conditions particulières**.

B. ☐ Au crédit du compte 455. **Associés-comptes courants** dans tous les cas.

C. ☐ Au crédit du compte 167. **Emprunts et dettes assorties de conditions particulières** lorsqu'ils sont bloqués et devront être incorporés au capital à une échéance déterminée.

CAS 12.02 Cas n° 1

La SA NANOTECH est une société de biotechnologies au capital social de 1 000 000 €, intégralement libérée. Créée en janvier N–10, la SA est cotée sur Alternext depuis janvier N–2. Depuis sa création ses comptes ont toujours été régulièrement approuvés par les actionnaires. NANOTECH n'a jamais réalisé de bénéfices depuis sa création et a déjà effectué plusieurs augmentations de capital depuis sa création. La SAS FINEX, qui détient 15 % des actions NANOTECH au 31/12/N, a effectué une avance en compte courant de 1 500 000 € à NANOTECH, rémunéré au taux intérêt annuel de 1 %, versé chaque année le 31/12. Au 31/12/N, le cours de l'action NANOTECH est de 95 €. Le bilan (simplifié) de la SA NANOTECH est le suivant au 31/12/N (après affectation du résultat) :

ACTIF		**PASSIF**	
Immobilisations incorporelles	1 800 000	Capital social (100 000 actions)	1 000 000
Immobilisations corporelles	1 700 000	Prime d'émission	8 000 000
		Reports à nouveau	(7 000 000)
		Total Capitaux Propres	**2 000 000**
Valeurs mobilières de placement	400 000	Compte courant FINEX	1 500 000
Disponibilités	100 000	Autres dettes	500 000
Total Actif	**4 000 000**	**Total Passif**	**4 000 000**

NANOTECH ayant besoin d'environ 3 000 000 € pour assurer le développement de ses nouveaux médicaments, ses dirigeants envisagent d'émettre des obligations mais hésitent entre des obligations ordinaires, des obligations convertibles en actions ou des obligations à bons de souscription en actions.

Dans une première hypothèse, NANOTECH envisage d'émettre un emprunt obligataire ordinaire dans les conditions suivantes :

Nombre d'obligations émises le 2/1/N+1	60 000
Valeur nominale	50 €
Taux d'intérêt nominal (coupon)	3 %
Règlement du coupon	Chaque année le 31/12
Prix d'émission	50 €
Prix de remboursement	56 €
Échéance	31/12/N+6, remboursement *in fine*
Frais d'émission de l'emprunt	120 000 HT (TVA 20 %) *payés le 2/1/N+1 à l'intermédiaire financier ayant assuré le placement de l'emprunt*

Les obligations seront cotées.

Dans une deuxième hypothèse, NANOTECH envisage d'émettre des OBSA dans les conditions suivantes :

Nombre d'obligations émises le 1/1/N+1	60 000
Valeur nominale	50 €
Taux d'intérêt nominal (coupon)	2 %
Règlement du coupon	Chaque année le 31/12
Prix d'émission	50 €
Prix de remboursement	50 €
Échéance	31/12/N+6, remboursement *in fine*
Frais d'émission de l'emprunt	120 000 HT (TVA 20 %) *payés le 2/1/N+1 à l'intermédiaire financier ayant assuré le placement de l'emprunt*
À chaque obligation sont attachés 2 BSA. Chaque BSA permettra de souscrire une action NANOTECH au prix de 110 € entre le 2/2/N+1 et le 31/12/N+6.	

Les obligations et les BSA seront cotés.

Après réflexion, c'est finalement la deuxième hypothèse qui sera retenue. La première cotation du BSA est de 4 €. La société FINEX acquiert 5 000 OBSA le 2/1/N+1. Le 31/12/N+5, l'intégralité des BSA est exercée. D'autre part FINEX accepte à cette même date de convertir son compte courant en actions.

→ Travail à faire

1. **NANOTECH remplit-elle les conditions d'émission d'un emprunt obligataire ordinaire ?**
2. **Les dirigeants doivent-ils obtenir l'accord des actionnaires pour émettre des obligations convertibles en actions ?**
3. **Quelle est la différence entre un emprunt obligataire convertible en actions et un emprunt obligataire à bons de souscription d'actions ?**
4. **Quel serait l'intérêt pour NANOTECH d'émettre des obligations à bons de souscription d'actions par rapport à un emprunt obligataire simple ?**

5. **Comptabiliser les écritures nécessaires en N+1 dans la première hypothèse, en supposant que NANOTECH retient les options comptables permettant d'obtenir le résultat net comptable le plus élevé.**
6. **Comptabiliser les écritures nécessaires en N+1 dans la 2e hypothèse, en supposant que NANOTECH retient les options comptables permettant d'obtenir le résultat net comptable le plus élevé.**
7. **Comptabiliser les écritures nécessaires au 31/12/N+5 chez NANOTECH liées à l'exercice des BSA.**
8. **Comptabiliser toutes les écritures nécessaires en N+1 et au 31/12/N+5 chez FINEX.**

CAS 12.03 Cas n° 2 (d'après DCG 2014)

Créée en N–44, ALI CAL est une société anonyme, au capital social de 1 500 000 €, entièrement libéré et versé, qui emploie 400 salariés, répartis sur plusieurs sites de production et dont le siège social est situé à Golbey. Afin de bénéficier plus rapidement d'une partie des ressources dont elle a besoin, la SA ALICAL a émis, le 30 juin N, 25 000 bons de souscription obligations (BSO), qui permettront de souscrire à l'emprunt obligataire lancé le 1er janvier N+1. Ces bons ont été émis à un prix unitaire de 5 € et chaque bon détenu donne droit à la souscription d'une obligation émise au 1er janvier N+1.

À cette date, il apparaît que 20 000 bons émis ont été utilisés pour souscrire à l'emprunt obligataire. La reprise du produit des BSO utilisés se fait en linéaire, sur la durée de l'emprunt. Le 1er janvier N, la société procède donc à l'émission de l'emprunt obligataire, à hauteur des BSO utilisés. Les caractéristiques des obligations émises sont les suivantes :

Valeur nominale d'une obligation	1 000 €
Taux d'intérêt nominal (coupon)	6 %
Règlement du coupon	Chaque année le 1er janvier
Prix d'émission	Au pair
Prix de remboursement	105 %
Durée de l'emprunt	10 ans
Modalités de remboursement	*In fine*

Pour cette émission, la société ALICAL a supporté des frais d'émission de 20 000 € HT. Ils ont été payés lors du versement des fonds. Elle a décidé d'inscrire ces frais à l'actif et de les amortir sur la durée de l'emprunt, en linéaire, par fractions égales. La société a également retenu un amortissement linéaire, par fractions égales, pour la prime de remboursement de l'emprunt.

→ Travail à faire

1. **Indiquer les conditions d'émission d'un emprunt obligataire pour les sociétés par actions. Ces conditions sont-elles remplies pour la SA ALICAL (justifier votre réponse) ?**
2. **Après avoir rappelé le traitement à appliquer aux BSO dans les comptes de la société émettrice de ces bons, lors de leur émission puis lors de l'émission de l'emprunt, présenter l'écriture qui a été enregistrée par ALICAL au 30 juin N.**
3. **Enregistrer dans la comptabilité de la SA ALICAL les écritures d'émission de l'emprunt et d'annulation des BSO non utilisés.**

4. **Justifier le traitement comptable de la prime de remboursement de l'emprunt obligataire tout au long de la durée de l'emprunt (on se place ici du côté de l'émetteur de l'emprunt).**
5. **Enregistrer chez ALICAL toutes les écritures nécessaires à la clôture de l'exercice N+1, relatives aux obligations émises et aux BSO utilisés.**
6. **La SARL MORELLI fait partie des fournisseurs d'ALICAL depuis de longues années. Consciente du potentiel de croissance d'ALICAL et désireuse de placer à court terme un excédent de trésorerie, MORELLI acquiert, le 30 juin N, 500 BSO, à leur prix d'émission. Le 1er janvier N+1, les 500 bons sont utilisés pour souscrire à l'emprunt obligataire émis par ALICAL. Dans la comptabilité de la société MORELLI, indiquer l'écriture qui a été passée le 30 juin N et présenter les écritures à enregistrer le 1er janvier N+1 et le 31 décembre N+1.**
Remarque : cette dernière question concerne le chapitre Les actifs financiers.

CAS 12.04 Cas n°3 – Emprunt obligataire (d'après DCG 2016)

Un emprunt obligataire est un emprunt à moyen ou long terme divisé en obligations.
La société SHIVA émet son emprunt obligataire le 1er juin N.
- 80 000 obligations de 30 € de valeur nominale ;
- prix d'émission : 29 € ; taux d'intérêt annuel 5 % (date de jouissance le 31 mai de chaque année) ;
- durée de l'emprunt : 8 ans ;
- remboursement au pair in fine le 31 mai N+8.

Les frais d'émission de l'emprunt (40 000 € HT, TVA au taux de 20 %) sont amortis sur 4 ans sans prorata temporis.
La prime de remboursement est amortie au prorata des intérêts courus.
Le montant de la 1re dotation est égal à 5 833 €.

Tableau d'amortissement de l'emprunt

Échéances	Nombre d'obligations vivantes	Intérêts	Nombre d'obligations amorties	Annuités
31-05-N+1	80 000	120 000		120 000
31-05-N+2	80 000	120 000		120 000
31-05-N+3	80 000	120 000		120 000
31-05-N+4	80 000	120 000		120 000
31-05-N+5	80 000	120 000		120 000
31-05-N+6	80 000	120 000		120 000
31-05-N+7	80 000	120 000	80 000	120 000
31-05-23	80 000	120 000		2 480 000
	TOTAUX	960 000	80 000	3 320 000

→ Travail à faire

1. **Enregistrer les écritures d'émission de l'emprunt et des frais d'émission au 1er juin N.**
2. **Poser le calcul permettant d'obtenir la 1re dotation pour l'amortissement de la prime de remboursement (5 833 €).**
Quelle autre technique l'entreprise SHIVA aurait-elle pu choisir pour l'amortissement de la prime de remboursement ?
3. **Enregistrer les écritures d'inventaire du 31 décembre N.**
4. **Enregistrer les écritures du service de l'emprunt du 1er janvier au 31 mai N+1.**

L'abonnement des charges et produits

CAS 13.01 Abonnement des charges (d'après DCG 2008)

La société YPREMIUM engage des frais importants en assurance, en location d'engins de chantier et de camions et en électricité pour faire tourner ses machines de tri et de concassage. Elle perçoit également des loyers concernant la mise à disposition de containers dans plusieurs déchetteries pour collecter les remblais et déchets des artisans.

Le dirigeant, ayant entendu parler de la méthode de l'abonnement des charges et des produits, souhaiterait que vous la mettiez en œuvre dans sa comptabilité.

De plus, son entreprise étant en croissance constante depuis plusieurs années, il s'interroge sur la possibilité d'embaucher un comptable supplémentaire ou bien de faire appel à un expert-comptable auquel il pourrait confier une partie de sa comptabilité.

Il vous donne deux exemples d'opérations ayant eu lieu en N pour l'entreprise YPREMIUM :

- **opération 1** : le 1er septembre N : paiement par chèque bancaire du loyer d'un engin de chantier du site de Brest pour le trimestre à venir : 6 000 € HT, le paiement pour le trimestre suivant intervenant le 1er décembre N.
  À partir du 1er décembre N, le montant de la location trimestrielle de l'engin de chantier est passé à 6 600 € HT.
- **opération 2** : le 1er septembre N, encaissement des loyers semestriels (début septembre N à fin février N+1) des containers mis à disposition dans les déchetteries : 60 000 € HT.

→ Travail à faire

1. **Expliquer la méthode comptable de l'abonnement des charges et des produits. Préciser quel est son intérêt pour l'entreprise.**
2. **Enregistrer les écritures concernant l'abonnement des charges et des produits pour les mois de septembre et de décembre N.**
3. **Procéder aux régularisations comptables nécessaires au 31 décembre N.**

Événements postérieurs et changements comptables

CAS 14.01 Cas n° 1 – Événements postérieurs à la clôture (d'après DCG 2011)

La société Buenaventura clôture ses comptes au 31/12/N. La date d'arrêté des comptes (date d'établissement des comptes) est fixée au 30/3/N+1.
Au titre de la clôture des comptes de l'exercice N, les dirigeants vous consultent sur les événements suivants :
A. Une créance de 100 000 € HT est détenue sur le client Alpha depuis le 15/12/N. Le 15/01/N+1, ce client a déposé son bilan avec un passif net extrêmement lourd. La société Buenaventura est créancier chirographaire et il est probable qu'elle ne pourra récupérer au plus que 5 % de sa créance.
B. Le 25/01/N+1, la société TY-REX qui assure la fourniture de 80 % des approvisionnements de la société Buenaventura en tissus classiques a décidé l'arrêt de cette activité devenue déficitaire du fait de la forte concurrence existant sur ce marché. Au 31/12/N la dette de la société Buenaventura envers TY-REX s'élève à 593 000 €. Elle correspond à la dernière livraison du 15/12/N, payable à 60 jours fin de mois.

→ Travail à faire

1. **Rappeler la définition d'un événement postérieur à la clôture de l'exercice.**
2. **Caractériser chacune des situations décrites et préciser quelles sont les conséquences pour l'arrêté des comptes de l'exercice N. Aucune comptabilisation n'est demandée.**

Les contrats à long terme

CAS 15.01 Cas n° 1 – Contrat à long terme bénéficiaire (d'après DECF 2006)

En avril de l'année N, la société BATI a signé un contrat de conception et de réalisation d'un parcours de golf de 8 trous avec la société GREEN. Ce golf sera implanté sur un domaine de 42 ha, propriété de la société Green. Le bureau d'étude de la société BATI est chargé de la conception du parcours sur la base d'un cahier des charges très précis (longueur, emplacement des trous, dénivelés...). La réalisation matérielle du parcours revient également à la société BATI : mise en forme du terrain, drainages, création de buttes et de plans d'eau etc. La date d'achèvement est prévue pour l'automne N+2.

ANNEXE

Exercice	Coûts totaux prévisionnels de fin d'exercice	Coûts engagés et acceptés par le client (cumulés)
N	800 000	300 000
N+1	825 000 (coût total réestimé)	577 500

Le prix du contrat est ferme et a été fixé à 910 000 € HT.
Le résultat à terminaison peut être estimé avec une fiabilité suffisante.

Tableau de calcul à utiliser dans le cadre de la méthode de l'avancement

Exercices	Charges prises en compte	Pourcentage d'avancement	Chiffre d'affaires à comptabiliser

→ Travail à faire

1. **Indiquez si le contrat signé avec la société GREEN peut être qualifié de contrat à long terme.**
2. **Rappeler les critères sur lesquels repose la capacité d'une entité à estimer de façon fiable le résultat de terminaison dans le cadre des contrats à long terme.**
3. **Présenter dans un tableau conforme au modèle figurant en annexe, les informations nécessaires à la comptabilisation du contrat à long terme selon la méthode de l'avancement**
4. **Enregistrer les écritures au 31/12/N et 31/12/N+1.**

CAS 15.02 Cas n° 2 – Contrat à long terme déficitaire (d'après DCG 2014)

La Société ALICAL répond aux besoins spécifiques des grands constructeurs automobiles en développant sur-mesure les moules qui permettront la fabrication en série des répartiteurs d'air vendus. Le développement de ces moules suit un processus long et complexe, composé de plusieurs étapes allant de la conception à la mise en production de séries d'essai ; il s'achève avec l'acceptation des pièces par le client. Cette activité est encadrée par des contrats signés avec les constructeurs.

Le 1er mai N, la Société ALICAL a signé un important contrat avec un client français pour le développement d'un nouveau Moule, qui permettra la production de Répartiteurs en Plastique (contrat MRP). Les éléments de ce contrat sont présentés en annexe. Désireuse de renforcer la lisibilité de ses états financiers à l'international, ALICAL retient la méthode préférentielle pour le traitement de ses contrats à long terme qui correspond au traitement prévu par les normes IFRS.

ANNEXE

Données relatives au contrat MRP

Les modalités prévues par le contrat en font un contrat à forfait. À la signature, il a été défini avec la société les éléments suivants :

	Contrat MRP conclu le 1er mai N
Date de livraison prévue	1er septembre N+1
Prix de vente ferme HT prévu par le contrat	600 000 €
Coût de revient total des prestations prévues dans le contrat	550 000 €
Facturations partielles (HT) le : - 30/06/N - 31/10/N	 200 000 € 200 000 €

Renseignements chiffrés concernant le déroulement réel du contrat sur l'exercice N :

- Fournitures et matières consommées : 150 000 €
- Frais fixes de production : 100 000 €
- Frais variables de production : 160 000 €
- Quote-part de frais d'administration générale : 40 000 €
- Quote-part de frais de recherche communs à plusieurs activités : 150 000 €

En raison de la saturation du marché français, le niveau d'activité réel n'a représenté que 90 % de la capacité de production normale d'ALICAL.

Suite au retard sur l'avancement du contrat, ALICAL révise son estimation du coût total des prestations prévues par le contrat. À la clôture N, les coûts restant à engager s'élèvent à 400 000 €.

→ **Travail à faire**

1. **Quelle est la méthode préférentielle dont il est question ici ?**
2. **Quels sont les méthodes et outils qu'une entreprise peut utiliser pour déterminer le pourcentage d'avancement d'un contrat à long terme ?**
3. **Après avoir déterminé le coût de production relatif au déroulement du contrat sur l'exercice N, calculer le nouveau résultat à terminaison prévu pour le contrat.**
4. **Indiquer et justifier le traitement à appliquer lors d'une perte à terminaison sur un contrat à long terme, dans le cadre de la méthode préférentielle. Énoncer et justifier le principe comptable sous-jacent.**
5. **Enregistrer dans la comptabilité de ALICAL les écritures nécessaires relatives à l'exécution du contrat courant N (les écritures de comptabilisation en charges des éléments du coût d'exécution du contrat ont été correctement enregistrées).**
6. **Enregistrer chez ALICAL les écritures de régularisation nécessaires au 31 décembre N pour le contrat.**

La participation des salariés et l'intéressement

CAS 16.01 Cas n° 1 – Intéressement et participation des entreprises (d'après DCG 2016)

La société SHIVA a voulu associer ses salariés à la réussite de ses objectifs de performance. Dès N-3, elle a conclu un accord d'intéressement avec ses salariés et a également mis en place un plan d'intéressement.
Les caractéristiques de ces accords vous sont présentées ci-après.
Au titre de N-1, la société SHIVA a attribué une somme de 100 000 €. Chaque salarié se verra affecter une somme de 1 000 €, sans conditions. Le complément est versé proportionnellement aux salaires et à la durée de présence dans l'entreprise.
Les sommes ont été attribuées sous déduction de la CSG et de la CRDS aux salariés le 3 mai N. La plupart des salariés ont choisi d'affecter leur intéressement à un plan d'épargne salariale. Le montant affecté est de 80 000 €.
Le forfait social est au taux de 20 %. Le taux de CSG et CRDS est de 8 %.

Annexe – Fiche de l'entreprise SA SHIVA

Dénomination sociale	SA SHIVA
Chiffre d'affaires	10 millions €
Dirigeant	M. Shiva
Adresse	33 rue Bourbon – 49000 Angers
Forme juridique	Société anonyme
Date de création	N-10
Capital social	500 000 actions de valeur nominale 50 €
Effectif au 1er janvier N	40 salariés
Activité principale	Société de transports frigorifiques
Date de clôture de l'exercice comptable	31 décembre
Taux de l'impôt sur les sociétés	33 1/3 %
Coefficient de déduction de la société	1

→ Travail à faire

1. **Pour quelle raison l'entreprise SHIVA n'est-elle pas soumise à la participation des salariés ?**
   Aurait-elle pu toutefois adhérer à ce système ?
2. **Préciser les caractéristiques principales d'un plan d'intéressement (conditions de mise en place, durée de blocage des fonds, caractère obligatoire, mode d'alimentation).**
3. **Présenter les écritures nécessaires au 31 décembre N-1 et au 3 mai N.**

IS et aides aux entreprises

CAS 17.01 Cas n° 1 – Subvention d'investissement et immobilisations décomposables (d'après DCG 2008)

Pour traiter une quantité toujours croissante de mâchefers d'incinération, la société YPREMIUM a décidé d'investir dans une nouvelle machine à courant de Foucault.
La machine à courant de Foucault permet de récupérer automatiquement l'aluminium. Il s'agit d'une roue polarisée qui tourne à 2 600 tr/min, à côté du tapis sur lequel circulent les déchets. La roue polaire, composée en périphérie de pôles d'aimants nord et sud alternés, crée par sa rotation un champ magnétique alternatif. Ce champ magnétique induit un courant alternatif dans les résidus d'aluminium et ferreux passant à proximité. L'opposition de phase entre le champ magnétique alternatif de la roue polaire et le champ magnétique résultant du courant alternatif induit dans l'aluminium provoque l'éjection des nodules d'aluminium.
Sachant que l'aspect écologique de son activité est apprécié des instances publiques, M. Peltre a demandé et obtenu une subvention d'investissement du Conseil régional d'Île de France pour financer une partie de son installation. Il a aussi contracté un emprunt.

ANNEXE – Machine à courant de Foucault

La société YPREMIUM a fait appel à la société CERVA pour procéder à l'installation de la machine à courant de Foucault.
Cette installation a duré 6 mois du 1er avril N au 1er octobre N (date de facturation et de mise en service). Elle comprend :
- la partie motorisée (structure) : 630 000 € HT, durée d'utilisation 15 ans ;
- la roue polaire : 210 500 € HT, durée d'utilisation 10 ans ;
- le tapis roulant : 205 000 € HT, durée d'utilisation 5 ans.

Le mode d'amortissement linéaire traduit le mieux le rythme de consommation des avantages attendus de l'utilisation de cette installation.
La société CERVA a accordé une remise globale de 55 500 € sur la machine à courant de Foucault (36 000 € pour la partie motorisée, 12 500 € sur la roue polaire et 7 000 € sur le tapis roulant).
Le 5 octobre N, la société CERVA a dû intervenir pour réamorcer le tapis roulant qui s'était bloqué lors de son utilisation. Montant : 5 000 € HT.
La notification d'octroi de la subvention par le Conseil Régional d'Ile de France est arrivée le 1er mars N. Son montant est de 200 000 €. Elle a été encaissée le 1er novembre N. Elle sera affectée proportionnellement au coût d'acquisition de chacun des éléments de l'immobilisation.
L'emprunt qui finance en partie l'installation a été contracté le 1er avril N. Son montant est de 400 000 €. Son taux d'intérêt est de 5 % et il est remboursable par annuités constantes.
Cet emprunt sera réparti de la façon suivante :
- 60 % pour le financement de la partie motorisée ;
- 20 % pour le financement de la roue polaire ;
- 20 % pour le financement du tapis roulant.

Au niveau fiscal, les durées d'usage et les modes d'amortissement suivants sont retenus pour l'installation :

Partie motorisée	15 ans	Linéaire
Roue polaire	10 ans	Linéaire
Tapis roulant	5 ans	Dégressif

→ Travail à faire

1. **Procéder aux enregistrements concernant la notification d'octroi de la subvention d'investissement au 1er mars N et de l'emprunt au 1er avril N.**
2. **Calculer le coût d'acquisition de l'immobilisation sachant que l'entreprise a opté pour l'incorporation des coûts d'emprunt dans la valeur d'entrée des immobilisations.**
3. **Enregistrer les opérations liées à l'acquisition de l'immobilisation, à son utilisation, et à l'encaissement de la subvention d'investissement.**
4. **Enregistrer les écritures au 31 décembre N concernant l'amortissement de la machine à courant de Foucault ainsi que la reprise de la subvention.**

CAS 17.02 Cas n° 2 – Abandons de créance (d'après DCG 2012)

La société Microchir a pris une participation dans la société Cornéplan afin de développer des programmes de recherche en matière d'implants souples cornéens. Au cours des deux dernières années, cette entreprise a dû faire face à d'importantes restructurations et a vu sa rentabilité et ses résultats se détériorer.
Afin de l'accompagner dans ses nécessaires mutations, la société Microchir ainsi qu'un autre actionnaire, la société Marvex, acceptent de renoncer à leurs créances. Ces deux entreprises n'entretiennent aucune activité de type commercial avec Cornéplan et ces abandons de créance ne constituent pas un acte anormal de gestion.

ANNEXE 1 – Informations concernant l'abandon de créances

Détail des abandons consentis

Sociétés consentant l'abandon	Montant de la créance abandonnée (enregistrée en créances intra-groupe)
Microchir	54 000 €
Marvex	36 000 €

Capitaux propres de la société Cornéplan

Capital social	200 000
Écart de réévaluation	36 000
Réserves et report à nouveau	160 000
Résultat de l'exercice	(428 000)
Provisions réglementées	12 000
Total des capitaux propres	(20 000)

Actionnaires de la SA Cornéplan

Microchir	35 %
Marvex	15 %
Autres actionnaires	50 %

ANNEXE 2 – Informations fiscales

La déductibilité d'un abandon de créance à caractère financier va dépendre de la situation nette de la société aidée et des liens capitalistiques entre la société créancière et la société débitrice.

La situation nette comptable se définit par la différence entre le total de l'actif et le total du passif. Elle est négative si le total du passif excède celui de l'actif.

Lorsqu'elle est accordée dans l'intérêt de la société mère qui la verse, l'aide à caractère financier apportée est déductible uniquement :

- à concurrence du montant de la situation nette négative de la société bénéficiaire de l'abandon ;
- du montant de la situation nette positive après abandon, pour un pourcentage correspondant au capital (de la société bénéficiaire) détenu par d'autres sociétés (que la société créancière).

→ Travail à faire

1. **Quel est le caractère de l'abandon de créance effectué par ces deux entreprises ?**
2. **Présenter les calculs nécessaires aux enregistrements comptables chez Microchir en distinguant la part fiscalement déductible.**
3. **Enregistrer la ou les écritures comptables chez Microchir sachant qu'elle n'enregistre en classe 6 « Charges » que la part éventuellement déductible de l'abandon.**
4. **La société Microchir a décidé concernant son abandon de créance de rédiger une convention incluant une clause de retour à meilleure fortune. Expliquer ce dont il s'agit et préciser les répercussions dans les états financiers que cela peut impliquer.**

Les variations du capital social

QCM 18.01

Une seule bonne réponse par question.

1. **Lors de la constitution d'une SA, les apports en numéraire effectués par les actionnaires doivent être :**

   A. ☐ Intégralement libérés à la souscription.

   B. ☐ Libérés au minimum à hauteur de 25 % à la souscription.

   C. ☐ Libérés au minimum à hauteur de 50 % à la souscription.

2. **La SARL DEMO est constituée le 15 janvier N. Les apports effectués par les associés sont les suivants :**
   - M. Henri apporte 6 000 € en numéraire,
   - M. Stevens apporte un matériel informatique de 12 000 €
   - Mme Varta apporte 12 000 € en numéraire.
   À la souscription, les apports minimum à libérer sont :

   A. ☐ 3 000 € pour M. Henri, 6 000 € pour Mme Varta et l'intégralité de l'apport en nature pour M. Stevens. Un commissaire aux apports devra valider la valeur de l'apport de M. Stevens.

   B. ☐ 1 200 € pour M. Henri, 2 400 € pour Mme Varta et l'intégralité de l'apport en nature pour M. Stevens. Un commissaire aux apports devra valider la valeur de l'apport de M. Stevens.

   C. ☐ 1 200 € pour M. Henri, 2 400 € pour Mme Varta et l'intégralité de l'apport en nature pour M. Stevens. Il n'est pas nécessaire de faire appel à un commissaire aux apports.

   D. ☐ 3 000 € pour M. Henri, 6 000 € pour Mme Varta et l'intégralité de l'apport en nature pour M. Stevens. Il n'est pas nécessaire de faire appel à un commissaire aux apports.

3. **La SAS BOD a été créée le 2 janvier N. Son capital social est composé de 2 000 actions de valeur nominale 10 €. Au 31/12/N, figure à l'actif de son bilan la ligne « Actionnaires-capital non appelé » pour un montant de 5 000 €. Cela signifie que :**

   A. ☐ Lors de la constitution, les apports ont été libérés à hauteur de 75 %.

   B. ☐ Lors de la constitution, les apports ont été libérés à hauteur du minimum légal.

   C. ☐ Le capital social non appelé devra être appelé avant le 31/12/N+2.

4. **Lors d'une augmentation de capital par apports en numéraire et par émission d'actions, le prix d'émission :**

   A. ☐ Est librement fixé.

   B. ☐ Ne peut pas excéder la valeur nominale de l'action.

   C. ☐ Ne peut pas être inférieur à la valeur nominale de l'action.

5. **Lors d'une augmentation de capital par apports en numéraire et par émission d'actions, un droit préférentiel de souscription est attaché à chaque action. Ce DPS :**

   A. ☐ Ne peut jamais être supprimé.

   B. ☐ Peut être exercé ou vendu par l'actionnaire.

   C. ☐ Peut être exercé par l'actionnaire mais ne peut pas être vendu.

6. **M. Germain vient de constituer une SAS avec 3 autres associés. Les frais de constitution se montent à 2 000 €. M. Germain vous demande votre avis sur le traitement comptable à effectuer concernant ses frais, sachant que lui et ses associés envisagent de se distribuer des dividendes dès que la société réalisera un bénéfice distribuable. Quelle réponse lui donnez-vous ?**

A. ☐ Ces frais doivent obligatoirement être comptabilisés en charges de la 1re année.

B. ☐ Vous pouvez au choix comptabiliser ces frais en charges ou les inscrire au bilan en frais d'établissement puis les amortir sur une durée de 5 ans maximum.

C. ☐ Vous pouvez au choix comptabiliser ces frais en charges ou les inscrire au bilan en frais d'établissement puis les amortir sur une durée de 5 ans maximum. Cependant, aucune distribution de dividende n'est possible tant que les frais de constitution ne sont pas intégralement amortis.

7. **Les frais d'augmentation de capital :**

A. ☐ Sont imputés sur la prime d'émission (traitement comptable préférentiel) mais peuvent aussi être comptabilisés en charges.

B. ☐ Sont imputés sur la prime d'émission (traitement comptable préférentiel) mais peuvent aussi être comptabilisés en charges ou en frais d'établissement à l'actif.

C. ☐ Sont imputés sur la prime d'émission (traitement comptable préférentiel) mais peuvent aussi être comptabilisés en frais d'établissement à l'actif.

8. **Une augmentation de capital par incorporation de réserves (sous forme d'actions gratuites) :**

A. ☐ Permet à la société d'obtenir de nouvelles ressources pour financer sa croissance.

B. ☐ Permet d'accroître la crédibilité financière de la société vis-à-vis des tiers et de réduire la valeur unitaire de chaque action.

C. ☐ Permet à la société de se désendetter.

9. **Lorsqu'une société réalise une réduction de capital par apurement des pertes, cela signifie que :**

A. ☐ Les associés effectuent de nouveaux apports pour éponger les pertes.

B. ☐ Cette opération est effectuée pour éviter la cessation de paiements.

C. ☐ Le capital social de la société est réduit du montant des pertes mais le montant des capitaux propres restent inchangé.

10. **Une société peut racheter 10 % de ses propres actions :**

A. ☐ Sans aucune autre condition.

B. ☐ À condition de disposer de réserves disponibles d'un montant au moins équivalent au prix d'achat des actions.

C. ☐ À condition de disposer de capitaux propres d'un montant au moins équivalent au prix d'achat des actions.

CAS 18.02 Cas n° 1 – Augmentation de capital (d'après DCG 2009)

La société Microchir est une société anonyme créée en N–24 avec un capital de 600 000 € dont la valeur nominale des actions est de 100 €.

Le 1er septembre N–4, l'assemblée générale extraordinaire a décidé une augmentation de capital en numéraire dont une partie a été appelée immédiatement. Il s'agissait de la première augmentation de capital réalisée par Microchir. 2000 actions nouvelles ont été créées.

Les frais d'augmentation de capital ont été inscrits à l'actif pour un montant de 1 500 € ; ils sont amortis sur la durée maximale autorisée sans *prorata temporis*.
Un actionnaire a acquis 50 nouvelles actions et s'est libéré de sa promesse en totalité dès septembre N–4.
La SARL Ophtalmy, un laboratoire, possède depuis la création de la société 300 actions. Elle a souscrit en N–4 à l'augmentation de capital en utilisant tous ses droits préférentiels de souscription.
Le 2 janvier N, la société Microchir appellera le solde du capital ; tous les versements seront effectués le 30 janvier N.
Extrait des capitaux propres du bilan de la SA Microchir au 31/12/N–1

Capital social (dont versé 700 000 €)	800 000 €
Prime d'émission	240 000 €
Réserve légale	68 000 €
Autres réserves	0,00 €

→ Travail à faire

1. **Préciser les limites entre lesquelles le prix d'émission doit se situer en cas d'augmentation de capital.**
2. **Retrouver le prix d'émission relatif à l'augmentation de capital de N–4.**
3. **Indiquer la fraction du capital appelée en N–4. Correspond-elle au minimum légal ?**
4. **Enregistrer toutes les écritures qui devront être passées chez Microchir en janvier N.**
5. **Rappeler les différentes méthodes d'enregistrement des frais d'augmentation de capital et indiquer la méthode préférentielle prévue par le Plan comptable général.**
6. **Enregistrer l'écriture nécessaire au 31 décembre N–1 relative aux frais d'augmentation de capital. Indiquer jusqu'à quelle date il devra être procédé à cet enregistrement.**
7. **En quelques lignes, rappeler la signification du droit préférentiel de souscription du point de vue des anciens et nouveaux actionnaires. Quel est le nombre d'actions acquises par la SARL Ophtalmy en N–4 ?**

CAS 18.03 Cas n° 2 – Réduction de capital suivie d'une augmentation de capital (d'après DECF 2001)

La SA Cluzeau, au capital de 10 000 actions de valeur nominale de 50 €, exerce son activité principale dans le secteur de l'agro-alimentaire. Ces dernières années, la concurrence étrangère s'est fortement accrue. L'extrait de son bilan au 31 décembre témoigne des difficultés rencontrées.
Passif (avant répartition) au 31/12/N

Capital dont versé 500 000	500 000
Primes d'émission	
Réserves légales	47 615
Report à nouveau	(110 565)
Résultat de l'exercice	(38 976)
Total Capitaux propres	**398 074**

.../...	
Emprunts et dettes auprès des établissements de crédit	174 273
.../...	
Dettes fournisseurs et comptes rattachés	698 744
.../...	
Total Passif	**1 526 065**

Une restructuration, dont les détails sont les suivants, est donc devenue nécessaire.
La société espagnole COURADAS s'est déclarée prête à renoncer à prendre le contrôle de la société CLUZEAU. Elle a estimé la valeur réelle des actions autour de 35 €.
Les actionnaires réunis en assemblée générale extraordinaire le 15 avril N+1 ont décidé :

- d'une part, la réduction de la valeur nominale de l'action à 35 € le 1er mai N+1 ;
- d'autre part, l'émission de 20 000 actions de numéraire au prix de 35,60 €, à libérer du minimum légal à la souscription, avec possibilité pour les souscripteurs de procéder à des versements anticipés. Les actionnaires ont déclaré renoncer partiellement, au profit de la société COURADAS, à leurs droits préférentiels de souscription.

Les actions ont été souscrites par :

- la société COURADAS, à hauteur de 16 000 actions ;
- divers autres actionnaires, pour 4 000 actions.

Tous les versements ont été réalisés le 1er juin N+1. Seule la société COURADAS a versé l'intégralité du prix d'émission à la souscription.

→ Travail à faire

1. **Pourquoi la société CLUZEAU doit-elle réduire au préalable son capital ?**
2. **Enregistrer l'opération de réduction de capital.**
3. **Justifiez l'existence du DPS dans le cadre d'une augmentation de capital.**
4. **Calculer, sur la base de l'actif net comptable, la valeur théorique du DPS attaché à chaque action de la société CLUZEAU.**
5. **Présenter les écritures liées à l'augmentation de capital.**

CAS 18.04 Cas n° 3 – Constitution d'une SA (d'après DECF 2004)

A. Le 1er septembre N, la SA NOUGAT D'OR, spécialisée dans la confiserie est constituée en début d'année N. Son immatriculation au RCS de Montélimar est effectuée le 1er février N. Les informations concernant sa constitution sont les suivantes :

- La SA est constituée sur la base d'un capital de 40 000 actions de valeur nominale 50 €.
- Apport de M. Bertrand : il apporte le fonds de commerce de la confiserie qu'il exploitait à Montélimar et reçoit en contrepartie 16 000 actions de la SA NOUGAT D'OR qu'il s'engage à conserver au moins 3 ans.

Les éléments apportés par M. Bertrand sont repris pour les valeurs suivantes :

- Fonds commercial : 100 000 €
- Constructions : 500 000 €
- Matériel industriel : 200 000 €
- Marchandises : 20 000 €

Par ailleurs, une créance sur le client NORBERT de valeur nominale 11 000 € est reprise pour 10 000 € et est garantie par M. Bertrand à hauteur de 9 800 €.

- Autres apports : toutes les autres actions sont souscrites en numéraire par divers actionnaires. Lors de la constitution, seule la libération immédiate du minimum légal est exigée.

Tous les fonds sont versés le 1er février N chez Maître Borquin, notaire. Celui retient 18 000 € TTC à titre d'honoraires et 24 000 € TTC de frais de publicité légale et remet les fonds sur le compte bancaire de la société le 10 février N. Les frais sont enregistrés au cours de l'exercice dans les comptes de charges appropriés
Le 30 mars N, le client NORBERT verse en banque seulement 9 700 €. La SA NOUGAT D'OR prélève sur le compte courant de M. Bertrand la somme correspondante.

→ Travail à faire

1. **Analyser l'apport réalisé par M. Bertrand (apport en nature ou en numéraire, montant). En déduire le montant des dettes fournisseurs reprises.**
2. **Rappeler les règles relatives à la libération des apports, à respecter lors de cette constitution.**
3. **Présenter les écritures de constitution du mois de février.**
4. **Comptabiliser le règlement du client NORBERT le 30 mars N ainsi que le prélèvement sur le compte courant de M. Bertrand.**

B. Appel et libération du troisième quart.
Le 1er septembre N, la SA NOUGAT D'OR procède à l'appel du troisième quart. Les actionnaires doivent verser les sommes dues pour le 30 septembre N au plus tard.
M. Arnaud, souscripteur ne répond pas à l'appel du troisième quart. Après mise en demeure du 3 octobre N restée sans effet, les 80 actions font l'objet d'une vente aux enchères publiques le 15 novembre N. Elles sont vendues comme libérées des trois quarts à M. Thomas pour un montant total de 2 800 €.
La SA NOUGAT D'OR règle finalement M. Arnaud par virement le 25 novembre N compte tenu des intérêts de retard au taux de 12 % et de frais divers d'un montant de 12 € TTC.

5. **Comptabiliser les écritures d'appel et de versement du troisième quart ainsi que celles correspondant aux incidents survenus.**
6. **Quelles peuvent être à l'inventaire de l'exercice N les méthodes de traitement comptable des frais de constitution ? Indiquer les conséquences en matière de distribution de dividendes de l'application de ces méthodes.**

CAS 18.05 Cas n° 4 – Augmentation de capital (d'après DCG 2013)

La SA SA SORGUES a procédé à une augmentation de capital en N dans les conditions suivantes :
L'assemblée générale extraordinaire, réunie le 1er septembre N, a décidé d'émettre 3 000 actions de nominal 100 € au prix de 110 €. Les actions sont libérées de la moitié de leur valeur nominale. Les souscriptions sont recueillies par la banque de la société SORGUES du 1er octobre au 30 octobre N. La banque a délivré un certificat le 30 octobre attestant le versement total des fonds. Les frais d'émission s'élèvent à 5 € par action émise. Ces frais sont comptabilisés selon la méthode préférentielle. Le taux d'IS est de 331/3 %.

→ Travail à faire

1. **Indiquer les critères de fixation du prix d'émission.**
2. **Préciser l'utilité de la prime d'émission et rappeler son mode de calcul.**
3. **Enregistrer les écritures de recueil des fonds et de la réalisation de l'augmentation du capital en numéraire.**

4. **Quel est le moyen juridique dont disposent les anciens actionnaires de la SA SORGUES pour conserver leur pourcentage de contrôle ?**
5. **Enregistrer les écritures des frais d'augmentation de capital.**

CAS 18.06 Cas n° 5 – Augmentation de capital et droit préférentiel de souscription (d'après DCG 2016)

La société SHIVA souhaite effectuer une augmentation de capital en numéraire.
Le capital était composé de 500 000 actions de valeur nominale 50 €. M. Shiva détient à titre personnel 300 000 actions.
La société SHIVA émet 100 000 actions nouvelles au prix de 60 € ; la valeur des actions avant cette augmentation du capital était égale à 90 €. Seul le minimum légal est appelé le 1er avril N, la libération a lieu le même jour.
La société de capital-risque SCR s'est montrée intéressée par ce dossier. Elle souhaiterait investir dans la société SHIVA pour une durée minimum de 5 ans.
Avec l'accord de M. Shiva, la société SCR envisage d'acquérir 60 000 actions nouvelles. M. Shiva a accepté de leur céder ses droits de souscription, à condition que la société SCR verse la totalité des fonds dès le 1er avril N (prix de souscription et droits de souscription).
On considérera que les droits de souscription sont cédés à leur valeur théorique.

ANNEXE – Extrait du bilan – Société SHIVA

Extrait du bilan au 31-12-N

ACTIF	2015			PASSIF	2015
	BRUT	Amt et dép.	NET		NET
Actionnaire capital non appelé	?		?	Capital social (dont appelé ?) Prime d'émission	? ?
Prime de remboursement des obligations	?		?	Autres emprunts obligatoires	?
Charges à répartir sur plusieurs exercices	?		?	Actionnaires, versements anticipés	?

→ Travail à faire

1. **Déterminer la valeur unitaire d'une action SHIVA après l'augmentation de capital.**
2. **Calculer la valeur du droit préférentiel de souscription. Pour quelle raison principale le législateur a-t-il créé ce droit de souscription ?**
3. **Quelle sera la somme totale versée par la société SCR ?**
4. **Enregistrer en comptabilité cette augmentation du capital au 1er avril N.**
5. **Quelle écriture l'entreprise SCR a-t-elle dû passer dans ses comptes ? Justifier le choix du compte.**
6. **Présenter l'extrait du bilan au 31 décembre N, sachant qu'un quart supplémentaire des actions nouvelles a été appelé et libéré fin juin N (*cf.* annexe à compléter en remplaçant les ? par les montants à inscrire).**

CAS 18.07 Cas n° 6 – Constitution de sociétés (d'après DCG 2018)

La société anonyme CAP MALOUIN a été constituée le 1er février 2017. Cette société a pour objet l'achat, la vente, la réparation et le gardiennage de bateaux de plaisance.
Madame GALLOIS vous demande de comptabiliser l'ensemble des opérations liées à la constitution de cette société en utilisant vos compétences et vos connaissances comptables. Pour traiter ce dossier, elle vous précise qu'il sera fait abstraction de la TVA.

ANNEXE 1 – Informations sur la constitution de la SA CAP MALOUIN

Le capital de la société CAP MALOUIN est divisé en actions de 10 €. Les statuts prévoient que ce capital résulte des apports suivants.

- L'actionnaire Jean FOCCARD, qui apporte un immeuble. Dans le cadre de cet apport, la société s'engage à rembourser le solde de l'emprunt contracté pour l'acquisition de l'immeuble.
- L'actionnaire Pierre LELONG apporte un brevet.
- Le reste du capital est réparti entre divers actionnaires apporteurs en numéraire.

Les apporteurs en numéraire se libèrent dans les conditions normales auprès de Maître PRIOL, notaire, le 4 février 2017. Toutefois, à cette date, un actionnaire titulaire de 2 000 actions libère la totalité de son apport.
La société CAP MALOUIN reçoit le 15 février 2017 les fonds virés par le notaire, déduction faite des honoraires de 3 000 € et des droits d'enregistrement de 2 000 €.
Le 1er octobre 2017, le PDG de la société procède à un appel de fonds et demande aux actionnaires de verser pour la fin du mois le solde de leurs apports. À la fin du mois, tous les actionnaires libèrent le solde de leur souscription à l'exception d'un actionnaire, M. Hugues TROUIN, titulaire de 500 actions qui ne répond ni à l'appel, ni à la mise en demeure.
Le 1er décembre 2017, la société fait procéder à la vente des actions de M. TROUIN à un nouvel actionnaire pour un montant de 5 000 €. La société impute à M. TROUIN, un montant de 30 € pour frais divers et des intérêts de retard de 20 €. Le règlement final (au profit de M. TROUIN) intervient le 10 décembre 2017 par chèque bancaire.

ANNEXE 2 – Bilan après la constitution de la SA CAP MALOUIN

À la date du 15 février 2017, après réception des fonds virés par le notaire et après enregistrement des apports en nature, le bilan simplifié en euros de la société CAP MALOUIN est le suivant :

Actif	Montant	Passif	Montant
Capital souscrit-non appelé	50 000	Capital (dont versé : ?)	300 000
Frais d'établissement	5 000		
Concessions, brevets	100 000		
Constructions	150 000	Emprunt bancaire (1)	50 000
		Associés-versements anticipés	?
...		...	

(1) Solde de l'emprunt bancaire contracté par M. Jean FOCCARD pour l'acquisition de l'immeuble.

→ **Travail à faire**

1. Rappeler les règles de libération qui sont applicables aux apports dans une société anonyme. Préciser le montant et la nature des apports réalisés par les différents actionnaires.
2. Indiquer le montant du capital appelé en février 2017. La société a-t-elle appelé le minimum légal ?
3. Retrouver le montant du poste « Associés-versements anticipés » qui doit figurer au bilan de la société CAP MALOUIN à la date du 15 février 2017. Préciser l'intérêt de procéder à un versement anticipé.
4. Rappeler les différentes méthodes d'enregistrement des frais de constitution. Le choix effectué par la société CAP MALOUIN est-il conforme à la méthode préférentielle préconisée par le règlement 2014-03 de l'Autorité des normes comptables (ANC) ?
5. Reconstituer les écritures relatives à la constitution de la société de février 2017.
6. Présenter toutes les écritures correspondant à l'appel et à la libération du solde du capital du mois d'octobre 2017.
7. Enregistrer dans les comptes de la société CAP MALOUIN toutes les écritures liées au traitement de l'actionnaire défaillant M. Hugues TROUIN des mois d'octobre et de décembre 2017.
8. Calculer et analyser le résultat de l'actionnaire défaillant. Commenter le prix de cession des actions.

APPLICATIONS

L'affectation du résultat

QCM 19.01

Une seule bonne réponse par question.

1. La participation des salariés est déterminée à partir du :

A. ☐ Résultat fiscal moins IS au taux normal.

B. ☐ Résultat net comptable.

C. ☐ Résultat fiscal.

D. ☐ Résultat comptable avant impôt.

2. Dans une société soumise à l'IS, un produit d'impôt est comptabilisé au compte de résultat lorsque :

A. ☐ La société a versé des acomptes d'IS supérieur à l'IS dû.

B. ☐ La société a réalisé un déficit fiscal reportable en avant.

C. ☐ La société a réalisé un déficit fiscal faisant l'objet d'un report en arrière.

3. Les capitaux propres de la SAS EARN avant affectation du résultat sont les suivants au 31/12/N :
Capital social : 100 000
Primes d'émission : 50 000
Réserve légale : 10 000
Autres réserves : 20 000
Résultat net : – 5 000
Quel est le montant maximum distribuable aux actionnaires de EARN :

A. ☐ 0

B. ☐ 15 000

C. ☐ 65 000

D. ☐ 75 000

4. Si une société a décidé de comptabiliser à l'actif des frais de développement :

A. ☐ Elle ne peut pas distribuer de dividendes tant que ces frais ne sont pas totalement pas amortis.

B. ☐ Elle peut distribuer des dividendes uniquement s'il existe des réserves (réserve légale, statutaires ou autres réserves) d'un montant au moins équivalent aux frais de développement non amortis.

C. ☐ Elle peut distribuer des dividendes uniquement s'il existe des autres réserves d'un montant au moins équivalent aux frais de développement non amortis.

5. Lorsqu'une société réalise une perte :

A. ☐ Cette perte peut être au choix inscrite en report à nouveau débiteur ou imputée sur les réserves (y compris les réserves légales et statutaires).

B. ☐ Cette perte peut être au choix inscrite en report à nouveau débiteur ou imputée sur les réserves (sauf sur la réserve légale).

C. ☐ Cette perte est obligatoirement inscrite en report à nouveau débiteur.

CAS 19.02 Cas n° 1 – Affectation du résultat (d'après DCG 2012)

La société BLACK EIGHT, est une société d'exploitation de billard. Son activité principale consiste à déposer des billards dans des cafés ou des salles et de partager ensuite la recette avec l'exploitant du matériel. Elle a pour activités connexes la vente de billard et de matériel de billard ainsi que leurs réparations.

La société BLACK EIGHT envisage d'affecter le bénéfice réalisé en N. Vous disposez des informations suivantes :

Extrait des capitaux propres au 31 décembre N (avant répartition) :

Capital : 600 000 € (dont versé : 480 000 €)

Réserve légale : 55 000 €

Réserves facultatives : 135 000 €

Report à nouveau (solde créditeur) : 2 000 €

Résultat de l'exercice : 120 000 €

Informations sur le capital de la société Black Eight :

Le capital de la société est composé de 15 000 actions de valeur nominale 40 €, dont :

- 6 000 actions de préférence sans droit de vote, émises à la constitution et intégralement libérées ;
- 5 000 actions ordinaires, émises à la constitution et intégralement libérées ;
- 4 000 actions ordinaires, émises lors d'une augmentation de capital réalisée en N, dont le premier quart de la valeur nominale a été libéré le 1er juillet N. Depuis cette date, aucune autre fraction n'a été appelée.

Informations sur la répartition du bénéfice de l'exercice N :

La décision de mise en paiement d'un acompte sur dividendes est prise le 2 février N+1, dont

- 2 € par action aux détenteurs d'actions de préférence ;
- 1 € par action aux détenteurs d'actions ordinaires anciennes ;
- 0,50 € par action aux détenteurs d'actions ordinaires nouvelles.

L'acompte est versé aux actionnaires le 15 février N+1.

Le projet de répartition des bénéfices est approuvé par l'assemblée générale ordinaire des actionnaires le 18 mai N+1. Elle prévoit :

- qu'un premier dividende de 10 % sera attribué, conformément aux statuts, aux actions de préférence sans droit de vote ;
- qu'un premier dividende de 5 % sera attribué, conformément aux statuts, aux actions ordinaires ;
- qu'après attribution du premier dividende, la réserve facultative sera dotée d'un montant de 46 000 €, le solde étant attribué sous forme de superdividende.

Le superdividende unitaire sera arrondi à l'euro inférieur, le reliquat étant reporté à nouveau.

Le paiement des dividendes aux actionnaires a lieu le 1er juillet N+1.

→ Travail à faire

1. **Expliquer la raison pour laquelle la constitution d'une réserve légale est obligatoire et rappeler son mode de calcul.**
2. **Rappeler la définition du bénéfice distribuable.**
3. **Indiquer quelles sont les conditions que doit respecter la société pour distribuer des acomptes sur dividendes.**
4. **Enregistrer dans le journal de la société les opérations relatives à l'acompte sur dividendes, en distinguant chaque catégorie d'action.**
5. **Établir le projet de répartition du bénéfice de N qui sera soumis à l'assemblée générale ordinaire des actionnaires et déterminer le montant des dividendes par catégorie d'action.**

6. **Enregistrer dans le journal de la société l'écriture correspondant au projet de répartition décidé par l'assemblée générale des actionnaires, ainsi que le paiement des dividendes.**

CAS 19.03 Cas n° 2 – Affectation du résultat et augmentation de capital (d'après DCG 2015)

La société par actions simplifiée (SAS) HALESCOURT est un traiteur qui a développé son activité dans le domaine de l'organisation d'événements : mariages, cocktails dînatoires, congrès... Sa clientèle est constituée d'organisations et de particuliers. Afin de faciliter le développement de la SAS HALESCOURT, différentes décisions ont été prises dont certaines concernent les capitaux permanents. (Dans ce cas, il ne sera pas tenu compte de l'incidence des prélèvements sociaux et fiscaux).

Pour permettre à l'entreprise de faire face à ses besoins de trésorerie, M. Halescourt, fondateur de l'entreprise et associé dans la SAS, a versé 20 000 € à la société le 15 janvier N+1. Il va laisser cette somme à disposition de l'entreprise pendant quelques mois.

D'autre part, l'AG du 4 mai N+1 a voté les résolutions suivantes :

- ***Assemblée générale ordinaire : Projet d'affectation du résultat***

Après dotation à la réserve légale, le montant de la réserve facultative sera porté à 12 500 €. Les dividendes, d'un montant de 37 500 €, seront intégralement versés en actions (distribution d'actions gratuites) le 15 mai N+1. Le solde sera porté en report à nouveau.

- ***Assemblée générale extraordinaire***
  - Il sera procédé à une augmentation de capital par incorporation de la totalité de la réserve facultative le 15 mai N+1.
  - La valeur d'émission d'une action est fixée à 12,50 €.

Les capitaux propres avant affectation du résultat sont les suivants au 31/12/N :

Capitaux propres	
Capital social ou individuel	350 000
Primes d'émission, de fusion, d'apport...	0
Écarts de réévaluation	0
Réserve légale	33 000
Réserves statutaires ou contractuelles	0
Réserves réglementées	0
Autres réserves	11 500
Report à nouveau	(7 000)
Résultat de l'exercice	50 000
Subventions d'investissement	0
Provisions réglementées	0
Total (I)	437 500

→ Travail à faire

1. **Comptabiliser le versement effectué par M. Halescourt le 15 janvier N+1.**
2. **Rappeler la signification du report à nouveau.**
3. **Expliquer la différence entre le résultat comptable de l'exercice et le bénéfice distribuable.**

4. **Présenter, dans un tableau, l'affectation du résultat comptable de l'exercice N.**
5. **Enregistrer l'écriture d'affectation du résultat de l'exercice N.**
6. **Enregistrer le paiement des dividendes en actions.**
7. **Pour réaliser l'augmentation de capital par incorporation de réserves, la SAS HALES-COURT a choisi de distribuer des actions gratuites. Rappeler l'autre modalité possible.**
8. **Comptabiliser l'augmentation de capital par incorporation de réserves.**
9. **Présenter les capitaux propres au 31 mai N+1 après toutes ces opérations.**

Les provisions réglementées

QCM 20.01

Une seule bonne réponse par question.

1. Les provisions réglementées font partie :

A. ☐ Des capitaux propres figurant au passif du bilan.

B. ☐ Des provisions figurant au passif du bilan.

C. ☐ Des dettes figurant au passif du bilan.

2. La constitution de provisions réglementées :

A. ☐ Permet à l'entreprise de bénéficier d'une économie d'impôt définitive.

B. ☐ Permet à l'entreprise de bénéficier d'une économie d'impôt réversible ultérieurement.

C. ☐ A un impact sur le résultat d'exploitation.

3. Les amortissements dérogatoires :

A. ☐ Sont repris en produits au compte de résultat lors de la cession ou mise au rebut du bien concerné.

B. ☐ Ne sont jamais repris au compte de résultat, sauf en cas de cession du bien concerné.

C. ☐ Sont systématiquement repris en produits au compte de résultat chaque année pour la différence entre l'amortissement économique et l'amortissement fiscal.

4. Une provision pour hausse des prix peut être constituée au 31/12/N uniquement lorsque :

A. ☐ La hausse des prix des biens concernés en stocks entre N-1 et N excède 10 %.

B. ☐ La hausse des prix des biens concernés en stocks entre N-1 et N excède 10 %.

C. ☐ La hausse des prix des biens concernés en stocks excède 10 % entre N et N-1 ou excède 10 % entre N-2 et N.

5. La constitution d'une provision réglementée admise par le Code général des impôts :

A. ☐ Est décidée librement par l'entreprise chaque année.

B. ☐ Est obligatoire.

C. ☐ Est obligatoire si l'entreprise avait choisi de le faire au cours des années antérieures (principe de permanence des méthodes).

CAS 20.02 Cas n° 1 – Provision pour hausse des prix (d'après DCG 2009)

Depuis de nombreuses années, la société Microchir comptabilise une provision pour hausse des prix car le prix de matières premières stratégiques peut augmenter de manière importante.
Le montant des dotations à cette provision comptabilisée antérieurement s'élève à :

Exercice	Dotation
N-7	30 000
N-6	25 000
N-5	17 000
N-4	7 600
N-3	12 000
N-2	8 000
N-1	9 800

Le service comptable a calculé le montant de cette dotation pour l'exercice N : 7 700 €.

→ **Travail à faire**

1. **Donner la définition d'une provision réglementée et justifier sa comptabilisation.**
2. **Pourquoi les provisions réglementées sont-elles classées dans les capitaux propres ?**
3. **Enregistrer les écritures nécessaires relatives la provision pour hausse des prix à la clôture N.**

CAS 20.03 Cas n° 2 – Amortissements dérogatoires

La société SOFT a acquis un site internet d'une valeur de 12 000 € le 1er avril N. La durée d'utilité de ce site internet est estimé à 3 ans mais SOFT souhaite utiliser toutes les solutions permettant de réduire l'IS de l'année N.

Présenter le tableau d'amortissement du logiciel et comptabiliser les écritures nécessaires en N.

CAS 20.04 Cas n° 3 – Provision pour hausse des prix

La société ANIM utilise une matière première M dont le prix d'achat fluctue fortement. Elle comptabilise une provision pour hausse des prix dès que les conditions permettant de le faire sont remplies.

Au 1er janvier N-1, une provision pour hausse des prix de 35 000 € était inscrite à son bilan, provision dotée pour 15 000 € en N-3 et pour 20 000 € en N-6.

Les quantités en stocks et les prix de la matière M ont évolué comme suit :

	31/12/N-3	**31/12/N-2**	**31/12/N-1**	**31/12/N**
Quantités en stocks (tonnes)	1000	1100	1300	1200
Prix à la tonne	370 €	380 €	400 €	450 €

→ **Travail à faire**

1. **Calculer la dotation à la provision pour hausse des prix au 31/12/N.**
2. **Comptabiliser les écritures nécessaires au 31/12/N.**
3. **Présenter les informations à faire figurer en annexe.**

Particularités comptables des entités spécifiques

CAS 21.01 Cas n° 1 – Comptes des collectivités territoriales, GIE (d'après DCG 2008)

La société YPREMIUM, qui recycle des déchets de construction à proximité des chantiers urbains, fournit de nombreux chantiers de voirie mis en route par la mairie de Meyzieu en remblais UBSOL.
C'est un produit que la société obtient après le recyclage de déchets et de terres inertes qui sont ensuite mélangés avec de la chaux. Le produit UBSOL est assez stable pour être utilisé en tant que remblai dans les chantiers de réseaux d'eau ou en tant que sous-couche pour les travaux de voirie.
M. Peltre se pose des questions relatives au service comptable de la mairie de Meyzieu parce qu'il a remarqué que les délais d'acceptation des chantiers étaient assez longs tout comme la mise en paiement de ses factures.
En outre, pour rechercher de nouvelles utilisations possibles des déchets de démolition, la société YPREMIUM s'est associée en N–1 à deux autres entreprises du même secteur d'activité, la société ALBA et la société SOLVA, pour créer un groupement d'intérêt économique (GIE) qui réalise des travaux de recherche pour les trois sociétés.
Le GIE a été constitué avec un capital de 50 000 € entièrement libéré.
Le capital du GIE est détenu à 50 % par la société YPREMIUM et respectivement à 20 % et 30 % par les sociétés ALBA et SOLVA.
Son exercice comptable correspond à l'année civile.
En N, la société YPREMIUM a réalisé plusieurs opérations avec le GIE :

- Le 15 avril N, les associés ont réalisé une avance à long terme au GIE :
  - YPREMIUM : 10 000 € ;
  - ALBA : 5 000 € ;
  - SOLVA : 5 000 €.
- Le 1er juillet N, les associés ont versé leurs cotisations qui s'élevaient au total à 15 000 €, dont 8 000 € versées par la société YPREMIUM.
- À la clôture des comptes au 31 décembre N, le résultat du GIE est bénéficiaire de 12 000 €.

Le 15 avril N+1 l'assemblée générale ordinaire du GIE a approuvé les comptes de l'exercice N.

→ Travail à faire

1. **Rappeler brièvement les missions respectives de l'ordonnateur à la mairie de Meyzieu et du comptable public.**
2. **Indiquer les principales motivations qui conduisent à la constitution d'un GIE.**
3. **Enregistrer dans la comptabilité du GIE les opérations réalisées en N et N+1.**
4. **Comptabiliser la quote-part du résultat bénéficiaire du GIE dans la comptabilité de la société YPREMIUM à la date du 15 avril N+1.**

CAS 21.02 Cas n° 2 – Comptabilité d'une association (d'après DCG 2009)

L'association « Visio » intervient dans le domaine social : elle apporte une aide aux personnes atteintes des maladies de l'œil. Des comités existent dans toutes les régions.
Les ressources de l'association sont essentiellement constituées :
de subventions des pouvoirs publics pour un montant d'environ 200 000 € ;
d'aides d'entreprises spécialisées comme Microchir ;
de dons des particuliers et des cotisations des adhérents.

Les opérations de l'année N concernant l'association Visio sont les suivantes :

- *Opération n° 1* : une subvention de fonctionnement de 20 000 € est accordée par le conseil municipal et versée le 2 septembre N. Elle est exclusivement destinée à l'animation du centre de loisirs réservé aux enfants. De septembre à décembre, 2 000 € ont été utilisés par mois.
- *Opération n° 2* : l'association « Visio » prévoit d'organiser un voyage pour les adolescents en déficit visuel. Pour ce projet, une subvention (avec clause résolutoire) est accordée par le conseil général le 30 septembre N ; le montant de la subvention s'élève à 15 000 €, une partie de cette subvention est versée le 10 octobre : 5 000 €. Fin décembre le projet semble compromis et risque d'être annulé.
- *Opération n° 3* : suite à la journée nationale de la vision du 10 décembre, l'association a reçu des dons en espèces du public pour un montant de 5 000 € et les cotisations de nouveaux adhérents pour 1 200 €.
- *Opération n° 4* : fin N, le résultat de l'association « Visio » est excédentaire de 3 200 € dont 1 200 € correspondant à un résultat sous contrôle. Le conseil d'administration décide d'affecter 1 500 € au projet associatif et 500 € en report à nouveau.

ANNEXE

Extrait du règlement n° 99-01 du 16 février 1999 relatif aux modalités d'établissement des comptes annuels des associations et fondations modifié par le règlement n° 2004-12 du 23 novembre 2004 du CRC

[...]

2. Subventions de fonctionnement et conventions de financement

Les conventions d'attribution de subventions aux associations et fondations contiennent généralement des conditions suspensives ou résolutoires.

Une condition suspensive non levée ne permet pas d'enregistrer la subvention en produits. Par contre, la présence d'une condition résolutoire permet de constater la subvention en produits mais doit conduire l'association ou fondation à constater une provision pour reversement de subvention dès qu'il apparaît probable qu'un ou plusieurs objectifs fixés dans la condition résolutoire ne pourront être atteints. Lorsque l'association ou la fondation constate de manière définitive que ces objectifs ne pourront être atteints, une dette envers le tiers financeur est constatée dans un poste « subventions à reverser ».

[...]

Une subvention de fonctionnement accordée pour plusieurs exercices est répartie en fonction des périodes ou étapes d'attribution définies dans la convention, ou à défaut *prorata temporis*. La partie rattachée à des exercices futurs est inscrite en « produits constatés d'avance ».

Lorsqu'une subvention de fonctionnement inscrite, au cours de l'exercice, au compte de résultat dans les produits, n'a pu être utilisée en totalité au cours de cet exercice, l'engagement d'emploi pris par l'organisme envers le tiers financeur est inscrit en charges sous la rubrique « engagements à réaliser sur ressources affectées » (sous-compte « engagements à réaliser sur subventions attribuées ») et au passif du bilan sous le compte « fonds dédiés ».

Les sommes inscrites sous la rubrique « fonds dédiés » sont reprises en produits au compte de résultat au cours des exercices suivants, au rythme de réalisation des engagements, par le crédit du compte « report des ressources non utilisées des exercices antérieurs ».

Pour répondre aux questions, les candidats à l'épreuve du DCG disposaient également en annexe du plan de comptes relatif aux associations.

→ Travail à faire

1. **Pourquoi l'association « Visio » est-elle tenue à des obligations comptables ? Préciser lesquelles.**
2. **Enregistrer, opération par opération, dans la comptabilité de l'association « Visio » les informations concernant l'année N.**

3. **L'association peut-elle distribuer aux adhérents une partie du résultat qui n'est pas sous contrôle de tiers ? Justifier votre réponse.**

CAS 21.03 Cas n° 3 – Comptabilité des sociétés libérales (d'après DCG 2010)

Les responsables du groupe JUPITER souhaitent procéder à l'acquisition d'un terrain dans le but de construire de nouveaux bâtiments nécessaires au développement de ses activités. Ils s'adressent à monsieur THALES, membre de l'Ordre des Géomètres-Experts, pour réaliser le bornage du terrain. Le bornage consiste à délimiter le terrain et à mesurer sa superficie. Monsieur THALES exerce son activité à titre individuel. Il est soumis au régime de la déclaration contrôlée en ce qui concerne ses revenus professionnels et au régime du réel normal en matière de TVA.

M. THALES a réalisé les opérations suivantes en janvier N :

Charges et dépenses professionnelles

Dates	Opérations effectuées	Pièces comptables	Montant TTC	TVA
5/01	Achat de bornes (fournitures)	Facture 1/2010	2 392,00	392,00
7/01	Abonnement ADSL-téléphone	Facture 2/2010	36,00	5,90
15/01	Acquisition d'un véhicule de tourisme de type break neuf. Prix de base : 10 000 € HT – Remise 20 % – Frais de préparation : 200 € HT – Frais d'immatriculation (carte grise) : 160 €.	Facture 3/2010	9 967,20	1 607,20
19/01	Assurance multirisque	Quittance 4/2010 + CB n° 110	600,00	
20/01	Règlement facture 2/2010	CB n° 111	36,00	
22/01	Carburant essence	CB n° 112	80,00	13,11
26/01	Règlement facture 3/2010	CB n° 113	9 967,20	
28/01	Travaux d'entretien	Facture 5/2010	227,24	37,24
30/01	Prélèvement M. THALES	CB n° 115	3 500,00	

CB : Chèque Bancaire

Produits et recettes professionnelles

	Facturation TTC	Encaissement janvier	
		Montant TTC	TVA
Honoraires décembre	11 960,00	7 176,00	1 176,00
Honoraires janvier	8 372,00	5 023,20	823,20
Total		**12 199,20**	**1 999,20**

Les recettes ont été comptabilisées sur une seule ligne le 31 janvier d'après le bordereau de remise de chèques à l'encaissement.

Divers

27/01 rétrocession de 1 016,60 € (dont TVA = 166,60 €) d'honoraires à un confrère qui a réalisé un travail de bornage pour le compte de M. THALES (facture + CB n° 114).

Pour répondre aux questions, les candidats à l'épreuve du DCG disposaient en annexe d'un extrait de la nomenclature comptable des professions libérales.

Annexe

Dates	n° pièce	Banque		Recettes	Dépenses courantes (TTC)					Autres dépenses (TTC)		Dont TVA	
		Entrées	Sorties	Honoraires	Honoraires rétrocédés	Impôts et taxes	(1) T et D	(2) TFSE	(3) FDG	(4) Prélèv. exploit.	(5) Acquis. immo.	Déductible	Collectée
Totaux													

(1) Transports et déplacements (2) Travaux, fournitures et services extérieurs (3) Frais divers de gestion (4) Prélèvements de l'exploitant (5) Acquisitions d'immobilisations

→ **Travail à faire**

1. **Préciser les modes de comptabilisation des opérations d'un professionnel libéral exerçant à titre individuel.**
2. **Compléter le document fourni en annexe afin de comptabiliser les opérations réalisées en janvier N.**

CAS 21.04 Cas n° 4 – Comptabilité d'une association (d'après DCG 2012)

L'association 8 POOL DE CŒUR, créée dans le cadre de la loi de 1901, a pour objectif la promotion du billard ainsi que l'organisation de tournois, qui se déroulent sur l'ensemble de l'année dans des salles et cafés partenaires. Cette association possède déjà un local où se trouve le siège ainsi qu'une salle de tournoi.

L'association applique le plan de compte des associations ainsi que les dispositions du règlement du Comité de la réglementation comptable CRC 99-01. Son exercice comptable correspond à l'année civile. Au cours de l'exercice N, elle n'a reçu qu'une subvention départementale d'un montant de 12 700 € pour l'organisation des tournois de billard.

Dans le cadre de son activité, elle a effectué, parmi d'autres, les opérations décrites ci-dessous au cours de l'exercice N.

1 - La commune effectue deux apports à l'association le 1er janvier N :

1.1 - Le premier apport sans droit de reprise consiste en la fourniture de mobilier pour le siège de l'association, d'une valeur de 20 000 € et amortissable en linéaire sur 10 ans.

1.2 - Le deuxième apport avec droit de reprise concerne la mise à disposition de l'association d'un local destiné à être utilisé comme salle de tournoi pour une valeur de 100 000 € et amortissable en linéaire sur 20 ans. À la fin de la mise à disposition, l'utilisation du local ne sera pas renouvelée par l'association.

2 - Le 1er février N, l'association a encaissé les cotisations annuelles de ses membres pour un montant de 35 000 €.

3 - Le 1er juillet N, un propriétaire a confié à l'association, dans le cadre d'un prêt à usage (ou commodat) ayant fait l'objet d'une convention, la gestion d'un local destiné à abriter une deuxième salle de tournoi. Ce local est évalué à 160 000 € et sa durée d'utilisation est de 25 ans. Le mode d'amortissement retenu est linéaire.

4 - Dans le cadre des contributions volontaires et du bénévolat :

4.1 - Le 1er octobre N, la société Black Eight a effectué un don en nature à l'association de matériels divers (billards, accessoires), au prix du marché, pour une valeur de 15 000 €.

4.2 - Le 31 décembre 2011, l'association a relevé le nombre d'heures effectuées en 2011 par le personnel bénévole pour l'encadrement des joueurs. Il a été évalué à 48 000 €.

Pour répondre à ces questions, les candidats à l'épreuve du DCG disposaient en annexe du plan de comptes relatif aux associations et un extrait du règlement CRC 99-01.

→ **Travail à faire**

1. **L'association 8 POOL DE CŒUR doit-elle nommer un commissaire aux comptes ?**
2. **Rappeler quelles sont les caractéristiques des apports sans droit de reprise et des apports avec droit de reprise.**
3. **Enregistrer dans le journal de l'association les écritures concernant les opérations effectuées au cours de l'exercice N à l'exclusion des écritures d'inventaire.**
4. **Indiquer quel serait l'impact de l'enregistrement du bénévolat sur chacun des documents de synthèse.**

CAS 21.05 Cas n° 5 – Comptabilité d'une région (d'après DCG 2014)

Dans le cadre de la modernisation de son outil de production, la SA ALICAL a bénéficié d'une subvention de la Région Lorraine. Soucieuse de renforcer la compétitivité des entreprises et de développer le tissu économique local, la Région a en effet mis en place plusieurs dispositifs d'aide aux entreprises. La Région tient une comptabilité, conformément aux dispositions de l'instruction M71.

Les opérations effectuées par la Région Lorraine en N sont les suivantes :

Opération 1 : le 30 juin N, la Région verse à la SA ALICAL une subvention d'équipement d'un montant de 30 000 €, pour le financement d'une installation nouvelle, qui lui permettra de produire ses nouvelles pièces en thermoplastique. Le mandat de paiement a été transmis au préalable au comptable public, par l'ordonnateur. La Région retient les durées maximales d'amortissement pour les subventions l'amortissement retenu est linéaire et se calcule *prorata temporis* sur une durée d'amortissement de 15 ans.

Opération 2 : le 1er octobre N, la Région encaisse un loyer de 1 800 € pour la location d'un immeuble. Le loyer couvre le dernier trimestre N. Le titre de recette n'a été émis que le 10 octobre N.

Opération 3 : le 30 novembre N, la Région cède diverses installations de voirie pour un prix de 3 000 € (paiement comptant). Le titre de recette a été transmis au préalable au comptable public. Ces installations avaient été acquises en N–5 pour une valeur de 60 000 € et amorties en date de cession, à hauteur de 55 000 € (y compris l'amortissement N, déjà enregistré).

On négligera les aspects relatifs à la TVA.

Pour répondre à ces questions, les candidats à l'épreuve du DCG disposaient en annexe d'un extrait du plan comptable applicable à la Région.

ANNEXE

Extrait de l'instruction budgétaire et comptable M71

Compte 192 - Plus ou moins-values sur cessions d'immobilisations

Le compte 192 retrace les différences sur cessions d'immobilisations, conformément aux dispositions de l'article L. 4331-3 f) du Code Général des Collectivités Territoriales (CGCT) qui prévoient que le prix de cession est affecté au financement de la section d'investissement.

Ce compte est : crédité du montant des plus-values de cessions par le débit du compte 6761 « Différences sur réalisations (positives) transférées en investissement » (opération d'ordre budgétaire) ; débité du montant des moins-values de cessions par le crédit du compte 7761 « Différences sur réalisations (négatives) reprises au compte de résultat » (opération d'ordre budgétaire).

[...]

Compte 204 - Subventions d'équipement versées

Le compte 204 enregistre :

[...]

les subventions d'équipement versées aux organismes publics (compte 2041 subdivisé par type de bénéficiaire). Il décrit notamment les subventions d'équipement versées aux organismes de transport tels que la SNCF (compte 204171) et RFF (compte 204172). La subvention d'équipement versée par la Région Ile-de-France au syndicat des transports d'Ile-de-France (STIF) est comptabilisée au compte 204173 ; les subventions versées à des personnes de droit privé (compte 2042) ; les subventions versées aux établissements publics locaux d'enseignement pour l'acquisition de biens meubles dont l'établissement sera propriétaire (compte 2043) ; les subventions d'équipement en nature (compte 2044).

Les subventions d'équipement versées qui sont amorties sur une durée maximale de :
a) cinq ans lorsque la subvention finance des biens mobiliers, du matériel ou des études, auxquelles sont assimilées les aides consenties aux entreprises, non mentionnées aux b) et c) ;
b) quinze ans lorsqu'elle finance des biens immobiliers ou des installations ;
c) trente ans lorsqu'elle finance des projets d'infrastructures d'intérêt national.
Lorsque la subvention est totalement amortie, les comptes 204 et 2804 sont soldés à due concurrence par opération d'ordre non budgétaire.
[...]
Compte 47 - Comptes transitoires ou d'attente
Les opérations qui ne peuvent être imputées de façon certaine ou définitive à un compte déterminé au moment où elles doivent être enregistrées, ou qui exigent une information complémentaire ou des formalités particulières, sont inscrites provisoirement au compte 47. Ce compte doit être apuré dès que possible, par imputation au compte définitif.
[...]
Le compte 4713 - Recettes perçues avant émission des titres
Il est crédité par le débit du compte au Trésor. Ces recettes sont portées sur le relevé P 503.
Compte 515 - Compte au Trésor
En application de l'article 43 du décret du 29 décembre 1962 portant règlement général sur la comptabilité publique (principes fondamentaux), les fonds des organismes publics sont déposés au Trésor.
Tous les décaissements et encaissements, quel que soit leur mode, sont constatés au compte 515.
[...]
Compte 675 - Valeurs comptables des immobilisations cédées
Le compte 675 est débité de la valeur nette comptable des immobilisations cédées ou devenues sans valeur, à l'exception des valeurs mobilières de placement (*cf.* compte 667), par le crédit des comptes 21, 26 ou 27. Le prix de cession est inscrit au compte 775.
[...]
Compte 775 - Produits des cessions d'immobilisations
Le compte 775 est crédité du prix des cessions d'actif figurant aux comptes 21, 26 et 27 (à l'exception des valeurs mobilières de placement : *cf.* compte 767), par le débit du compte de tiers intéressé.

→ Travail à faire

1. Les collectivités territoriales élaborent deux sortes de documents : les budgets et les comptes.
a. Rappeler la définition du budget. Quelles sont les deux sections prévues dans les budgets des collectivités territoriales ?
b. Pourquoi peut-on dire que le budget est à la fois un outil de prévision et un outil d'autorisation ?
c. Préciser le nom et le rôle des personnes chargées de la tenue des comptes des collectivités territoriales.

2. Quelles sont les deux structures chargées du contrôle externe de la comptabilité des collectivités territoriales ?

3. Enregistrer, dans la comptabilité de la Région Lorraine, opération par opération, toutes les écritures nécessaires en N, y compris les écritures d'inventaire.

Documents de synthèse

Modèle de bilan

ACTIF (A)	Exercice N – Brut	Exercice N – Amortissements et dépréciations (à déduire)	Exercice N – Net	Exercice N-1 – Net
Capital souscrit – non appelé				
ACTIF IMMOBILISÉ (a)				
Immobilisations incorporelles :				
Frais d'établissement				
Frais de recherche et de développement				
Concessions, brevets, licences, marques, procédés, logiciels, droits et valeurs similaires				
Fonds commercial [1]				
Autres				
Immobilisations incorporelles en cours				
Avances et acomptes				
Immobilisations corporelles :				
Terrains				
Constructions				
Installations techniques, matériel et outillage industriels				
Autres				
Immobilisations corporelles en cours				
Avances et acomptes				
Immobilisations financières [2] :				
Participations				
Créances rattachées à des participations				
Titres immobilisés de l'activité de portefeuille				
Autres titres immobilisés				
Prêts				
Autres				
Total I	X	X	X	X

(1) Dont droit au bail

(2) Dont à moins d'un an

ACTIF (A)	Exercice N Brut	Exercice N Amortissements et dépréciations (à déduire)	Exercice N Net	Exercice N-1 Net
ACTIF CIRCULANT				
Stocks et en-cours [a] :				
Matières premières et autres approvisionnements				
En-cours de production [biens et services] [b]				
Produits intermédiaires et finis				
Marchandises				
Avances et acomptes versés sur commandes				
Créances d'exploitation [3] :				
Créances Clients et Comptes rattachés [a] [c]				
Autres				
Capital souscrit - appelé, non versé				
Valeurs mobilières de placement				
Actions propres.				
Autres titres				
Disponibilités				
Charges constatées d'avance [3]				
Total II	X	X	X	X
Charges à répartir sur plusieurs exercices **(III)**	X	X	X	X
Primes de remboursement des emprunts **(IV)**	X		X	X
Écarts de conversion Actif **(V)**	X	X	X	X
TOTAL GÉNÉRAL (I + II + III + IV + V)	X	X	X	X

[3] Dont à plus d'un an

[a] Les actifs avec clause de réserve de propriété sont regroupés sur une ligne distincte portant la mention « dont.... avec clause de réserve de propriété ». En cas d'impossibilité d'identifier les biens, un renvoi au pied du bilan indique le montant restant à payer sur ces biens. Le montant à payer comprend celui des effets non échus.

[b] À ventiler, le cas échéant, entre biens, d'une part, et services d'autre part.

[c] Créances résultant de ventes ou de prestations de services.

PASSIF (P)	**Exercice N**	**Exercice N-1**
CAPITAUX PROPRES *		
Capital [dont versé] [a]		
Primes d'émission, de fusion, d'apport		
Écarts de réévaluation [b]		
Réserves :		
Réserve légale		
Réserves statutaires ou contractuelles		
Réserves réglementées		
Autres		
Report à nouveau [d]		
Résultat de l'exercice [bénéfice ou perte] [e]		
Subventions d'investissement		
Provisions réglementées		
Total I	X	X
PROVISIONS		
Provisions pour risques		
Provisions pour charges		
Total II	X	X
DETTES [1] [g]		
Dettes financières :		
Emprunts obligataires convertibles		
Autres emprunts obligataires		
Emprunts et dettes auprès des établissements de crédit [2]		
Emprunts et dettes financières diverses [3]		
Avances et acomptes reçus sur commandes en cours		
Dettes d'exploitation :		
Dettes Fournisseurs et Comptes rattachés [f]		
Dettes fiscales et sociales		
Autres		
Dettes diverses :		
Dettes sur immobilisations et Comptes rattachés		
Dettes fiscales (impôts sur les bénéfices)		
Autres		
Produits constatés d'avance [1]		
Total III	X	X
Écarts de conversion Passif (IV)	X	X
TOTAL GÉNÉRAL (I + II + III + IV)	X	X

[1] Dont à plus d'un an. Dont à moins d'un an. [2] Dont concours bancaires courants et soldes créditeurs de banques.
[3] Dont emprunts participatifs
[a] Y compris capital souscrit non appelé. [b] À détailler conformément à la législation en vigueur.
[d] Montant entre parenthèses ou précédé du signe moins (–) lorsqu'il s'agit de pertes reportées.
€ Montant entre parenthèses ou précédé du signe moins (–) lorsqu'il s'agit d'une perte.
[f] Dettes sur achats ou prestations de services.
[g] À l'exception, pour l'application du (1), des avances et acomptes reçus sur commandes en cours.

Modèle de compte de résultat

CHARGES (hors taxes) (Ch)	Exercice N		Exercice N-1
		Totaux partiels	Totaux partiels
Charges d'exploitation [1] :			
Coût d'achat des marchandises vendues dans l'exercice		X	X
Achats de marchandises	X		
• Variation des stocks de marchandises [b]	X		
Consommations de l'exercice en provenance de tiers		X	X
Achats stockés d'approvisionnements [a] :			
– matières premières	X		
– autres approvisionnements	X		
• Variation des stocks d'approvisionnements [b]	X		
• Achats de sous-traitances	X		
• Achats non stockés de matières et fournitures	X		
• Services extérieurs :			
– personnel extérieur	X		
– loyers en crédit-bail [c]	X		
– autres	X		
Impôts, taxes et versements assimilés		X	X
Sur rémunérations	X		
Autres	X		
Charges de personnel		X	X
Salaires et traitements	X		
Charges sociales	X		
Dotations aux amortissements et dépréciations		X	X
Sur immobilisations : dotations aux amortissements [d]	X		
Sur immobilisations : dotations aux dépréciations	X		
Sur actif circulant : dotations aux dépréciations	X		
Dotations aux provisions	X		
Autres charges		X	X
TOTAL		X	X

[1] Dont charges afférentes à des exercices antérieurs. Les conséquences des corrections d'erreurs significatives, calculées après impôt, sont présentées sur une ligne séparée sauf s'il s'agit de corriger une écriture ayant été directement imputée sur les capitaux propres.
[a] Y compris frais accessoires.
[b] Stock initial moins stock final : montant de la variation en moins entre parenthèses ou précédé du signe (–).
[c] À ventiler en « mobilier » et « immobilier ».
[d] Y compris éventuellement dotations aux amortissements des charges à répartir.

CHARGES (hors taxes)	Exercice N		Exercice N-1
		Totaux partiels	Totaux partiels
Report		X	X
Quotes-parts de résultat sur opérations faites en commun		X	X
Charges financières		X	X
Dotations aux amortissements, dépréciations et provisions	X		
Intérêts et charges assimilées [(2)]	X		
Différences négatives de change	X		
Charges nettes sur cessions de valeurs mobilières de placement	X		
Charges exceptionnelles		X	X
Sur opérations de gestion	X		
Sur opérations en capital :			
– valeurs comptables des éléments immobilisés et financiers cédés (e)	X		
– autres	X		
Dotations aux amortissements, dépréciations et provisions :			
– dotations aux provisions réglementées	X		
– dotations aux amortissements, dépréciations et autres provisions	X		
Participation des salariés aux résultats		X	X
Impôts sur les bénéfices		X	X
Solde créditeur = bénéfice		X	X
TOTAL GÉNÉRAL		X	X

[(2)] Dont intérêts concernant les entités liées.

[(a)] À l'exception des valeurs mobilières de placement.

PRODUITS (hors taxes) (Pt)	Exercice N		Exercice N-1
		Totaux partiels	**Totaux partiels**
Produits d'exploitation [1] :			
Ventes de marchandises	X	X	X
Production vendue		X	X
Ventes	X		
Travaux	X		
Prestations de services	X		
Montant net du chiffre d'affaires			
dont à l'exportation :			
Production stockée [a]		X	X
En-cours de production de biens [a]	X		
En-cours de production de services [a]	X		
Produits [a]	X		
Production immobilisée		X	X
Subventions d'exploitation		X	X
Reprises sur dépréciations et provisions (et amortissements)		X	X
Transferts de charges		X	X
Autres produits		X	X
TOTAL		X	X
Quotes-parts de résultat sur opérations faites en commun		X	X
Produits financiers		X	X
De participation	X		
D'autres valeurs mobilières de créances de l'actif immobilisé	X		
Autres intérêts et produits assimilés	X		
Reprises sur dépréciations et provisions et transfert de charges financières	X		
Différences positives de change	X		
Produits nets sur cessions de valeurs mobilières de placement	X		
Produits exceptionnels		X	X
Sur opérations de gestion	X		
Sur opérations en capital :	X		
- produits des cessions d'éléments d'actif [c]	X		
- subventions d'investissement virées au résultat de l'exercice	X		
- autres	X		
Reprises sur dépréciations et provisions et transferts de charges exceptionnelles	X		
Solde débiteur = perte		X	X
TOTAL GÉNÉRAL		X	X

[1] Dont produits afférents à des exercices antérieurs. Les conséquences des corrections d'erreurs significatives, calculées après impôt, sont présentées sur une ligne séparée sauf s'il s'agit de corriger une écriture ayant été directement imputée sur les capitaux propres.
[2] Dont produits concernant les entités liées.
[a] Stock final moins stock initial : montant de la variation en moins entre parenthèses ou précédé du signe (-) dans le cas de déstockage de production.
[c] À l'exception des valeurs mobilières de placement.

Index

Table des matières

FOUCHER
s'engage pour l'environnement
en réduisant l'empreinte carbone
de ses livres.
Celle de cet exemplaire est de :
1,6 kg éq. CO_2
Rendez-vous sur
www.editions-foucher-durable.fr

PAPIER À BASE DE
FIBRES CERTIFIÉES

Conception graphique : Sylvie Vaillant
Composition : STDI
01–MV-CK/EG

Achevé d'imprimer en France par - 733, rue Saint-Léonard - 53100 Mayenne
N° d'impression : 2974067Y - Dépôt légal n° 16441-7/01 - juin 2022

IMPRIM'VERT
Votre imprimeur agit pour l'environnement